Die typische und atypische stille Beteiligung an einer Aktiengesellschaft

Frankfurter wirtschaftsrechtliche Studien

Herausgegeben von
Theodor Baums, Andreas Cahn, Friedrich Kübler,
Hans-Joachim Mertens, Eckard Rehbinder, Gunther Teubner

Band 63

PETER LANG
Frankfurt am Main · Berlin · Bern · Bruxelles · New York · Oxford · Wien

York Oehlschläger

Die typische und atypische stille Beteiligung an einer Aktiengesellschaft

Möglichkeiten und Grenzen der Gestaltung für die stille Gesellschaft zwischen Personengesellschaftsrecht, Aktienrecht, Konzernrecht und Umwandlungsrecht

PETER LANG
Europäischer Verlag der Wissenschaften

Bibliografische Information Der Deutschen Bibliothek
Die Deutsche Bibliothek verzeichnet diese Publikation in der Deutschen Nationalbibliografie; detaillierte bibliografische Daten sind im Internet über <http://dnb.ddb.de> abrufbar.

Zugl.: Frankfurt (Main), Univ., Diss., 2003

D 30
ISSN 0723-0427
ISBN 3-631-52056-5

www.peterlang.de

Vorwort

Die Arbeit lag im Wintersemester 2003/2004 an der Johann Wolfgang Goethe-Universität, Frankfurt am Main, als Dissertation vor. Für die Veröffentlichung wurden Rechtsprechung und Literatur im Wesentlichen bis einschließlich Mai 2004 berücksichtigt.

Ich danke besonders meinem Doktorvater, Herrn Prof. Dr. Dr. h.c. Theodor Baums, der die Arbeit nicht nur angeregt, sondern auch umfassend betreut und durch zahlreiche Hinweise gefördert hat. Herrn Prof. Dr. Andreas Cahn danke ich für die zügige Erstellung des Zweitgutachtens. Hilfreich für die Arbeit war auch die Diskussion mit Herrn Prof. Dr. Manfred Wolf, dem ich ebenfalls herzlich danke.

Die Arbeit ist meinen Eltern gewidmet, besonders meiner Mutter, Frau Christel Oehlschläger, die mir stets mit Rat und Tat zur Seite gestanden hat. Einen erheblichen Teil der Finanzierung habe ich auch meinem Großvater, Herrn Heinrich Oehlschläger, zu verdanken. Die größte Hilfe bei der Erstellung der Arbeit war mir aber meine liebe Freundin, Frau Dr. Katrin Thoma. Sie hat das Manuskript sehr gründlich korrigiert.

Frankfurt am Main, im Juni 2004 York Oehlschläger

Inhaltsverzeichnis

Abkürzungsverzeichnis

a.A.	anderer Ansicht
a.a.O.	am angegebenen Ort
abl.	ablehnend
Abs.	Absatz
abw.	abweichend
ADHGB	Allgemeines Deutsches Handelsgesetzbuch
a.E.	am Ende
a.F.	alte Fassung
AG	- Aktiengesellschaft - Die Aktiengesellschaft (Zeitschrift) - Amtsgericht
AGB	Allgemeine Geschäftsbedingungen
AGBG	Gesetz zur Regelung des Rechts der allgemeinen Geschäftsbedingungen
AktG	Aktiengesetz
allg.	allgemein
Alt.	Alternative
a.M.	anderer Meinung
AnfG	Anfechtungsgesetz
Anh.	Anhang
Anm.	Anmerkung
AO	Abgabenordnung
ApothG	Gesetz über das Apothekenwesen
AStG	Außensteuergesetz
Aufl.	Auflage
BAFin	Bundesanstalt für Finanzdienstleistungsaufsicht
BAK	Bundesaufsichtsamt für das Kreditwesen
BAWe	Bundesaufsichtsamt für den Wertpapierhandel
BayOblG	Bayerisches Oberstes Landesgericht
BaWü	Baden-Württemberg
BB	Betriebsberater (Zeitschrift)
Bd.	Band
Begr.	Begründung
BeurkG	Beurkundungsgesetz
BFH	Bundesfinanzhof
BGB	Bürgerliches Gesetzbuch
BGBl.	Bundesgesetzblatt
BGH	Bundesgerichtshof
BGHZ	Entscheidungen des Bundesgerichtshofs in Zivilsachen

BMF	Bundesministerium der Finanzen
BörsG	Börsengesetz
BRAO	Bundesrechtsanwaltsordnung
BStBl.	Bundessteuerblatt
BT-Drucks.	Bundestagsdrucksache
BVerfG	Bundesverfassungsgericht
BVerfGE	Entscheidungen des Bundesverfassungsgerichts
bzw.	beziehungsweise
c.i.c.	culpa in contrahendo
Co.	Kompanie
DB	Der Betrieb (Zeitschrift)
d.h.	das heißt
Diss.	Dissertation
DJT	Deutscher Juristentag
DNotZ	Deutsche Notarzeitung
DStR	Deutsches Steuerrecht (Zeitschrift)
DStZ	Deutsche Steuerzeitung
DZWIR	Deutsche Zeitschrift für Wirtschafts- und Insolvenzrecht
EAV	Ergebnisabführungsvertrag
EBIT	Earnings Before Interest and Tax
EFG	Entscheidungen der Finanzgerichte (Zeitschrift)
Einf.	Einführung
Einl.	Einleitung
ER JuKoG	Gesetz über elektronische Register und Justizkosten für Telekommunikation
EStG	Einkommensteuergesetz
EStH	Einkommensteuer-Hinweise
EStR	Einkommensteuer-Richtlinien
EU	Europäische Union
EuGH	Europäischer Gerichtshof
e.V.	eingetragener Verein
EWiR	Entscheidungen zum Wirtschaftsrecht
f.	folgende
FA	Finanzamt
ff.	fortfolgende
FfM	Frankfurt am Main
FG	- Finanzgericht - Festgabe

FGG	Gesetz über die Angelegenheiten der freiwilligen Gerichtsbarkeit
Fn.	Fußnote
Form.	Formular
FS	Festschrift
GbR	Gesellschaft bürgerlichen Rechts
gem.	gemäß
ggf.	gegebenenfalls
GmbH	Gesellschaft mit beschränkter Haftung
GmbHG	Gesetz betreffend die Gesellschaften mit beschränkter Haftung
GmbHR	GmbH-Rundschau
Großkomm.	Großkommentar
GrS	Großer Senat
Gruchot	Beiträge zur Erläuterung des deutschen Rechts, Band, Seite
GuV	Gewinn und Verlustrechung
HausTWG	Haustürwiderrufsgesetz
HdB GesR IV	Münchener Handbuch des Gesellschaftsrechts Band 4 Aktiengesellschaft
HGB	Handelsgesetzbuch
h.L.	herrschende Lehre
h.M.	herrschende Meinung
Hrsg.	Herausgeber
hrsg.	herausgegeben
HS	Halbsatz
i.d.R.	in der Regel
i.E.	im Ergebnis
i.e.S.	im engeren Sinne
i.F.	in Form
i.F.v.	in Form von
IdW	Institut der Wirtschaftsprüfer in Deutschland e.V.
InsO	Insolvenzordnung
i.S.d.	im Sinne des bzw. im Sinne der
i.S.v.	im Sinne von
i.V.m.	in Verbindung mit
JR	Juristische Rundschau
JuS	Juristische Schulung (Zeitschrift)
JW	Juristische Wochenschrift
JZ	Juristenzeitung

JbFStR	Jahrbuch der Fachanwälte für Steuerrecht
KAGG	Gesetz über Kapitalanlagegesellschaften
KG	-Kammergericht -Kommanditgesellschaft
KGaA	Kommanditgesellschaft auf Aktien
KTS	Konkurs-, Treuhand- und Schiedsgerichtswesen (Zeitschrift)
KWG	Gesetz über das Kreditwesen (Kreditwesengesetz)
LG	Landgericht
liSp	linke Spalte
Lfg.	Lieferung
LM	Nachschlagewerk des Bundesgerichtshofs, hrsg. von Lindenmaier, Möhring u.a.
LZ	Leipziger Zeitschrift für Deutsches Recht
m.abl.Anm.	mit ablehnender Anmerkung
m.E.	meines Erachtens
Mio.	Millionen
m.N.	mit Nachweisen
MünchKomm	Münchener Kommentar
n.F.	neue Fassung
NJW	Neue Juristische Wochenschrift
NJW-RR	Neue Juristische Wochenschrift-Rechtsprechungs-Report
Nr.	Nummer
nrkr	nicht rechtskräftig
NZG	Neue Zeitschrift für Gesellschaftsrecht
oHG	offene Handelsgesellschaft
OLG	Oberlandesgericht
o.N.	ohne Namen
pVV	positive Vertragsverletzung
RBerG	Rechtsberatungsgesetz
RdA	Recht der Arbeit
Recht	Das Recht (Zeitschrift)
RegBegr.	Regierungsbegründung
reSp	rechte Spalte
RFH	Reichsfinanzhof
RG	Reichsgericht
RGBl.	Reichsgesetzblatt
RGZ	Entscheidungen des Reichsgerichts in Zivilsachen

reSp	rechte Spalte
rkr.	rechtskräftig
Rn.	Randnummer
ROHGE	Entscheidungen des Reichs-Oberhandelsgerichts
RPflG	Rechtspflegergesetz
RStBl.	Reichssteuerblatt
SB	Sonderbeilage
Slg.	Sammlung
Sp.	Spalte
s.o.	siehe oben
str.	streitig
Tz.	Teilziffer
u.a.	und andere
UBGG	Gesetz über Unternehmensbeteiligungsgesellschaften
UBG	Unternehmensbeteiligungsgesellschaft
UmwG	Umwandlungsgesetz
unstr.	unstreitig
Vorb.	Vorbemerkung
vgl.	vergleiche
Warn.	Warneyer, Die Rechtsprechung des Reichsgerichts und des Bundesgerichtshofs
WGG	Wegfall der Geschäftsgrundlage
WiB	Wirtschaftsrechtliche Beratung (Zeitschrift)
WPg	Die Wirtschaftsprüfung (Zeitschrift)
WM	Wertpapiermitteilungen (Zeitschrift)
WpHG	Gesetz über den Wertpapierhandel (Wertpapierhandelsgesetz)
WpÜG	Wertpapiererwerbs- und Übernahmegesetz
WuB	Entscheidungssammlung zum Wirtschafts- und Bankrecht
z.B.	zum Beispiel
ZBB	Zeitschrift für Bankrecht und Bankwirtschaft
ZGR	Zeitschrift für Unternehmens- und Gesellschaftsrecht
ZHR	Zeitschrift für das gesamte Handels- und Wirtschaftsrecht
Ziff.	Ziffer
ZIP	Zeitschrift für Wirtschaftsrecht und Insolvenzpraxis
zit.	zitiert
ZPO	Zivilprozessordnung

z.T.	zum Teil
ZfA	Zeitschrift für Arbeitsrecht
ZZP	Zeitschrift für Zivilprozess

1. Teil: Grundlagen

Die Geschichte der stillen Beteiligung reicht bis in das Mittelalter zurück. Damals war diese Form der Kapitalanlage für den Adel interessant, der nicht selbst ein Gewerbe betreiben konnte, ohne seine Standesprivilegien zu gefährden. Auch heute kommt es nicht jedem Kapitalanleger gelegen, wenn seine Beteiligung öffentlich bekannt wird.

§ 1 Begriff der stillen Beteiligung

Der Begriff der stillen Beteiligung wird hier gleichbedeutend mit „stille Gesellschaft" i.S.d. §§ 230 ff. HGB benutzt. Was darunter begrifflich zu verstehen ist, regelt das Gesetz nicht ausdrücklich. Es handelt sich auch nicht um einen Begriff im strengen Sinn, sondern um einen Typusbegriff, dessen unterschiedliche Merkmale sich ergänzen.

Der Kapitalgeber beteiligt sich durch die stille Gesellschaft mittelbar am Handelsgewerbe, ohne Mitglied im Unternehmensträger zu werden, der das Gewerbe betreibt. Der Stille geht eine Gesellschaft mit dem Inhaber ein. Seine Einlage geht in das Vermögen des Inhabers über, § 230 HGB. Die stille Gesellschaft gibt damit keine dingliche Beteiligung am gewerblichen Vermögen, wie etwa die Beteiligung an einer offenen Handelsgesellschaft oder einer Kommanditgesellschaft, deren Vermögen den Gesellschaftern zur gesamten Hand zusteht, § 718 Abs. 1 BGB, §§ 105 Abs. 3, 161 Abs. 2 HGB. Der Inhaber betreibt sein Gewerbe weiter allein, ist alleiniger Gläubiger der Forderungen und alleiniger Schuldner der Verbindlichkeiten des Unternehmens. Der Stille haftet den Gläubigern der Gesellschaft weder unbeschränkt noch auf die versprochene Einlage. Die stille Gesellschaft ist keine Mitgliedschaft *im* Rechtsträger des Gewerbes. Sie ist eine Gesellschaft *mit* dem Rechtsträger des Handelsgewerbes. Sie bezieht sich auf das von diesem betriebene Gewerbe, an dessen Chancen und Risiken der Stille durch den Vertrag teilnimmt.

Die stille Gesellschaft selbst ist keine Handelsgesellschaft, sondern eine Gesellschaft bürgerlichen Rechts. Auch wenn die §§ 230 ff. HGB nicht ausdrücklich auf die §§ 705 ff. BGB verweisen, sind diese Bestimmungen anzuwenden, soweit das Handelsrecht nichts besonderes bestimmt. Dies setzt auch § 233 Abs.2 HGB voraus, der vorsieht, dass die weitergehenden Kontrollrechte des BGB-Gesellschafters aus § 716 BGB für die stille Gesellschaft nicht anwendbar sind. Von vornherein nicht einschlägig sind nur Vorschriften, die ein Gesellschaftsvermögen voraussetzen oder sich auf das Außenverhältnis der BGB-Gesellschaft beziehen.[1] Dies ergibt sich aus dem zwingenden Charakter der stillen Gesellschaft als Innengesellschaft.

Die stille Gesellschaft ist ihrer Natur nach im wesentlichen eine schuldrechtliche Beteiligung und kein Organisationsvertrag. Die besondere Ausgestaltung im Einzelfall kann sie aber in die Nähe einer mitgliedschaftlichen Beteiligung am Unternehmen rücken. Das gilt für die sog. mehrgliedrige stille Gesellschaft.[2] Das Inhaberunternehmen geht hier eine einzige stille Gesellschaft mit mehreren stillen Gesellschaftern ein. Ist die stille Gesellschaft derart mehrgliedrig gestaltet, schafft sie neben der schuldrechtlichen Unternehmensbeteiligung eine selbstständige, mitgliedschaftliche Organisation.

Die stille Beteiligung steht auf der Schnittstelle der Eigen- und der Fremdfinanzierung des Unternehmens. Sie lässt insofern einen erheblichen vertraglichen Gestaltungsspielraum. Ein und dieselbe Gestaltung kann unter dem Gesichtspunkt des Handelsrechts, des Insolvenzrechts, der verschiedenen Einzelsteuerrechte und des Bankaufsichtsrechts je unterschiedlich als Eigen- oder Fremdkapital zu beurteilen sein. Man kann insofern von einem "hybriden" Finanzierungsmittel sprechen. In der Begrifflichkeit der Wagnisfinanzierung (venture capital) bezeichnet man die stille Beteiligung als Mezzanine-Kapital.[3]

Das Handelsgesetzbuch als die zentrale Rechtsquelle der stillen Gesellschaft legt ihre Typusmerkmale nicht ausdrücklich fest. Sie erschließen sich aber aus dem Regelungszusammenhang der § 230 ff. HGB. Die vorliegende Arbeit folgt im wesentlichen der von *Karsten Schmidt* geprägten Umschreibung.[4] Danach liegt eine stille Gesellschaft vor, wenn zwischen einem Unternehmensträger und einem anderen zur Erreichung eines gemeinsamen Zwecks ein Gesellschaftsvertrag geschlossen worden ist, kraft dessen der stille Gesellschafter ohne Bildung eines Gesellschaftsvermögens mit einer Einlage am Unternehmen beteiligt ist und eine Gewinnbeteiligung erhält. Es ergeben sich die folgenden Mindestmerkmale:

I. Gemeinsamer Zweck

Die stille Beteiligung ist ein vertraglicher Zusammenschluss zu einem gemeinsamen Zweck. Sie ist kein Austauschvertrag. Die Parteien verfolgen mit dem Vertrag nicht gegensätzliche, sondern gemeinsame Interessen. Der gemeinsame

---

[1] *Blaurock*, § 8 Rn. 6 f.; § 9 Rn. 5.

[2] Eingehend: *Karsten Schmidt*, Gesellschaftsrecht, 3. Auf. 1997, 1847 f.

[3] Italienisch „mezzanino“: Zwischengeschoss.

[4] *Karsten Schmidt* in: Schlegelberger, § 335 HGB (§ 230 n.F.) Rn. 2.

Zweck grenzt gegen das partiarische Darlehen und gegen das Genussrecht ab.[5] Das Merkmal ist unscharf. Im Interesse der Rechtssicherheit erscheint es überzeugend, die Bezeichnung als stille Gesellschaft bzw. als stille Beteiligung als Indiz für einen gemeinsamen Zweck anzusehen. Dabei ist auch zu berücksichtigen, ob die Parteien den Unterschied zum partiarischem Darlehen (bzw. zum Genussrecht) gekannt und gewürdigt haben.[6] Freilich muss letztlich maßgeblich der Vertragsinhalt sein.[7]

Gestaltungen sind stets zu gemeinsamem Zweck geschlossen, wenn sie nicht nur am laufenden Gewinn beteiligen, sondern auch am Vermögen und/oder Geschäftswert. Solche Verträge, die sich einer Kommanditbeteiligung näheren, sind stets Gesellschaftsverträge. Wenn der Vertrag derart über laufenden Gewinn hinaus beteiligt, kann man von einer vermögensmäßig atypischen stillen Gesellschaft sprechen.

Ein starkes Indiz für einen gemeinsamen Zweck ist es, wenn der Finanzier nicht nur am Gewinn, sondern auch am Verlust des Unternehmens beteiligt ist.

Das Gesetz bestimmt in § 231 Abs. 2 HS. 1 HGB, dass man die Verlustbeteiligung des Stillen ausschließen kann. Das geringere Verlustrisiko wird sich in solchen Fällen nach der Wertung des Gesetzes in einer geringeren Gewinnbeteiligung auswirken. Das muss aber nicht immer der Fall sein. Hier zeigen sich Gefahren, die für die Eigenkapitalgeber einer Kapitalgesellschaft von einer stillen Beteiligung ausgehen können. Das Aktienkapital kann von Verlusten allein zu Lasten der Eigenkapitalgeber aufgezehrt werden, während der Stille seine volle Einlage zurück erhält, wenn die Beteiligung endet. Zudem kann der Stille bei manchen Gestaltungen an späteren Gewinnen überproportional teilnehmen, wenn die Gewinnbeteiligung im Verhältnis des (festen) stillen Gesellschaftskapitals zur jeweiligen bilanziellen Höhe des Aktienkapitals vereinbart ist.

II. Stille Beteiligung mit einer Einlage am Handelsgewerbe

Der stille Gesellschafter muss mit einer Einlage am Handelsgewerbe, das ein anderer betreibt, beteiligt sein, § 230 Abs. 1 HGB. Der Wortlaut des Gesetzes in § 230 HGB ist irreführend. Der Stille hat nicht zwangsläufig eine „Einlage" in das Vermögen des Geschäftsinhabers „zu leisten". Die Vorschrift besagt nur, dass die Einlage in das Vermögen des Geschäftsinhabers zu erbringen ist, wenn

---

[5] Im einzelnen streitig, siehe unten § 4.

[6] Zutreffend: OLG Frankfurt WM 1982, 198, 199.

[7] RGZ 130, 1 ff. (Wucherdarlehen ist trotz Bezeichnung keine stille Gesellschaft); RGZ 141, 143, 145 (auch wenn die Geldleistung erklärtermaßen in den Dienst eines gemeinsamen Zwecks gestellt ist, kann ein Darlehen vorliegen).

denn eine Einlage geschuldet ist.[8] Es reicht, wenn das Inhaberunternehmen die stille Beteiligung auf der Passivseite einbucht. Der stille Gesellschafter kann als Beitrag erbringen, dass er dem Inhaberunternehmen die unentgeltlich begebene Einlage belässt. Die Einlageforderung kann also auch schenkweise überlassen werden.[9] Der Inhaber gibt in einem solchen Fall schenkweise ein abstraktes Schuldversprechen ab. Die Einbuchung als solche vollzieht nicht die Schenkung.[10] Ein solcher Buchungsvorgang ersetzt nur eine formlose Verpflichtung durch eine andere. Der Fall der stillen Beteiligung ist nicht damit vergleichbar, dass der Inhaber u.a. mit dem Beschenkten eine oHG gründet und die Beteiligung einbucht, weil die stille Beteiligung nur mittelbar am Unternehmen beteiligt. Sie ist keine Mitgliedschaft im Unternehmensträger, sondern nur eine Beteiligung am Unternehmensträger. Die Parteien übertragen keine bestehende Rechtszuständigkeit, sondern schaffen eine neue Rechtszuständigkeit. Der BGH ordnet die stille Beteiligung unter diesem Gesichtspunkt im Ergebnis überzeugend als Forderung ein. Die Aktiengesellschaft darf ihren Aktionären oder auf deren Veranlassung ihnen nahestehenden Dritten[11] ohnehin nichts unentgeltlich zuwenden, weshalb die Problemlage für die Aktiengesellschaft von geringer praktischer Bedeutung ist.

Karsten Schmidt ist aber nur insoweit zu folgen, als eine stille Beteiligung in der Regel dann vorliegt, wenn ein Einlagekonto mit der Bezeichnung „stille Beteiligung" oder einer entsprechenden Bezeichnung verbucht werden soll. Dies aber zu einer unverzichtbaren Voraussetzung der stillen Gesellschaft zu machen, geht zu weit. Man kann nicht verlangen, dass der schuldrechtliche Vertrag es bezeich-

---

[8] A.A. die Rechtsprechung: RG ZHR 48 (1899), 344 (Dienstleistung als Einlage muss so genau bestimmt sein, dass man Vermögenswert schätzen kann); JW 1903 Beilage 16 f.; Holdheim 1906, 308; LZ 1908, 158; BGHZ 7, 174, 177; zustimmend: *Koenigs*, 8; *Flechtheim* in: Düringer/Hachenburg, § 335 HGB a.F. Rn. 6; *Schilling* in: Großkomm., § 335 HGB a.F. Rn. 15 (mit Einschränkungen in der Folge); wie hier dagegen: *Robert Fischer*, JR 1962, 202; *Huber*, Vermögensanteil, 194; *Karsten Schmidt* in: Schlegelberger § 335 HGB a.F. Rn. 33; *Karsten Schmidt*, ZHR 140 (1976), 475, 486; *H. P. Westermann*, Vertragsfreiheit, 319, 322; *Blaurock*, § 4 Rn.6.

[9] BGHZ 7, 174, 179; BGHZ 7, 378; a.A. *Elke Herrman*, ZHR 147 (1983), 313 ff. (die von ihr angenommene, rechtslogisch denkbare Schenkung von Einzelforderungen entspricht i.d.R. gerade nicht dem Parteiwillen); dagegen überzeugender *Hengeler*, ZHR 147 (1983), 329 ff.; eingehend zur Frage der Form: *Karsten Schmidt* in: Schlegelberger § 335 HGB a.F. Rn. 82 ff.

[10] BGHZ 7, 174, 179; a.A. die h.L.: statt aller: *Karsten Schmidt* in: Schlegelberger/Hefermehl, § 335 HGB a.F. (§ 230 HGB n.F.), Rn. 82 ff. m.N., (der hierbei die mittlere Linie vertritt: Der Inhaber wendet eine „verselbständigte" Mitgliedschaft zu - nicht eine Forderung, wenn es sich um Beteiligung an Geschäftsvermögen oder verbandsmäßige Beteiligung handelt).

[11] BGH WM 1957, 61 (im konkreten Fall: auf Veranlassung des Aktionärs an Gesellschaft, an der der Aktionär wesentlich beteiligt war); a.A. *Hüffer*, § 57 AktG, Rn. 15 m.N. (Systematisierung nach Fallgruppen).

net, dass der stille Gesellschafter mit einer buchmäßigen Einlage zu beteiligen sei.[12] Diese Ansicht ist zu formal, weil keine legitimen Schutzbedürfnisse der Parteinen ersichtlich sind, die eine solche Bezeichnung erforderlich machen.

Die Partei, welche die Beteiligung gewährt, muss Kaufmann sein, was durch den Wortlaut des § 230 HGB („Handelsgewerbe") nur unscharf zum Ausdruck kommt.[13] Die Aktiengesellschaft ist deshalb als Formkaufmann, § 3 AktG, § 6 HGB geeignete Partei als Inhaberin eines „Handelsgewerbes" für die stille Beteiligung.[14]

III. Gewinnbeteiligung

1. Stiller Gesellschafter

Der stille Gesellschafter ist am Gewinn beteiligt. Die Erträgnisse des stillen Gesellschafters müssen vom Geschäftsergebnis abhängen.[15] Eine Umsatzbeteiligung muss sich wie eine Gewinnbeteiligung auswirken.[16] *Koenigs* nimmt dagegen an, eine feste Umsatzbeteiligung sei grundsätzlich keine Gewinnbeteiligung und beruft sich dafür auf zwei Entscheidungen des Reichsgerichts.[17] Dem ist nicht zu folgen. Auch tragen die angeführten Entscheidungen seine Annahme nicht, weil es um Gestaltungen ging, bei denen der Inhaber lediglich das Recht hatte, eine Erfindung in seinem Unternehmen zu nutzen, ohne dazu verpflichtet zu sein. Deshalb hat das Reichsgericht hier überzeugend partiarische Rechtsverhältnisse angenommen.

Die Gewinnbeteiligung kann man von Gesetz wegen nicht ausschließen, § 231 Abs. 2 HS. 2 HGB. Dies unterscheidet die stille Gesellschaft vom Genussrecht, das sich auf eine Festverzinsung mit Verlustbeteiligung beschränken kann. Ein Vertrag, der die Gewinnbeteiligung ausschließt, kann auch eine anderstypische BGB-Innengesellschaft begründen, nicht aber eine stille Gesellschaft.[18] Ein Vertrag der ausdrücklich als stille Gesellschaft bezeichnet ist, aber die Gewinnbeteiligung ausdrücklich ausschließt, kann im Einzelfall unterschiedlich zu handhaben sein. Es ist durch Auslegung zu ermitteln, ob eine stille Gesellschaft

---

[12] So aber: *Karsten Schmidt* in: Schlegelberger, § 335 HGB (§ 230 HGB n.F.), Rn. 33.

[13] Vgl. *Hopt*, § 230 HGB, Rn. 5.

[14] Vgl. *Hopt*, § 230 HGB, Rn. 5.

[15] RGZ 122, 387, 390; *Karsten Schmidt* in: Schlegelberger, § 335 HGB (§ 230 HGB n.F.), Rn. 34.

[16] *Karsten Schmidt* in: Schlegelberger, § 335 HGB (§ 230 HGB n.F.), Rn. 34.

[17] *Koenigs*, 10 mit Hinweis auf RG LZ 1928, 1546 und RGZ 122, 70, 75 (Zeta-Pumpen).

[18] *Karsten Schmidt* in: Schlegelberger/Hefermehl, § 335 HGB (§ 230 HGB n.F.), Rn. 34.

vorliegt. Die Unklarheit geht bei einem Publikumsvertrag zu Lasten des Formularverwenders.

Der als stille Gesellschaft überschriebene Vertrag begründet auch außerhalb von Publikumsgestaltungen die Vermutung einer stillen Gesellschaft. Diese Vermutung kann nur dann widerlegt sein, wenn der Ausschluss der Gewinnbeteiligung im gleichen Maße ins Auge fällt. Ein Publikumsvertrag, der mit „stille Gesellschaft" überschrieben ist, kann die Gewinnbeteiligung nur ausschließen, wenn dies in der Überschrift selbst enthalten oder gesondert unterschrieben ist. Schlägt es fehl, die Vermutung zu widerlegen, ist der Vertrag als stille Gesellschaft mit Gewinnbeteiligung aufzufassen. In diesem Sinne ist § 231 Abs. 2 HS. 2 HGB auch zwingendes Recht.[19] Die Lücke im Vertrag ist nach § 157 BGB zu schließen. Angemessen ist mangels anderer Anhaltspunkte eine Beteiligung am um Sondereinflüsse bereinigten Jahresüberschuss (Betriebsergebnis) im Verhältnis des Werts der Einlage des stillen Gesellschafters zum Wert des gesamten Eigenkapitals. Das Gesamteigenkapital ist dabei unter Einbeziehung der zu leistenden stillen Einlage zu berechnen. Der Stille kann die Gewinnbeteiligung nur insoweit verlangen, als er seine Einlage vertragsgemäß geleistet hat. Nicht im Geld bestehende Einlagen sind mit dem Verkehrswert anzusetzen.

2. Inhaberunternehmen

Der Inhaber des Unternehmens kann sich auch verpflichten, den gesamten Gewinn an einen oder mehrere stille Gesellschafter abzuführen.[20] Die stille Gesellschaft setzt nicht voraus, das dem Inhaber ein Anteil am laufenden Gewinn verbleibt.[21] Der gemeinsame Zweck wird durch eine solche Gestaltung nicht völlig aufgehoben, wenn der Inhaber ein eigenes Interesse daran hat, das Unternehmen weiterzuführen, um eine Festvergütung zu erhalten und eventuell zukünftig an einer Liquidation beteiligt zu sein. Nach h.M. ist eine den Inhaber völlig vom Gewinn ausschließende Abrede sittenwidrig, wenn der Inhaber nicht im Innenverhältnis von den Verlusten freigestellt ist.[22] Das trifft in solcher Allgemeinheit insbesondere bei Einzelunternehmen und offenen Handelsgesellschaften nicht zu, denn hier kann man stilles Gesellschaftskapital zur Vermeidung der Insolvenzhaftung des Inhabers zuführen. Dies kann es im Einzelfall rechtfertigen,

---

[19] Vgl. *Karsten Schmidt* in: Schlegelberger/Hefermehl, § 336 HGB a.F. (§ 231 HGB n.F.), Rn. 3 und 22.

[20] *Koenigs*, 12, *Blaurock*, § 17 Rn. 15; *Karsten Schmidt* in: Schlegelberger, § 335 HGB a.F (§ 230 HGB n.F.), Rn. 36.

[21] A.A. *Koppensteiner* in: Kölner Kommentar, § 291 AktG, Rn. 4; *Schulze-Osterloh*, ZGR 1974, 427, 452 f.

[22] *Blaurock*, § 17 Rn. 15; *Karsten Schmidt* in: Schlegelberger, § 335 HGB a.F. (§ 230 HGB n.F.), Rn. 36.

wenn der Inhaber – für die Laufzeit der stillen Beteiligung – an Gewinnen, die das Unternehmen erzielt, nicht mehr beteiligt ist. Ebenso wird dies zu beurteilen sein, wenn eine stille Gesellschaft mit einer Kapitalgesellschaft geschlossen wird, um die Lebensfähigkeit der Gesellschaft zu erhalten. Wenn die hundertprozentige Gewinnbeteiligung während einer gewissen Zeit mit Erfolg durchgeführt ist, kann die Aktiengesellschaft das Kapital zurückführen und kommt ab dann in den Genuss der zukünftigen Gewinne. Insofern haben beide Parteien bei dieser Gestaltung ein Interesse daran, die Ertragsfähigkeit der Gesellschaft zum Zwecke der eigenen Gewinnbeteiligung zu erhalten, was für einen gemeinsamen Zweck im Sinne des Rechts der stillen Gesellschaft als ausreichend anzusehen ist.

Gestaltungen mit mehreren stillen Beteiligten, die dem Inhaber im Endergebnis nur einen geringen Anteil am Unternehmensgewinn belassen, sind eine denkbare Gestaltung, um ein Unternehmen aufzuteilen. Man könnte etwa die Aktien in eine Stiftung einbringen, die mit dem Zweck gegründet ist, die Aktien der Gesellschaft zum Zweck der Erhaltung der Lebensfähigkeit der Gesellschaft zu halten und die Gesellschaft im übrigen durch stille Beteiligungen an Teilbetrieben in Sparten zerlegen.

Gestaltungen mit einem einzelnen Investor, die eine Aktiengesellschaft verpflichten, ihren gesamten Gewinn abzuführen, sind nach § 291 Abs. 1 S. 1 Alt. 2 AktG zu beurteilen. Die Untersuchung wird zu klären haben, ob ein (verdeckter) Gewinnabführungsvertrag vorliegt, wenn eine Vielzahl von Investoren im Fall einer Publikumsgesellschaft im Ergebnis nahezu den gesamten Gewinn der Aktiengesellschaft erhalten soll. Die Folgen für den einzelnen Kapitalgeber sind insbesondere wegen der Pflicht erheblich, Jahresfehlbeträge auszugleichen und außenstehende Aktionäre abzufinden.

IV. Geheimhaltung der Beteiligung?

Der Titel des Handelsgesetzbuches „Stille Gesellschaft" bedeutet nicht, dass diese Vertragsform zwingend ohne Registerpublizität abzuwickeln wäre.[23] Eine stille Gesellschaft mit einer Aktiengesellschaft ist nicht schon deshalb ausgeschlossen, weil sie etwa aus aktienrechtlichen Gründen in das Handelsregister einzutragen ist.

§ 2 Rechtsformwahl

Eine Vielzahl von Motiven kann Kapitalgeber und Kapitalnehmer dazu bewegen, eine stille Beteiligung als Rechtsform der Kapitalanlage bzw. der Finanzierung

---

[23] *Blaurock*, FS Großfeld, 83, 90.

zu wählen. Es ist zu klären, ob sich Vorteile gegenüber anderen möglichen Finanzierungsformen in der Aktiengesellschaft ergeben. Das Recht der stillen Beteiligung lässt einen erheblichen rechtlichen Gestaltungsspielraum. Mögliche Motive für die Rechtsformwahl werden an dieser Stelle ausführlich erörtert, um die praktischen Einbruchstellen der rechtlichen Gestaltungsspielräume aufzuzeigen, die darauf zu untersuchen sind, ob und inwieweit insbesondere die Grundsätze der eigenverantwortlichen Leitung durch den Vorstand und das Konzernrecht sie begrenzen.

I. Motive auf Seiten der beteiligenden Aktiengesellschaft

Die stille Beteiligung stellt ein hybrides Finanzierungsmittel dar, das eine Stellung zwischen Eigen- und Fremdkapital einnimmt und für das beteiligende Unternehmen eine Vielzahl von Vorteilen bieten kann.

1. Periodenflexible Finanzierung

Festverzinsliches Fremdkapital ist ohne Rücksicht darauf zu bedienen, ob die Gesellschaft Gewinn erwirtschaftet. In ertragschwachen Jahren kann die feste Zinszahlung ein negatives Ergebnis herbeiführen. Sie verstärkt einen ohnehin entstandenen Verlust (negativer Hebel- bzw. Leverageeffekt). Im schlimmsten Fall kann die Zinspflicht zur Insolvenz führen.

Durch die stille Beteiligung kann man auf Zeit Kapital überlassen, für das in Verlustjahren kein Entgelt zu entrichten ist, das aber doch nicht voll am Geschäftwert teilnimmt und am Ende der Laufzeit zurückgeführt wird. Wirtschaftlich gesehen steht die stille Beteiligung dann im Übergangsbereich zwischen Eigenkapital und Fremdkapital (sog. Mezzanine-Finanzierung).

Mittels der stillen Beteiligung kann man die Kapitalstruktur an die jeweiligen Bedürfnisse des Unternehmens anpassen und die jeweils auszuweisenden Periodenergebnisse fein einstellen. Die stille Gesellschaft kann also auch als Instrument gestaltender Bilanzpolitik dienen.

Diese Vorteile lassen sich jedoch ebenso gut durch die Emission eines Genussrechts erzielen. Die periodenflexible Finanzierung der Aktiengesellschaft ist kein zwingendes Argument, eine stille Beteiligung zu wählen.

2. Anonymität des Einflusses

Aktienbeteiligungen sind ab bestimmten Beteiligungsquoten publizitätspflichtig. Die Grenze liegt für die nicht börsennotierte Aktiengesellschaft bei 25 % der

Aktien (§ 20 Abs. 1, 6, 8 i.V.m. § 16 Abs. 2 S. 1, Abs. 4 AktG), bei Börsennotierung gelten 5 % der Stimmrechte als Grenze (§ 21 Abs. 1, § 25 WpHG).

Während die stille Beteiligung an einer Personenhandelsgesellschaft nicht in das Handelsregister einzutragen ist, muss die stille Beteiligung an einer Aktiengesellschaft als Teilgewinnabführungsvertrag (§ 292 Abs. 1 Nr. 2 AktG) eingeordnet werden und ist deshalb nach § 294 AktG in das Handelsregister einzutragen. Es ist zu untersuchen, wie weit die gesetzlich eingeräumten Ausnahmen von diesem Grundsatz reichen (§ 292 Abs. 2 AktG) und ob Treuhandkonstruktionen die Möglichkeit eröffnen, die Publizität zu vermeiden. Für den Fall, dass die Aktien der Gesellschaft an einer Börse notiert sind, ist zu klären, ob eine Pflicht zur Ad-Hoc Publizität besteht (§ 15 Abs. 1 WpHG).

Wiederum besteht kein Vorteil gegenüber dem Genussrecht. Im Gegenteil kann die Aktiengesellschaft Genussrechte ausgeben, ohne eine Eintragung im Handelsregister vornehmen zu lassen.[24]

3. Gewinnung von Sachverstand, Gegenleistungen in Lizenzverträgen

Dienstleistungen können nicht Einlage auf Aktienkapital sein. Man kann zwar die Forderung aus einem Dienstvertrag einlegen. Dann ist aber das Verfahren über Sacheinlagen einzuhalten. Es ist auch möglich, eigene Aktien zu erwerben und diese der dienstleistenden Person anzudienen. Die Aktiengesellschaft darf eigene Aktien ohne Ermächtigung der Hauptversammlung aber nur insoweit erwerben, als sie Arbeitnehmern angeboten werden sollen. Teilgewinnabführungen im Rahmen von Lizenzverträgen sind dem Vorstand ohne Mitwirkung der Hauptversammlung erlaubt, § 292 Abs. 2 AktG. Das gleiche gilt für eine Gewinnbeteiligung von Mitgliedern des Vorstands und Aufsichtsrats[25], von einzelnen Arbeitnehmern der Gesellschaft sowie für Gewinnbeteiligungen im Rahmen des laufenden Geschäftsverkehrs.

---

[24] Vgl. BGHZ 120, 141, a.A. *Emmerich*, in: Emmerich/Habersack, Aktien- und GmbH-Konzernrecht, § 292 AktG, Rn. 31, (dazu unten) beachte insbesondere die Folgen des § 295 AktG.

[25] Hier besteht lediglich die Pflicht zur Publizität der gewinnabhängigen Bezüge als Bestandteil der nach § 285 Nr. 9 HGB anzugebenden Gesamtbezüge der Vorstands- und Aufsichtsratsmitglieder, sowie bei börsennotierten Aktiengesellschaften grundsätzlich die Pflicht zur individualisierten Publizität gem. § 161 AktG i.V.m. IV. 2.4. für den Vorstand bzw. die Publizität über die nach Bestandteilen aufzugliedernden Gesamtbezüge des Aufsichtsrats nach V. 4.5 Unterabsatz 3 des Deutschen Corporate Governance Kodex, soweit der Kodex eingehalten wird.

Es kann sich hier im Einzelfall die Gestaltung einer stillen Gesellschaft empfehlen.

4. Sanierungsinstrument

Das zugeführte Kapital kann bei atypischer stiller Gesellschaft ebenso wie bei aktienähnlichen Genusscheinen im Überschuldungsstatus als Eigenkapital gelten.[26]

Bei den Personengesellschaften und der GmbH ist die stille Beteiligung deshalb für die Sanierung von praktischer Bedeutung. Hier kann die stille Beteiligung ein weniger formales und deshalb schnelleres Verfahren geben, um Eigenkapital zuzuführen und damit die Überschuldung und die Insolvenzantragspflicht zu beseitigen, als das Genussrecht, weil die stille Beteiligung nach ständiger Rechtsprechung in der Personenhandelsgesellschaft keines Gesellschafterbeschlusses bedarf,[27] während die h.M. für Genussrechte zumindest bei der GmbH § 221 AktG entsprechend anwendet.[28] Das Genussrecht[29] ist für diese Zwecke indessen bei der Aktiengesellschaft die schnellere und flexiblere Finanzierungsform, weil das Genussrecht nicht in das Handelsregister einzutragen ist und auch nicht der Konzernvertragsprüfung unterliegt.[30] Die stille Beteiligung ist als Sanierungsinstrument für die Aktiengesellschaft weniger geeignet.

---

[26] *Vollmer/Maurer*, DB 1994, 1173, 1179 (für die typische stille Gesellschaft sei Sanierungsabrede erforderlich; ebenso bei obligationsähnlichen Genussrechten; Sanierungsabrede, dass die Verbindlichkeit nur aus freiem Vermögen zurückzuzahlen sei, soll reichen; freies Vermögen sei das Vermögen abzüglich Schulden und Stammkapital, d.h. es darf keine Unterbilanz entstehen; Abrede, die nur sicherstellt, dass keine Überschuldung entsteht, reiche nicht), vgl. auch BGHZ 110, 342 (mittelbare Kapitalbindung bei Kommanditisten der GmbH & Co. KG für das GmbH-Kapital, obwohl keine Beteiligung am Stammkapital der GmbH, § 30 GmbHG sei anzuwenden); wohl anders Brönner IV, 1474, bedingter Schulderlass für Konkursfall erforderlich, nur Besserungsscheine sanierungsgeeignet); siehe aber auch *Lutter/Hommelhoff*, § 64 GmbHG Rn. 16 (im Überschuldungsstatus seien nur solche Verbindlichkeiten nicht anzusetzen, die für den Fall der Insolvenz aufschiebend bedingt erlassen sind).

[27] Siehe unter § 5 I.

[28] Siehe *Lutter/Hommelhoff*, § 55 GmbHG, Rn. 46. m.N.

[29] Zu Genussrechten als Sanierungsinstrument: *Claussen*, FS Werner, 98 (der die Eignung des Genusscheines betont, die Folgen der - von ihm als praktisch unangemessen bewerteten - Regeln über kapitalersetzende Forderungen immerhin teilweise zu bewältigen, weil er in der Insolvenz hinter dem sonstigen Fremdkapital aber vor dem Eigenkapital sehe; das trifft nach der neueren Rspr. wohl nicht mehr zu, siehe BGH ZIP 2001, 235, 237 liSp, mit insoweit abl. Anm. *Altmeppen*, ZIP 2001, 240, 241 liSp („missverständlich").

[30] A.A. aber *Emmerich*, Aktienkonzernrecht, § 292 AktG, Rn. 31 ff., dazu unten § 5 II. 1.

5. Stille Beteiligung als Eigenkapitalverstärkung von Banken

Kreditinstitute können sich mittels stiller Beteiligung aufsichtsrechtliche Eigenmittel verschaffen,[31] oder auch freiwillig ihre Eigenkapitaldecke verstärken (z.B. im Hinblick auf ein besseres Kredit-Rating). In diesem Bereich kommen so große Kapitaltranchen in Frage, dass der Kapitalgeber häufig besondere Kontrollrechte verlangen dürfte. Es wird zu klären sein, ob und inwieweit die stille Beteiligung hier einen vom Genussrecht abweichenden Spielraum bietet.

Darüber hinaus wird die stille Beteiligung hier häufig gewählt, weil sie Kernkapital darstellen kann. Zum Kernkapital eines Kreditinstituts zählt neben den Vermögenseinlagen bestimmter stiller Gesellschafter vor allem das Grundkapital mit Ausnahme der Vorzugsaktien. Ebenfalls zum Kernkapital gehören die Rücklagen. Zum Ergänzungskapital zählen u.a. die Vorzugsaktien sowie bestimmte Genussrechte. Kern- und Ergänzungskapital zählen aufsichtsrechtlich jeweils zu 100 % zu den Eigenmitteln, das Ergänzungskapital allerdings nur bis zur Höhe des Kernkapitals.

6. Anlaufverluste und spätere Ausschüttungen bei Projektgesellschaften

Wenn man die Aktiengesellschaft als Projektgesellschaft nutzen will, um Wagnisfinanzierungen mit erheblichen Anlaufverlusten durchzuführen, sind für zukünftige Ausschüttungen die Vorschriften über die Substanzerhaltung zu beachten. An die Aktionäre darf nur der Bilanzgewinn ausgeschüttet werden, § 57 Abs. 3 AktG. Ein einmal entstandener Bilanzverlust ist auf neue Rechnung vorzutragen und mit dem künftig entstehenden Jahresgewinn zu verrechnen, § 158 Abs. 1 Nr. 1 AktG. Außerdem ist ein Teil des Jahresüberschusses in die gesetzliche Rücklage nach § 150 Abs. 2 AktG einzustellen. Die stille Gesellschaft könnte hier eine Alternativgestaltung gegenüber einer Aktienbeteiligung darstellen, weil die Vorschriften über die Kapitalerhaltung für die stille Gesellschaft grundsätzlich nicht anzuwenden sind, so dass die stille Beteiligung nach einer Phase von Anlaufverlusten eine großzügigere Ausschüttungspolitik ermöglichen könnte, als eine Aktienbeteiligung.[32] Weil allerdings auch die Kapitalrücklage der Aktiengesellschaft nach § 150 Abs. 2 und Abs. 3 AktG zur Verrechnung von Jahresfehlbeträgen dienen darf, führen Verlustjahre der Aktiengesellschaft für die Aktionäre hinsichtlich einer zukünftigen Ausschüttung nur dann zu einer Sperrwirkung, wenn dadurch das Grundkapital angetastet würde, weil das Grundkapital nach § 152 Abs. 1 S. 1 AktG zwingend als gezeichnetes Kapital auszuweisen ist, also keine

---

[31] Gestaltungsvorschläge bei: *Oratore/Schildkraut/Haag*, ZfgK, 1999, 168.

[32] Zu Einschränkungen hinsichtlich der Gewinnausschüttung siehe unten unter § 13 und § 14.

Verlustverrechnung erfolgen darf, so dass ein Jahresfehlbetrag nur dann zwangsläufig zu einem Bilanzverlust führt, wenn keine verrechenbaren Kapitalrücklagen vorhanden sind. Dieses Motiv hat deshalb eine proportional zur abnehmenden Mindeststückelung der Aktien abnehmende Bedeutung und wird praktisch zu vernachlässigen sein, sollten die Vorschläge der Regierungskommission Corporate Governance zur Herabsetzung des Mindestnennbetrags bzw. anteiligen Grundkapitalbetrags auf 1 Cent gesetzgeberisch umgesetzt werden.[33]

7. Steuerliche Motive

Steuerliche Motive sind bei der Wahl der Rechtsform einer stillen Beteiligung für eine Finanzierung in der Vergangenheit häufig von großer Bedeutung gewesen.

Ein wesentliches steuerliches Motiv für eine stille Beteiligung ist allerdings inzwischen entfallen: Tochtergesellschaften konnten ihren Muttergesellschaften durch eine stille Beteiligung eine ertragsteuerliche Verlustnutzung ermöglichen. Inzwischen wurde die ertragsteuerliche Verlustnutzung durch die Neufassung von § 15 Abs. 4 S. 6 und § 20 Abs. 1 Nr. 4 EStG bei der stillen Beteiligung an einer Kapitalgesellschaft umfassend ausgeschlossen. Im Veranlagungszeitraum 2003 galt der Ausschluss der Verlustnutzung zunächst nur, wenn sowohl das beteiligende Unternehmen als auch der stille Beteiligte die Rechtsform einer Kapitalgesellschaft hatten. Ab dem Veranlagungszeitraum 2004 ist die Verlustnutzung für stille Beteiligungen an Kapitalgesellschaften unabhängig von der Rechtsform des stillen Beteiligten ausgeschlossen. Da die Aktiengesellschaft eine Kapitalgesellschaft ist, entfällt damit die Möglichkeit einer Verlustnutzung weitgehend.[34] Rechtspolitisch sind diese Änderungen nicht zu begrüßen, weil sie eine Einschränkung sinnvoller Finanzierungsmöglichkeiten darstellen. Es ist deshalb zu hoffen, dass der Gesetzgeber zu der alten Rechtslage zurückkehrt.

Zur alten Rechtslage sei vorsorglich das Folgende ausgeführt: Die vermögensmäßig atypische stille Gesellschaft konnte als Mitunternehmerschaft in mehrstufigen Konzernen dazu dienen, um zu einer phasengleichen Gewinn- und Verlustrealisierung bei der Konzernmutter zu gelangen, ohne dass es auf die Voraussetzungen der jeweiligen steuerlichen Organschaft ankam. Ein Verlust, der im mehrstufigen Konzernen in einer Enkelgesellschaft eintritt, wirkt sich bei der Konzernmutter über die Teilwertabschreibung erst erheblich verzögert aus. Die Mutter kann erst abschreiben, wenn die Enkelgesellschaft ihren Jahresabschluss festgestellt hat und das darauf folgende Wirtschaftsjahr der Tochter abgelaufen ist, in dem die Tochter ihre Beteiligung an der Enkelgesellschaft ab-

---

[33] Vgl. Bericht der Regierungskommssion, Rn. 192.

[34] Siehe noch unten unter § 3 II.3.

schreibt. Über eine atypische stille Beteiligung ließ sich Gewinn und Verlust durch die steuerliche Mitunternehmerschaft phasengleich realisieren.

Die atypische stille Gesellschaft kann auch eine Beteiligung an Grundvermögen ermöglichen, ohne dass durch die Einräumung, Veräußerung oder Beendigung Grunderwerbsteuer entsteht, weil kein Eigentum an inländischen Grundstücken und auch keine Anteile an einer Personengesellschaft betroffen sind, in deren Eigentum sich inländische Grundstücke befinden.[35] Die zivilrechtliche Natur auch der atypischen stillen Gesellschaft als reine Innengesellschaft schließt die Grunderwerbssteuer aus, weil die Grunderwerbssteuer an das zivilrechtliche Eigentum anknüpft.

Leistungen auf eine typische stille Gesellschaft können die Gewerbesteuer mindern, weil sie nach § 8 Nr. 3 GewStG nur dann dem Gewerbeertrag hinzuzurechnen sind, wenn sie beim Empfänger nicht der Gewerbesteuer unterliegen. Die Leistungen sind demnach nicht absetzbar, wenn der Empfänger eine ausländische Gesellschaft ist, die keine Betriebsstätte im Inland unterhält. Das unterliegt europarechtlichen Bedenken. Der EuGH hat im Fall Eurowings entschieden, dass die gewerbesteuerliche Hinzurechnung nach § 8 Nr. 7 S. 2 GewStG gegen die Dienstleistungsverkehrsfreiheit nach Art. 59 EGV a.F. (jetzt Art. 49 EGV) verstößt, weil sie den Leasingnehmer benachteiligt, wenn der Leasinggeber seinen Sitz in einem anderen Mitgliedstaat als der Bundesrepublik hat.[36] Für einen stillen Gesellschafter kann hinsichtlich der Hinzrechnung nach § 8 Nr. 3 GewStG – möglicherweise allerdings unter dem Vorzeichnen nicht der Dienstleistungs- sondern der Kapitalverkehrsfreiheit – eigentlich kaum etwas anderes gelten. Deshalb gestaltet man gerade in Fällen mit EU-ausländischen Fremdkapitalgebern – bei entsprechender Risikobereitschaft – mitunter eine typische stille Beteiligung, um sich die Freiheit von der Hinzurechnung im Rechtsweg zu erstreiten.

Ähnlich lag es bei der Körperschaftsteuer, wo ausländische Anteilseigner keinen Zugang zum Anrechnungsverfahren hatten. Ausländische Investoren nutzten deshalb häufig eine Fremdfinanzierung mit typischer stiller Gesellschaft, um die Körperschaftsteuer im Inland zu mindern. Der Gesetzgeber hat reagiert, indem er § 8 a KStG eingeführt hat, der es verhindert, Fremdkapitalvergütungen körperschaftsteuerwirksam abzuziehen, wenn der Empfänger wesentlich beteiligt ist und man bestimmte Relationen zwischen Eigenkapital und Fremdkapital überschreitet. Die Vorschrift wurde im Lauf der Zeit verschärft. Heute sind nicht in einem Bruchteil vom Kapital bemessenen Vergütungen stets hinzuzurechnen,

---

[35] *Fischer* in: Boruttau, § 1 GrEStG, Rn. 177, 806 f.

[36] EuGH, DB 1999, 2246 f.

während Kapitalbruchteilsvergütungen nur für Fremdkapital abziehbar sind, soweit es das anderthalbfache des anteiligen Eigenkapitals des Empfängers nicht übersteigt. Allerdings gelten die Beschränkungen nicht, wenn das Kapital der Finanzierung banküblicher Geschäfte dient, wodurch ein im Bankgeschäft ein breiter Anwendungsbereich verbleibt, der auch bei Aktiengesellschaften als Töchtern praktisch durchaus genutzt wird.[37] Die Problematik hat sich für die Zukunft allerdings etwas entschärft, nachdem der gespaltene Körperschaftsteuersatz und das Anrechnungsverfahren entfallen sind.

8. Publikumsgesellschaften

Publikumsgesellschaften, die für Projektfinanzierungen außerhalb des geregelten Kapitalmarkts am sog. grauen Kapitalmarkt nach Investoren suchen, haben in letzter Zeit wiederholt die Rechtsform der AG & Still gewählt. Man erhofft sich offenbar aufgrund des höheren Ansehens der Rechtsform einer Aktiengesellschaft beim Publikum, die Beteiligungen leichter platzieren zu können. Der Vertrieb nutzt dabei mitunter auch das Argument, ein Börsengang solle mit der Rechtsform der Aktiengesellschaft von vornherein angestrebt und erleichtert werden und zur Abfindung des/der stillen Beteiligten zu besonders günstigen Bedingungen führen.

9. Alternative zu tracking stocks

Tracking stock hat in der letzten Zeit vor allem in den U.S.A. Konjunktur gehabt; zuletzt etwa die große Emission von AT & T Wireless.[38] Bei tracking stocks handelt es sich um Geschäftsbereichsaktien, die eine einheitliche rechtliche Gesellschaft unter den Anlegern in Segmentbeteiligungen aufteilen. Man strebt damit an, den sog. Konglomeratsabschlag auszuschalten, den man für stark diversifizierte Unternehmen am Kapitalmarkt findet und dadurch die Finanzierung dieser Unternehmen zu verbessern.

Das deutsche Recht[39] erlaubt es zwar, Aktien verschiedener Gattungen zu schaffen. Einerseits fehlt es aber an einer gesetzlich vorgeschriebenen Segmentsprüfung für diese Fälle. Andererseits kann die Aktiengesellschaft auch für ein profitables Segment keinen Gewinn ausschütten, wenn die Gesellschaft keinen Bilanzgewinn ausweisen kann. Letzteres lässt sich möglicherweise mit Hilfe

---

[37] Siehe OLG Düsseldorf, AG 1996, 473 (Citicorp Deutschland AG, die Einlage der stillen Gesellschafterin betrug hier 335 Mio. DM, das anteilige Eigenkapital der stillen Gesellschafterin ist nicht mitgeteilt).

[38] Aus finanzwirtschaftlicher Sicht kritisch: The Economist, "The fashion for tracking stock", August 5th 2000, 70.

[39] Siehe im einzelnen noch unten unter § 3 I. 2.

einer stillen Beteiligung vermeiden, weil die konzernrechtliche Ausschüttungssperre des § 301 AktG nach h.M. nicht bei der Abführung von Gewinnen aus Teilbetrieben gelten soll.[40] Die Rechtslage ist aber umstritten; es gibt keine höchstrichterliche Rechtsprechung. Es wäre schon deshalb mit einem nicht unerheblichen rechtlichen Risiko verbunden, hier den ersten Schritt zu wagen.

10. Beschaffung von Kapital durch Unternehmensbeteiligungsgesellschaften und Förderbanken

Nicht börsennotierte Aktiengesellschaften können sich zur Kapitalbeschaffung an Unternehmensbeteiligungsgesellschaften wenden. Unternehmensbeteiligungsgesellschaften können heute auch Genussscheine erwerben, § 1 a Abs. 2 UBGG.[41] Sollen Anlaufverluste steuerlich nutzbar gemacht werden, ist die stille Gesellschaft hier die gegenüber dem Genussrecht naheliegendere Beteiligungsform (vgl. aber oben 7.).

Kreditinstitute, die sich in öffentlicher Trägerschaft befinden und zum Zweck der Wirtschaftsförderung[42] mit Wagnisfinanzierungen befasst sind, neigen häufig ebenfalls der stillen Gesellschaft als Beteiligungsform zu.

11. Umgehung von Gewinnpublizität

Unternehmen sehen ihre Ertragskraft mitunter durch die Publizitätsvorschriften gefährdet. Das gilt insbesondere für Zulieferbetriebe, die unter erheblichen Margendruck seitens ihres wirtschaftlich überlegenen Abnehmers geraten können, wenn dieser von der Höhe ihres Gewinns erfährt. Man empfiehlt mitunter die Gestaltung einer stillen Gesellschaft, um dies zu vermeiden, weil man hierdurch den betrieblichen Ertrag in die Privatsphäre „absaugen“ könne.[43] Das kann wegen § 277 Abs. 3 S. 2 HGB nur eingeschränkt Erfolg haben.

---

[40] RegBegr AktG 1965 bei *Kropff*, 389; *Hüffer*, § 301 AktG, Rn. 2; *Koppensteiner* in: Kölner Kommentar, § 301 AktG, Rn. 6 (weil anderenfalls das Synallgma gestört würde, das auf den Betriebsgewinn bemessen sei); a.A. *Würdinger* in: Großkomm., § 301 AktG, Anm. 9; kritisch auch: *Krieger* in: Münch HdB GesR IV, § 72 Rn. 21 (eine sachliche Rechtfertigung für die Differenzierung sei nicht ersichtlich); widersprüchlich: *Geßler* in: Geßler/Hefermehl, § 292 AktG, Rn.53 (die Gewinnabführung bei Beteiligung an einem Teilbetrieb setzt nach Sinn und Zweck des § 301 AktG einen entsprechend hohen Gesellschaftsgewinn voraus) und *derselbe*, § 301 AktG, Rn. 24 (nicht auf Teilgewinnabführungsverträge anwendbar).

[41] Anders § 3 Abs. 1 S. 1 Nr. 5 UBGG in der Urfassung, der nur den Erwerb stiller Beteiligungen vorsah.

[42] Zum Beispiel die Deutsche Ausgleichsbank oder die Bayerische Förderbank.

[43] Elektronisches Handbuch der Bilanzierung, Haufe 1998, Erläuterung 45.

Abführungen aufgrund stiller Gesellschaft sind nach h.M. unter dem Posten Erträge und Aufwendungen aus Ergebnisausgleichverträgen aufzuführen.[44] Der wirkliche Ertrag der Unternehmung lässt sich aufgrund dieser Angabe zurückrechnen. Das gilt bei stillen Beteiligungen an Aktiengesellschaften umso mehr, soweit man sie als Teilgewinnabführungsverträge qualifiziert, die auch vom Wortlaut des § 277 Abs. 3 S. 2 HGB erfasst sind.

Die Motive der Aktiengesellschaft für die Ausgabe einer stillen Beteiligung lassen sich danach wie folgt zusammenfassen: Die stille Beteiligung kann für die Aktiengesellschaft ein Instrument darstellen, durch das sich eine periodenflexible Finanzierung unter steuerlicher Abziehbarkeit der entstehenden Aufwands sicherstellen lässt. Für Banken und Versicherungen bietet die stille Beteiligung die Möglichkeit, sich aufsichtsrechtliche Eigenmittel zu verschaffen, ohne neue Stimmrechte vergeben zu müssen. Die stille Beteiligung an einer Aktiengesellschaft kann sich möglicherweise als Alternativgestaltung für die Ausgabe von tracking stocks zur Segmentierung von Aktiengesellschaften anbieten.

II. Motive auf Seiten des Kapitalgebers

Für den Kapitalgeber stellt sich die stille Beteiligung als Investitionsinstrument dar, für dessen Einsatz eine Reihe spezifischer Motive in Frage kommen, die im folgenden kurz dargestellt werden sollen.

1. Renditeorientierte Kapitalanlage

Für jeden Investor ist die Rendite, die er sich aus der Anlage versprechen kann, das Hauptmotiv für seine Beteiligung, wobei mit dem Begriff der Rendite der durch die Kapitalhingabe zu erzielende Gewinn im weitesten Sinne gemeint ist, ohne dass hiermit ein bestimmtes Modell der betriebswirtschaftlichen Investitionsrechnung im Gegensatz zu einem anderen angesprochen sein soll. Die stille Gesellschaft kann in diesem Rahmen insbesondere dazu dienen, um zwei Schwierigkeiten zu begegnen, die einer Aktienbeteiligung entgegenstehen können.

a) Veräußerungsproblem

Die stille Gesellschaft kann für einen Wagniskapitalgeber ein Instrument sein, um die Liquidation seiner Beteiligung zu ermöglichen, ohne die Beteiligung verkaufen zu müssen. Gerade im Bereich von Wagnisfinanzierungen, die zu

---

44 *Adler/Düring/Schmalz*, § 277 HGB Rn. 58, § 271 HGB, Rn. 7 (nur, wenn als Beteiligung ausgewiesen, was nur für atypische stille Beteiligung in Frage käme).

einem Börsengang führen sollen, kann es sich empfehlen, die Beteiligung als Fremdkapital darzustellen, weil es erschwert sein kann, Zeichner zu finden, wenn Altaktionäre ihre Beteiligung abgeben wollen.

b) Zugangsproblem

Die stille Gesellschaft kann dem Investor die Möglichkeit geben, sich an einer Familienaktiengesellschaft mit geschlossenem Gesellschafterkreis zu beteiligen, der nur sehr eingeschränkt den Einfluss neuer Kapitalgeber dulden möchte. Gegenüber einem Genussrecht kann die stille Gesellschaft dem Investor, der an einem aktiven Einfluss auf die Gesellschaft verhindert ist, hier weitergehende Informationsrechte einräumen, um besser beurteilen zu können, ob er das Kapital weiter im Unternehmen belassen oder kündigen will.

2. Unternehmerische Beteiligung an einer Aktiengesellschaft mit erleichterter Einlagenrückgewähr

Ein Risikokapitalgeber muss seine Investition liquidieren können (Exit-Problem). Das kann bei einer Aktienbeteiligung geschehen, indem man die Aktien außerbörslich oder – wenn eine Börsenzulassung besteht bzw. erreicht wird – über die Börse bzw. im Rahmen eines Börsengangs (Initial Public Offering; IPO) veräußert. Findet sich kein Käufer und sind im Unternehmen genügend liquide Mittel vorhanden, kann man den Kapitalgeber aus Mitteln des Unternehmens abfinden. Man darf den Aktionären aber nicht die Einlage zurückgewähren (§ 57 AktG). Deshalb ist es erforderlich, zunächst das Kapital herabzusetzen. Die Hauptversammlung ist zu beteiligen und die Kapitalherabsetzung muss im Handelsregister eingetragen werden. Gläubigern ist auf Verlangen Sicherheit zu leisten. Schließlich besteht eine Sperrfrist für die Rückzahlung während sechs Monaten nach Bekanntmachung der Eintragung der Kapitalherabsetzung.

Demgegenüber ist es dem Vorstand bei der stillen Beteiligung grundsätzlich möglich, das Kapital in eigener Verantwortung zurückzuführen.

Auch hier bietet die stille Beteiligung aber keinen erkennbaren Vorteil gegenüber dem Genussrecht.

3. Steuerliche Motive

Die steuerlichen Überlegungen für den Investor korrespondieren mit denen der Gesellschaft.

Die steuerlich typische stille Gesellschaft hat gegenüber dem Genussrecht für den Kapitalgeber den Vorteil, dass er einen Anteil am laufenden Verlust auch dann einkommensteuerlich nutzen kann, wenn er die stille Gesellschaft im Privatvermögen hält, § 20 Abs. 2 Nr. 4 S. 2 EStG a.F. (allerdings generell nicht mehr ab dem Veranlagungszeitraum 2004).

Die Verlustnutzung ist für Genussrechte umstritten, wobei die finanzgerichtliche Rechsprechung annimmt, dass der Genussscheininhaber die zugewiesenen Verluste im Privatvermögen nicht nutzen kann.[45] Die stille Gesellschaft ist also gegenüber einer Genussrechtsbeteiligung im Privatvermögen vorteilhaft, weil der laufende Verlust, der dem stillen Gesellschafter auf seine Beteiligung zugewiesen wird, im Privatvermögen zu steuerlich abziehbaren Werbungskosten führt.[46] Gegenüber einem Genussrecht hat die stille Beteiligung also den Vorteil, dass die Anlaufverluste nach § 20 Abs. 1 Nr. 4 EStG bzw. § 15 EStG steuerlich genutzt werden können, was für Genussrechte – wie bereits angesprochen – umstritten ist und auch von der wohl herrschenden Ansicht abgelehnt wird.[47] Die stille Gesellschaft kann hier gegenüber dem Genussrecht zumindest eine erhöhte gestalterische Sicherheit bieten. Allerdings müssen unstreitig auch Verluste aus einer stillen Gesellschaft im Privatvermögen als der reinen Vermögenssphäre zuzurechnende Verluste ohne steuerliche Abzugsmöglichkeit hingenommen werden, wenn sie in der Insolvenz des Inhaberunternehmens entstehen.[48] Dies ist im Rahmen der gestalterischen Überlegungen als die Kehrseite des Umstandes anzusehen, dass auch der Veräußerungsgewinn aus einer typischen stillen Gesellschaft nicht der Besteuerung unterliegt, wobei die typische stille Gesellschaft auch nicht als sog. ähnliche Beteiligung zu einer steuerlichen Verstrickung als wesentliche Beteiligung des Privatvermögens nach § 17 EStG führt.[49] Dabei ist allerdings nicht zu verkennen, dass eine typische stille Beteiligung – selbst wenn sie nach dem Gesellschaftsvertrag übertragbar ausgestaltet ist – rein tatsächlich nur unter Schwierigkeiten veräußerbar ist, weil für einen Erwerber kein Gutglaubensschutz hinsichtlich der Rechtsinhaberschaft bzw. der Verfügungsbefugnis des Veräußerers besteht und der große gestalterische Spielraum, den das Recht der stillen Gesellschaft gewährt, dazu führt, dass nicht nur – wie bei jeder Unternehmensbeteiligung – die sorgfältige

---

[45] FG Münster, EFG 1992, 16 rkr. (die Entscheidung geht allerdings für die Abgrenzung unzutreffend davon aus, in der stillen Gesellschaft könne man keine Nachrangvereinbarung treffen; § 236 HGB enthält aber völlig unstreitig nur zugunsten der Insolvenzgläubiger zwingendes Recht, nicht zugunsten des stillen Gesellschafters).

[46] Vgl. *Seeger* in: Schmidt, § 20 EStG, Rn. 143.

[47] Vgl. *Seeger* in: Schmidt, § 20 EStG, Rn. 5 a.E.

[48] Vgl. Seeger in: Schmidt, § 20 EStG, Rn. 5.

[49] BFHE 183, 407.

Bewertung des Unternehmens sondern auch die Bewertung der typisch stillen Beteiligung selbst einen erheblichen Aufwand erfordert.

Die steuerlich atypische stille Gesellschaft ermöglicht es dem stillen Gesellschafter, die Gewinne und Verluste aus der Beteiligung an der Kapitalgesellschaft phasengleich zu nutzen, ohne dass es eines Beherrschungsvertrags bedürfte. Sie ermöglicht es auch, bei der Veräußerung oder Beendigung der Beteiligung als Mitunternehmeranteil den Altersfreibetrag und die Tarifbegrenzung zu nutzen, §§ 16, 34 EStG.

Die atypische stille Gesellschaft hat als Betriebsvermögen besondere Vorzüge bei der Erbschaftsteuer.[50]

Früher bedeutende steuerliche Motive für die stille Beteiligung sind inzwischen entfallen, so der gespaltene Körperschaftsteuersatz und das Anrechnungsverfahren. Das Schütt-Aus-Hol-Zurück-Verfahren, das man früher häufig mit einer Rückeinlage im Wege der stillen Gesellschaft praktizierte, hat sich damit erledigt. Auch eine Verlustnutzung kann durch eine stille Beteiligung an einer Kapitalgesellschaft nicht mehr gewährleistet werden. Ertragsteuerlich interessant kann die stille Beteiligung an einer Aktiengesellschaft insofern nur noch für einen ausländischen Investor außerhalb einer inländischen Betriebsstätte je nach den einschlägigen Vorschriften des Außensteuerrechtes und des betreffenden Doppelbesteuerungsabkommens sein.

4. Anonymität der Beteiligung?

Dies ist auch für den Kapitalgeber ein klassisches Motiv für die Wahl der stillen Beteiligung als Rechtsform, das sich bei Aktiengesellschaften als Inhaberunternehmen – wie angesprochen – nur mit erheblichen Einschränkungen und mit erheblichem Mehraufwand erreichen lässt.

5. Beseitigung von Bewertungsunsicherheiten beim Unternehmenskauf

Die stille Beteiligung des Veräußerers am vom Käufer erworbenen Unternehmen kann ein Mittel sein, um das Problem der Bewertungsunsicherheit anzugehen. Die stille Beteiligung an einer Aktiengesellschaft kann dabei in Frage kommen, wenn erstens ein Kauf des Unternehmenssubstrats (asset deal) und nicht der Anteile (share deal) vorliegt und zweitens der Erwerber die Rechtsform einer Aktiengesellschaft hat. Die Beteiligung des Veräußerers an den Erträgen des veräußerten Unternehmens auf eine (bestimmte) Zeit nach dem Übergabestichtag

---

[50] Vgl. §§ 13 a, 19 a ErbStG.

(closing) bezeichnet man als Beteiligungslösung (earn out, contigent price deal) im Unterschied zu einer Gestaltung, bei welcher der Verkäufer einen bestimmten zukünftigen Ertrag garantiert, die man als Versicherungslösung bezeichnet. Die Gestaltung hat strategischem Verhalten der Parteien möglichst entgegenzuwirken.[51] Als Gestaltungsalternative ist einerseits das Genussrecht zu bedenken. Genussrechte können aber nicht die für diesen Zweck regelmäßig benötigten Kontroll- und Mitwirkungsrechte sichern. Andererseits wird sich der Erwerber, wenn er die Rechtsform einer Aktiengesellschaft hat, überlegen, ob er ein Erwerbsvehikel anderer Rechtsform zwischenschaltet, um den Aufwand und das Risiko, den die stille Beteiligung an einer Aktiengesellschaft rechtsformspezifisch zusätzlich verursacht, zu vermeiden. Daran kann die Erwerberaktiengesellschaft aber z.B. ihre Satzung hindern, wenn sie den Beteiligungserwerb nicht zulässt.

Häufig vereinbart man, dass der Verkäufer an den Erträgen nur insoweit noch beteiligt ist, als die Erträge eine bestimmte Schwelle überschreiten. Man will den Verkäufer damit motivieren, den reibungslosen Übergang des Unternehmens auf den Erwerber zu fördern. Solche Gestaltungen sind auch im Rahmen einer stillen Gesellschaft möglich. Entgegen einer Entscheidung des Reichsgerichts liegt auch dann eine stille Gesellschaft vor, wenn dem Inhaber ein Mindestanteil am Gewinn verbleibt.[52] Das Reichsgericht nimmt an, dass hier eine Gewinnbeteiligung des stillen Gesellschafters nicht vorliege, weil es sein könne, dass ein vorhandener Gewinn vollständig zur Vorwegverzinsung verwendet werde.[53] Das überzeugt nicht, weil die Vorwegverzinsung nichts daran ändert, dass die Beteiligung sich nach dem – wenn auch modifizierten – Gewinn bemisst. Die Parteien sind grundsätzlich frei darin, wie sie die Bemessungsgrundlage bestimmen. Der Umstand, dass im Einzelfall kein Gewinn abzuführen ist, obwohl ein Gewinn auf Ebene der Gesellschaft anfällt, rechtfertigt es nicht, diese Fälle anders zu beurteilen, als eine gewöhnliche stille Beteiligung, die ebenfalls das Risiko birgt, dass der stille Gesellschafter nichts erhält, wenn das Inhaberunternehmen nicht den erforderlichen Gewinn erzielt. Schädlich erscheint es nur, wenn die Vorwegverzinsung es auf absehbare Zeit nicht erwarten lässt, dass dem stillen Gesellschafter ein substanzieller Gewinnanteil verbleibt.

---

[51] Eingehend zu den Gesichtspunkten der Vorbeugung: *Baums*, DB 1993, 1273 ff.

[52] RG, Recht 1914, Nr. 114 (Vorwegverzinsung des Kapitalanteils des Komplementärs sei schädlich); a.A. überzeugend: *Koenigs*, 175; *Karsten Schmidt* in: Schlegelberger, § 336 HGB a.F. (§ 230 HGB n.F.), Rn. 23.

[53] RG, Recht 1914, Nr. 114.

6. Beschränkte Mitwirkung auf Zeit

Der Verkäufer eines Unternehmens kann daran interessiert sein, im verkauften Unternehmen noch über eine bestimmte Zeit nach dem Übergabestichtag mitzuwirken, wenn der Kaufpreis für das Unternehmen teilweise in einer Beteiligung an den zukünftigen Erträgen über einen bestimmten Zeitraum besteht.[54] Man kann den alten Inhaber zum Vorstand machen bzw. in einer vorhandenen Position als Vorstand belassen und ihm eine entsprechende Tantieme einräumen. Eine Vorstandsposition des Alteigentümers kann aber dem Erwerber des Unternehmens zu weit gehen. Eine stille Beteiligung verbunden mit bestimmten Informations-, Mitwirkungs- oder auch Vertretungsrechten für konkrete Einzelfälle kann hier eine alternative Vereinbarung sein.

7. Vermeidung der Sachgründungsvorschriften

Die Gestaltung einer stillen Gesellschaft für eine Sacheinlage erübrigt nicht die Umstände, die durch eine notwendige Sachgründungsprüfung entstehen, weil die §§ 293 a ff. AktG zumindest einen entsprechenden Aufwand verursachen. Die strengen Rechtsfolgen nicht wirksam vereinbarter Sacheinlagen (§ 27 Abs. 3 S.2 AktG) kann man aber vermeiden, wenn man eine stille Beteiligung statt einer Aktienbeteiligung wählt. Sacheinlagen sind vor Anmeldung der Gesellschaft vollständig zu leisten, § 36 a Abs. 2 AktG. Eine stille Beteiligung gegen Sacheinlage vereinbaren, auch wenn die Sacheinlage erst in Zukunft zu erbringen ist.

8. Zwischenergebnis

Die stille Beteiligung kann dem Kapitalgeber Zugang zu einem Unternehmen verschaffen, dass seiner Investition ansonsten verschlossen wäre. Die stille Beteiligung erleichtert gegenüber einer Beteiligung durch Aktienkapital die Einlagenrückgewähr; sie kann auch bestimmte rechtliche Probleme vermeiden, die bei einer Sacheinlage gegen Einräumung einer Aktienbeteiligung bestehen. Steuerlich bietet die stille Beteiligung die Möglichkeit, laufende Verluste auch im Privatvermögen als Werbungskosten im Rahmen der Einkünfte aus Kapitalvermögen geltend zu machen. Die atypische stille Beteiligung kann dem Kapitalgeber die Möglichkeit verschaffen, erbschaftsteuerliche Vergünstigungen für Betriebsvermögen zu nutzen. Weiter kann die stille Beteiligung der Beseitigung von Bewertungsunsicherheiten beim Unternehmenskauf dienen. Die stille Gesellschaft kann darüber hinaus möglicherweise einen Einfluss auf die Aktiengesellschaft unterhalb der Schwelle des Beherrschungsvertrages einräumen, der die mit einem Beherrschungsvertrag verbundene Verlustausgleichs-

---

[54] Siehe soeben unter 5.

pflicht und Ausgleich- bzw. Abfindungspflicht gegenüber außenstehenden Aktionären vermeidet.

§ 3 Einzelne Beteiligungsformen

Im Folgenden soll im Wege einer kurzen Bestandsaufnahme dargestellt werden, welche unterschiedlichen Formen der stillen Gesellschaft rechtlich möglich sind, wobei nicht umfassend alle denkbaren Vertragsgestaltungen angesprochen, sondern einige Gestaltungsmöglichkeiten hervorgehoben werden sollen, die für die rechtliche Beurteilung der stillen Beteiligung an einer Aktiengesellschaft als Inhaberunternehmen besondere, spezifisch aktienrechtliche Folgefragen ergeben können. Zunächst soll auf die möglichen Beteiligungsgegenstände – ganzes Unternehmen oder Teil eines Unternehmens eingegangen werden,[55] weiter werden die möglichen Arten der Gewinnbeteiligung[56] sowie der Verlustbeteiligung[57] im Rahmen der stillen Gesellschaft dargestellt. Dann wird auf die Gestaltungsmöglichkeiten eingegangen, die das Recht der stillen Gesellschaft für die Mitwirkung des stillen Gesellschafters bei Geschäftsführung und Grundlagenentscheidungen im Inhaberunternehmen lässt.[58] Weiter wird auf die Möglichkeit garantierter Ausschüttungen im Recht der stillen Gesellschaft hingewiesen.[59] Schließlich werden die unterschiedliche Möglichkeiten einer Mediatisierung – bis hin zur Einschaltung eines Treuhandgesellschafters – dargestellt;[60] auch dies Gestaltungen die – wie zu zeigen sein wird – vom Standpunkt des Rechtes der stillen Gesellschaft einen weiten Gestaltungsspielraum eröffnen, der in Bezug auf die Rechtsform der Aktiengesellschaft spezifischen – in der Folge zu prüfenden Grenzen – unterliegen kann.

I. Mögliche Beteiligungsgegenstände

Als Beteiligungsgegenstände kommen vom Recht der stillen Gesellschaft her gesehen sowohl das gesamte Unternehmen der Aktiengesellschaft als Geschäftsinhaberin, als auch bestimmte Teile des Unternehmens in Frage.

---

[55] Siehe unter I.
[56] Siehe unter II.
[57] Siehe unter III.
[58] Siehe unter IV.
[59] Siehe unter V.
[60] Siehe unter VI.

1. Gesamtes Unternehmen

Der stille Gesellschafter beteiligt sich regelmäßig am gesamten Handelsgewerbe des Inhaberunternehmens, § 230 Abs. 1 HGB. Für seine Einlage erhält er einen angemessenen Anteil am Gewinn, § 231 HGB.[61]

2. Selbständige Unternehmensteile

Es ist vom Standpunkt des Rechts der stillen Gesellschaft aus gesehen auch möglich, eine Beteiligung an Teilbetrieben zu gewähren.[62] Darüber hinaus ist es möglich, an selbstständigen Teilen eines Unternehmens zu beteiligen, die keinen Teilbetrieb darstellen, wobei es ausreicht, dass der Unternehmensbereich, auf den sich die Beteiligung bezieht, eindeutig abgrenzbar ist.[63] Der rechtliche Bestand der Gesellschaft insgesamt bleibt unberührt.

Die stille Beteiligung könnte sich als ein Instrument erweisen, das es unter besonderer Ausgestaltung ermöglicht, den Effekt von Geschäftsbereichsaktien (tracking stocks) zu erzielen. Ein Problem dabei ist, dass es bisher keine Rechnungslegungsstandards gibt, die es erlauben, eine praktisch zuverlässige und vor allem in standardisierter Weise prüfbare Buchführung für einen Teilbetrieb zu ermöglichen.[64] Innerbetriebliche Berechnungen für einzelne betriebliche Bereiche (Kostenstellenrechnung) oder einzelne Produkte (Kostenträgerrechnung), die für die interne Wirtschaftlichkeitskontrolle und die Berechnung des Angebotspreises bedeutend sind, unterliegen in ihrer Ausgestaltung dem Ermessen des zuständigen Managements. Dies ist ein Problem, das sich bei dem Versuch stellt, auf Teilbetriebe abzielende Gestaltungen am organisierten Kapitalmarkt zu handeln. Es stellt sich bei der Gestaltung von verschiedenen stillen Beteiligungen an Teilbetrieben ebenso, wie bei auf Teilbetrieben bezogenen Geschäftsbereichsaktien.

---

[61] Zu möglichen Gestaltungen siehe unter II.

[62] Zur Frage der Teilbetriebseigenschaft siehe bei der Abgrenzung zum A-Meta-Geschäft, § 4 I 3.

[63] *Blaurock*, § 5 Rn. 33

[64] *Baums*, FS Boujong, 19, 31 ff. (Kapitalgesellschaften haben nach § 285 Nr. 4 HGB im Anhang, konzernabschlusspflichtige Unternehmen haben nach § 314 Abs. 1 Nr. 3 HGB die Umsatzerlöse nach Tätigkeitsbereichen sowie nach geographisch bestimmten Märkten aufzugliedern; nur so weit geht auch die Prüfung; nach Sparten diffenzierende Angaben zum Ergebnis, zum Vermögen, Investitionen, Abschreibungen u.a. mehr sind im Einzelabschluss nicht vorgeschrieben; eine Segmentberichterstattung im Konzenabschluss ist allerdings nach § 297 Abs. 1 S. 2 HGB n.F. für alle kapitalmarktorientierten Mutterunternehmen zwingend).

Zudem kann die Aktiengesellschaft an die Aktionäre nur den Bilanzgewinn ausschütten. Unrentabel arbeitende Geschäftsbereiche verbieten es deshalb, an die Gattungsaktionäre eines anderen, rentabel arbeitenden Geschäftsbereichs auszuschütten, soweit dadurch ein Bilanzverlust entsteht. Es wird zu untersuchen sein, ob man diese Hindernisse überwinden kann, indem man die stille Beteiligung zu Hilfe nimmt.[65]

Die stille Beteiligung an selbständigen Unternehmensteilen bietet aber einen anderen Vorteil, den man mit Hilfe von Geschäftsbereichsaktien nicht erreichen kann. Das deutsche Recht erlaubt es zwar, verschiedene Aktiengattungen zu schaffen. Hierbei ergeben sich aber zwei Probleme, die nach dem geltenden Aktienrecht nicht ohne weiteres lösbar sind. Die Satzung kann die Gewinnberechtigung von Aktien nicht an eine ungeprüfte und nicht testierte Segmentberichtserstattung durch den Vorstand anknüpfen.[66] Auch mit Genussscheinen bestehen kaum Erfahrungen, unmittelbar an besondere Gewinngrößen anzuknüpfen – auch wenn einzelne Gestaltungen eine Verzinsung nach der Gesamtkapitalrendite vorsehen, was aktienrechtlich allerdings nicht unproblematisch ist, weil weder die Rechtsprechung noch die Literatur eine solche Gestaltung ausdrücklich als Gewinnschuldverschreibung oder als Genussrecht einordnet,[67] und sich zugleich die Frage stellt, ob es sich um einen Teilgewinnabführungsvertrag mit der Folge handelt, dass die Vorschriften der §§ 293 ff. AktG einzuhalten wären. Eine Beteiligung an einem besonders errechneten Ergebnis ist für die stille Gesellschaft dagegen gerade die regelmäßige und – allerdings hauptsächlich mit Inhaberunternehmen anderer Rechtsform – erprobte Gestaltungsform.[68]

Als Ergebnis ist festzuhalten, dass die Beteiligung von stillen Gesellschaftern an vertraglich abzugrenzenden Teilen einer Aktiengesellschaft eine rechtliche Alternativüberlegung zu der Gestaltung von tracking stocks sein kann, weil die rechtlichen Bedenken, die der Schaffung von Geschäftsbereichsaktien solange entgegenstehen, wie es keine durch Abschlussprüfer zu testierende Segmentberichterstattung im Einzelabschluss der Aktiengesellschaft gibt, der Gestaltung

---

[65] Siehe dazu unter § 14 I 2.

[66] *Baums*, FS Boujong, 19, 34; a.A. offenbar stillschweigend, *Sieger/Hasselbach*, AG 2001, 391, 395 (für § 60 Abs. 3 AktG reiche eine in der Satzung der Gesellschaft festgeschriebene Dividenden formel); siehe auch *Sieger/Hasselbach*, BB 1999, 1277, 1282; stillschweigend auch *Tonner*, IStR 2002, 317, 319; zu einer als satzungsmäßig möglich angesehenen Spartenrechnungslegung: *Prinz/Schürner*, DStR 2001, 759 ff.; zur Umstrucktierungen von US-Beteiligungen aus deutscher Sicht: *Hans Flick*, IStR 1995, 231; zu rechtlichen Problemen des Managements im divisionalisierten Unternehmen: *Schiessl*, ZGR 1992, 64 ff.

[67] Vgl. *Hüffer*, § 221 AktG, Rn. 24 ff.

[68] Zur Bemessungsgrundlage für die Gewinnbeteiligung sogleich unter II.

von stillen Beteiligungen an Geschäftsbereichen einer Aktengesellschaft nicht entgegenstehen.

II. Gewinnbeteiligung

Der Gestaltungsspielraum, den das Recht der stillen Gesellschaft für die Gewinnbeteiligung lässt, ist groß. Die Regelung im HGB bestimmt nur, dass man die Beteiligung des stillen Gesellschafters am Gewinn nicht ausschließen kann, § 231 Abs. 2 HS 2 HGB. Sie regelt außerdem, dass ein den Umständen nach angemessener Anteil am Gewinn bedungen ist, wenn die Parteien vertraglich nichts bestimmt haben, § 231 Abs. 1 HGB.

1. Vermögensmäßig typische stille Beteiligung

Das Gesetz legt nicht ausdrücklich fest, was unter „Gewinn" zu verstehen ist. Mit der h.M. ist von einem besonders zu berechnenden Betriebsgewinn auszugehen, wenn nicht vertraglich etwas anderes bestimmt ist.[69] Gewinn in diesem Sinne ist also nicht ohne weiteres der Handelsbilanzgewinn. Gemeint ist der in einer Periode erzielte Vermögenszuwachs aus der Geschäftstätigkeit. Vermögenszuwächse, die nicht auf unternehmerischen Geschäften beruhen, sind auszuschließen. Der Gewinn ist durch eine besondere interne Rechnungslegung zu ermitteln. Der typische stille Gesellschafter ist nicht an den in rechtlich in zulässiger Weise gebildeten stillen Reserven beteiligt.[70]

Für die Ansicht, der Handelsbilanzgewinn sei der regelmäßige Beteiligungsgegenstand, spricht die Regelung des § 232 HGB, wonach der Gewinn am Schluss des Geschäftsjahrs auszuzahlen ist. Trotzdem fällt es schwer, gegen die langjährige gefestigte Rechtsprechung und h.M. in der Literatur Stellung zu beziehen.

---

[69] RGZ 120, 410 (Entschuldungsgewinne sind erfasst); RGZ 126, 386, 393 (zur Aufwertung); RG JW 1939, 489, 490; RG DNotZ 1932, 475; RG LZ 1913, 763, 764; BGH LM Nr. 3 zu § 340 (zur Auseinandersetzungsbilanz)); *Karsten Schmidt* in: Schlegelberger/Hefermehl, § 337 HGB a.F. (§ 232 HGB n.F.) Rn. 5 ff.; auch *Blaurock*, § 7 Rn. 2, § 14 Rn. 8 ff. (allerdings mit dem Zusatz, der regelmäßige Parteiwille ziele auf die Beteiligung am Gewinn aus dem handelsrechtlichen Jahresabschluss); *Zutt* in: Großkommentar, § 232 HGB, Rn. 3 ff.; a.A. *Aulinger*, 22 ff. (Beteiligung auch an aufzulösenden Rücklagen, wenn nicht atypisch gestalteter Vertrag); Zinkeisen, 36 ff; *Huber*, 317 f.; Sudhoff NJW 1960, 2122 f.; *Schulze-Osterloh*, FS Kruse, 377, 389 (am handelsrechtlichen Jahresergebnis inklusive aufgelöster stiller Reserven, die während der Vertragszeit gebildet wurden; eine steuerlich atypische stille Gesellschaft soll mangels Unternehmenrinitiative nicht vorliegen, wenn lediglich die Rechte des § 233 HGB bestehen, es seien mindestens Kontrollrechte entsprechend § 164 HGB erforderlich; a.A. aber BFH BStBl. II 1989, 720, 722).

[70] BGHZ 127, 170, 181.

Dieser Befund gilt aber nur, wenn die Parteien keine besondere Berechnung der Gewinnbeteiligung im Gesellschaftsvertrag vereinbart haben. Eine abweichende vertragliche Vereinbarung in der Praxis die Regel. Die gesetzliche Regelung eröffnet einen erheblichen Gestaltungsspielraum, wobei solche von der typenvertraglichen Regelform der Gewinnermittlung abweichenden Gestaltungen, je nach dem Grad der Abweichung kann man solche Gestaltungen als noch typische Gestaltungen oder als vermögensmäßig atypische stille Beteiligungen bezeichnen, wobei es sich allerdings um keinen eigentlichen Rechtsbegriff handelt, weil keine Rechtsfolgen unmittelbar an die vermögensmäßig atypische Gestaltung der stillen Gesellschaft anknüpfen; die hier verwendete Begrifflichkeit ist also auch nicht identisch mit der steuerrechtlichen Unterscheidung zwischen typischer und atypischer stiller Gesellschaft.

2. Vermögensmäßig atypische stille Beteiligung

Die Parteien können vereinbaren, dass der stille Gesellschafter uneingeschränkt an der Vermögensentwicklung des Inhaberunternehmens zu beteiligen ist. Das kann geschehen, indem man eine laufende Beteiligung am uneingeschränkten Handelsbilanzgewinn einräumt. Man kann auch den Steuerbilanzgewinn als Bemessungsgrundlage vereinbaren.[71] Es ist weiter zu regeln, wie stille Reserven abzugelten sind, wenn die stille Gesellschaft endet. In der Praxis findet man häufig konkrete Abreden darüber, wie das Inhaberunternehmen mit Bilanzierungsspielräumen umzugehen hat und wie das Unternehmensvermögen zu Zwecken des Vertrages zu bewerten ist. Gestaltungsformen, die darauf zielen, umfassend an der Vermögensentwicklung des Inhaberunternehmens zu beteiligen, werden als vermögensmäßig atypische stille Gesellschaften bezeichnet. Auch atypische Gestaltungen fallen grundsätzlich unter die §§ 230 ff. HGB.[72] Die Untersuchung wird zu klären haben, ob eine vermögensmäßig atypische stille Beteiligung an einer Aktiengesellschaft rechtlichen Bedenken unterliegt.[73]

III. Verlustbeteiligung

Der stille Gesellschafter ist am Verlust beteiligt, wenn der Vertrag dies nicht ausschließt, § 231 Abs. 2 HS 1 HGB. Die Verlustbeteiligung ist nicht schon des-

---

[71] BFH BStBl. II 1969, 690.

[72] *Blaurock*, § 1 Rn. 34 (bei atypischen Gestaltungen sei allerdings zu prüfen, ob die einzelnen Vorschriften über die stille Gesellschaft passen); *Zutt* in: Großkomm., § 230 HGB, Rn. 30 ff.; *Hopt*, § 230 HGB, Rn. 3; a.A. *Hopt/Volhard*, Form. II. F. 3. Anm. 1 (der die “atypische” stille Gesellschaft als besondere Form der BGB-Innengesellschaft einordnen will).

[73] Siehe unter § 5 III 1.

halb ausgeschlossen, weil der Vertrag ausdrücklich nur die Gewinnbeteiligung regelt.[74] Der Anteil am Verlust entspricht dem am Gewinn, wenn nichts Besonderes vereinbart ist, § 722 Abs. 2 BGB. Ein Mindestgewinnanteil schließt die Verlustbeteiligung im Zweifel aus, wobei allerdings im Regelfall ein Darlehen vorliegen soll.[75] Die Abrede, der stille Gesellschafter solle seine Einlage nach Vertragsbeendigung zurückerhalten, schließt die Verlustbeteiligung dagegen im Zweifel nicht aus.[76]

Der stille Gesellschafter kann auch vor den Aktionären am Verlust der Aktiengesellschaft beteiligt sein, wenn der Beteiligungsvertrag dies ausdrücklich vorsieht. Solche Gestaltungen setzten sich aber der Gefahr der Unwirksamkeit oder aufgrund von sittenwidrigem wucherähnlichem Rechtsgeschäft nach § 138 Abs. 1 BGB aus, wenn sie dem stillen Beteiligten nicht auch einen substanziellen Gewinnvorzug einräumen.[77] Darüber hinaus können im Einzelfall die von der Rechtsprechung entwickelten Grundsätze über die Inhaltskontrolle von Verträgen über Publikumsgesellschaften eingreifen, die sich auch auf die Angemessenheit der Gegenleistung erstrecken, weil § 8 AGBG in diesem Rahmen nicht entgegensteht, sondern die Kontrolle nach §§ 241, 157 BGB sich auf den gesamten Vertragsinhalt erstreckt.

IV. Verwaltungsmäßig typische und atypische stille Gesellschaft

1. Verwaltungsmäßig typische stille Gesellschaft

Das gesetzliche Regelstatut räumt dem stillen Gesellschafter nur eine eingeschränkte Befugnis ein, sich über das Inhaberunternehmen zu informieren und an bestimmten außergewöhnlichen Geschäften mitzuwirken. Auch bei einer solchen verwaltungsmäßig typischen stillen Gesellschaft kann der stille Gesellschafter insbesondere solchen Geschäften widersprechen, die den Unternehmensgegenstand überschreiten oder darauf zielen, ihn dauerhaft zu ändern.[78] Die stille Gesellschaft bedingt es bereits in ihrem Regelstatut, dass das

---

[74] BGH NJW 1992, 2696, 2697 reSp m.N.; BGH DB 1960, 261; *Zutt* in: Großkomm., § 231 HGB, Rn. 11.

[75] RGZ 122, 387, 390 (stille Gesellschaft liege dann aber nur vor, wenn spätestens bei der Abrechnung Gewinn und Verlust der Gesellschaft berücksichtigt werde; im vorliegenden Fall wurde Darlehen angenommen); RG JW 1936, 921; BGH WM 1975, 662 (zum Kommanditisten); *Zutt* in: Großkomm., § 231 HGB, Rn. 5.; a.A. *Schulze-Osterloh*, 34 ff. (stets partiarisches Darlehen).

[76] *Zutt* in: Großkomm., § 231 HGB, Rn. 11.

[77] Zu den weiteren Voraussetzungen des wucherähnlichen Geschäfts, vgl. *Heinrichs* in: Palandt, § 138 BGB, Rn. 34.

[78] Vgl. *Zutt* in: Großkommentar, § 230 HGB, Rn. 86.

Inhaberunternehmen bestimmte Entscheidungen nicht ohne die Mitwirkung des stillen Gesellschafters treffen darf. So hat der BGH entschieden, dass der Inhaber eines Handelsgeschäfts nicht ohne weiteres alle geschäftlichen Fragen frei entscheiden kann, wenn er eine stille Gesellschaft eingegangen ist, weil den Parteien aus der Gesellschaft Treupflichten erwachsen und sie dem gemeinsamen Gesellschaftszweck nicht zuwider handeln dürfen. Dabei hat der stille Gesellschafter einen Anspruch darauf, dass der Gewerbebetrieb, an dem er sich beteiligt hat, fortgeführt wird und in seinen wesentlichen Grundlagen keine Änderung gegen seinen Willen erfährt.[79] Nach der überzeugenden Rechtsprechung des BGH gibt eine entsprechende Vertragsklausel auch nur Rechte des Stillen Gesellschafters wieder, die ihm nach dem gesetzlichen Typenvertragsrecht ohnehin zustehen.[80]

Was unter Geschäften zu verstehen ist, die die wesentlichen Grundlagen des Handelsgewerbes in dem dargestellten Sinne verändern, kann nur im jeweiligen Einzelfall beurteilt werden. Darunter fallen sowohl Aufgabe als auch Veräußerung und wesentliche Veränderung des Unternehmens.[81] Bei einer Kapitalgesellschaft ist dagegen die Kapitalerhöhung grundsätzlich ebenso wenig erfasst, wie ein Formwechsel.[82]

Umstritten ist dabei, welche Rechtsfolgen eintreten, wenn das Inhaberunternehmen die Mitwirkungsbefugnisse des stillen Gesellschafters nicht beachtet. Jedenfalls kann der stille Gesellschafter verlangen, dass ein bereits ohne seine erforderliche Zustimmung durchgeführtes Geschäft für seine Beteiligung ergebnisneutral gestellt wird.[83] *Blaurock* will auch eine Erfüllungsklage auf zweckentsprechende Mittelverwendung geben.[84] Die Frage einer vorbeugenden Unterlassungsklage und eines korrespondierenden einstweiligen Rechtsschutzes ist umstritten. Teilweise wird die Möglichkeit einer Unterlassungsklage bejaht[85] Eine ältere Entscheidung des Kammergerichts geht davon aus, eine Unterlassungsklage sei nicht gegeben. Dem ist die ältere Literatur gefolgt.[86] Von *Karsten Schmidt* wird über eine Unterlassungsklage hinaus auch die Möglichkeit

---

[79] BGH BB 1963, 1277 reSp.

[80] BGHZ 127, 176, 180 = ZIP 1994, 1847.

[81] *Karsten Schmidt* in: Schlegelberger/Hefermehl, § 335 HGB a.F. (§ 230 HGB n.F.), Rn. 132.

[82] *Zutt* in: Großkommentar, § 230 HGB, Rn. 90.

[83] Vgl. *Zutt* in: Großkommentar, § 230 HGB, Rn. 92.

[84] *Blaurock*, § 12 Rn. 29.

[85] Für Unterlassungklage: *Koenigs*, 151 f. (bei drohender Geschäftsaufgabe oder Veräußerung des Betriebs); dagegen (bei der Spaltung), *Jung*, ZIP 1996, 1734, 1737 liSp.

[86] KG DJZ 1901, 50; *Saenger*, 133 f.; *Wieland* I, 781; *Marcus Holdheim*, 1911, 258.

eines einstweiligen Rechtsschutzes eingeräumt.[87] Teilweise wird hinsichtlich der Mitwirkungspflichten die Frage der Unterlassungsklage nicht ausdrücklich behandelt, aber doch wohl stillschweigend verneint.[88]

Für Einzelunternehmen und Personengesellschaften erscheint es überzeugend, davon auszugehen, dass sowohl eine Erfüllungsklage, als auch einstweiliger Rechtsschutz möglich sind, weil auch die Möglichkeit der tatsächlichen Durchsetzung dem typischen Willen der Parteien entsprechen dürfte und es bei einer Personengesellschaft aufgrund der engen persönlichen Bindung der Gesellschafter untereinander und erst Recht bei einem Einzelunternehmer keinen rechtlichen Grund gibt, die Unternehmensführung gegen eine zwingende Mitwirkung des stillen Gesellschafters im Einzelfall zu schützen. In einer Personengesellschaft ist es auch etwaig hinzutretenden künftigen Gesellschaftern zuzumuten, sich darüber zu informieren, ob entsprechende Bindungen in der Gesellschaft bestehen. Für die Aktiengesellschaft wird die Frage noch zu erörtern sein.[89]

Festzuhalten bleibt, dass der stille Gesellschafter auch bereits bei der typischen stillen Gesellschaft nach dem gesetzlichen Regelstatut das Recht hat, wesentliche Änderungen der Grundlagen des Handelsgewerbes zu untersagen. Die Untersuchung wird zu klären haben, ob und inwieweit derartiger Einfluss eines Außenstehenden auf die Geschäftsführung der Aktiengesellschaft aktienrechtlich zulässig ist.[90]

2. Verwaltungsmäßig atypische stille Gesellschaft

Die Parteien können vertraglich vereinbaren, dass der stille Gesellschafter weitergehende Rechte hat, auf die Geschäftsführung Einfluss zu nehmen, als nach dem gesetzlichen Regelstatut. Es ist möglich, dem stillen Gesellschafter in einzelnen oder auch in sämtlichen Angelegenheiten der Geschäftsführung ein Vetorecht oder sogar ein Weisungsrecht mit der Befugnis einzuräumen, die Geschäftsführung der Gesellschaft auf diesem Weg aktiv zu beeinflussen.[91] Die vertraglich zugesagte Beteiligung des stillen Gesellschafters an der Geschäftsführung des Inhaberunternehmens kann – unter dem Recht der stillen Gesellschaft unbedenklich – sogar so weit gehen, dass der stille Gesellschafter bevollmächtigt wird und tatsächlich die Hauptverantwortung für die Geschäftsführung des Inhaberunternehmens trägt und im Innenverhältnis die

---

[87] *Karsten Schmidt* in: Schlegelberger/Hefermehl, § 335 HGB (§ 230 n.F.), Rn. 126.

[88] Vgl. *Zutt* in: Großkommentar, § 230 HGB, Rn. 86.

[89] Siehe dazu unten unter § 5 V.

[90] Siehe unter § 5 IV 3, sowie § 12.

[91] Vgl. *Zutt*, § 230 HGB, Rn. 94.

Geschäfte der Handelsgesellschaft wie ein persönlich haftender Gesellschafter führt.[92] Die §§ 230 ff. HGB sind auch auf derartige verwaltungsmäßig atypische Gestaltungen anzuwenden.[93] Es ist offensichtlich, dass derartige Gestaltungen im Hinblick auf das Erfordernis der eigenverantwortlichen Leitung der Aktiengesellschaft durch den Vorstand nach § 76 AktG aktienrechtlich zumindest nicht unproblematisch sind.

Das Recht der stillen Gesellschaft räumt den Parteien demzufolge einen sehr weiten Gestaltungsspielraum dafür ein, den stillen Gesellschafter an der Geschäftsführung des Inhaberunternehmens durch Widerspruchs-, und Mitwirkungsrechte oder sogar durch eine alleinige Geschäftsführungsbefugnis im Innenverhältnis zu beteiligen. Die Untersuchung wird in ihrem weiteren Verlauf zu klären haben, welche Grenzen die rechtliche Verfassung der Aktiengesellschaft derartigen Gestaltungen setzt.[94]

V. Zusätzliche garantierte Ausschüttungen

Garantierte Ausschüttungen vereiteln grundsätzlich nicht den Charakter einer Vertragsgestaltung als stille Gesellschaft, sondern können nach dem Recht der stillen Gesellschaft mit einem weiten Gestaltungsspielraum vereinbart werden.[95] Bei Aktiengesellschaften ist die Vorschrift des § 301 AktG zu beachten.[96] Gestalterisch wird deshalb für AG & Still generell von garantierten Gewinnausschüttungen und auch von Vorauszahlungen auf künftigen Gewinn abgeraten.[97] Massenweise begebene stille Beteiligungen mit garantierter Dividende setzen sich darüber hinaus der Gefahr aus, bankaufsichtsrechtlich als verbotenes Einlagengeschäft qualifiziert zu werden.[98]

Zusätzliche garantierte Ausschüttungen, die vom Recht der stillen Gesellschaft her gesehen keine Probleme bereiten, sind also sowohl aktienrechtlich als auch bankaufsichtsrechtlich nicht unproblematisch, worauf noch einzugehen sein wird.[99]

---

[92] Vgl. *Zutt* in: Großkommentar, § 230 HGB, Rn. 94.
[93] Vgl. *Blaurock*, § 1 Rn. 34.
[94] Siehe dazu unter § 5 IV und unter § 12.
[95] Vgl. *Zutt* in: Großkommentar, § 231 HGB, Rn. 5.
[96] Siehe dazu unter § 14.
[97] *Loritz* in: Loritz/Wagner, Konzeptionshandbuch, Rn. 1056.
[98] Siehe dazu unter § 8 X. und unter § 14.
[99] Siehe dazu unter § 8 X,

VI. Mediatisierung bei Publikumsgesellschaften

Die Mitwirkungsrechte jedes einzelnen stillen Gesellschafters können für die Verwaltung der Inhabergesellschaft zu einem Hemmnis werden, wenn sich eine größere Anzahl von stillen Gesellschaftern an einem Unternehmen beteiligen soll, also das Inhaberunternehmen durch die massenweise Hingabe von stillen Beteiligungen zur Publikumsgesellschaft wird. In solchen Fällen kann es wenig praktikabel sein, wenn z.B. die Mitwirkungsrechte eines jeden stillen Gesellschafters von ihm selbst unbeschränkt wahrgenommen werden. Deshalb wird bei der Vertragsgestaltung von Publikumsgesellschaften auf unterschiedliche rechtliche Gestaltungen zurückgegriffen, die dazu dienen sollen, die Rechte der stillen Gesellschafter zu bündeln oder auch Mehrheitsentscheidungen der stillen Gesellschafter über Fragen der stillen Gesellschaft mit Wirkung für und gegen alle stillen Gesellschafter und das Inhaberunternehmen zu ermöglichen. Solche Beschränkungen werden als Mediatisierung der stillen Gesellschafter bezeichnet. Derartige Einschränkungen können einerseits zu einer zweigliedrigen stillen Gesellschaft hinzutreten,[100] sie können durch eine mehrgliedrige stille Gesellschaft erreicht werden[101] und schließlich kann ein Treuhandgesellschafter zwischengeschaltet werden, der die Beteiligung für die jeweiligen stillen Gesellschafter hält und verwaltet[102].

1. Zweigliedrige stille Gesellschaft

Das Gesetz regelt den Grundfall der stillen Gesellschaft als zweigliedrigen Vertrag.

a) Grundfall

Jeder stille Gesellschafter steht nur mit dem Inhaberunternehmen in vertraglicher Beziehung. Das gilt auch, wenn mehrere stille Gesellschafter am Inhaberunternehmen beteiligt sind. Eine Einschränkung der Befugnisse jedes einzelnen stillen Gesellschafters in einer Publikumsgesellschaft besteht damit nicht.

---

[100] Siehe unter 1.

[101] Siehe unter 2.

[102] Siehe unter 3.

b) BGB-Gesellschaft unter den stillen Gesellschaftern

Die stillen Gesellschafter können sich in einer BGB-Gesellschaft zusammenschließen, um ihre Rechte zu koordinieren.[103] Die Rechte der einzelnen BGB-Gesellschafter gegen das Inhaberunternehmen können dabei in der Weise eingeschränkt werden, dass es zum Erheben von Ansprüchen gegen das Inhaberunternehmen eines Mehrheitsbeschlusses der BGB-Gesellschafter bedarf. Rechtstechnisch kann dieser Vertrag als Vertrag zu Gunsten Dritter dem Inhaberunternehmen eine Einrede zuwenden, dass Ansprüche gegen den Inhaber nicht geltend gemacht werden können, wenn die BGB-Gesellschaft einen entgegenstehenden Mehrheitsbeschluss[104] gefasst hat. Die Voraussetzungen für einen solchen Beschluss müssen aber im Vertrag klar angegeben sein, damit die Gestaltung einer Inhaltskontrolle am Maßstab des § 242 BGB Stand halten kann. In Frage kommt die Möglichkeit, bei Sanierungsbedürftigkeit der Gesellschaft unter gleichen Bedingungen auf einen Teil des Kapitalkontos zu verzichten, wenn in der Gesellschaft eine Kapitalherabsetzung durchgeführt wird oder die Bestimmung, auf das Erheben von Schadensersatzansprüchen wegen behaupteter sorgfaltswidriger Geschäftsführung zu verzichten, wenn die Organe der BGB-Gesellschaft über den behaupteten Sachverhalt auf Anfrage von der Geschäftsführung der Aktiengesellschaft in glaubwürdiger Weise unterrichtet worden sind und die behaupteten Schadensersatzansprüche nach vernünftiger kaufmännischer Beurteilung nicht bestehen.

Vertragsparteien der stillen Gesellschaft bleiben aber auch bei dieser Gestaltung die einzelnen Kapitalgeber. Die BGB-Gesellschaft koordiniert nur die Rechte der einzelnen Mitglieder. Die stillen Gesellschafter beschränken durch eine solche Gestaltung zwar die Wahrnehmung ihrer Rechte gegenüber dem Inhaberunternehmen. Das ist aber noch keine echte Mediatisierung der stillen Gesellschafter. Eine echte Mediatisierung liegt erst dann vor, wenn die Kapitalgeber nicht mehr Partei der stillen Gesellschaft sind, sich also doppelt mittelbar am Inhaberunternehmen beteiligen.

c) BGB-Gesellschaft als stille Gesellschafterin

Die Kapitalgeber beteiligen sich mittelbar über eine unter ihnen gebildete BGB-Gesellschaft am Inhaberunternehmen. Parteien der stillen Gesellschaft sind das Inhaberunternehmen und die BGB-Gesellschaft. Die eigentlichen Kapitalgeber

---

[103] Siehe den Fall BGH WM 1987, 1193; mit Anmerkung *Blaurock* EWiR § 230 HGB 1/87, 1219 und Anmerkung *Baums*, WuB II H. § 230 1.88.

[104] Bei der Formulierung solcher Klauseln ist der für Mehrheitsentscheidungen in BGB-Gesellschaften von der Rechtsprechung entwickelte Bestimmtheitsgrundsatz (nicht für Publikumsgesellschaften) und die Kernbereichslehre zu beachten.

sind nur Gesellschafter der BGB-Gesellschaft. Diese Gestaltung mediatisiert die Kapitalgeber. Sie ist nicht mit einer mehrgliedrigen stillen Gesellschaft zu verwechseln.

2. Mehrgliedrige stille Gesellschaft

Die Parteien können sich auch derart zusammenschließen, dass die stille Gesellschaft als solche mehr als zwei Mitglieder hat. Nur dann liegt eine mehrgliedrige stille Gesellschaft vor.

In einem solchen Fall nimmt *Karsten Schmidt* an, dass sich mehrere Einlageverhältnisse ergeben.[105] Bedeutung hat dies für eine vertragliche Einlagenrückgewähr nach der Auflösung. Der jeweilige stille Gesellschafter kann aus einem zusätzlichen zweigliedrigen Einlageverhältnis die Einlage von der Aktiengesellschaft selbst zurück fordern und nötigenfalls auch einzuklagen. Überzeugender erscheint allerdings, dass der stille Gesellschafter sich auch an die mehrgliedrige stille Gesellschaft halten muss.

Eine mehrgliedrige Gestaltung macht auch sonst nicht nur einen formalen Unterschied. So ist für die Aufnahme weiterer Gesellschafter in die mehrgliedrige stille Gesellschaft - vorbehaltlich des Gesellschaftsvertrages - die Zustimmung aller Beteiligten der mehrgliedrigen stillen Gesellschaft erforderlich.[106] Dieser Unterschied sollte allerdings nicht überschätzt werden, weil es dem Geschäftsinhaber grundsätzlich unbenommen bleibt neben der mehrgliedrigen stillen Gesellschaft einzelne stille Gesellschaftsverträge abzuschließen und so einen neuen Unternehmensbeteiligten neben der mehrgliedrigen stillen Gesellschaft aufzunehmen. Wesentlicher erscheint es, dass die mehrgliedrige stille Gesellschaft es ermöglicht, dass die Aktiengesellschaft als Inhaberin Gesellschaftsanteile an der stillen Gesellschaft erwirbt, während bei einer zweigliedrigen stillen Gesellschaft in einem solchen Fall notwendig die Gesellschaft im Wege der Konfusion erlischt.[107] Die mehrgliedrige stille Gesellschafter kann auch dazu dienen, die Inhaber der stillen Beteiligung in ihrer Rechtsausübung zu koordinieren. Eine solche Innengesellschaft kann eine organisierte Verfassung haben. Das heißt insbesondere, dass man Erklärungen gegenüber der Geschäftsführung mit Wirkung für und gegen alle Gesellschafter abgeben kann und schließlich vielleicht als der wichtigste Punkt für die Vertragsgestaltung, dass es möglich wird, unter Beachtung des Bestimmt-

---

[105] *Karsten Schmidt* in: Schlegelberger/Hefermehl, § 335 HGB a.F. (§ 230 HGB n.F.), Rn. 73.

[106] Vgl. *Karsten Schmidt* in: Schlegelberger/Hefermehl, § 335 HGB a.F. (§ 230 HGB n.F.), Rn. 73

[107] *Hopt*, § 131 HGB, Rn. 35, § 140 HGB Rn. 25 a.A. *Weimar*, ZIP 1997, 1769.

heitsgrundsatzes und der Kernbereichslehre auf dem Gebiet der Personengesellschaften Mehrheitsentscheidungen über Vertragsänderungen im Gesellschaftsvertrag vorzusehen.[108] Dies ist für Publikumsgesellschaften von großer praktischer Bedeutung.

3. Treuhand-Gesellschafter

Die stille Gesellschaft ist als Teilgewinnabführungsvertrag nach § 294 AktG zu ihrer Wirksamkeit in das Handelsregister einzutragen.[109] Es besteht deshalb bei Aktiengesellschaften im Ausgangspunkt Publizität über die Person eines stillen Gesellschafters.

Dies wird häufig den Interessen der Beteiligten widersprechen. Einerseits kann der Stille ein Interesse daran haben, nicht im Handelsregister zu erscheinen, da es seinen übrigen Geschäften schaden kann, wenn die Beteiligung publik wird, oder er kann im Falle von Publikumsmodellen daran interessiert sein, vor Direktwerbung für andere Kapitalanlagemodelle verschont zu bleiben, wie sie gelegentlich über das Handelsregister angestoßen wird. Dies kann auch ein Motiv der Fondsinitiatoren für eine Treuhandkonstruktion sein. Außerdem kann es den Interessen der beteiligenden Aktiengesellschaft zuwiderlaufen, wenn die Person des Stillen bekannt wird, z.B. weil sie mit Konkurrenten des Stillen Geschäftsbeziehungen unterhält, die sie nicht dadurch stören lassen will, dass die Beteiligung bekannt wird.

Mit der Neufassung des § 294 Abs. 1 AktG durch das Gesetz über elektronische Register und Justizkosten für Telekommunikation – ER JuKoG – v. 10.12.2001 kann an Stelle des Namens des anderen Vertragsteils auch eine andere Bezeichnung eingetragen werden, die den jeweiligen Teilgewinnabführungsvertrag konkret bestimmt, wenn eine Vielzahl von Teilgewinnabführungsverträgen besteht.[110] Das führt aber auch insoweit nicht dazu, dass man die Beteiligung anonym eingehen könnte, als Dritte die Handelsregisterakten einsehen können, zu denen der vollständige Vertrag einzureichen ist. Im übrigen ist die Eintragung in dieser Form nur eingeführt worden, um die Registerführung zu erleichtern. Sie enthält deshalb auch lediglich ein Ermessen für den Registerrichter. Ausweislich der Gesetzesbegründung kann man prüfen, ob es sinnvoll erscheint, ohne weiteres zur alten Form der Eintragung zurückzukehren, wenn

---

[108] Dazu: *Hopt*, § 119 HGB, Rn. 35 ff.; Anh. § 177 a HGB, Rn. 69 (bei Publikumsgesellschaften gilt der Bestimmtheitsgrundsatz nicht) jeweils m.N.

[109] Siehe unten unter § 8 V.

[110] Siehe dazu: *Schulte/Waechter*, GmbHR 2002, 189, 191 (die dafür plädieren, das Gesetz nochmals zu ändern, und die Eintragung für Teilgewinnabführungsverträge deklaratorisch auszugestalten).

das Handelsregister in Zukunft bundesweit in maschineller Form als automatisierte Datei geführt werden sollte.[111] Anonymität ist für die stille Beteiligung an einer Aktiengesellschaft deshalb nach wie vor nicht gegeben.

Zudem kann man die stille Beteiligung nicht außerhalb des Handelsregisters übertragen, weil darin eine Vertragsänderung i.S.v. § 295 AktG liegt. Die Vertreiber von Publikumsmodellen werden das als störend empfinden.

Deshalb kommt die Einschaltung eines Treuhandgesellschafters in Frage. Dabei wird die stille Beteiligung mit der Aktiengesellschaft von einem Strohmann eingegangen, während der wirtschaftlich still Beteiligte nur in Vertragsbeziehungen zum Strohmann tritt.

a) Zulässigkeit der Strohmannbeteiligung

Es ist möglich, eine stille Gesellschaft zum Gegenstand eines Treuhandverhältnisses zu machen, wenn die Mitgliedschaft im Gesellschaftsvertrag übertragbar ausgestaltet ist.[112] Es wird zu klären sein, ob eine solche Gestaltung dem Publizitätszweck des § 294 AktG zuwider läuft und deswegen unwirksam ist.[113]

Für die Ausgestaltung eines Treuhandverhältnisses können sich bei Publikumsbeteiligungen eine Reihe von Einschränkungen ergeben, die an dieser Stelle nicht im einzelnen erörtert werden können. Hier soll nur die Grundrichtung von Rechtsprechung und Lehre angedeutet werden, weil die Gestaltungen von Treuhandmodellen bei Publikumsgesellschaften sehr vielfältig sind und im einzelnen außerhalb des Gegenstands dieser Untersuchung liegen. In der einfachsten Gestaltungsvariante eines Treuhandvertrages über eine Gesellschaftsbeteiligung, die zugleich die Gestaltung darstellt, die das größte rechtliche Schutzbedürfnis für den Treugeber auslöst, hat der Treugeber ausschließlich Ansprüche gegen den Treuhänder, während Informationsrechte, Mitwirkungsrechte, Gewinnansprüche und Ansprüche auf Teilhabe am Liquidationserlös ausschließlich in der Person des Treuhänders bestehen. Dieser nimmt auch die Ausschüttungen in Empfang und hat die eingezogenen Gewinne lediglich an den Treugeber weiterzuleiten. Die in Rechtsprechung und Literatur vorherrschende Grundlinie bestimmt dabei zunächst, dass der Treuhänder in jedem Fall von der Geschäftsführung unabhängig sein muss.[114] Wann das der Fall ist und wann nicht, ist eine im Einzelfall

---

[111] BT-Drucks. 14/6855, 22.

[112] *Zutt* in: Großkomm., § 230 HGB, Rn. 100; *Karsten Schmidt* in: Schlegelberger, vor § 335 HGB a.F. (§ 230 HGB n. F.), Rn. 31.

[113] Siehe dazu unter § 8 VI.

[114] BGHZ 73, 294, 299; *Hopt*, Anh. § 177 a HGB, Rn. 79.

außerordentlich schwierig zu beantwortende Frage, die hier nicht weiter erörtert werden soll. Für die Inhaltskontrolle bei Publikumsgesellschaften gilt, dass den Treugebern aus der mittelbaren Beteiligung keine unnötigen Nachteile entstehen dürfen, die nicht aus der Zwischenschaltung des Treuhänders unvermeidlich folgen.[115]

Eine Strohmannbeteiligung ist also bei der stillen Beteiligung an einer Aktiengesellschaft grundsätzlich ebenso zulässig, wie die Zwischenschaltung eines Treuhänders im Rahmen der vertraglichen Gestaltung einer Publikumsgesellschaft.

b) Dingliche Anerkennung der Treuhand in der Insolvenz des Treunehmers

Die Frage nach der dinglichen Anerkennung des Treuhandverhältnisses im Sinne einer Außenwirkung stellt sich insbesondere in der Insolvenz des Treuhänders, wenn der Treugeber vom Insolvenzverwalter des Treunehmers die Aussonderung der stillen Beteiligung verlangt.[116] Der BGH erkennt die dingliche Zuordnung des Treuguts zum Vermögen des Treugebers nur an, wenn der Treugeber das Treugut unmittelbar auf den Treunehmer überträgt.[117] Etwas anderes soll nur gelten, wenn der Treugeber auf ein offenes Treuhandkonto des Treuhänders bei einer Bank einzahlt.[118] Die Rechtsprechung erkennt keine dinglichen Surrogationen an.[119] Der Stille müsste also zunächst selbst die Beteiligung erwerben und sie dann auf den Treuhänder übertragen. Das ist bei einer Aktiengesellschaft als Inhaberunternehmen nicht möglich, ohne dass der Stille zumindest einmal in das Handelsregister eingetragen wird, es sei denn bei der Aktiengesellschaft bestehen eine Vielzahl von Teilgewinnabführungsverträgen.[120] Schuldrechtlich ist die Treuhandbeteiligung dagegen unabhänigig von der Eintragung anzuerkennen. Sie kann deshalb zwar die Publizität vermeiden. Der Preis dafür ist aber das Risiko des Insolvenz des Treuhänders.

---

[115] BGHZ 104, 50; *Hopt*, An. § 177 a HGB, Rn. 80, § 105, Rn. 36.

[116] Was in Natur freilich nur dann möglich ist, wenn die Beteiligung im Gesellschaftsvertrag für diesen Fall übertragbar gestaltet ist.

[117] Ständige Rspr. zuletzt: BGH DNotZ 93, 384, kritisch Gernhuber, JuS 1988, 355, 360 ff. (der Surrogationen anerkennen will, wenn nur anfangs einmal Treugut unmittelbar vom Treugeber her erworben wurde).

[118] BGH NJW 1959, 1223, 1224 (offene Treuhand auf „Anderkonto"); BGH NJW 1971, 559 (verdecktes Treuhandkonto nicht anzuerkennen).

[119] RGZ 153, 366, 370.

[120] Siehe unten unter § 4 III. und unter § 8 V.

c) Behandlung der Aktiengesellschaft als Vertragspartnerin der Treugeber bei Publikumsgesellschaften

Vertragspartner der Aktiengesellschaft ist im Ausgangspunkt allein der Treunehmer. Das gilt aber mit Rücksicht auf Verbraucher- und möglicherweise auch Anlegerschutznormen nicht ohne jede Einschränkung.

Der BGH hat in einem Urteil zum Haustürwiderrufsgesetz entschieden, dass der mittelbar über einen Treuhänder an einer Publikumsgesellschaft beteiligte Treugeber den Vertrag gegenüber der Publikums-BGB-Gesellschaft selbst widerrufen kann, und die gezahlte Einlage auch unmittelbar von der Publikumsgesellschaft zurückfordern kann.[121] „Anderer Vertragsteil" im Sinne des Haustürwiderufsgesetzes sei die Publikums-BGB-Gesellschaft. Der Kapitalgeber brauchte sich insoweit nicht auf den Treuhänder verweisen zu lassen, weil er „mittelbar" an der Publikums-BGB-Gesellschaft beteiligt war. In den Gründen ist davon die Rede, dass die Treuhandgesellschaft nach dem Treuhandvertrag und der Ausgestaltung des geschlossenen Immobilienfonds nur eine Mittlerfunktion einnehme und wirtschaftlicher Vertragspartner der Anleger ausschließlich die Fondsgesellschaft sei. Nach dem Treuhandvertrag waren alle vom Kläger zu leistenden Monatsraten und sonstigen Beträge auf ein Treuhandsonderkonto des Fonds einzuzahlen, und die Gegenleistung war von der Fondsgesellschaft zu erbringen. Wobei der Kläger durch die Unterschrift unter den Beteiligungsantrag erklärt hatte, dass er sich „an der Objektgesellschaft" beteiligen will und die Treuhandschaft demgegenüber nur beiläufig als rechtstechnisches Mittel zum Zweck erwähnt wird. Darüber hinaus hatten die geschäftsführenden Gesellschafter des Fonds sich in einem Schreiben an die Anleger gewendet und ihnen die Geschäftsführerin des Fonds als Adressatin für sämtliche Erklärungen und Anfragen im Zusammenhang mit dem Fonds vorgestellt – einschließlich der Widerrufserklärung nach dem HausTWG.

d) Erwerb durch Strohmann und Übertragung der Beteiligung auf den Destinatär

aa) Übertragbarkeit der Stellung als Vertragspartner außerhalb des Handelsregisters

Die Stellung als Vertragspartner ist nicht außerhalb des Handelsregisters übertragbar. Eine Vertragsübernahme ist schuldrechtlich in entsprechender Anwendung der Vorschriften über die Schuldübernahme möglich. Der Wechsel

---

[121] BGH BB 2001, 1652, mit Anmerkung *Louven*, BB 2001, 1807; vgl. auch BGHZ 32, 17, 33; BGHZ 73, 294, 300; und Treben, ZGR 2001, 586, 588 (der die Neutralisierung des Treuhänders als Gewohnheitsrecht bezeichnet).

einer Vertragspartei ist aber zugleich eine Änderung des Vertragsinhalts. Nach § 295 i.V.m. § 294 Abs. 2 AktG ist die Handelsregistereintragung konstitutiv.

bb) Abtretbarkeit der Ansprüche aus dem Vertragsverhältnis

Die Ansprüche auf Beteiligung an Gewinn und Liquidationserlös sind außerhalb des Handelsregisters abtretbar, weil die Abtretung keine Änderung des Vertragsinhalts nach sich zieht. Vorausabtretungen führen zum Direkterwerb beim Zessionar, so weit der Grund für die abgetretene Forderung bereits bei der Vorausabtretung gelegt und bei der Entstehung der Forderung noch vorhanden ist.[122] Die §§ 399 ff. BGB sind auf den Direkterwerb entsprechend anzuwenden. Der Vertragspartner genießt keinen Vertrauensschutz nach §§ 406, 407 BGB, wenn er von der Vorausabtretung wusste. Eine dinglich wirkende Treuhand lässt sich insoweit auch mit einer Aktiengesellschaft gestalten.

VII. Aktiengesellschaft und mehrgliedrige stille Gesellschaft als geschlossener Fonds

Die stillen Gesellschafter können ein Interesse daran haben, die Kapitalverhältnisse in der Aktiengesellschaft festzuschreiben. Ein solches Interesse kann sich ergeben, weil das Unternehmen nach einem klar vorgegebenen Geschäftsplan geführt werden soll und sich die Tätigkeit auf bestimmte einzelne Projekte beschränken soll. Die stillen Gesellschafter wollen dann ausschließen, dass durch weitere Kapitalaufnahme eine Veränderung der Risikostruktur ihres Investments bzw. Verwässerung ihrer Anteile eintritt oder sich die Höhe der Verlustzurechnung aus einer als Mitunternehmerschaft gestalteten stillen Gesellschaft ändert, die für die Steuerplanung der stillen Gesellschafter wesentlich ist, weil neue atypisch stille Gesellschafter in einer anderen Phase des Fondsprojekts aufgenommen werden und die von ihnen zugeführten Mittel nicht in Wirtschaftsgütern angelegt werden, die über die gleiche Zeitdauer abgeschrieben werden können. Mehrere Ansatzpunkte sind denkbar.

Man kann überlegen, die Aktiengesellschaft zu verpflichten, keine weiteren stillen Gesellschafter aufzunehmen, als im Gesellschaftsvertrag vorgezeichnet ist, was im Rahmen einer mehrgliedrigen stillen Gesellschaft ohne weiteres möglich ist. Das folgt schon daraus, dass in eine BGB Gesellschaft nicht ohne Zustimmung aller Gesellschafter neue Gesellschafter aufgenommen werden können.

---

122 H.M. statt aller: *Heinrichs* in: Palandt, § 398 BGB Rn. 12 m.N. auch zur Gegenansicht.

Eine andere Frage ist, ob sich die Aktiengesellschaft im stillen Gesellschaftsvertrag verpflichten kann, keine weiteren stillen Gesellschafter außerhalb der mehrgliedrigen stillen Gesellschaft aufzunehmen. Eine solche konkrete Unterlassung kann die Hauptversammlung auch für die Maßnahme vorsehen, die in die Zuständigkeit einer künftigen Hauptversammlung fällt.[123] Die Aktiengesellschaft kann sich hierzu aber nicht im Außenverhältnis wirksam verpflichten. Möglich ist eine Verpflichtung im Innenverhältnis. Man kann die Verpflichtung mit einem Vertragsstrafeversprechen oder mit dem Recht zur fristlosen Kündigung bewehren.

Es ist in diesem Umfang möglich, die Aktiengesellschaft zu verpflichten, sonstige Kapitalmaßnahmen ohne Zustimmung des stillen Gesellschafters zu unterlassen oder nur in bestimmtem Umfang durchzuführen.

§ 4 Abgrenzung von ähnlichen Vertragstypen außerhalb des Aktiengesetzes

I. Unterbeteiligung

Die Unterbeteiligung beteiligt nicht am Unternehmen sondern am Anteil. Auch an einer stillen Beteiligung kann man eine Unterbeteiligung einräumen.[124]

II. Partiarische Geschäfte

1. Abgrenzung

Partiarische Darlehen, Arbeits- und Lizenzverträge sind von der stillen Gesellschaft nur typusmäßig, nicht aber trennscharf begrifflich abzugrenzen.[125] Partiarische Verträge sind Austauschverträge mit anderstypischer Gegenleistung. Der Sammelbegriff „partiarische Geschäfte“ bezeichnet nur eine Modalität der Gegenleistung und nimmt den Vertrag nicht aus dem Regime des jeweiligen Typenvertrags heraus. Die Einzelheiten sind hier nicht zu erörtern. Die Untersuchung geht im folgenden vom partiarischen Darlehen als der verbreitetsten Variante aus.

Wenn der Kapitalgeber ausdrücklich am Verlust beteiligt ist, liegt kein partiarisches Darlehen vor.

---

[123] Siehe unter § 12 II 1.

[124] Nach *Blaurock*, Rn. 55 sind die §§ 230 HGB ff. auf solche Gestaltungen „soweit sie passen“ analog anzuwenden.

[125] D.h. indessen nicht, dass man ein und denselben Vertrag zugleich als partiarisches Darlehen und als stille Gesellschaft qualifizieren kann, so aber anscheinend: OLG Celle, AG 1996, 280.

Das partiarische Darlehen stellt keine vertragliche Verbindung zu einem gemeinsamem Zweck dar.[126] Ob ein gemeinsamer Zweck vorliegt, ist anhand einer Abwägung aller Umstände des Einzelfalls zu ermitteln.[127] Für einen gemeinsamen Zweck spricht die Beteiligung an den stillen Reserven des Unternehmens und die Beteiligung auch am Verlust, überhaupt, wenn man eine kommanditbeteiligungsähnliche schuldrechtliche Stellung einräumt und die dazugehörigen oder auch darüber hinausgehende Kontroll- und Initiativrechte gewährt, seine Zustimmungen zu strukturändernden Maßnahmen in der Gesellschaft vorsieht[128], erst recht, wenn man den Vertragspartner an der Geschäftsführung beteiligt. Gegen einen gemeinsamen Zweck spricht zwingend, wenn der Stille von der Gewinnbeteiligung ausgeschlossen ist. Indiziell dagegen sprechen eine Mindestverzinsung und das Fehlen von Initiativ- und Kontrollrechten, schließlich der Umstand, dass man die Beteiligung bewusst neben einer zusätzlich bestehenden Kommanditbeteiligung einräumt. Der gemeinsame Zweck muss gerade im Betrieb des Handelsgewerbes durch den Inhaber auf gemeinsame Rechnung liegen. Ein Darlehen kann zweckgebunden zu verwenden sein, ohne dass dies zu einem gemeinsamen Zweck im Sinne der stillen Gesellschaft führt.[129]

Die Rechtsprechung[130] stellt zunächst auf den Wortlaut des Vertrages ab. Dieser sei die Haupterkenntnisquelle für den Willen der Parteien, die sich des Wortes „partiarisches Darlehen" oder „stille Gesellschaft" gerade bedienen, um ihren Willen kundbar zu machen. Dabei ist auch zu berücksichtigem, ob die Parteien

---

[126] Dezidiert anderer Ansicht: *Schön*, ZGR 1993, 210 ff. (der die Rechtsfigur des partiarischen Darlehens generell ablehnt und die betreffenden Gestaltungen als stille Gesellschaften einordnet); in gleiche Richtung: *Altmeppen* in: MünchKomm, § 292 AktG, Rn. 69 (das partiarische Darlehen sei eine „Minimalform" der stillen Beteiligung"); die Frage betrifft die vorliegende Arbeit nur mittelbar, m.E. vernachlässigt die Ansicht der hier genannten Autoren die Ordnungsfunktion des jeweils vertraglich in Anspruch genommenen Typenvertragsrechtes.

[127] BGHZ 127, 176; anders für partiarische Dienst-, Miet- und Pachtverhältnisse: *Karsten Schmidt* in: Schlegelberger/Hefermehl, § 335 HGB (§ 230 HGB n.F.), Rn. 48 ff., der hier formal darauf abstellen will, ob der Vertragspartner ein Einlagekonto halten soll, das ihn zum Gewinnbezug berechtigt.

[128] BGHZ 127, 176, 180: Wesentliches Indiz war hier, dass der Vertrag das von Gesetz wegen geltende Zustimmungserfordernis für Strukturänderungen beim Inhaber ausdrücklich (letztlich im Sinne einer Wiederholung) bestimmte.

[129] In diesem Sinne ist RGZ 141, 143, 145, zu interpretieren, wo es etwas unscharf heißt: Auch wenn die Geldleistung erklärtermaßen in den Dienst eines gemeinsamen Zwecks gestellt sei, könne ein Darlehen vorliegen.

[130] BGH LM Nr. 8 zu § 335 HGB = MDR 1967, 390 = BB 1967, 349; OLG Frankfurt a.M., WM 1982, 198, 199.

den Unterschied zwischen partiarischem Darlehen und stiller Gesellschaft gekannt und gewürdigt haben.[131]

Maßgeblich ist in Zweifelsfällen gleichwohl der angestrebte Vertragsinhalt. Der Vertragszweck sowie der von den Parteien wirtschaftlich beabsichtigte Erfolg sind umfassend zu würdigen. Das gilt vor allem, wenn der Vertrag eine in sich widersprüchliche Begrifflichkeit gebraucht. Als Beispiel hierzu kann eine Entscheidung des BGH dienen.[132] Hier war im Vertrag ausdrücklich von einer „stillen Beteiligung" die Rede. Die hingegebene Leistung war im Vertrag aber zugleich als „Kredit" bezeichnet und es war eine feste Verzinsung vereinbart. Neben einer Beschaffungsprovision von 5 % hatte der Kapitalnehmer 5 % des Nennkapitals monatlich als „Entschädigung" zu leisten. Der Vertrag bestimmte nichts Konkretes darüber, ob und wie der Kapitalgeber am Gewinn oder am Verlust beteiligt sein sollte. Der auf die Rückzahlung der Valuta verklagte Inhaber des Unternehmens berief sich auf den Wortlaut des Vertrages. Er meinte, es liege eine stille Gesellschaft vor. Der „Stille" nehme deshalb gem. § 336 Abs. 2 HGB a. F. mangels einer ausdrücklichen abweichenden Vereinbarung auch am Verlust des Unternehmens teil. Der BGH ist hier in Übereinstimmung mit dem Berufungsgericht davon ausgegangen, dass der Wortlaut des Vertrages eine unbeachtliche Falschbezeichnung darstellt, weil Inhalt, Zweck und wirtschaftliche Absichten ausnahmsweise anders zu würdigen waren, und hat den Vertrag als einfaches Darlehen behandelt.[133]

Widersprüchlichkeiten - wie in dem eben geschilderten Beispielsfall - können aus Prospekt, Beteiligungsangebot und Vertragsurkunde rühren. Hier gibt es keine Rangfolge der Auslegungsquellen[134] Es ist zu ermitteln, was die Parteien im Einzelfall bei Vertragsschluss übereinstimmend gewollt haben. Die gesamten Umstände des Vertragsschlusses sind im Rahmen einer objektiven Betrachtungsweise zu würdigen. Die sich hieraus ergebende Unsicherheit wird bei stillen Beteiligungen an Aktiengesellschaften dadurch gemildert, dass Schriftlichkeit notwendig ist.

Schulze zur Wiesche[135] nimmt an, dass eine Mindestverzinsung dann zu einem partiarischen Darlehen führe, wenn wirtschaftlich gesehen die feste Vergütung

---

[131] Vgl. die durchweg überzeugenden Ausführungen des OLG Frankfurt a.M., WM 1982, 198, 199.

[132] BGH LM Nr. 8 zu § 335 HGB = MDR 1967, 390 = BB 1967, 349.

[133] BGH LM Nr. 8 zu § 335 HGB = MDR 1967, 390 = BB 1967, 349 (sittenwidriges wucherähnliches Darlehen).

[134] Vgl. BGH BB 2001, 278, wo das Kündigungsrecht allein aus dem Prospekt entnommen wurde.

[135] *Schulze zur Wiesche*, 8.

aufgrund der Gewinnerwartungen überwiegt. Dazu führt er das folgende Beispiel an: A erhält einen Gewinnanteil von 20 v.H. Eine Mindestverzinsung des Kapitals von 8 v. H. ist vereinbart. Die Gewinnaussichten auf Grund der Gewinnbeteiligung von 20 v. H. des Gesamtgewinns lassen jedoch eine Kapitalverzinsung von 11 v. H. im Durchschnitt erwarten. Hier soll die feste Verzinsung überwiegen. Es handele sich um ein partiarisches Darlehen. *Schulze zur Wiesche* meint also, die Mindestverzinsung überwiege, weil sie mehr als die Hälfte des aus der Gewinnbeteiligung zu erwartenden Ertrages ausmacht. Das subjektive Kriterium der erwarteten Rendite aus der Gewinnbeteiligung macht die Abgrenzung rechtsunsicher. Teile der obergerichtlichen Rechtsprechung und das Bundesaufsichtsamt für das Kreditwesen haben sich diese Auffassung in jüngster Zeit in leicht abgeänderter Form zu eigen gemacht.[136] Ein partiarisches Darlehen liege vor, weil für den Anleger die (vermeintlich) sichere Rendite und nicht die Förderung unternehmerischer Ziele bestimmend war, während es der Kapitalnehmerin nur auf Liquiditätszuflüsse ankam. Dies kann nur überzeugen, wenn keine Verlustbeteiligung vereinbart ist. Auch für diese Fälle erscheint es angemessen, das Kriterium zu objektivieren und die Verzinsung nur im Vordergrund zu sehen, wenn der Inhaber einen Mindestzins versprochen hat, der deutlich über der Rendite für Bundesanleihen mittlerer Laufzeit am Tag des Vertragsschlusses liegt.

Auch Lieferbeziehungen – insbesondere unter verbundenen Unternehmen – können in der Praxis Gestaltungen enthalten, die sie in die Nähe einer Gewinnbeteiligung rücken.[137] Derartige Dauerlieferungsverträge wird man nicht als stille Gesellschaften qualifizieren können, weil die vertragliche Austauschbeziehung auch dann im Vordergrund steht, wenn die Ermittlung der vereinbarten Gegenleistung nicht marktüblich ist, weil sie auf die Ertragslage der Parteien Rücksicht nimmt.

---

[136] Siehe die Nachweise in: BGH BB 2001, 278, 279, sowie VG Berlin, DB 1999, 1377; dazu: *Zundel*, EWiR, 1999, 1071; und die Pressemitteilung des Bundesaufsichtsamts v. 06.03.2000, sowie den Bescheid vom 13.08. 1999, veröffentlicht unter www.bakred.de/index.htm links unter Pressemitteilungen; im Ergebnis auch: *Bornemann*, ZHR 166 (2002), 211, 225 ff.; kritisch: *Loritz*, ZIP, 2001, 309, 314 (unter Verweis *auf* BGH NJW 1995, 192 = ZIP 1995, 192, der gerade die formale variable Beteiligung am Gewinn als ausschlaggebend für die Abgrenzung zwischen stiller Gesellschaft und partiarischem Darlehen erachte; das VG Berlin habe es auch unterlassen, fehlende Sicherheiten und lange Laufzeiten – zwischen sechs und fünfundzwanzig Jahren zu würdigen).

[137] *Schulze-Osterloh*, ZGR 1974, 427, 439; *Ballerstedt*, DB 1956, 837, Fn. 15 berichtet über den Fall einer Liefervereinbarung zwischen der Niederrheinischen Hütte AG mit der an ihr zu 70 % beteiligten August-Thyssen-Hütte AG: Die Preise für die Lieferungen der August-Thyssen-Hütte an die Niederrheinische Hütte AG für Thomas-Halbzeug sollten sich „nach der jeweiligen Kosten- und Ertragslage beider Unternehmen richten".

2. Exkurs: Partiarische Darlehen und Gewinnschuldverschreibungen bei Aktiengesellschaften

Bei Aktiengesellschaften bedarf ein partiarisches Geschäft der Zustimmung der Hauptversammlung und der Eintragung im Handelsregister, wenn die Beteiligung an den Ertrag des Gesamtunternehmens oder eines Unternehmensteils anknüpft. In diesen Fällen handelt es sich um Teilgewinnabführungsverträge i.S. von § 292 Abs. 1 Nr. 2 AktG.[138] Das ist beim partiarischen Darlehen in aller Regel der Fall, als Ausnahmen kommen nur solche partiarischen Darlehen vor, die der Finanzierung einzelner Geschäfte dienen.[139] Ist die Beteiligung zu einem gemeinsamen Zweck geschlossen, liegt eine A-Meta-Verbindung vor.[140] Die früher in der Literatur häufig vertretene Auffassung, es liege beim partiarischen Darlehen mangels periodenmäßig ermittelten Gewinns kein Teilgewinnabführungsvertrag vor, ist auf dem Rückzug.[141] Das kann zwar im Einzelfall so sein, überzeugt als generelle Annahme für partiarische Darlehen aber nicht, weil partiarische Darlehen auch an periodisch ermittelte Gewinne anknüpfen können, wie z.B. den Jahresüberschuss der Aktiengesellschaft, wobei dann auch ein Teilgewinnabführungsvertrag nach § 292 Abs. 1 Nr. 2 AktG vorliegt. Für die Abgrenzung des partiarischen Darlehens zum A-Meta-Geschäft ist unter Zugrundelegung aller Umstände der Vertragsgestaltung im Einzelfall darauf abzustellen, ob der Vertrag lediglich an (eventuell mehreren) Einzelgeschäften beteiligt, oder ob er sich bereits auf den Ertrag eines selbstständigen Teils des Unternehmens der Aktiengesellschaft bezieht. Bezieht sich die Gewinnbeteiligung auf (auch korrigierte) Positionen der Gewinn- und Verlustrechnung des Gesamtunternehmens, so liegt keine A-Meta-Verbindung, sondern i.d.R. ein partiarisches Darlehen vor. Entsprechendes gilt für die Anknüpfung an Positionen einer Gewinn- und Verlustrechnung, die zum Zweck der Durchführung des Vertrags für einen Teilbetrieb erstellt wird.

Einem anderen Regime – nämlich § 221 Abs. 1 AktG - unterliegt allerdings die Gewinnschuldverschreibung[142], die ein verbrieftes partiarisches Geschäft ist.

---

[138] Zum Teilgewinnabführungsvertrag siehe im einzelnen unten unter § 5 II 1. und III.

[139] *Karsten Schmidt*, ZGR 1984, 295, 301.

[140] Dazu sogleich unter III.

[141] So: *Geßler* in: Geßler/Hefermehl, § 292 AktG, Rn. 35, aufgegeben von: *Altmeppen*, in: Münchener Kommentar zum Aktiengesetz, § 292 AktG, Rn. 68; Würdinger in: Großkommentar, § 292 AktG, Rn. 12; a.A. weiter *Emmerich/Sonnenschein*, Konzernrecht, 7. Aufl., § 14 III 2, S. 197 f. unter unzutreffender Berufung auf KG NZG 1999, 1102 = AG 2000, 183 f. (sale and lease back, offen gelassen und als Vertrag des laufenden Geschäftsverkehrs eingestuft).

[142] Zur Abgrenzung: *Reusch*, Einordnung, 27 ff.; (nur bei zusätzlicher Gewinnbeteiligung neben Festverzinsung), anders: *Hüffer*, § 221 AktG, Rn. 8; *Feddersen/Knauth*, 20 (mit Hinweis

Gewinnschuldverschreibungen verbriefen Anleihen, die zusätzlich zum Rückzahlungsanspruch Rechte gewähren, die mit Gewinnanteilen von Aktionären in Verbindung gebracht werden. Hauptfall ist, dass sich die Höhe der Verzinsung des Nennbetrags nach der Höhe des Dividendensatzes der ausgebenden Aktiengesellschaft richtet.[143] Es soll aber auch möglich sein, die Verzinsung an den Bilanzgewinn oder an den Jahresüberschuss zu knüpfen.[144] Gewinnschuldverschreibungen können auch an die Gesamtkapitalrendite anknüpfen.[145] § 221 AktG ist entsprechend anwendbar, wenn die Höhe der Verzinsung an den Bilanzgewinn oder den Jahresüberschuss anknüpft.[146] Das partiarische Darlehen ist indessen nicht Gegenstand der vorliegenden Arbeit.

III. A-Meta-Geschäfte

Durch ein A-Meta-Geschäft[147] beteiligt sich ein Kapitalgeber am Ergebnis einzelner Geschäfte, die der Kapitalnehmer ausführt. Es handelt sich um eine

---

auf eine nicht näher bezeichnete Untersuchung des Bundesjustizministeriums (von „ca. 1984"), nach der es darauf ankommen soll, ob die garantierte Mindestverzinsung gewinnunabhängigen Zinsaufwand oder Gewinnverteilung darstellt. Wie zwischen stiller Gesellschaft und Genussrecht gibt es auch zwischen Gewinnschuldverschreibung und Genussrecht einen Grenzbereich, in dem Gestaltungen mit identischem Inhalt auftreten können, und bei dem die Zuordnung den Parteien überlassen ist. Praktisch ist dies vor allem bei Gestaltungen, die einen bestimmten Prozentsatz der Dividende zur Ausschüttung vorsehen. Es kann zu schwer lösbaren Auslegungsschwierigkeiten führen, wenn die Parteien die Zuordnung nicht sorgfältig und eindeutig geregelt haben. Die Abgrenzung zwischen den Vertragstypen ist hier allerdings im Ergebnis wenig bedeutend, weil kein materielles Typenvertragsrecht – wie bei der stillen Gesellschaft – mit (unbedachten?) Folgen für die ungeregelten Fragen der Gestaltung in Frage kommt. Anders als bei den Konzernverträgen gibt es im Bereich der Fremdkapitalfinanzierung auch keine Ansicht, ein Vertrag wäre nur dann wirksam, wenn er den Vertragstyp zutreffend kennzeichnet. Jedoch setzt die Gewinnschuldverschreibung zumindest nach dem Wortlaut des § 221 AktG Verbriefung voraus. Die Frage der Zuordnung zwischen Genussrecht und Gewinnschuldverschreibung ist aus diesem Grund nicht ohne weiteres rein akademischer Natur. Teilweise wird die Gewinnschuldverschreibung auch als Unterart des Genussrechts eingeordnet: *Ernst*, AG 1967, 75, 77; *Schilling*, Großkomm., § 221 AktG, Rn. 11.

143 *Hüffer*, § 221 AktG, Rn. 8.

144 *Hüffer*, § 221 AktG, Rn. 8 a.E. (für entsprechende Anwendung); *Lutter* in: Kölner Kommentar: § 221 AktG, Rn. 446; *Karollus* in: Geßler/Hefermehl, § 221 AktG, Rn. 473; *Krieger* in: Münch HdB GesR IV, § 63 Rn. 44.

145 RGZ 118, 152, 155 (zum Zinsbegriff bei der Aufwertung; im konkreten Fall dividendenbezogen); RGZ 86, 399 („Reingewinn"; zum Kündigungsrecht wegen mehr als 6 % Zins nach § 247 BGB a.F.); *v. Godin/Wilhelmi*, § 221 AktG Anm. 4; *Schilling* in: Großkomm., § 221 AktG, Anm. 3; *Karollus* in: Geßler/Hefermehl, § 221 AktG, Rn. 473, 290 („andere ergebnisorientierte Faktoren"); Lutter in: Kölner Kommentar, § 221 AktG, Rn. 446; *Kallrath*, 10; *Krieger* in: Münch HdB GesR IV, § 63 Rn. 44.

146 *Hüffer*, § 221 AktG, Rn. 8 m.w.N

147 Italienisch: Hälfte.

BGB-Innengesellschaft.[148] Praktische Bedeutung hat die Konstellation bisher vor allem bei Arbitragegeschäften gehabt, die Preisdifferenzen an verschiedenen Börsenplätzen auszunutzen versuchen.[149] Die rechtliche Abgrenzung hat Bedeutung, weil das Meta-Geschäft eine BGB-Innengesellschaft ist, weshalb ein anderes Typenvertragsrecht gilt und sich auch in Fällen der Umwandlung der am Vertrag beteiligten Rechtsträgern andere Rechtsfolgen ergeben können.

Mit *Blaurock*[150] hat man von einer stillen Gesellschaft auszugehen, wenn der Kapitalgeber am Gewinn eines Teilbetriebes des Unternehmens beteiligt ist. Darüber hinaus liegt eine stille Gesellschaft vor, wenn sich die Beteiligung auf einen selbständigen Teil des Handelsgewerbes bezieht, der eindeutig abgrenzbar ist. Grob gesagt, muss es sich um eine selbständig lebensfähige Wirtschaftseinheit handeln. Brauchbare Abgrenzungskriterien für das Vorliegen eines Teilbetriebes sind vom Steuerrecht entwickelt worden. Die zitierte zivilrechtliche Rechtsprechung zur A-Meta-Gesellschaft enthält gerade zur Abgrenzung im Hinblick auf die stille Gesellschaft keine Aussagen.

Blaurock nimmt eine stille Beteiligung an Teilen eines Handelsgewerbes an, wenn der Vertrag sich auf die Geschäfte einer einzelnen Niederlassung oder eines Zweigbetriebs oder auf einzelne Geschäftszweige bezieht.[151] Darüber hinaus wird man von einer stillen Beteiligung ausgehen können, wenn sich die Gestaltung auf eine einzelne Projektgesellschaft bezieht, deren Anteile sich sämtlich im Vermögen der die Beteiligung einräumenden Aktiengesellschaft befinden. Mindestvoraussetzung ist eine Trennung der Buchhaltung und eine klare Absprache über die Verteilung der Gemeinkosten.

---

[148] BGH DB 1964, 67 (Gesellschafter sollen sich gleichwohl wegen Auslagenersatzes während des Bestandes der Gesellschaft an das „Gesellschaftsvermögen" halten, können ihre Forderung im Ergebnis nur im Wege der Abwicklung der Gesellschaft geltend machen); BGH WM 82, 1403 (eingeschränktes Informationsrecht nur durch zur Verschwiegenheit verpflichteten Sachverständigen, der für beide Seiten vertrauenswürdig sein muss und bei Unstimmigkeiten analog § 145 FGG vom Registergericht zu bestellen ist, Kundenidentitäten sind nach Interessenlage geheimzuhalten); BGH NJW 1990, 573 (zur Abgrenzung zum partiarischen Geschäft, weil sich der Beklagte auf § 708 BGB berufen hatte); *Hopt*, § 230 HGB, Rn. 4.

[149] *Obermüller/Obermüllerr*, FS Werner 1984, 607, 611.

[150] *Blaurock*, § 5 Rn. 33.

[151] *Blaurock*, § 5 Rn. 33 (stille Beteiligung nur an dem Produktionsbetrieb, nicht auch am Vertrieb, nur an den Großhandels-, nicht an den Einzelhandelsgeschäften, nur an den Geschäften mit bestimmten Warengattungen oder nur an einer einzelnen von mehreren Zeitschriften eines Verlags).

IV. Financial Covenants

Financial Covenants sind bestimmte finanzielle Eckdaten für die Geschäftspolitik, die sich ein Unternehmen einzuhalten verpflichtet. Das geschieht typischerweise, wenn die Hausbank dem Unternehmen eine größeres Darlehen einräumt. Solche Verträge sehen ähnlich wie stille Beteiligungen häufig vor, dass der Darlehensgeber bestimmte Kontrollrechte ausüben kann, um festzustellen, ob der Darlehensnehmer die Verpflichtungen auch einhält.[152]

Die Abgrenzung zur stillen Gesellschaft hat m.E. einerseits darüber zu erfolgen, ob eine Gewinnbeteiligung eingeräumt ist. Anderenfalls kommt nur ein Darlehen oder ein Genussrecht in Frage[153]. Andererseits ist entscheidend, ob die Eckdaten ein für alle Male festliegen, oder ob die andere Seite die Daten einer sich ergebenden neuen Geschäftslage einseitig anpassen kann. Nur im letzteren Fall kommt eine stille Gesellschaft in Frage.

Nach diesen Grundsätzen kann sich aus den „financial covenants" eines „partiarischen Darlehens" ausnahmsweise ergeben, dass in Wahrheit eine stille Gesellschaft vorliegt. Dies ist zivilrechtlich insbesondere wegen § 708 BGB von Bedeutung. Weiterreichende Folgen kann die Abgrenzung steuerrechtlich nach einigen Doppelbesteuerungsabkommen haben, die stille Gesellschaften und partiarische Darlehen völlig unterschiedlich behandeln.[154]

§ 5 Einordnung in die rechtliche Verfassung der Aktiengesellschaft

Nachdem die Abgrenzung der stillen Beteiligung von den nicht im Aktiengesetz geregelten Rechtsinstituten dargestellt wurde, soll im Folgenden auf die Einordnung der stillen Gesellschaft in die „rechtliche Verfassung der Aktiengesellschaft" eingegangen werden. Damit ist zunächst die Zuordnung der stillen Gesellschaft zu den im Aktiengesetz geregelten Rechtsinstituten unabhängig davon gemeint, ob man diese Rechtsinstitute jeweils als eigenständigen Vertragstyp oder als Regelung zum Schutz vor Eingriffen in die Zuständigkeitsordnung der Aktiengesellschaft versteht. Die Frage, ob und inwieweit der Abschluss eines Vertrags über eine stille Gesellschaft einen Eingriff in eine – etwa als grundsätzlich konzernfrei gedachte – Zuständigkeitsordnung der Aktiengesellschaft i.S. einer vorgegebenen Rechtsformverfassung darstellt, soll damit nicht

---

152 *Wittig*, WM 1996, 1381, 1384.

153 Wann genau eine Gewinnbeteiligung vorliegt, ist insbesondere fraglich, wenn eine unterschiedliche Verzinsung für ein Darlehen je nach Höhe einer variabelen Rechnungsgröße (z.B. Jahresüberschuss, (individuell definiertes) EBIT, Umsatz etc.). Derartige Gestaltungen finden sich häufig bei börsengehandelten Schuldverschreibungen.

154 Siehe *Tischbirek* in: Vogel DBA, Art. 10, Rn. 229, 231.

vorgezeichnet werden, wird aber zu prüfen sein, so weit es für die rechtliche Behandlung der stillen Beteiligung an einer Aktiengesellschaft von Bedeutung sein sollte.

Die stille Beteiligung verspricht für den Beitrag des stillen Gesellschafters eine Beteiligung am Gewinn. Das kann den Anspruch der Aktionäre auf den Bilanzgewinn, der ihnen nach § 58 Abs. 4 AktG zusteht, wirtschaftlich beeinträchtigen. Um die möglichen besonderen Anforderungen an den Abschluss und die Wirksamkeit einer stillen Beteiligung an einer Aktiengesellschaft bestimmen zu können, ist zu klären, ob die stille Gesellschaft einem besonderen aktienrechtlichen Vertragstypus zuzuordnen ist und wie sich gegebenenfalls die aktienrechtliche Einordnung zum Typenvertragsrecht der stillen Gesellschaft verhält. Dabei ist die Regelung für die Begebung von Fremdkapital in § 221 AktG und das Konzernvertragsrecht in den §§ 291 ff. AktG in Betracht zu ziehen. Beide Regelungen sehen die Beteiligung der Hauptversammlung vor. Es wird sich zeigen, dass die Beteiligung der Gesellschafterversammlung für Verträge nach §§ 230 ff. HGB nicht schon aus deren Natur selbst ergibt. Vielmehr wurde eine lange Diskussion geführt, nach deren heutigem Stand eine Zustimmung der Gesellschafterversammlung sich jedenfalls für das Außenverhältnis nicht aus den §§ 230 ff. HGB als solchen für alle Arten von Handelsgesellschaften ableiten lässt.[155] Daher soll vorab die umgekehrte Frage erörtert werden, ob die §§ 230 ff. HGB die Schlussfolgerung zulassen, dass der Vertrag über eine stille Gesellschaft selbstständig durch die organschaftlichen Vertreter einer Handelsgesellschaft geschlossen werden kann.

I. Kein Vorrang der §§ 230 ff. HGB

Bei der stillen Beteiligung könnte es sich um ein Geschäft handeln, das in die eigenverantwortliche Leitungsbefugnis des Vorstands nach § 76 AktG fällt, von der Vertretungsmacht (§ 78 AktG) des Vorstands gedeckt ist und keine besonderen aktienrechtlichen Anforderungen stellt. Das wäre der Fall, wenn die §§ 230 ff. HGB gegenüber dem Aktienrecht vorrangig wären. Dann wäre allenfalls im Einzelfall im Innenverhältnis nach den Grundsätzen der Holzmüller-Entscheidung[156] die Zustimmung der Hauptversammlung oder auch die des Aufsichtsrats nach § 111 Abs. 4 AktG einzuholen, wenn die Gesellschaft den Abschluss eines Vertrags über eine stille Gesellschaft ausdrücklich in ihren Katalog zustimmungsbedürftiger Geschäfte aufgenommen hat oder sich die Voraussetzungen der Zustimmungspflicht aus anderen Umständen ergeben. Von der früher herrschenden Auffassung wurde angenommen, dass der Vorstand den Vertrag

---

[155] Siehe dazu sogleich unter I.

[156] BGHZ 83, 122.

über die stille Gesellschaft stets im Rahmen der Geschäftsführung abschließen könne, und nur im Innenverhältnis eine Zustimmung des Aufsichtsrats oder der Hauptversammlung nach Satzungslage erforderlich sei.[157] Die durch diese Ansicht aufgeworfene Frage, ob es aktienrechtlich möglich ist, ein Zustimmungserfordernis der Hauptversammlung für den Abschluss eines Vertrages über eine stille Gesellschaft in der Satzung vorzusehen, kann dahinstehen, wenn die Untersuchung ergibt, dass ein Zustimmungserfordernis der Hauptversammlung bereits zwingend gesetzlich vorgesehen ist und soll an dieser Stelle zunächst zurückgestellt werden.[158]

Systematisch ist es zumindest denkbar, die §§ 230 ff. HGB gegenüber den §§ 221, 291 ff. AktG als die speziellere Regelung anzusehen. Man könnte etwa argumentieren, die stille Gesellschaft sei ein Teilgewinnabführungsvertrag, der zu einem gemeinsamen Zweck geschlossen ist und deshalb nicht unter die Vorschriften des Konzernrechts fällt.

Der Vergleich mit der oHG zeigt, dass der Gedanke nicht völlig abwegig ist, der Vorstand könne die Gesellschaft beim Vertragsschluss zumindest allein vertreten. Die Regelung der stillen Gesellschaft in den §§ 230 ff. HGB sagt nichts Ausdrückliches darüber, welches Organ zuständig sein soll, den Vertrag für eine Handelsgesellschaft abzuschließen. Es entspricht hier ständiger Rechtsprechung, dass der alleingeschäftsführungs- und vertretungsbefugte Gesellschafter über den Abschluss entscheiden kann, ohne die übrigen Gesellschafter einzubeziehen.[159] Insbesondere soll kein Grundlagengeschäft vorliegen, für das die Zustimmung aller Gesellschafter erforderlich wäre. Dafür wird das Argument angeführt, die stille Gesellschaft werde zwischen der oHG und dem Stillen eingegangen, nicht

---

[157] *Hueck*, FS Lehmann, 239, 251; *Koenigs, 88*; *Möhring/Tank;* Handbuch der Aktiengesellschaft, Stand Lfg. August 1983, Rn. I 745.

[158] Siehe dazu unten unter III.

[159] RGZ 153, 371= JW 1937, 1492 mit Anmerkung *Boesebeck* (die Zustimmung sei im Innenverhältnis regelmäßig erforderlich); BGH WM 1962, 1353; BGH WM 79, 71, 72 (zur Kündigung der stillen Gesellschaft bei einer GmbH & Co. KG durch die Komplementär-GmbH, § 126 Abs. 2 HGB gelte nicht); *Koenigs,* 86 f.; *Paulick,* 10 II 3 a; *P. Hartmann,* 32; *Rasner*, 95; *A. Hueck* oHG § 20 II 1c, *derselbe* FS Lehmann, 247; *Fischer* in: Großkomm. § 126 HGB, Anm. 5, *Schilling* in: Großkomm. Anm. 38,; *Hopt* § 126 HGB, Rn. 3; § 230 Rn. 5; a.A. *Blaurock,* § 9 Rn. 50 ff. (der für atypische stille Gesellschaften die Zustimmung der Gesellschafterversammlung fordert); anders noch die ältere Rechtsprechung ROHGE 13, 63, 64 f. (für Grundlagengeschäft); RG JW 1921, 1239 mit Anmerkung *Pinner*; differenzierend nach typischer/atypischer stiller Beteiligung: *Karsten Schmidt* in: Schlegelberger/Hefermehl, § 335 (§ 230 n.F.) Rn. 97 ff.; der heutigen Rechtsprechung entspricht es auch, dass die Forderung des stillen Gesellschafters bei Personenhandelsgesellschaften als Inhaberunternehmen nicht als Sozialverbindlichkeit angesehen wird, sondern die persönliche Haftung nach § 124 HGB durchgreift, siehe BGH WM 1957, 544 und BGH WM 1960, 187.

zwischen den Gesellschaftern der oHG untereinander. Nach der älteren Rechtsprechung sollte allerdings der Gesellschaftsvertrag der oHG geändert werden, wenn ein stiller Gesellschafter aufgenommen wird mit der Folge, dass alle Gesellschafte zustimmen mussten.[160] Diese Argumente erscheinen freilich formal, wobei die Frage – soweit sie die oHG betrifft – hier nicht entschieden werden muss.

Den Materialien zu den §§ 291 ff. AktG lässt sich nichts zum Verhältnis zu den §§ 230 ff. HGB entnehmen. Die Regelung des § 221 AktG wurde im Gesetzgebungsverfahren ebenfalls nicht auf das Recht der stillen Gesellschaft abgestimmt. Das Recht der stillen Gesellschaft spricht die im Recht der Fremdfinanzierung und im Konzernrecht behandelten Konflikte wiederum gar nicht an. Es regelt weder ausdrücklich noch stillschweigend die Frage der Zuständigkeitsverteilung. Dies wird durch die eben umrissene Diskussion über die Zuständigkeit bei der offenen Handelsgesellschaft unterstrichen. Ebenso wenig bietet es Lösungen für die Fragen der Information, eines möglichen Bezugsrechts oder eines Ausgleichs für die Aktionäre. Deshalb kann man nicht davon ausgehen, dass die späteren Regelungen im Aktiengesetz jeweils einen Vorbehalt zugunsten dieses Vertragstyps belassen sollten.

Im Ergebnis geben die §§ 230 ff. HGB nicht vor, dass der Abschluss des Vertrags über die stille Gesellschaft zwangsläufig unter der Geschäftsführungsbefugnis des Vorstands unterliegt.

II. Genussrechte

Das Genussrecht ist in § 221 Abs. 3 AktG geregelt oder doch zumindest angesprochen. Die Vorschrift sieht vor, dass Genussrechte nur auf Grund eines Beschlusses der Hauptversammlung ausgegeben werden dürfen, der einer Mehrheit von mindestens drei Vierteln des bei der Beschlussfassung vertretenen Grundkapitals bedarf, § 221 Abs. 1 i.V.m. § 221 Abs. 3 AktG. Zugleich ist in § 221 Abs. 4 AktG ein Bezugsrecht für die Aktionäre vorgesehen. Die Satzung kann eine andere Kapitalmehrheit für den Hauptversammlungsbeschluss und weitere Erfordernisse bestimmen, § 221 Abs. 1 i.V.m. § 221 Abs. 3 AktG. Für den Hauptversammlungsbeschluss über ein Genussrecht kann in der Satzung also auch eine geringere Kapitalmehrheit bestimmt sein, wobei aber zu beachten ist, dass eine geringere Kapitalmehrheit von Gesetz wegen nicht ausreicht, wenn das Bezugsrecht der Aktionäre ausgeschlossen wird, § 221 Abs. 4 S. 2 i.V.m. § 186 Abs. 3 S. 2 AktG. Sind mehrere stimmberechtigte Aktiengattungen vorhanden, ist

[160] Nachweise siehe vorige Fußnote.

ein Sonderbeschluss der Aktionäre jeder Gattung erforderlich, § 221 Abs. 1 S. 4 i.V.m. § 182 Abs. 2 AktG.[161]

Bei der folgenden Erörterung, ob sich die stille Gesellschaft dieser Vertragsart zuordnen lässt, ist zugleich im Blick zu behalten, dass die stille Gesellschaft auch – ausschließlich – als Teilgewinnabführungsvertrag eingeordnet werden kann, wobei die Einordnung als Teilgewinnabführungsvertrag zwar einerseits ebenfalls zu einem Zustimmungserfordernis der Hauptversammlung aber andererseits zu einer Reihe von spezifischen anderen Rechtsfolgen führt, namentlich dazu, dass kein Bezugsrecht besteht[162], dass die Hauptversammlung ohne Satzungsvorbehalt mit einer drei Viertel Kapitalmehrheit zustimmen muss und dazu, dass der Vertrag in das Handelsregister einzutragen ist, § 292 Abs. 1 Nr. 2 i.V.m. §§ 293 ff. AktG. Dabei ist ein ohne die erforderliche Zustimmung der Hauptversammlung abgeschlossener Vertrag unwirksam, wenn er unter § 292 Abs. 1 Nr. 2 AktG fällt – sowohl wegen der fehlenden Zustimmung der Hauptversammlung, die eine Einschränkung der Vollmacht darstellt[163], als auch wegen der fehlenden Eintragung im Handelsregister, § 294 Abs. 2 AktG.

Darüber hinaus stellt sich bei einem Teilgewinnabführungsvertrag die Frage, ob eine Vertragsprüfung erforderlich ist, §§ 293a ff. AktG.[164]

Die Regelung über das Genussrecht wurde vom Gesetzgeber bewusst offen gehalten. Entsprechend umstritten sind die Einzelheiten hinsichtlich möglicher Inhalte und Grenzen von Genussrechten.[165] Unstreitig möglich ist es allerdings, Genussrechte derart mit aktienähnlichem Inhalt auszugestalten, dass die Genussberechtigten aktionärsähnliche Vermögensrechte erhalten, insbesondere eine gewinnorientierte Vergütung für die Kapitalüberlassung.[166] In einem solchen Fall stellt sich die Frage der Überschneidung mit der Regelung über den Teilgewinnabführungsvertrag. Setzt man einmal voraus, dass eine solche Gestaltung zugleich eine Teilgewinnabführung darstellt, aber § 221 Abs. 3 AktG für das Genussrecht die vorrangige Norm ist, gewinnt die Frage auch für die Untersuchung der stillen Beteiligung an einer Aktiengesellschaft Relevanz, da die stille Beteiligung von der Literatur grundsätzlich als Teilgewinnabführungsvertrag

---

[161] Die Abschaffung u.a. dieses Sonderbeschlusserfordernisses wird von der Regierungskommission Corporate Covernance befürwortet, *Baums*, Kommssionsbericht, Rn. 241.

[162] BGH, Der Konzern, 2003, 764, 765.

[163] *Hüffer*, § 78 Rn. 8; *Mertens* in: Kölner Kommentar, § 78 AktG, Rn. 8.

[164] Siehe dazu unten unter § 8 IV.

[165] Siehe noch unter 2; sowie die Literaturnachweise bei *Hüffer*, § 221 AktG, Rn. 22.

[166] Siehe *Hüffer*, § 221 AktG, Rn. 21 f.

eingeordnet wird.[167] Wäre nämlich die stille Gesellschaft nach ihrer Ausgestaltung im Einzelfall als Genussrecht einzuordnen,[168] könnte sich ein Vorrang des § 221 Abs. 3 AktG gegenüber § 292 Abs. 1 Nr. 2 AktG auch für die stille Gesellschaft ergeben.

Um das Verhältnis zwischen stiller Gesellschaft, Genussrecht und Teilgewinnabführungsvertrag überzeugend bestimmen zu können, ist im Folgenden zunächst auf das Verhältnis der Bestimmung über das Genussrecht zum Teilgewinnabführungsvertrag einzugehen[169] und anschließend zu prüfen, ob sich die stille Gesellschaft vor diesem Hintergrund allgemein oder nach ihrer Ausgestaltung im Einzelfall als Genussrecht einordnen lässt.[170]

1. Das Verhältnis zwischen Genussrecht und Teilgewinnabführungsvertrag

Die Regelung über das Genussrecht stammt aus dem Aktiengesetz 1937. In der Praxis waren schon lange vorher Genussrechte ausgegeben worden.[171] Durch das Aktiengesetz 1937 wurde das Aktienrecht erstmals aus dem Handelsgesetzbuch in ein selbständiges Gesetz ausgegliedert. Die damals eingeführte Regelung in § 174 Abs. 3 AktG war nicht mehr als eine Erwähnung und insofern Sanktionierung der erwähnten langjährigen Genussrechtspraxis. Auf die Einführung eines besonderen Typenvertragsrechts für Genussrechte hat der Gesetzgeber bewusst verzichtet.[172] Die damalige Regelung entsprach im wesentlichen der heutigen und besagte lediglich, dass Genussrechte nur aufgrund eines Hauptversammlungsbeschlusses ausgegeben werden dürfen, und dass Aktionäre grundsätzlich ein Bezugsrecht auf auszugebende Genussrechte haben. Dem entsprechend heißt es in der Gesetzesbegründung zur Regelung über Genussrechte: „Sie sind in ihrer Ausgestaltung und ihrem Zwecke nach derart mannigfaltig und ihre weitere Entwicklung ist noch so sehr im Fluss, dass eine ins einzelne gehende Regelung auf diesem Gebiet nur hemmend wirken könnte. Ihre Ausgestaltung bleibt daher einstweilen zweckmäßig der Praxis überlassen. Aus diesem Grunde ist auch von einer Begriffsbestimmung für Genussrechte abgesehen."[173] Im Aktiengesetz 1965 wurde die Regelung zum Genussrecht in

---

[167] Siehe unter III.

[168] Siehe unter 2.

[169] Sogleich unter 1.

[170] Siehe dazu unter 2.

[171] Zur geschichtlichen Entwicklung der Vertragsart und der Vorgeschichte der Regelung im AktG 1937 im einzelnen z.B. *Eyber*, 113 ff.

[172] Entwurf des *Reichsjustizminsteriums* 1930, 124.

[173] Entwurf des *Reichsjustizministeriums* 1930, 124.

§ 221 Abs. 2 AktG übernommen, wobei die Vorschrift ausweislich der Regierungsbegründung „nur sprachlich geändert" werden sollte.[174]

Durch das Aktiengesetz 1965 wurde auch die Regelung über den Teilgewinnabführungsvertrag eingeführt. In § 292 Abs. 1 Nr. 2 AktG heißt es: „Unternehmensverträge sind ferner Verträge, durch die eine Aktiengesellschaft oder Kommanditgesellschaft auf Aktien sich verpflichtet, einen Teil ihres Gewinns oder den Gewinn einzelner ihrer Betriebe ganz oder zum Teil an einen anderen abzuführen (Teilgewinnabführungsvertrag)."

Reuter hat erstmals angenommen, dass ein Partizipationsschein – der Sache nach ein aktiengleiches Genussrecht[175] – zugleich auch einen Teilgewinnabführungsvertrag darstellen würde, mit der Folge, dass die Voraussetzungen des § 292 Abs. 1 Nr. 2 AktG einzuhalten und die Genussscheine insbesondere in das Handelsregister einzutragen seien, ohne dabei aber das Verhältnis einer solchen Gestaltung zu § 221 AktG zu diskutieren.[176]

Das Problem, dass beide Normen Fälle vertraglicher Gewinnbeteiligung regeln, wurde in der Folgezeit zunächst ausschließlich durch die Bestimmung der möglichen Inhalte eines Genussrechts gelöst. Dabei gingen große Teile der Literatur zunächst davon, dass § 221 Abs. 3 AktG die Spezialnorm für kollektive bzw. massenweise begebene Gewinnbeteiligungen sei, während ein individuell begebenes „Genussrecht" mit Beteiligung am Bilanzgewinn unter § 292 Abs. 1 Nr. 2 AktG fallen sollte.[177] Die Situation hat sich in diesem Punkt durch das Urteil des BGH im Fall Bremer Bankverein geändert. In dieser Entscheidung hat der BGH eine Gestaltung, in der Kapital von einem einzelnen Investor zugeführt wurde, als Genussrecht eingeordnet.[178] Folgt man dem, erweitert sich der mögliche Anwendungsbereich des § 221 Abs. 3 AktG für stille Gesellschaften ganz erheblich. Im zugrundeliegenden Fall hatte sich die belgische Muttergesellschaft des in eine Liquiditätskrise geratenen Bremer Bankvereins von diesem gegen Bareinlage von je 15 Mio. DM durch zwei als „Genussrechtsverträge" bezeichnete Verträge ein Recht auf 7,5 % Zins p.a. auf den Nennwert einräumen lassen. Das Recht auf die Verzinsung sollte entfallen, soweit durch die Erfüllung ein Bilanzverlust entstehen würde, ohne dass für den

---

174 RegBegr bei *Kropff*, 318.

175 Das in der deutschen Praxis jedoch keine Verbreitung gefunden hat, vgl. *Werner* ZHR 149 (1985), 236, 240

176 *Reuter*, FS Robert Fischer, 605, 617 Fn. 50.

177 *Hirte*, ZIP 1988, 477, 485; derselbe ZBB 1992, 52; *Schön*, ZGR 1993, 235 (regelmäßig); *Karollus* in: Geßler/Hefermehl, § 221 AktG, Rn. 238 a.E (zusätzliches Begriffsmerkmal: massenweise Begebung).

178 BGHZ 120, 141.

Zins ein Nachzahlungsanspruch bestehen sollte. Der eingeräumte Rückzahlungsanspruch in Höhe des Nennwertes sollte auch am Verlust teilnehmen, war aber aus Jahresüberschüssen in Folgejahren wieder aufzufüllen. Die Rückzahlung sollte zum Nennwert abzüglich einer verbleibenden Verlustbeteiligung erfolgen. Weiterhin sollten die Rechte in der Liquidation im Rang nach den Gläubigern aber vor den Aktionären stehen. Der BGH hat die Gestaltung als Genussrecht eingestuft und den Bezugsrechtsausschluss für unproblematisch erachtet, weil die Verzinsung unter dem marktüblichen Zinssatz liege, so dass den Aktionären gegenüber der Fremdkapitalaufnahme am Markt kein Nachteil entstehe.[179] Darüber hinaus hat die genussberechtigte Muttergesellschaft den außenstehenden Aktionären zum Ausgleich für den Bezugsrechtsausschluss Schuldverschreibungen gegen die Muttergesellschaft mit einem garantierten Effektivzinssatz von 7,5 % angeboten.[180] Der BGH ging davon aus, im Hinblick auf die Ausgestaltung und den Inhalt der Genussrechte bedürfe es keiner sachlichen Rechtfertigung für den Bezugsrechtsausschluss.[181] Der BGH sah bei diesem Sachverhalt wohl deshalb keinen Anlass, auf das Verhältnis von § 221 Abs. 3 AktG zu § 292 Abs. 2 Nr. 1 AktG einzugehen, weil nach seiner Auffassung die bloße Gewinnabhängigkeit des Zinsanspruches nichts daran ändere, dass es sich eben um einen Zinsanspruch handelt und nicht um einen Anspruch auf (Teil-) Gewinnabführung. Der BGH hat die Gestaltung dementsprechend als „obligationsähnliches Genussrecht" bezeichnet.[182] Die Entscheidung der Vorinstanz[183] war von *Hirte* in einer Besprechung mit der Begründung angegriffen worden, bei einer derartigen Gestaltung handele es sich zumindest auch um einen Teilgewinnabführungsvertrag, so dass der Vertrag in das Handelsregister hätte eingetragen werden müssen.[184] Ein Teilgewinnabführungsvertrag liege dann vor, wenn der zugrundeliegende Vertrag bzw. die zugrundeliegenden Verträge nicht mit einem breiten Publikum abgeschlossen werden, denn in einem solchen Fall liege keine Verpflichtung vor, einen Teil des Gewinns „an einen anderen abzuführen".[185] Diese Interpretation stützt *Hirte* vor allem auf die von *Schilling* vertretene Ansicht, dass der Teilgewinnabführungsvertrag deshalb dem Konzernrecht unterstellt sei, weil er typischerweise der Begründung eines Unternehmensverbundes diene und dies bei der

---

[179] BGHZ 120, 141, 145 ff., - auf die Frage, inwieweit eine Fremdkapitalaufnahme am Markt überhaupt noch möglich gewesen wäre, ist der BGH nicht eingegangen.

[180] BGHZ 120, 141, 152; zur Zulässigkeit eines derartigen Ausgleichs unter Gleichbehandlungsgesichtspunkten vgl. Hirte, ZBB, 1992, 43.

[181] BGHZ 120, 141, 149.

[182] BGHZ 120, 141, 147.

[183] OLG Bremen, ZBB 1992, 38.

[184] *Hirte*, ZBB 1992, 50, 52.

[185] *Hirte*, ZBB 1992, 50, 52

Einräumung von Genussrechten an eine Vielzahl von Genussrechtsinhabern fern liege.[186] Dies werde indirekt dadurch bestätigt, dass § 292 Abs. 2 AktG die Einräumung von Gewinnbeteiligungen an Verwaltungsmitglieder oder einzelne Arbeitnehmer der Gesellschaft vom Anwendungsbereich des § 292 Abs. 1 S. 2 AktG ausnimmt.[187] Eine typische Konzernierung durch Teilgewinnabführungsvertrag mag unter der alten Regelung des § 256 AktG zu erwägen gewesen sein, wo Voraussetzung für einen Teilgewinnabführungsvertrag die Abführung von mindestens 75 % des Gewinns der Gesellschaft war. Die Annahme *Hirtes* erscheint vor dem Hintergrund der heutigen Regelung in § 292 Abs. 1 Nr. 2 AktG, die grundsätzlich jede noch so geringe Gewinnabführung als Teilgewinnabführungsvertrag qualifiziert, nicht überzeugend; vielmehr ist mit der zitierten Entscheidung des BGH davon auszugehen, dass ein Genussrecht auch an einzelnen Vertragspartner ausgegeben werden kann. *Sethe* ist in der Folge davon ausgegangen, dass Genussrechte auch individualvertraglich begeben werden können, jedoch keine Teilgewinnabführungsverträge darstellen, weil die Zahlung auf ein Genussrecht schon tatbestandlich keine Teilgewinnabführung sei.[188] Weiter hat sich eine Arbeit von *Eyber* eingehend dieser Frage gewidmet, die zu dem Ergebnis kommt, dass § 221 AktG gegenüber § 292 Abs. 1 Nr. 2 AktG sowohl für individuell begebene als auch für kollektiv begebene Genussrechte die vorrangige Norm ist.[189] Von *Emmerich* wird dagegen die Ansicht vertreten, dass § 292 Abs. 1 Nr. 2 AktG auch auf Genussrechte anzuwenden sei, wenn diese eine Pflicht zur Teilgewinnabführung enthalten.[190] *Emmerich* argumentiert mit dem Schutz der Aktionäre und Gläubiger der Aktiengesellschaft, die durch eine Gewinnabführung infolge eines Genussrechtes in gleicher Weise betroffen seien, wie durch die Abführung von Gewinn an den jeweils Begünstigten im Rahmen eines sonstigen Teilgewinnabführungsvertrags.[191] Diese Ansicht erscheint nicht überzeugend, weil in der Folge gemäß § 295 AktG für die Übertragung des Genussrechtes als Vertragsänderung die Formalien der §§ 293 bis 294 AktG erforderlich wären.

Um die Frage des Verhältnisses des Genussrechts zum Recht des Teilgewinnabführungsvertrags rechtlich überzeugend beantworten zu können, muss man einerseits die möglichen Inhalte eines Genussrechts, andererseits die unterschied-

---

186 So: *Schilling* in: Großkommentar, 2. Aufl. 1965, § 256 Anm. 2, *Hirte*, ZBB 1992, 50, 52.

187 *Hirte* ZBB 1992, 50, 52.

188 *Sethe*, AG 1993, 310, 311.

189 *Eyber*, 202.

190 *Emmerich*, in: Emmerich/Habersack, Aktien und GmbH-Konzernrecht, § 292 AktG, Rn. 31 ff.

191 *Emmerich*, in: Emmerich/Habersack, Aktien- und GmbH-Konzernrecht, § 292 AktG, Rn. 31 ff.

lichen Rechtsfolgen der beiden fraglichen Regelungen und vor allem deren Regelungszweck berücksichtigen. Daraus wird ersichtlich, dass es für die Frage, in welchem Verhältnis § 221 AktG und § 292 Abs. 1 Nr. 2 AktG zueinander stehen, von entscheidender Bedeutung ist, sich über den Schutzzweck der Bestimmung über den Teilgewinnabführungsvertrag klar zu werden. In der Regierungsbegründung findet man dazu die folgenden Ausführungen: „§ 292 bestimmt vier andere Typen von Unternehmensverträgen und prägt für sie Kurzbezeichnungen. Im Gegensatz zu den in § 291 behandelten Beherrschungs- und Gewinnabführungsverträgen handelt es sich bei ihnen um schuldrechtliche Verträge mit Austausch von Leistung und Gegenleistung. (...) Grundsätzlich muss auch hier im Interesse der Aktionäre jede Abführung von Gewinn des Unternehmens oder einzelner Betriebe – gleichgültig wie der abzuführende Gewinn berechnet wird – an die Zustimmung der Hauptversammlung gebunden werden.“[192] Diese Begründung stellt offensichtlich vorrangig auf das Interesse der Aktionäre ab. In der Literatur wird dementsprechend teilweise angeführt, die Norm des § 292 Abs. 1 Nr. 2 AktG solle nur die Gewinnverwendungskompetenz der Hauptversammlung schützen, wobei die Vorschrift eher in systematischem Zusammenhang zu § 174 AktG gesehen wird.[193] Demnach soll auch maßgeblich sein, dass Teilgewinnabführungsverträge die sonst maßgeblichen Gewinnverteilungsregeln ändern.[194] Im einzelnen decken sich die Ansichten in der Literatur über den Gesetzeszweck jedoch nicht.

Hüffer sieht den maßgeblichen Gesichtspunkt darin, dass die in § 292 AktG genannten Vertragstypen für die Gesellschaft von einschneidender wirtschaftlicher Bedeutung seien.[195]

Einen Hinweis auf den Gesetzeszweck kann auch ein obiter dictum des BGH in der Hoesch-Hoogovens Entscheidung geben, die allerdings zur Frage einer Vermögensübertragung nach § 361 AktG a.F. ergangen ist. Dort wird ausgeführt, die in den §§ 359 ff. AktG geregelte Vermögensübertragung gehöre ebenso wie Verschmelzungs- und Unternehmensverträge zu jenen unter § 83 AktG fallenden Grundlagenentscheidungen, die regelmäßig die *Unternehmensstruktur* veränderten und die das Gesetz deshalb besonderen Vorschriften zum Schutz der Aktionäre unterwerfe.[196]

---

192 RegBegr bei *Kropff*, 378 f.

193 So: *Koppensteiner* in: Kölner Kommentar, § 292 AktG, Rn. 12

194 *Koppensteiner* in: Kölner Kommentar, Vorbem. § 291 AktG, Rn. 8.

195 *Hüffer*, § 292 AktG, Rn. 2.

196 BGHZ 82, 188, 195.

Koppensteiner nimmt dagegen an, für die Norm des § 292 Abs. 1 Nr. 2 AktG lasse sich eine zwingende rechtspolitische Rechtfertigung nicht ausmachen, wenn man sich vor Augen halte, dass die wirtschaftliche Bedeutung nicht gewinnabhängiger, aber von der Vertretungsmacht des Vorstands eindeutig gedeckter Geschäfte größer sein könne, als z.B. eine prozentual geringfügige Teilgewinnabführungsverpflichtung.[197]

Würdinger und *Geßler* sind der Ansicht, die Verträge des § 292 AktG seien deshalb vom Gesetzgeber mit den „echten" Unternehmensverträgen gleichgestellt, weil sie den wirtschaftlichen Charakter der Gesellschaft änderten, in der nicht mehr ausschließlich im Interesse der Gesellschafter gewirtschaftet werde.[198]

Für die Unterwerfung des Teilgewinnabführungsvertrags unter die besonderen Anforderungen für Konzernverträge nach dem AktG 1965 sollen nach *Karsten Schmidt* zwei Gesichtspunkte als Gesetzeszweck maßgeblich sein.[199] Der eine Gesichtspunkt sei der, dass sich die Gesellschafter denjenigen sollen aussuchen dürfen, mit dem sie quotenmäßig am Erfolg des Unternehmens teilhaben wollen, und dass Erfolg und Risiko nicht auf mehr Köpfe verteilt sein sollen, als ihrem Willen entspricht.[200] Der zweite Gesichtspunkt bestehe darin, dass die Angemessenheit des Entgelts bei Gewinnbeteiligungen besonders schwer kalkulierbar, die Verantwortlichkeit der Leitungsorgane bei Gewinnbeteiligungsabreden also besonders ungewiss sei.[201] Dem lässt sich hinzufügen, dass es ein grundlegender Gesichtspunkt der aktienrechtlichen Gesellschafsverfassung ist, dass Verträge, die eine Gegenleistung versprechen, deren angemessene Festlegung es erfordert, den Wert der Gesellschaft insgesamt, ihres Unternehmens oder eines ihrer Betriebe zu bestimmen, stets der Zustimmung der Hauptversammlung bedürfen, das Aktienrecht den Aktionären also eine zwingende Mitwirkungsbefugnis bei der vertraglichen Bestimmung des Wertes des Unternehmens einräumt. Diese Annahme wird auch durch die Regelung über das Genussrecht in § 221 Abs. 3 AktG bestätigt, wo die Mitwirkung der Hauptversammlung vorgesehen ist. Nicht zu verkennen ist aber, dass gerade dieser Gesichtspunkt nicht erklären kann, warum der ohne die erforderliche Mitwirkung der Hauptversammlung

---

[197] *Koppensteiner* in: Kölner Kommentar, § 292 AktG, Rn. 11; wohl auch: *Schulze-Osterloh*, ZGR 1974, 427, 432 f.; a.A. *Lutter*, FS Stimpel, 825, 834, 845 (Eingriff in das Mitgliedschaftsrecht, nicht Verlängerung der Aktionärsrechte in die dem Vorstand zustehende „eigentliche Leitung").

[198] Würdinger in: Großkommentar, Einl. § 292 AktG; *Geßler* in: Geßler/Hefermehl, § 292 AktG, Rn. 4.

[199] *Karsten Schmidt*, ZGR 1984, 295, 306.

[200] *Karsten Schmidt*, ZGR 1984, 295, 306.

[201] *Karsten Schmidt*, ZGR 1984, 295, 306.

geschlossene Vertrag im Fall eines Genussrechtes nach § 221 Abs. 3 AktG wirksam, bei einem Teilgewinnabführungsvertrag aber unwirksam ist, denn auch die Vergabe eines Genussrechts erfordert es, die Gesellschaft mit ihren Ertragsaussichten zu bewerten, wenn man die angemessene Höhe der durch das Genussrecht einzuräumenden Gewinnbeteiligung als Gegenleistung für die Kapitalüberlassung bestimmen will.

In der Vorbemerkung zur Begründung zum Konzernvertragsrecht, wird aber neben dem Aktionärsschutz der Gläubigerschutz als ein maßgeblicher Gesichtspunkt angeführt, wenn auch ausdrücklich nur im Zusammenhang mit der Beherrschung der Gesellschaft durch ein anderes Unternehmen.[202] Dies kommt weiter in den §§ 301 f. AktG zum Ausdruck, die eine besondere Mindestzuführung zur gesetzlichen Rücklage und eine Höchstgrenze für die Gewinnabführung im Rahmen von Konzernverträgen bestimmen.

Zusammenfassend ist festzustellen, dass sowohl Gesichtspunkte des Aktionärsschutz als auch Gesichtspunkte des Gläubigerschutzes als maßgeblicher Gesetzeszweck für den Teilgewinnabführungsvertrag anzusehen sind.

Umgekehrt gibt die Begründung zu der Regelung über das Genussrecht, das in der damaligen Fassung durch das Aktiengesetz 1937 in § 174 Abs. 3 AktG geregelt oder doch anerkannt wurde, keinen Hinweis zur Abgrenzung zum Recht des Teilgewinnabführungsvertrags, der im Aktiengesetz 1937 in § 256 Abs. 1 allerdings inhaltlich erheblich anders geregelt war, als später im Aktiengesetz 1965.[203] Es wurde ersichtlich davon ausgegangen, dass hier keine Kollision vorliegen könne, was von Standpunkt der Praxis aus umso mehr auf der Hand lag, als der Gewinnabführungsvertrag nach § 256 Abs. 1 AktG 1937 nur in solchen Fällen eingriff, in denen mehr als 75 % des Gewinns der Aktiengesellschaft abzuführen waren. Diese Grenze wurde in § 292 Abs. 1 Nr. 2 AktG 1965 auf Null gesenkt. Wenn man dabei aber keinen Vorbehalt für das Genussrecht hätte machen wollen, hätte man dies entweder in den Materialien zur Regelung des Teilgewinnabführungsvertrags zu § 292 AktG 1965 oder bei den Materialien zu § 221 AktG 1965 deutlich machen müssen, weil die Regelung und Praxis in § 174 AktG 1937 bekannt war, man mithin wusste, dass auch durch Genussrechte Gewinn abgeführt wird.

Wenn die Gesetzesmaterialien zu § 292 AktG also zur Frage des Genussrechts nichts wesentliches enthalten und in den Gesetzesmaterialien zu § 221 AktG ausgeführt wird, die getroffenen Änderungen seien rein sprachlicher Natur, so

---

[202] RegBegr bei *Kropff*, 373 f.

[203] Vgl. Entwurf des Reichsjustizministeriums 1939, 124.

wird man annehmen müssen, dass aus der gesetzlichen Systematik ein Vorbehalt zugunsten des Genussrechts als einer bekannten und bewährten Finanzierungsform gemacht werden sollte, für die eine Zustimmung der Hauptversammlung als Voraussetzung für die Ausgabe im Innenverhältnis stillschweigend als ausreichend angesehen wurde.[204] Ein solcher Vorbehalt mag nur eingeschränkt sinnvoll erscheinen oder die Erforderlichkeit eines Hauptversammlungsbeschlusses für sonstige Gewinnabführungen zur Wirksamkeit des Vertrages im Außenverhältnis mag umgekehrt als wertungswidersprüchlich erscheinen. Dies ist indessen eine Frage der Rechtspolitik. Die Regelung in § 221 Abs. 3 AktG ist aber de lege lata als Tribut an die historische Rechtspraxis und eine gesetzgeberische Entscheidung hinzunehmen, die nicht im Wege der Ausdehnung des § 292 Abs. 1 Nr. 2 AktG auf Genussrechte überspielt werden kann.

Im Ergebnis ist festzuhalten, dass § 221 Abs. 3 AktG die gegenüber § 292 Abs. 1 Nr. 2 AktG vorrangige Norm ist.

2. Abgrenzung zwischen stiller Gesellschaft und Genussrecht

Nachdem in den vorangehenden Ausführungen dargelegt wurde, dass § 221 Abs. 3 AktG die gegenüber § 292 Abs. 1 Nr. 2 AktG vorrangige Norm darstellt, stellt sich nun die Frage, ob sich eine stille Gesellschaft im Einzelfall als Genussrecht darstellen kann, was zur Folge hätte, dass dann ausschließlich § 221 Abs. 3 AktG und nicht § 292 Abs. 1 Nr. 2 AktG zur Anwendung käme.

Die Abgrenzungsschwierigkeiten zwischen der stillen Gesellschaft und dem Genussrecht rühren u.a. daher, dass es für beide rechtlichen Gestaltungsformen nach h.M. sowohl möglich ist, dass der Berechtigte am Gewinn beteiligt wird, als auch dass – nur oder zusätzlich – eine Verlustbeteiligung vereinbart wird. Allerdings äußert sich die aktuelle Kommentarliteratur zu diesem Punkt nicht und hält sich- abgesehen von der intensiv geführten Diskussion über die Zulässigkeit sog. aktiengleicher Genussrechte – hinsichtlich möglicher Inhalte von Genussrechten insofern bedeckt, als auf die einschlägigen Genussrechtsbedingungen verwiesen wird.[205] Die Möglichkeit, im Rahmen eines Genussrechtes auch die Teilnahme am Verlust zu vereinbaren, ergibt sich auch durch die gesetzliche Sanktionierung einer solchen Gestaltung in § 10 Abs. 5 S. 1 Nr. 1 KWG, wo ausdrücklich bestimmt ist, dass Kapital, das gegen Gewährung von Genussrechten eingezahlt ist, dem haftenden Eigenkapital nur dann zuzurechnen ist, wenn es bis zur vollen Höhe am Verlust teilnimmt. Das der Gesetzgeber

---

[204] Vgl. RegBegr bei *Kropff*, 218 und 378 f.

[205] Siehe z.B. *Hüffer*, § 221 AktG, Rn. 29, ausdrücklich: *Frantzen*, 122 ff., und die bei ihm abgedruckten Genussrechtsbedingungen, 295 ff.

dabei den Umstand, dass eine Verlustbeteiligung auch im Rahmen einer stillen Gesellschaft vereinbart werden kann, ebenfalls in Betracht gezogen hat und beide Rechtsinstitute trotz Verlustbeteiligung auseinander gehalten hat, zeigt sich an § 10 Abs. 4 KWG, wo die Beschaffung von haftendem Eigenkapital für Banken durch stille Gesellschaft – im wesentlichen im gleichen Sinn- geregelt ist. Die Gestaltung einer stillen Gesellschaft und eines Genussrechtes kann sich in diesen Fällen hinsichtlich der Teilnahme am Gewinn und am Verlust, also auf der vermögensrechtlichen Seite weitgehend überschneiden. Wie bereits gezeigt, ist die Frage der Zuordnung nicht rein akademisch, weil es einerseits um die Frage der Vorstandshaftung geht, wenn in der Sache ein Genussrecht ausgegeben wird, für das nach § 221 Abs. 3 AktG die Zustimmung der Hauptversammlung notwendig gewesen wäre, und andererseits die Frage bleibt, ob ein Teilgewinnabführungsvertrag oder sonstiger Konzernvertrag vorliegt, wenn die Gestaltung nicht dem Regime des Genussrechts zugeordnet werden kann, mit der Folge, dass ein fehlender Hauptversammlungsbeschluss oder eine fehlende Eintragung den Vertrag unwirksam oder doch zumindest nach den Grundsätzen über die fehlerhafte Gesellschaft für die Zukunft auflösbar macht.

Bei dem Genussrecht handelt es sich nach der h.M. um eine eigenständige Vertragsart,[206] und zwar – anders als bei der stillen Gesellschaft – um ein reines Gläubigerrecht ohne gesellschaftsrechtliche Ausgestaltung.[207] Das Genussrecht ist anders als die stille Gesellschaft nicht zu einem gemeinsamen Zweck geschlossen. Diese Auffassung ist gerade in jüngerer Zeit auf Kritik gestoßen.[208] Dabei wurde einerseits angenommen, es handele sich beim Genussrecht nach seiner Ausgestaltung im Einzelfall um eine stille Gesellschaft, wobei teilweise

---

[206] *Ernst*, AG 1967, 79; *Gottlieb*, 28 (mit Hinweis auf die schwächeren Aktionärsrechte, an die der Genussschein geknüpft ist); *Göhrum*, 50; *Hüffer*, § 221 AktG, Rn. 27; *Lutter/Hommelhoff*, GmbHG § 55 Rn. 45; *Oettmeier*, 100 f.; *Pougin*, Genussrechte, 4, *derselbe* FS Oppenhoff, 277; *Rid-Niebler* 82; *Silberberger*, 86; offen: *Habersack*, ZHR 155 (1991), 379, 393 ff. (mit Betonung auf „Treuhandverhältnis").

[207] BGHZ 119, 305,309 (Klöckner); BGH DB 1965, 1689 (die Gesellschaftsziele sind dem Genussrechtsinhaber fremd und ohne Bedeutung); BGH BB 1967, 349; BGH WM 1959, 434, 436; BGH WM 1958, 1541, 1542 (mit Auslosung einhergehende Ungleichbehandlung spreche gegen Gesellschaftsverhältnis); vgl. auch BGH WM 1958, 1441 ff.; RGZ 105, 236, 239; *Claussen*, FS Werner, 1984, 81 ff.; *Feddersen/Knauth*, 18; *Möschel* ZHR 149 (1985), 206, 225 ff.; *Vollmer* ZGR 149 (1983), 445, 451 ff.; *Werner* ZHR 149 (1985), 236, 239 ff.; *Franzten*, 17 f.; *Prosser*, 24 ff.

[208] *Schott*, 46, 147 (der überwiegende Teil der Genussrechte sei gesellschaftsrechtlicher Natur, was „im wesentlichen" aus der Verlustbeteiligung folge); *Eyber*, 148 f., *Karollus* in: Geßler/Hefermehl § 221 AktG, Rn. 279 ff. (für „aktienähnliche" Genussscheine); *Schön*, ZGR 1993, 210 ff.

nach einem Außenverhältnis und einem Innenverhältnis differenziert wurde.[209] Andererseits wurde angenommen, das Genussrecht stelle grundsätzlich ein abstraktes Schuldversprechen dar, weshalb sich die Abgrenzung zur stillen Gesellschaft erübrige.[210]

Im Anschluss an eine Ansicht im älteren Schrifttum ist *Frantzen* in seiner Untersuchung über Genussscheine von 1993 davon ausgegangen, es handele sich bei dem Genussrecht um ein abstraktes Schuldversprechen nach § 780 BGB, wodurch sich die Frage nach der Abgrenzung zur stillen Gesellschaft erübrige, weil die stille Gesellschaft dem Genussrecht nur kausal zugrunde liegen könne.[211] Der Ansatz ist insofern überzeugend, als sich bei verbrieften Genussrechten der Anspruch jedes Erwerbers nur nach den Genussrechtsbedingungen richtet, und ein Erwerber des Genusscheins dem Emittenten gegenüber ebenso wenig Einwendungen aus dem Begebungsvertrag geltend machen kann, wie der Emittent gegenüber dem Erwerber.[212] Das betrifft aber nur die Abstraktheit der Begebung des verbrieften Genussrechtes. Für die Frage, ob das durch abstraktes Schuldversprechen begebene Recht seinerseits als stille Gesellschaft zu qualifizieren ist, trägt diese Argumentation aber nichts wesentliches bei. Es kann deshalb nicht überzeugen, wenn *Frantzen* davon ausgeht, die Schwierigkeiten bei der Abgrenzung zur stillen Gesellschaft und zum partiarischen Darlehen beruhten nur auf einem Missverständnis der abstrakten Natur des Genussrechts.[213] Wenn *Frantzen* davon ausgeht, dem Genussrecht könne eine stille Gesellschaft kausal zugrunde liegen, so kann dies ebenfalls nicht überzeugen, weil dieser Ansatz im unklaren lässt, wie die behaupteten beiden Rechtsverhältnisse koordiniert werden können.[214]

Schön sieht bei einer Kapitalüberlassung in Geld bereits die Ergebnisbeteiligung als ausreichend an, um einen gemeinsamen Zweck zu begründen und leugnet mit dieser Begründung generell die rechtliche Existenz des Rechtsinstituts des partiarischen Darlehens.[215] In der Folge seiner grundsätzlichen Überlegungen zum Begriff des gemeinsamen Zwecks qualifiziert *Schön* das Genussrecht gegen

---

209 *Eyber*, 148 f. (schuldrechtlich „eingekleidet" in partiarisches Darlehen oder stille Gesellschaft); *Karollus* in: Geßler/Hefermehl § 221 AktG, Rn. 279 ff.; *Meilicke* BB 1987, 1609, 1611 (zum Bertelsmann-Genussschein) und BB 1989, 465 f. (zum Klöckner-Genussschein); *Schön*, JZ 1993, 925, 930 (stille Gesellschaft nur im Innenverhältnis).

210 *Frantzen*, 21 f.

211 *Frantzen*, 21 f.

212 Vgl. auch *BGH* WM 1992, 2098 ff.

213 *Frantzen*, 21 f.

214 *Frantzen*, 21 f.

215 *Schön*, ZGR 1993, 210, 220 ff.

Gewinnbeteiligung ebenfalls als stille Gesellschaft, was aber aus kapitalmarktrechtlichen Überlegungen heraus nur für das „Innenverhältnis" gelten soll.[216] Das kann nicht überzeugen, weil kein Anlass besteht, den Parteien für eine solche Gestaltung das Typenvertragsrecht der stillen Gesellschaft aufzuzwingen. Dafür spricht nicht allein die dauernde Rechtspraxis, die beide Rechtsinstitute in der Vertragsgestaltung klar trennt, und die klare gesetzgeberische Praxis anderer Rechtsgebiete, in der diese Rechtspraxis sanktioniert wird[217], sondern auch der Umstand, dass die Ansicht von *Schön* in der Sache zu sehr isoliert auf die vermögensrechtliche Seite der Vertragsgestaltung abstellt. Im Einzelfall können zwar unter beiden Rechtsinstituten übereinstimmende Rechtsinhalte vertraglich vereinbart werden. Das ändert aber nichts an der unterschiedlichen typenvertraglichen Zuordnung, die z.B. für eine etwaige Inhaltskontrolle und für die ergänzende Vertragsauslegung selbst in solchen Fällen ihren Sinn behält.

In der Literatur wird teilweise vorgebracht, ein Genussrecht sei zumindest dann zu einem gemeinsamen Zweck geschlossen und deshalb als stille Gesellschaft einzuordnen, wenn es eine Verlustbeteiligung beinhaltet.[218] Dies kann nicht überzeugen, weil auch die Verlustbeteiligung nicht zwingend zu einem gemeinsamen Zweck im Sinne des Gesellschaftsrechts führt, dessen Vorliegen in erster Linie nach dem Parteiwillen zu ermitteln ist, der sich freilich bei nicht eindeutigen Vereinbarungen vor allem am Vertragsinhalt festmachen lässt. Das Argument, eine Verlustbeteiligung führe zwingend zu einem gemeinsamen Zweck, kann die Einordnung solcher Gestaltungen als stille Gesellschaften auch deshalb nicht stützen, weil sie eine solche Rechtsfolge lediglich behauptet, aber nicht begründet. Der Hinweis, bei einer Verlustbeteiligung liege stets ein gemeinsamer Zweck i.S.d. Gesellschaftsrechts vor, übergeht auch die Frage, ob von diesem Grundsatz wegen § 221 Abs. 3 AktG eine Ausnahme gerechtfertigt ist. Diese Frage bleibt unbeantwortet, selbst wenn man davon ausgeht, dass eine Verlustbeteiligung – bei gleichzeitiger Gewinnbeteiligung – grundsätzlich zur Qualifikation des Vertrags als stille Gesellschaft führen muss. Sie ist zu bejahen, weil die angesprochene Ausnahme durch § 221 Abs. 3 AktG gerechtfertigt ist, wie sich im Folgenden noch zeigen wird.

Der Kritik ist zuzugeben, dass es ein schwaches Abgrenzungskriterium darstellt, ob ein gemeinsamer Zweck vorliegt oder nicht. Die Interessenlage der Parteien kann sehr ähnlich sein. Ebenso, wie der Genussscheingläubiger im Einzelfall auch am Verlust beteiligt sein kann, ist es möglich, dass der stille Gesellschafter der Sache nach bloßer Fremdkapitalgeber ist. Das ändert indessen nichts daran,

---

[216] *Schön*, JZ 1993, 925, 928 ff.
[217] Dazu sogleich.
[218] *Schott*, 46, 147.

dass der Gesetzgeber mit dem Genussrecht einen anderen Vertragstyp zur Verfügung gestellt hat, den die Praxis über Jahrzehnte unter ganz anderen Vorzeichen als denen einer stillen Gesellschaft genutzt hat. Aus diesem Grund hat man auch zunächst den Wortlaut als die vornehmliche Erkenntnisquelle dafür anzusehen, unter welche Typenordnung die Parteien ihr Rechtsverhältnis stellen wollen, ohne dass dies zu einer zwingenden Einordnung führen muss.[219]

In einem zwischenzeitlich ergangenen Urteil stellt auch der BGH für einen inhaltlichen Grenzfall der Sache nach vorrangig auf das Verständnis der Parteien ab, wie es sich in Wortlaut und Handhabung des Vertrages zeigt.[220] Die Bezeichnung des Vertrags durch seinen Wortlaut zeigt vor dem Hintergrund der weitgehend unter beiden Vertragsarten gleichfalls möglichen Inhalte am ehesten, in welchem formellen und materiellen Rahmen die Parteien ihr Rechtsverhältnis gestalten wollten.

Die wortlautorientierte Auslegung ist auch deshalb vorrangig, weil die Satzung der Gesellschaft für Genussrechte im Einzelfall sogar eine größere Mehrheit vorsehen kann, als für Konzernverträge. Umgekehrt ist es für Konzernverträge anerkannt, dass der Vorstand zu ihrem Abschluss keine Vertretungsmacht hat,[221] während die Verträge über die Fremdfinanzierung auch ohne Zustimmung der Hauptversammlung wirksam sind, wenn nicht die Grundsätze über den Missbrauch der Vertretungsmacht eingreifen,[222] weil die Parteien sich in einer rechtssicheren Weise darauf verlassen können müssen, welche Anforderungen die rechtliche Verfassung der Aktiengesellschaft an ihren Vertrag stellt. Da sich beide Rechtsinstitute, in einem erheblichen Bereich überschneiden, sollte man den Parteien die Wahl lassen, in welchem rechtlichen Rahmen sie die angestrebte vertragliche Gestaltung verwirklichen wollen, weil nur dies eine hinreichende Rechtssicherheit gewährleisten kann. Die Folgeprobleme des Ansatzes, der die stille Gesellschaft (teilweise) als Genussrecht einordnen will, zeigen sich vor diesem Hintergrund in den Bestimmungen, die ihre Vertreter vorschlagen, um die Gestaltungen vom Teilgewinnabführungsvertrag abzugrenzen. *Eyber* will danach unterscheiden, ob eine verwaltungsmäßig typische oder atypische stille Gesellschaft vorliegt, wobei er darauf abstellt, ob die Beteiligung ein unternehmerisches

---

[219] Gegen Wortlaut als Abgrenzungskriterium: *Karsten Schmidt* in: Schlegelberger/Hefermehl, § 335 HGB a.F. (§ 230 HGB n.F.) Rn. 54 (nur indizielle Bedeutung, demgegenüber ist zu betonen, dass den überaus meisten Fällen überhaupt nur indizielle Kriterien für die Abgrenzung vorliegen, von denen der Wortlaut noch das zuverlässigste ist).

[220] Vgl. BGH, Der Konzern, 2003, 764, 765 ("gewisse Ähnlichkeiten").

[221] Unstreitig siehe: *Hüffer*, § 293 AktG, Rn. 12, 24 (Außenwirkung durch Beschränkung der Vertretungsmacht) m.N.

[222] Unstreitig siehe: *Hüffer*, § 221 AktG, Rn. 52 m.N.

Einflusspotenzial vermittelt.[223] Dieses Kriterium führt zu erheblicher Rechtsunsicherheit und überzeugt darüber hinaus auch deshalb nicht, weil die stille Gesellschaft in ihrer tradierten Form ein sich vom Genussrecht grundsätzlich unterscheidendes Beteiligungsinstrument ist. Der Umstand, dass sich beide Rechtsinstitute in ihren möglichen Inhalten überschneiden, bedeutet nicht, dass bei Gestaltungen, die nur unter dem Regime beider Typenverträge zulässige Rechte enthalten, zwangsläufig von Rechts wegen nur der eine oder der andere Vertragstyp einschlägig sein kann. Vielmehr ist unter dem das Zivilrecht beherrschenden Grundsatz der Privatautonomie geboten, den Parteien zu überlassen, welchem Typenvertragsrecht sie ihren Vertrag unterstellen wollen. Die Zuordnung wird in erster Linie durch die Parteien hergestellt, wobei in den hier angesprochenen Fällen die Bezeichnung des Vertrages von überragender Bedeutung ist, wenn den Parteien der Unterschied zwischen den Vertragstypen bekannt war und sie diesen gewürdigt haben. In Zweifelsfällen ist der Vertrag dem typenvertraglichen Regime zuzuordnen, unter dem die von ihm angestrebten Regelungen weitgehend Wirksamkeit erlangen können. Dabei sind die zivilrechtlichen, steuerrechtlichen und gegebenenfalls auch bank- und versicherungsrechtlichen Intentionen der Parteien im Einzelfall zu würdigen.

Es ist auch wenig gewonnen, wenn die Vertreter der Auffassung, beim Genussrecht könne es sich im Einzelfall um eine stille Gesellschaft handeln, ein Typenvertragsrecht anwenden, mit dem angeblich ein besserer Anlegerschutz gewährleistet werden soll, das aber zugleich nach § 310 Abs. 4 S. 1 BGB zwingend den Anwendungsbereich der Überprüfung allgemeiner Geschäftsbedingungen nach den §§ 305 ff. BGB verlässt. Die neuere Rechtsprechung zur stillen Gesellschaft nähert die Maßstäbe zum Schutz von Publikumsgestaltungen zwar einer gesetzlichen AGB-Kontrolle an.[224] Damit ist aber nicht gesagt, dass hier umfassend die selben Schutzstandards gelten. Das würde auch die gesetzgeberische Wertung der Bereichsausnahme in § 310 Abs. 4 BGB vollends überspielen. Wenn die Literatur zum Teil davon ausgeht, das Modell der stillen Gesellschaft stelle einen unverzichtbaren Mindeststandard für den Schutz externer Kapitalanleger dar, entspricht dies weder den Intentionen des historischen Gesetzgebers der §§ 230 ff. HGB, noch ist die Ansicht sonst überzeugend zu begründen.[225] Die Vertreter der Gegenauffassung müssen die von ihnen behauptete Anwendung der gesellschaftsrechtlichen Regelungen auch

[223] *Eyber*, 164.

[224] BGH BB 2001, 278 („ähnliche objektive Auslegung und Inhaltskontrolle").

[225] A.A. *Karollus* in: Geßler/Hefermehl, § 221 AktG, Rn. 279 f., 362 a. E., 374 a.E.

sogleich wieder einschränken.[226] Auch daran zeigt sich, dass sich die Einordnung der stillen Gesellschaft als Genussrecht nicht bruchlos durchführen lässt.

Die hier vertretene Ansicht fügt sich auch besser in die Begrifflichkeit der Steuergesetze, der Bank-, und Kapitalmarktgesetze, in denen bei gleichen möglichen Vertragsinhalten dennoch klar zwischen stillen Beteiligungen und Genussrechten unterschieden wird, wie z.B. in § 10 Abs. 4 und § 10 Abs. 5 KWG für die Eigenmittelausstattung von Banken.[227] Dabei kann die stille Beteiligung nach § 10 Abs. 2a Nr. 8 KWG Kernkapitaleigenschaft haben, während Genussrechtsverbindlichkeiten nach § 10 Abs. 2b Nr. 4 KWG nur zum Ergänzungskapital zählen. Die jeweils erforderlichen Inhalte sind in § 10 Abs. 4 KWG und § 10 Abs. 5 KWG nahezu deckungsgleich und der Vertragsinhalt kann nach der vertraglichen Vereinbarung vollkommen identisch ausfallen. Das KWG unterscheidet die beiden Vertragstypen aber gleichwohl. Es ist zwar nicht zu verkennen, dass man das Zivilrecht grundsätzlich aus sich selbst heraus auszulegen hat. Die Einheitlichkeit der Rechtsordnung ist aber gleichwohl ein bei der Auslegung zu berücksichtigender Gesichtspunkt, der dafür spricht, dass stille Gesellschaft und Genussrecht auch im Aktienrecht nicht identisch sind.

Die stille Gesellschaft sieht über §§ 234, 135 HGB vor, dass die Gläubiger des stillen Gesellschafters diese nach fruchtloser Vollstreckung in das sonstige bewegliche Vermögen des stillen Gesellschafters kündigen und danach liquidieren können.[228] Diese weitgehende Befugnis der Gläubiger des stillen Gesellschafters gegenüber dem Geschäftsinhaber lässt sich nur als Gegengewicht der typischen fehlenden Verkehrsfähigkeit der stillen Beteiligung begründen, § 717 S. 1 BGB. Das Kündigungsrecht passt für das Genussrecht nicht. Dieses soll der Aktiengesellschaft eine dauerhafte Kapitalaufnahme gewährleisten und ist dazu gedacht, anonym und massenweise platziert zu werden. Außerdem bedarf es beim Genussrecht der Kündigungsmöglichkeit für die Gläubiger des Genussrechtsinhabers nicht, weil das Genussrecht ein übertragbares Recht darstellt, dessen Übertragung nach § 137 BGB nicht mit dinglicher Wirkung ausgeschlossen werden kann und die Gläubiger das Genussrecht, wenn sie über einen vollstreckbaren Titel verfügen, pfänden und dann verwerten lassen können. Auch dies spricht dagegen, Genussrecht und stille Gesellschaft aktienrechtlich ganz oder auch teilweise als identisch anzusehen.

---

[226] § 723 Abs. 3 BGB stehe einer dauerhaften Kapitalüberlassung nicht entgegen, solange das Genussrecht übertragbar sei, *Schott*, 133; §§ 233 Abs. 1 und 3 HGB seien teleologisch zu reduzieren, *Schott*, 80, 147.

[227] Vgl.auch § 20 Abs. 1 Nr.1 bzw. Nr. 7 EStG einerseits und Nr. 4 andererseits und § 17 Abs. 1 S.3 EStG; § 57 Abs. 4 KAGG.

[228] Kritisch zu diesem Argument, *Frantzen*, 17.

Im übrigen ist m.E. davon auszugehen, dass Genussrechte auch mit unbegrenzter Laufzeit versehen werden können. Gerade hierin ist ein typischer Unterschied zur stillen Gesellschaft zu sehen. Die dauernde Laufzeit allein stellt keine Umgehung der §§ 139 ff. AktG dar, die bestimmen, dass Vorzugsaktien ohne Stimmrecht nur bis zur Hälfte des Grundkapitals ausgegeben werden dürfen, weil sich die Begrenzung nur auf das Verhältnis zwischen Stamm- und Vorzugsaktien bezieht.[229] Gewinnteilnahmerechte mit dauerhafter Laufzeit sind in der Schweizer Praxis verbreitet und werden als Partizipationsscheine bezeichnet.[230] Die Diskussion zum sog. aktiengleichen Genussrecht beschäftigt sich mit der Frage, ob bestimmte Inhalte von Genussrechten verboten sind, weil sie nur durch Aktien gewährt werden dürfen.[231] Die stille Beteiligung ist hier insofern von mittelbarer Bedeutung, weil eine stille Gesellschaft infolge § 723 Abs. 3 BGB von vornherein nicht als dauerhafte Kapitalüberlassung ausgestaltet werden kann. Das Genussrecht kann deshalb einen weiteren Spielraum bei der Finanzierung geben, soweit im Genussrecht keine stille Gesellschaft zu sehen ist. Dies gilt selbst dann, wenn man von einer Unzulässigkeit des „aktiengleichen" Genussrechts ausgehen wollte. Ein solcher erweiterter Spielraum ergibt sich, wenn man mit der überzeugenden h.M. davon ausgeht, dass zumindest dann kein „aktiengleiches" Genussrecht vorliegt, wenn der Genussberechtigte gegenüber den Aktionären einen Vorzug bei der Liquidation genießt.[232] Auch von den Vertretern der These, eine unbegrenzte Laufzeit bei einem Genussrecht umgehe grundsätzlich die Bestimmungen der §§ 139 ff. AktG wird teilweise angenommen, dass ein verbotenes aktiengleiches Genussrecht trotz Laufzeit bis zur Liquidation der Aktiengesellschaft dann nicht vorliegt, wenn das Genusskapital (auch) eine

---

[229] *Feddersen/Knauth*, 22; *Vollmer*, ZGR 149 (1983), 445, 450; *Frantzen*, 167 ff.; a.A. statt aller: *Karollus* in: Geßler/Hefermehl, § 221 AktG, Rn. 281, unter Berufung auf BGHZ 119, 305, 311, wo die Frage aber offen gelassen ist.

[230] Eingehend: *Wedel*, Der Partizipationsschein als Kapitalbeschaffungsmittel der Aktiengesellschaften.

[231] Gegen die Zulässigkeit „aktiengleicher" Genussrechte: *Reuter*, Gutachten B, 24 ff.; *derselbe* AG 1985, 105, 106; *derselbe* FS Fischer, 605 ff. (Partizipationsscheine seien nur als Mittel der Arbeitnehmerbeteiligung zulässig, zustimmend *Hirte*, ZIP 1988, 477, 484 f.); *Habersack*, ZHR 155 (1991), 378, 385 f., *Schäfer*, WM 1991, 1941, 1943 („Distributionscharakter und Haftung"); *Werner* ZHR 149 (1985), 236, 240 (der zutreffend hervorhebt, das es in der (deutschen, Anm. der Verfassers) Praxis keine „aktiengleichen Genussscheine gibt; vgl. dazu auch die Nachweise der Vertragsbedingungen bei *Schott*, 151 ff.; noch weitergehend *Hirte*, ZIP 1988, 477, 478 ff. (der jede Ausgabe von Genussscheinen mit Finanzierungsfunktion für rechtswidrig und anfechtbar hält); *Vollmer*, ZGR 1984, 445, 461 ff.; *Thielemann*, 81 ff.; für die Zulässigkeit: *Sethe*, AG 1993, 293, 300 ff. (eingehend); *Schott*, 57; *Lutter*, Das Wertpapier, 1985, 501, 502; 1987, 1016, 1018, 1021; (Interviews) zitiert nach: *Hirte* ZIP 1988, 478, 482; *Frantzen*, 167 ff.; *Claussen*, AG 1985, 77 f.

[232] *Krieger* in: Münch HdB GesR IV, § 63 Rn. 53; *Reuter*, FS Stimpel, 645, 654 f.; *Lutter* in: Kölner Kommentar, § 221 AktG, 228.

„angemessene" Mindestverzinsung erfährt bei der Liquidation mit Vorrang vor den Aktionären zum Nennwert zurückzuzahlen ist.[233] *Hirte* und *Habersack* sind der Ansicht, eine Sperrwirkung der §§ 139 ff. AktG greife bereits dann ein, wenn das Genusskapital durch die Ausgestaltung der Vertragsbedingungen vor Fremdkapital von Verlusten getroffen wird und als Haftungsmasse zumindest nicht nach freier Entscheidung entzogen werden kann.[234] Das Genusrechtskapital soll nach *Hirte* unzulässiges Eigenkapital sein, wenn es stets vor dem Fremdkapital von Verlusten betroffen ist.[235] *Hirte* führt an, es läge ein unvermeidlicher Systembruch darin, dem Publikum zwei gleichartige Möglichkeiten zur Eigenkapitalfinanzierung zur Verfügung zu stellen.[236] Dafür beruft sich *Hirte* auch auf die 2. Gesellschaftsrechtliche Richtlinie der EG.[237] Diese Argumentation beruht auf der Behauptung eines gesetzlichen Systems, das einen geschlossenen Kreis von Mitteln zur Eigenkapitalfinanzierung einer Aktiengesellschaft vorsieht, begründet diese Behauptung aber nicht überzeugend.[238] In der möglichen unbegrenzten Laufzeit von Genussrechten ist deshalb ein weiterer typischer Unterschied zur stillen Gesellschaft zu sehen, der die unterschiedliche aktienrechtliche Behandlung bei einer typisierenden Betrachtungsweise rechtfertigen kann.

Die Ansicht von *Karollus*, nach der die §§ 230 ff. HGB einen unverzichtbaren Mindestanlegerschutz enthalten sollen, geht im übrigen deshalb zu weit, weil die §§ 230 ff. HGB in der zutreffenden Interpretation weitgehend dispositives Recht darstellen und die langjährige Vertragsgestaltung auf diesem Befund aufbaut. Ob man de lege ferenda einen derartigen Mindestanlegerschutz wünscht, ist eine Frage, die im Rahmen der vorliegenden Arbeit nicht zu erörtern ist. Ein derartiger Schritt mag zwar auch im Rahmen einer richterlichen Rechtsfortbildung denkbar sein. Die Rechtsprechung hat aber im Klöckner-Urteil eine andere Richtung für den Anlegerschutz bei Genussrechten eingeschlagen, nämlich selbständige Regeln zu schaffen. Die sich eröffnende gestalterische Weite des Genussrechts und die sich möglicherweise unter dem Gesichtspunkt des Anlegerschutzes ergebenden Grenzen bleiben ein Problem, das der Rechtswissenschaft aufgegeben ist. Dieses Problem lässt sich aber nicht durch einen pauschalen und die Funktion der §§ 230 ff. HGB vollkommen neu interpretierenden Rückgriff auf das Recht der stillen Gesellschaft lösen. Im übrigen ist für Genussscheine, die an das breite Publikum ausgegeben werden, zu bedenken, dass sich der

---

[233] So von den Vertretern der Umgehungsthese: *Reuter*, AG 1984, 104, 105 f.; dagegen: *Hirte*, ZIP 1988, 482.

[234] *Hirte* ZIP 1988, 477, 478; *Habersack*, ZHR 155 (1991), 378, 382.

[235] *Hirte*, ZIP 1988, 477, 478.

[236] *Hirte*, ZIP 1988, 477, 482 liSp.

[237] *Hirte*, ZIP 1988, 477, 480 liSp.

[238] Ausführlich: *Sethe*, AG 1993, 293, 301 ff.

notwendige Anlegerschutz präventiv über kapitalmarktrechtliche Informationspflichten vollzieht, was eher eine volkswirtschaftlich wünschenswerte, wirtschaftlich effiziente Allokation von Kapital in einer marktwirtschaftlich orientierten Ordnung sicherstellen kann, als die Hemmung wirtschaftlicher Gestaltungsmöglichkeiten durch zwingende rechtliche Regulierungen. Die Rechtswissenschaft kann es vor diesem Hintergrund dem korrekt informierten Anleger überlassen, ob er sich auf eine so riskante Spielart der Investition in ein Unternehmen einlassen will, wie einen Genussschein mit dauerhafter Laufzeit ohne die Kautelen eines – angeblich – als Anlegerschutzmodell vorgezeichneten Typenvertragsrechts der stillen Gesellschaft. Es ist deshalb *Hüffer* darin zuzustimmen, dass die Zuordnung zum Regime der stillen Gesellschaft für Genussrechte mit Verlustbeteiligung eine vorschnelle Verengung darstellt.[239]

Schließlich lassen sich einige gesicherte Inhalte der stillen Gesellschaft nicht über § 221 AktG mit dem gebotenen Schutz der Aktionäre in Einklang bringen. Der BGH hat entschieden, dass der Inhaber eines Handelsgeschäfts nicht ohne weiteres in seinen Dispositionen frei ist, wenn er eine stille Gesellschaft eingegangen ist, weil den Parteien erwachsen Treupflichten. Sie dürfen dem gemeinsamen Gesellschaftszweck nicht zuwider handeln. Der stille Gesellschafter hat einen Anspruch darauf, dass der Gewerbebetrieb, an dem er sich beteiligt, fortgeführt wird und in seinen wesentlichen Grundlagen keine Änderung gegen seinen Willen erfährt.[240] § 221 AktG kann nicht überzeugend als Norm dargestellt werden, unter deren Regime sich die hier aufkommenden Konflikte lösen lassen. Für eine Vertragsgestaltung, die nach ihrem Regelstatut einen so weitgehenden Eingriff in die unternehmerische Freiheit der Aktiengesellschaft vorsieht, ist die Registerpublizität des § 294 AktG als zwingend anzusehen. Diese Vorschrift gilt jedoch – nach der hier vertretenen Auffassung – für Genussrechte nicht, weil Genussrechte typischerweise nicht im gleichen Maße in die unternehmerische Freiheit der Aktiengesellschaft eingreifen. Dabei ist eine typisierende Betrachtungsweise angezeigt ist, nach der es – auch im Interesse der Rechtssicherheit – nicht darauf ankommen kann, ob der stille Gesellschafter im Einzelfall vertraglich in seinen Rechten so weit beschränkt ist, dass seine Rechtsposition der eines Genussrechtsinhabers entspricht. Vielmehr ist dann die Eintragung in das Handelsregister für die Wirksamkeit der stillen Gesellschaft ebenso erforderlich, wie der Hauptversammlungsbeschluss.

Nach allem lässt sich als Ergebnis Folgendes festhalten: Der Gesetzgeber hat den Aktiengesellschaften und den Kapitalanlegern in § 221 Abs. 3 AktG die

---

[239] *Hüffer*, § 221 AktG, Rn. 27.

[240] BGH BB 1963, 1277 reSp.

Rechtsform des Genussrechts eröffnet und wollte damit bewusst einen Gestaltungsspielraum gewähren, dessen Grenzen Wissenschaft und Rechtsprechung abstecken sollen. Die Regelung des § 221 Abs. 3 AktG ist als Privilegierung gegenüber dem Recht des Teilgewinnabführungsvertrags zu verstehen. Stille Gesellschaft und Genussrecht stellen zwei unterschiedliche Vertragstypen dar, wobei es sich bei dem Genussrecht – vom Gesetzgeber so gewollt – um das Kuriosum eines Vertragstyps ohne Typenvertragsrecht handelt. Konkrete Verträge der unterschiedlichen Typen können zwar inhaltlich weitgehend übereinstimmen; dennoch unterliegt aber ein konkreter Vertrag immer nur entweder der einen oder der anderen Typenordnung. Man kann ebenso wenig ein Genussrecht am Normalstatut der stillen Gesellschaft messen, wie man von der Rechtsprechung entwickelte Regelinhalte von Genussrechten auf stille Gesellschaften unmittelbar übertragen kann. Dieser letztgenannte umgekehrte Versuch, stille Gesellschaften grundsätzlich (auch) als Genussrechte aufzufassen, ist bisher in der Literatur noch nicht unternommen worden, aber ebenso wie der erstere zumindest denkbar. Beides kann indessen letztlich nicht überzeugen. Welche Typenordnung dem jeweiligen Vertrag entspricht, ist im Wege der Auslegung der konkreten Vereinbarung zu ermitteln. Im Zweifel hat man die Typenordnung anzuwenden, unter der die Vereinbarung weitgehend wirksam werden kann. Im Ergebnis fällt die stille Gesellschaft in keinem Fall unter § 221 Abs. 3 AktG. Auch ein Genussrecht, das eine Verlustbeteiligung des Genussberechtigten vorsieht, begründet keine stille Gesellschaft.

III. Teilgewinnabführungsvertrag

Die stille Beteiligung an einer Aktiengesellschaft könnte sich aber stets oder im Einzelfall als Teilgewinnabführungsvertrag darstellen. Der Teilgewinnabführungsvertrag stellt einen „anderen Unternehmensvertrag" nach § 292 Abs. 1 Nr. 2 AktG dar. Andere Unternehmensverträge, die nicht auf Beherrschung oder Gewinnabführung i.S.v. § 291 AktG gerichtet sind, unterwirft das Gesetz in den §§ 293 ff. AktG der Zustimmung der Hauptversammlung und darüber hinaus weiteren Einschränkungen hinsichtlich ihrer Wirksamkeit, Änderung und Beendigung. Die Rechtsnatur der „anderen Unternehmensverträge" ist umstritten. Nach der Vorstellung des Gesetzgebers sind die anderen Unternehmensverträge keine Organisationsverträge und haben nur schuldrechtliche Bedeutung.[241] Einigkeit besteht darüber, dass die Bestimmung über den Teilgewinnabführungsvertrag in § 292 Abs. 1 Nr. 2 AktG die Gewinnverwendungszuständigkeit der

[241] RegBegr bei *Kropff*, 378 („schuldrechtliche Verträge mit Austausch von Leistung und Gegenleistung"); so auch: *Altmeppen* in: MünchKomm, § 292 Rn. 7 (ändern zwar den wirtschaftlichen Charakter, greifen aber nicht in die Verfassung der Aktiengesellschaft ein); *Bälz*, FS Raiser, 1974, 287, 304; *Jebens*, BB 1996, 701, 702 liSp; relativierend: *Koppensteiner* in: Kölner Kommentar, Vorb § 291 AktG Rn. 71.

Hauptversammlung schützt.[242] Darüber hinaus wird von einem Teil der Literatur im Anschluss an *Schillings* Ansicht zum Gewinnabführungsvertrag nach § 256 AktG 1937 vertreten, der Teilgewinnabführungsvertrag werde deshalb dem Konzernrecht unterstellt, weil er typischerweise der Begründung eines Unternehmensverbundes diene.[243]

1. Einordnung als Teilgewinnabführungsvertrag

Wie bereits angesprochen, wird die typische stille Gesellschaft heute überwiegend als Teilgewinnabführungsvertrag nach § 292 Abs. 1 Nr. 2 AktG eingeordnet.[244] Die Vorschrift über den Teilgewinnabführungsvertrag in § 292 Abs. 1 Nr. 2 AktG betrifft Verträge, in denen die Aktiengesellschaft sich verpflichtet, einen Teil ihres Gewinns oder den ganzen Gewinn einzelner Betriebe, oder Teile davon abzuführen.

a) Anforderungen an den stillen Gesellschafter

Der stille Gesellschafter braucht für den Teilgewinnabführungsvertrag kein Unternehmen im Sinne des Konzernrechts zu sein, weil § 292 Abs. 1 Nr. 2 AktG von Verträgen spricht, durch die Teilgewinn „an einen anderen" abgeführt wird nicht an ein „anderes Unternehmen" (vgl. § 291 AktG). Etwas anderes folgt auch nicht aus den §§ 293 a ff. AktG, die für die Vertragsprüfung ohne Einschränkung von dem „übergeordneten Unternehmen" sprechen, nachdem sich der Gesetzesbegründung zu der Neuregelung über die Konzernvertragsprüfung keine Anhaltspunkte entnehmen lassen, dass die bisherige Systematik des Konzernvertragsrechts durch die Einführung der Vertragsprüfung geändert werden sollte.[245] *Koppensteiner* diskutiert die Frage einerseits unter dem Gesichtspunkt

---

[242] *Hüffer*, § 292 AktG, Rn. 1.

[243] *Schilling* in: Großkommentar, 2. Aufl. 1965, § 256 Anm. 2; *Hirte*, ZIP 1988, 477, 485; Ulmer in: Hachenburg, Anh zu § 77 GmbHG, Rn. 192 („dogmatischer Irrtum"; „überwiegend organisationsrechtlicher Charakter"); demgegenüber bezeichnet *Karsten Schmidt*, ZGR 1984, 295, 303 f. die Anwendung der Regeln über den Konzernvertrag auf den Teilgewinnabführungsvertrag als „eigenwillige Rechtsfolgenverweisung" und Ausdehnung des Rechts der verbundenen Unternehmen über seinen „virtuellen Gegenstand" hinaus.

[244] OLG Stuttgart, NZG 2000, 93; OLG Celle, AG 1996, 280; OLG Düsseldorf, AG 1996, 473; *Emmerich* in: Emmerich/Habersack, Aktien- und GmbH-Konzernrecht § 292 Rn. 29; *Hüffer*, § 292 AktG, Rn. 15; *Jebens* BB 1995, 701; *Krieger* in: Münch HdB GesR IV, § 72 Rn. 17; *Karsten Schmidt*, ZGR 1984, 295, 299 ff.; *Semler* FS Werner 1984, 855, 861 (der allerdings anscheinend verwaltungsmäßig atypische stille Beteiligungen gegebenenfalls über § 292 Abs. 2 AktG ausnehmen will, weil er diese u.U. als notwendig ansieht, um den Betrieb des Unternehmens zu führen).

[245] Vgl. BT-Drucks. 12/6699, 178 f.; insoweit gleicher Ansicht: *Mülbert*, ZHR 163 (1999), 1, 38.

der Sicherung der außenstehenden Aktionäre. Für deren Schutz sei es bei den Verträgen des § 292 Abs. Nr. 2 und auch Nr. 3 AktG nicht erforderlich, dass der Vertragspartner ein Unternehmen ist, weil die Aktionäre keinen besonders solventen Schuldner brauchen, nachdem diese Verträge keine Ausgleichpflicht nach § 304 AktG begründen.[246] Dies sei allerdings der weniger entscheidende Gesichtspunkt. Vielmehr müsse die andere Partei eines Beherrschungsvertrages vor allem aufgrund wirtschaftlicher Bedürfnisse im Konzern ein Unternehmen sein.[247] Ersichtlich gehe das Gesetz davon aus, dass für Teilgewinnabführungsverträge auch außerhalb von Abhängigkeitslagen ein Bedürfnis bestehe.[248]

Mülbert hingegen hält die Unternehmenseigenschaft für erforderlich, weil es anderenfalls für einen reinen Privataktionär ohne Unternehmenseigenschaft möglich sei, die in § 58 Abs. 2 AktG satzungsfest ausgestalteten Grenzen für Gewinnausschüttungen zu unterlaufen.[249] Das kann schon deshalb nicht überzeugen, weil die Gewinnabführung aufgrund eines Teilgewinnabführungsvertrages nicht aus dem Jahresüberschuss erfolgt, wie es für § 58 Abs. 2 AktG erforderlich wäre. Vielmehr geht die Gewinnabführung nach § 277 Abs. 3 S. 2 HGB zwingend als Aufwand in die GuV ein und ist damit bereits im Jahresüberschuss/Jahresfehlbetrag enthalten. Darüber hinaus geht es beim Teilgewinnabführungsvertrag auch in der Sache nicht darum, die Gewinnverwendungskompetenz der Hauptversammlung zu unterlaufen, was nur im Rahmen eines Gewinnabführungs- oder Beherrschungsvertrages unter Ausgleich und Abfindung der außenstehenden Aktionäre und auch nur im Interesse eines anderen Unternehmens als anderem Vertragsteil zulässig ist. Denn die Aktiengesellschaft erhält ja in der Kapitalüberlassung eine Gegenleistung für die Gewinnabführung. Vielmehr hat die Hauptversammlung über den Vertragsschluss deshalb zu befinden, weil die Aktiengesellschaft grundsätzlich ausschließlich auf Rechnung der Aktionäre geführt werden soll, und es deshalb an den Aktionären ist, zu entscheiden, ob sie von diesem Grundsatz im Einzelfall – gegen angemessene Gegenleistung – eine Ausnahme billigen wollen.

Die Vorschrift des § 292 Abs. 1 Nr. 2 AktG setzt für einen Teilgewinnabführungsvertrag dementsprechend auch nicht voraus, dass beide Parteien bereits verbundene Unternehmen sind.[250] Das folgt schon aus dem Wortlaut des § 292 Abs. 1 Nr. 2 AktG, der ja nicht einmal verlangt, dass es sich dem Vertragspartner um ein Unternehmen im Sinne des Konzernrechts handelt. Noch

---

[246] *Koppensteiner* in: Kölner Kommentar, § 292 AktG, Rn. 5.
[247] *Koppensteiner* in: Kölner Kommentar, § 292 AktG, Rn. 5.
[248] *Koppensteiner* in: Kölner Kommentar, § 292 AktG, Rn. 5.
[249] *Mülbert*, ZHR 163 (1999) 1, 11, 38, Fn. 128.
[250] So aber: *Schneider/Reusch*, DB 1989, 713, 715.

weniger kann die Vorschrift voraussetzen, dass die Parteien des Teilgewinnabführungsvertrags verbundene Unternehmen sind. Gegen eine solche Auslegung spricht, dass der Gesetzgeber die Verträge des § 292 AktG als schuldrechtliche Verträge konzipiert hat.[251] Das Bedürfnis der Hauptversammlung bei dem Vertragsschluss mitzuwirken, ist außerhalb einer bestehenden Unternehmensverbindung auch nicht geringer, wenn man sich den Zweck der Vorschrift vor Augen hält. Dieser besteht darin, grundsätzlich sicherzustellen, dass die Aktionäre sich denjenigen aussuchen können, mit dem sie sich den Ertrag ihrer Gesellschaft teilen wollen. Eine Ausnahme der stillen Gesellschaft von den Vorschriften über den Teilgewinnabführungsvertrag für den Fall, dass der stille Gesellschafter kein Unternehmen i.S.d. Konzernrechts ist, kann aus diesen Gründen nicht anerkannt werden.

b) Periodisch ermittelter Gewinn

Die Vorschrift über den Teilgewinnabführungsvertrag in § 292 Abs. 1 Nr. 2 AktG betrifft Verträge, in denen die Aktiengesellschaft sich verpflichtet, einen Teil ihres Gewinns, den ganzen Gewinn einzelner Betriebe oder einen Teil des letzteren abzuführen. Die herrschende Ansicht hält die Beteiligung an einem periodisch ermittelten Gewinn für erforderlich.[252] Unter einem periodisch ermittelten Gewinn hat man einen Gewinn zu verstehen, der aus einer Mehrzahl von Geschäften über einen bestimmten, nicht notwendig wiederkehrenden Zeitraum erzielt wird. Das Merkmal grenzt nur gegenüber der Beteiligung an einzelnen Geschäften ab – und damit zur A-Meta-Verbindung.[253] Ein denkbares Beispiel für die Beteiligung an einem nicht periodisch ermittelten Gewinn ist die Beteiligung am Gewinn eines einzelnen Bauprojekts einer Baufirma, der durch vertragsgemäße Abrechnung der Einzelkosten und Umlegung der Gemeinkosten ermittelt wird. Bei der stillen Gesellschaft geht es ausnahmslos um die Beteiligung an periodischen Gewinnen, weil die stille Gesellschaft schon begrifflich voraussetzt, dass der Einleger am Gewinn des Handelsgewerbes beteiligt wird, wobei es sich notwendig um einen periodisch ermittelten Gewinn handelt. Die Frage, ob es sich bei Teilgewinnabführungsverträgen stets um die Beteiligung an einem periodischen Gewinn handeln muss, spielt bei der stillen Gesellschaft deshalb keine Rolle.[254]

---

[251] Vgl. RegBegr bei *Kropff*, 278.

[252] Vgl. *Hüffer*, § 292 AktG, Rn. 6 m.N.; a.A. *Emmerich/Sonnenschein*, 7. Aufl. 2001, 197 f.; zweifelnd: *Karsten Schmidt*, ZGR 1984, 295, 301.

[253] Siehe dazu unter § 4 III.

[254] So auch: *Karsten Schmidt*, ZGR 1984, 295, 300 f.

c) Gegen die Einordnung als Teilgewinnabführungsvertrag

Möhring/Tank haben angenommen, dass bei der stillen Gesellschaft nicht die Aktiengesellschaft einen Gewinn erziele und diesen abführe, sondern die stille Gesellschaft den Gewinn erziele. Der Gesellschaftsvertrag teile diesen Gewinn nur auf. Damit kommen *Möhring/Tank* zu dem Schluss, die stille Gesellschaft sei nicht als Teilgewinnabführungsvertrag einzuordnen.[255] Das angeführte Argument ist jedenfalls für die typische stille Beteiligung nicht zutreffend, weil die Aktiengesellschaft hier nicht nur formal sondern auch nach ihren Funktionen und Dispositionen alleinige Unternehmensträgerin und Trägerin der Unternehmensgewinne ist.[256] Auch für die atypische stille Gesellschaft lässt sich die Auffassung nicht mit der rechtlich zwingenden Natur des Rechtsinstituts als bloßer Innengesellschaft vereinbaren.[257]

Die stille Gesellschaft fällt auch nicht etwas deshalb aus dem Regime des Teilgewinnabführungsvertrags heraus, weil es sich nach § 277 Abs. 3 S. 2 HGB bei den auf die Beteiligung erfolgenden Zahlungen um Aufwendungen i.S.d. Gewinn- und Verlustrechnung handelt.[258] Vielmehr lässt sich im Gegenschluss zu § 277 Abs. 3 S.2 HGB entnehmen, dass auch Verträge, die zu Aufwendungen i.S. der GuV führen, Teilgewinnabführungsverträge sein können. Diese Vorschrift bestimmt, dass Aufwendungen auf Grund von Teilgewinnabführungsverträgen in der GuV gesondert auszuweisen sind. Die Vorschrift wäre sinnlos, wenn Verträge, die zu Aufwendungen führen, keine Teilgewinnabführungsverträge sein könnten. Auch wenn die Gewinnanteile als Aufwand und nicht als Gewinnverteilung zu buchen sind, steht dies der Eigenschaft der stillen Gesellschaft als Teilgewinnabführungsvertrag folglich nicht entgegen.

d) Ausnahme von Austauschverträgen mit erfolgsbezogener Gegenleistung

Nach Ansicht von *Altmeppen* ist der Teilgewinnabführungsvertrag zu Austauschverträgen mit erfolgsbezogener Gegenleistung abzugrenzen.[259] Danach sollen Austauschverträge mit erfolgsbezogener Gegenleistung von dem Begriff des Teilgewinnabführungsvertrages auszunehmen sein, weil die Vergütung nicht in einer bereits entstandenen Gewinnposition der Aktiengesellschaft bestehe. Ein Teilgewinnabführungsvertrag liege deshalb nicht vor, wenn der Vertragspartner

---

255 *Möhring/Tank*, Handbuch der Aktiengesellschaft, Stand Lfg. August 1983, Rn. I 746; zitiert nach *Karsten Schmidt*, ZGR 1984, 295, 300.

256 So auch: *Schulze-Osterloh*, ZGR 1974, 444; *Karsten Schmidt*, ZGR, 1984, 295, 300.

257 Siehe im einzelnen unter IV.2.

258 *Karsten Schmidt*, ZGR 1984, 295, 300.

259 *Altmeppen* in: MünchKomm, § 292 AktG, Rn. 60 ff.

ausschließlich am Erfolg beteiligt ist, den die Aktiengesellschaft mit Hilfe des konkreten Austauschvertrages zu erwirtschaften erhofft.[260]

Dem könnte mit der Maßgabe zu folgen sein, dass darauf abzustellen ist, ob eine konkrete Gewinnabgrenzung derart erfolgt, dass die Aktiengesellschaft einen vollständigen, für interne Zwecke rechnungsförmig von ihrem eigenen Unternehmen auch in der Zukunft zu trennenden Betrieb erwirbt, an dem der Veräußerer lediglich für die Laufzeit des Vertrages beteiligt bleibt. Dann könnte man eventuell davon sprechen, die Aktiengesellschaft beteilige den Vertragspartner nicht eigentlich an ihrem eigenen Erfolg. Die Ausnahme könnte also allenfalls für eine Beteiligungslösung im Rahmen eines Unternehmenskaufs, einer Betriebspacht oder einer Betriebsüberlassung gelten, bei der die Aktiengesellschaft ein Unternehmen derart erwirbt, dass es in Zukunft für Rechnung der Aktiengesellschaft geführt werden soll, und der Veräußerer – neben einem sonstigen Entgelt – auf Zeit an den Erträgen beteiligt bleibt, die aus dem veräußerten Gegenstand fließen. In diese Richtung geht auch das von *Altmeppen* angeführte Beispiel, in dem die Aktiengesellschaft als Pächterin eines Hotelbetriebs dem Verpächter eine erfolgsbezogene Pacht verspricht.[261]

Die von *Altmeppen* vertretene Ansicht kann aber deshalb nicht überzeugen, weil es sich auch bei einer Gegenleistung, die den Vertragspartner am mit der Leistung noch zu erzielenden Erfolg beteiligt, um eine Beteiligung am Erfolg der Aktiengesellschaft handelt. Die Gegenleistung geht in die wirtschaftliche Verfügungsgewalt der Aktiengesellschaft über und die Aktiengesellschaft erzielt mit Hilfe der Gegenleistung zunächst einen eigenen Gewinn, von dem sie dann einen Teil an den Veräußerer zurückführt. Schließlich ist es die Aktiengesellschaft, die in erster Linie auf eigene Rechnung die unternehmerischen Entscheidungen trifft. Diese Interpretation ist auch deshalb geboten, weil sonst Austauschverträge nie unter § 292 Abs. 1 Nr. 2 AktG fallen dürften, nachdem die Gegenleistung jedes Austauschvertrages, den eine erwerbswirtschaftlich tätige Aktiengesellschaft abschließt, zur Erzielung künftigen Gewinns dient. Austauschverträge sind aber gerade und ausschließlich von § 292 AktG in den Blick genommen, nachdem der Gesetzgeber ausdrücklich angenommen hat, dass die Verträge des § 292 AktG der Gesellschaft eine Gegenleistung verschaffen.[262] Der Umstand, ob diese Gegenleistung synallagmatisch oder zu einem gemeinsamen Zweck geschuldet ist, rechtfertigt keine andere Wertung, so dass auch die stille Gesellschaft einen Austauschvertrag i.d.S. darstellen müsste.[263] *Altmeppen* nimmt in der Folge auch

---

[260] *Altmeppen* in: MünchKomm, § 292 AktG, Rn. 63.
[261] *Altmeppen* in: MünchKomm, § 292 AktG, Rn. 63.
[262] Siehe RegBegr bei *Kropff*, 378.
[263] Anders aber wohl *Altmeppen*, § 292 AktG, Rn. 63 ff.

an, das Konzept des Gesetzgebers in Bezug auf den Teilgewinnabführungsvertrag sei insofern „wertungsmäßig nicht in allen Teilen durchdacht".[264] Ob die bestehende Regelung in allen ihr zugrunde liegenden Wertungen rechtspolitisch überzeugen kann, ist sicherlich eine Frage, die der Überlegung bedarf. Soweit es um das hier diskutierte Problem geht, deutet die aus dem dargestellten Ansatz folgende Wertungswidersprüchlichkeit aber eher darauf, dass die von *Altmeppen* angenommene Ausnahme für Austauschverträge mit erfolgsbezogener Gegenleistung nicht in das gesetzgeberische Konzept passt. Darüber hinaus ist es kaum praktikabel, danach zu unterscheiden, ob der Gewinn durch die Gegenleistung erst erzielt werden soll. Als Beispiel bietet sich der Fall an, dass die Aktiengesellschaft einen Betrieb anpachtet und der Verpächter eine Gewinnbeteiligung an dem von der Aktiengesellschaft angepachteten Betrieb erhält. Der Betrieb verändert sich zunehmend, während er von der Aktiengesellschaft weitergeführt wird, so dass die Vorstellung, der Verpächter werde hier lediglich an seinem eigenen, weiter bestehenden Ertrag und nicht an einem Ertrag der Aktiengesellschaft beteiligt, nicht überzeugen kann. Zudem müsste man in der Folge für die Abgrenzung danach unterscheiden, in welchem Maße die von der anderen Vertragspartei zu erbringende Gegenleistung sich voraussichtlich zukünftig unverändert im Vermögen der Aktiengesellschaft befinden wird. Dies würde zu einer unerträglichen Rechtsunsicherheit führen würde und erscheint deswegen unpraktikabel, weil ein zu erwerbender und fortzuführender Betrieb ein wirtschaftlich lebender Organismus ist, der infolge der Fortführung durch die Aktiengesellschaft seinen Charakter zunehmend ändert.

Ebenso wenig überzeugt die Konzeption, Teilgewinnabführungen i.S.v. § 292 Abs. 1 Nr. 2 AktG könnten nur Beteiligungen an einer „bereits entstandenen Gewinnposition" sein, wenn man dies so interpretieren wollte, dass die Vorschrift sich nur auf Verpflichtungen bezieht, die auf die Abführung eines in der Vergangenheit bereits erwirtschafteten Gewinns abzielen.[265] Die typische in § 292 Abs. 1 Nr. 2 AktG angesprochene Konstellation besteht gerade in der Unsicherheit des Gewinns, an dem der Vertragspartner beteiligt werden soll, also der Chance und dem Risiko seiner wirtschaftlichen Erzielbarkeit, die grundsätzlich die Aktionäre treffen soll, wenn diese nicht ihre Zustimmung zu einer Ausnahme gegeben haben. Diese Unsicherheit kann sich in einem von den bei Vertragsschluss bestehenden Erwartungen umfänglich sowohl nach oben oder auch nach unten abweichenden tatsächlichen Gewinn niederschlagen. Über diese Unsicherheit und ihre durch den Vertrag zu berücksichtigenden Folgen sollen die Aktionäre nach § 292 Abs. 1 Nr. 2 AktG mitverantwortlich entscheiden. Ein in der Vergangenheit bereits erwirtschafteter Gewinn als Bemessungsgrundlage

---

264 *Altmeppen* in: MünchKomm, § 292 AktG, Rn. 81, Fn. 166.

265 Insofern nicht deutlich: *Altmeppen* in: MünchKomm, § 292 AktG, Rn. 63.

beinhaltet lediglich das Risiko seiner Ermittlung, wenn diese noch nicht erfolgt ist. Es ist kaum anzunehmen, dass der Gesetzgeber die Vorschrift auf einen solchen minimalen Anwendungsbereich reduziert sehen wollte. Es geht deshalb auch nicht an, die Beteiligung an zukünftigen Gewinnen vollständig aus § 292 Abs. 1 Nr. 2 AktG herauszunehmen. Die Ausnahme eines Austauschvertrages mit erfolgsbezogener Gegenleistung von den Teilgewinnabführungsverträgen i.S.d. § 292 Abs. 1 Nr. 2 AktG ist nach allem im Ergebnis abzulehnen.

e) Einzelheiten zum Gewinnbegriff i.S.d. § 292 Abs. 1 Nr. 2 AktG

Die stille Gesellschaft ist auch unabhängig davon als Teilgewinnabführungsvertrag einzuordnen, ob die Beteiligung sich auf den Handelsbilanzgewinn, den handelsbilanziellen Jahresüberschuss, den steuerlichen Gewinn, den Betriebsgewinn oder eine sonstige vertraglich modifizierte Gewinngröße bezieht. Das wird bisher von einem Teil der Literatur ausdrücklich für andere Positionen der Gewinn- und Verlustrechnung anerkannt, wie z.B. den Rohertrag, die Umsatzerlöse und die Gesamtleistung.[266] *Koppensteiner* nimmt an, bei der Gewinngröße müsse es sich jedenfalls um einen Saldo handeln, weshalb allenfalls die Roherträge als Anknüpfungspunkt für einen Teilgewinnabführungsvertrag in Frage kämen.[267] Jedoch will er die Vorschrift des § 292 Abs. 1 Nr. 2 AktG auf die stille Gesellschaft entsprechend anwenden, die bekanntlich regelmäßig an ein besonders zu ermittelndes Betriebsergebnis anknüpft.[268] Freilich spricht *Koppensteiner* das sich für die stille Gesellschaft im allgemeinen aus seinem Ansatz ergebende Analogieproblem nicht ausdrücklich an.[269]

aa) Begrenzung auf Bilanzgewinn und Jahresüberschuss?

Möglicherweise ist ein Teilgewinnabführungsvertrag auf Gestaltungen begrenzt, die an den Bilanzgewinn oder den Jahresüberschuss anknüpfen.[270] Diese Größen könnte man als die eigentlichen handelsrechtlichen Gewinngrößen ansehen und damit auch aktienrechtlich als ausschließlich maßgeblich ansehen.

---

[266] *Schulze-Osterloh*, ZGR 1974, 427, 438; *Emmerich/Sonnenschein*, 172; für Gewinngemeinschaften auch *Geßler* in: Geßler/Hefermehl, § 292 AktG, Rn. 11; offen gelassen *Hüffer*, § 292 AktG Rn. 8 und *Krieger* in: Münch HdB GesR IV, § 72 Rn. 15 a.E.

[267] *Koppensteiner* in: Kölner Kommentar zum Aktiengesetz, § 292 Rn. 56, 37 f.

[268] *Koppensteiner* in: Kölner Kommentar, § 292 AktG, Rn. 39 i.V.m. Rn. 56 a.E.

[269] So: *Koppensteiner*, § 292 AktG, Rn. 53.

[270] *Koppenssteiner* in: Kölner Kommentar, § 292 AktG, Rn. 12.

Für diese Auffassung wird von *Koppensteiner* wie folgt argumentiert: Einzelne Ertragsposten könnten schon deshalb keinen Gewinn darstellen, weil unter Gewinn zwingend ein Saldo zu verstehen sei.[271] Für eine weitergehende Verengung spreche, dass eine modifizierte Gewinngröße letztlich nur die Gewinnentstehung betreffe. Er führt das systematische Argument an, die einheitliche Leitung im Gleichordnungskonzern wirke sich ebenfalls auf die Gewinnentstehung aus, dennoch habe der Gesetzgeber den Gleichordnungsvertrag nicht als Unternehmensvertrag erfassen wollen. Weiter sei auf Grund des systematischen Verhältnisses zum Genussrecht eine enge Auslegung anzunehmen.[272] Schließlich spreche auch der Gesetzeszweck für ein ganz enges Verständnis, weil die Vorschrift im Zusammenhang mit § 174 Abs. 1 AktG lediglich die Gewinnverwendungskompetenz der Hauptversammlung schützen solle.

Diese Argumente können nicht überzeugen.

Systematisch ist eine weite Auslegung vor dem Hintergrund des § 301 AktG zwingend. Denn in § 301 AktG ist deutlich vorausgesetzt, dass eine vertragliche Regelung der maßgeblichen Gewinngröße möglich ist. Nach dieser Vorschrift gilt eine bestimmte Höchstgrenze für die Gewinnabführung „*gleichgültig, welche Vereinbarungen über die Berechnung des abzuführenden Gewinns getroffen worden sind*". Dies ergibt keinen Sinn, wenn bei anderen Anknüpfungsgrößen als dem Bilanzgewinn bzw. dem Jahresüberschuss eine Gewinnabführung gar nicht vorliegt.

Entgegen der Ansicht *Koppensteiners* spricht auch das systematische Verhältnis zu § 221 Abs. 3 AktG für die hier vertretene weite Auslegung des Gewinnbegriffs. § 292 Abs. 1 Nr. 2 AktG stellt die Grundvorschrift für Verträge dar, die unmittelbar oder mittelbar an eine ergebnisorientierte Bemessungsgrundlage anknüpfen. § 221 Abs. 3 AktG ist demgegenüber eine privilegierende Vorschrift.

Koppensteiner bringt für eine enge Auslegung des Gewinnbegriffs schließlich das Argument vor, die Gewinngemeinschaft (§ 292 Abs. 1 Nr. 1 AktG) und der Teilgewinnabführungsvertrag (§ 292 Abs. 1 Nr. 2 AktG) seien in § 277 Abs. 3 HGB in einer engen Verbindung zusammengefasst, was deutlich zum Ausdruck bringe, dass der „Gewinn" als Element dieser Wortverbindungen nicht etwas grundsätzlich Verschiedenes bedeuten könne.[273] Bei diesem Argument ist vorausgesetzt, dass der Gewinnbegriff für die Gewinngemeinschaft eng auszu-

---

[271] *Koppenssteiner* in: Kölner Kommentar, § 292 AktG, Rn. 12.

[272] *Koppensteiner* in: Kölner Kommentar, § 292 AktG, Rn. 12.

[273] *Koppensteiner* in: Kölner Kommentar, § 292 AktG, Rn. 12; so auch für den Teilgewinnabführungsvertrag: *Karsten Schmidt*, ZGR 1984, 295, 300.

legen ist. Es spricht sicher einiges dafür den Gewinnbegriff in den beinahe wortlautidentischen Vorschriften des § 292 Abs. 1 Nr. 1 und Nr. 2 AktG im gleichen Sinne auszulegen. Daraus folgt aber entgegen der Auffassung *Koppensteiners* nicht zwingend eine enge Auslegung des Gewinnbegriffs.

Vor allem aber spricht die Gewinnverwendungskompetenz der Hauptversammlung als Schutzzweck gegen eine Begrenzung auf den Jahresüberschuss und den Bilanzgewinn. Im Ergebnis greift die enge Auffassung im Hinblick auf den materiellen Schutz des Gewinnanspruches der Aktionäre zu kurz.

bb) Erweiterung auf ergebnisorientierte Bemessungsgrößen

Welche vertraglich bestimmten Bemessungsgrößen „Gewinn“ i.S. von § 292 Abs. 1 Nr. 2 darstellen, ist im Einzelnen umstritten.

Nach *Schulze-Osterloh* liegt ein Teilgewinnabführungsvertrag vor, wenn sich die vereinbarten Leistungen der Gesellschaft nach der Höhe ihres Bilanzgewinns oder seiner wesentlichen Elemente richtet. Dazu sollen alle Posten gehören, in denen die Ertragskraft der Gesellschaft zum Ausdruck kommt; das seien nur der Jahresüberschuss, die Umsatzerlöse, die Gesamtleistungen, der Rohertrag oder die Summe ihrer Erträge, und zwar ohne Rücksicht auf die Bezeichnung des Vertrags und die Berechnungsweise.[274]

Demgegenüber geht *Raiser* davon aus, dass jede gewinnrelevante Berechnungsgröße reicht.[275]

Timm interpretiert die wortlautidentische Vorschrift des § 292 Nr. 1 AktG als „Auffangtatbestand“.[276] Der BGH hat sich dazu vorsichtig zustimmend geäußert.[277] Folgt man dieser Auffassung im Zusammenhang mit § 292 Abs. 1 Nr. 1 AktG, so kann für die wortlautidentische Vorschrift des § 292 Abs. 1 Nr. 2 AktG keine andere Interpretation Platz greifen. Wie allerdings der Gewinnbegriff nach § 292 Abs. 1 Nr. 1 AktG genau zu fassen sei, wird von *Timm* nicht erörtert, der annimmt, dass der im Fall Hoesch-Hoogovens abgeschlossene Grundvertrag deshalb eine Gewinngemeinschaft darstelle oder die Vorschriften über die Gewinngemeinschaft doch zumindest analog anzuwenden seien, weil der Grundvertrag die Aufwendungen und Erträge der beiden vertragsschließenden

---

274 *Schulze-Osterloh*, ZGR 1974, 427, 437 f., 448.

275 *Raiser*, § 57 Rn. 10.

276 *Timm*, 156 (§ 292 Nr. 1 AktG für den Gleichordnungsvertrag); *derselbe*, JZ 1982, 403, 405.

277 BGH WM 1982, 86, 89 (Hoesch/Hoogovens, insoweit nicht bei BGHZ 82, 188 abgedruckt).

Gesellschaften lenke.[278] Dies lässt sich allerdings auf die stille Gesellschaft nicht übertragen , weil es einer erweiternden Auslegung in diese Richtung nicht bedarf, nachdem die Gestaltung bei der stillen Gesellschaft von vornherein – zumindest im wirtschaftlichen Sinne – an Gewinngrößen anknüpft. Der Befund, dass es sich um eine Auffangvorschrift handelt, hat allerdings auch für § 292 Abs. 1 Nr. 2 AktG Bedeutung und spricht für eine weite Auslegung dieser Vorschrift.

Einen Hinweis kann auch hier die Vorschrift des § 301 AktG geben, die eine Höchstgrenze für die Höhe des abzuführenden Gewinns bestimmt „gleichgültig welche Abreden über die Berechnung des abzuführenden Gewinns getroffen sind". Gerade bei der vermögensmäßig atypischen stillen Beteiligung ist § 301 AktG konzeptionell einschlägig. Eine vermögensmäßig atypische stille Beteiligung zwingt die Inhaberaktiengesellschaft, ihre während der Vertragszeit gebildeten stillen Reserven außerhalb der Bilanz aufzudecken. Darin liegt eine Abrede über die Berechnung des abzuführenden Gewinns. Unter diesem Vorzeichen wurden bisher allerdings nur Gewinnabführungsverträge diskutiert, die Abreden über die Bilanzierungsmethoden der zur Gewinnabführung verpflichteten Gesellschaft enthalten und zur Auflösung vorvertraglicher stiller Reserven führen.[279] Die stille Gesellschaft setzt auf einer anderen Ebene an, weil sie eine besondere Ertragsrechnung vornimmt, die von der Bilanzierung der Inhabergesellschaft grundsätzlich unabhängig ist. Trotzdem erfasst § 301 AktG von seinem Wortlaut her auch die Fälle der stillen Gesellschaft, soweit man die stille Gesellschaft als Teilgewinnabführungsvertrag einordnet, denn die Vorschrift verbietet es der Gesellschaft „als ihren Gewinn" mehr als eine bestimmte Größe abzuführen und bezieht sich damit nicht auf den Jahresabschluss, sondern gerade auf die vertragliche Gewinnberechnung. Die Vorschrift des § 301 AktG soll der Kapitalerhaltung dienen. Dafür besteht auch bei atypischen Abreden über die Gewinnermittlung im Rahmen einer stillen Gesellschaft – z.B. umsatzbezogene Gewinnermittlung, die sich aber wie eine Gewinnbeteiligung auswirkt – ein erhebliches Bedürfnis, was auf die Auslegung des § 292 AktG Nr. 2 AktG zurückwirken muss. Der Zweck des § 301 AktG kann nicht dadurch zur Disposition der Parteien gestellt werden, dass man es ihnen an die Hand gibt, sich der Pflicht zur Kapitalerhaltung zu entziehen, indem sie vertraglich eine Größe zur Ergebnisbeteiligung vorsehen, die sich auf die Kapitalerhaltung gleichermaßen gefährdend auswirkt, nur eben formal nicht unter den Gewinnbegriff des § 292 Nr. 2 AktG fällt. In der Folge hat man für § 292

---

[278] *Timm*, JZ 1982, 403, 405 liSp.

[279] Siehe z.B. *Müller*, FS Goerdeler, 375, 385 ff. Weiter hat sich die Literatur mit der Frage beschäftigt, ob § 301 AktG bestimmt, dass aufgrund eines Beherrschungsvertrags Weisungen zulässig sind, die auf eine bilanzgewinnerhöhende Ausübung von Bilanzierungswahlrechten zielen, was allgemein bejaht wird; siehe *Hüffer*, § 301 AktG, Rn. 4 m.N. (auch zur obergerichtlichen Rechtsprechung).

Nr. 2 AktG einen weiten Gewinnbegriff zugrunde zu legen. Dieser Begriff erfasst insbesondere auch die Beteiligung am gesamten Vermögenszuwachs der Gesellschaft durch eine vermögensmäßig atypische stille Gesellschaft.

Für eine weite Auslegung des Gewinnbegriffs spricht systematisch zudem die Ausnahme in § 292 Abs. 2 AktG für Lizenzverträge, weil bei solchen Verträge ganz regelmäßig am Umsatz der mit der Lizenz produzierten Güter beteiligt wird.[280] Auch eine vorschnelle Verengung auf einzelne Positionen der Gewinn- und Verlustrechnung kann letztlich nicht überzeugen. Eine Beteiligung nur an einzelnen Geschäftssparten, einzelnen Projekten der Gesellschaft oder nur an den außerordentlichen Erträgen stellt deshalb einen Teilgewinnabführungsvertrag dar. Ebenso eine Umsatzbeteiligung. Die Beteiligung muss sich aber entweder auf einen Saldo beziehen oder von einer Gewinngröße erhöhend oder begrenzend abhängig sein, damit eine stille Gesellschaft vorliegen kann. Sonst handelt es sich um ein partiarisches Geschäft, ein Genussrecht, eine BGB-Innengesellschaft, oder eine andere (eventuell gemischt typische oder atypische) Vertragsart. Der Begriff des Gewinns i.S.d. Teilgewinnabführungsvertrags ist also weiter als der i.S.d. stillen Gesellschaft.

Diese Erwägungen gelten auch für die sog. Cash-Flow-Beteiligung. Auch eine Cashflow-Beteiligung bezieht sich auf den aktienkonzernrechtlich relevanten Gewinn.[281] Unter einer Cash-Flow-Beteiligung hat man bei einem weiten Gestaltungsspielraum eine Zahlungsmittelrechnung der Gesellschaft zu verstehen, bei der z.B. ausgehend vom Jahresüberschuss/Jahresfehlbetrag unbarer Aufwand – z.B. Abschreibungen – als Zufluss hinzuaddiert und unbarer Ertrag als fehlender Zufluss abgerechnet wird. Die Cashflow-Beteiligung bezieht sich auf eine für die Ertragskraft des Unternehmens zentrale Größe.[282] Diese Erkenntnis setzt sich in der betriebswirtschaftlichen Literatur zunehmend durch, wobei darauf hinzuweisen ist, dass nach dem IDW-Standard 2000 die Discounted-Cash-Flow-Methode ausdrücklich als zulässige Methode für die Ermittlung des Verkehrswertes eines Unternehmens anerkannt worden ist.[283] Die Eigenschaft des Cash-Flows als Indikator für die Ertragskraft eines Unternehmens wird aktienrechtlich dadurch unterstrichen, dass auch für den Vorstandsbericht über die Rentabilität der Gesellschaft und des Eigenkapitals nach § 90 Abs. 1 Nr. 2 AktG eine

---

[280] Vgl. *Ullmann* in: Patentgesetz Gebrauchsmustergesetz, § 15 PatG, Rn. 72.

[281] *Eyber*, 183 ff. (der die Cash-Flow-Beteiligung als Genussrecht einstuft, auch mit dem Argument, die Cash-Flow-Beteiligung entspreche einer Beteiligung am Betriebsergebnis, weil diese Größe beliebig definierbar sei).

[282] Zur finanzwirtschaftlichen Bedeutung: *Wöhe*, Betriebswirtschaftslehre, 804: Näherungsgröße für das Innenfinanzierungsvolumen.

[283] Vgl. WPg 2000, 825.

Cashflow-Rechnung gefordert wird.[284] Überdies ist die Cash-Flow-Rechnung inzwischen gesetzlicher Bestandteil der Konzernberichterstattung nach § 297 Abs. 1 S. 2 HGB. Die Cash-Flow-Beteiligung bezieht sich deshalb auf den Ertrag der Gesellschaft, beeinträchtigt also in der von § 292 Abs. 1 Nr. 2 AktG vorausgesetzten spezifischen Weise den Anspruch der Aktionäre auf den Bilanzgewinn und ist deshalb grundsätzlich als eine Verpflichtung zu einer Teilgewinnabführung einzuordnen.[285] Eine Cash-Flow-Beteiligung kann sowohl im Rahmen einer stillen Gesellschaft, als auch im Rahmen eines partiarischen Darlehens oder eines Genussrechts gewährt werden, je nach Bezeichnung und Inhalt des Vertrages, hinsichtlich etwaiger Verlustbeteiligung, Informations- und Mitwirkungsrechte. Liegt eine stille Gesellschaft vor, gilt die Privilegierung des § 221 Abs. 3 AktG nicht, weshalb die §§ 293 ff. AktG für die Wirksamkeit des Vertrages einzuhalten sind.

Die Aktionäre haben Anspruch auf den Bilanzgewinn, so weit er nicht durch Gesetz oder Satzung, durch Hauptversammlungsbeschluss nach § 58 Abs. 3 AktG oder als zusätzlicher Aufwand auf Grund des Gewinnverwendungsbeschlusses von der Verteilung unter die Aktionäre ausgeschlossen ist, § 58 Abs. 4 AktG. Die Beteiligung an einem anders zu berechnenden Ergebnis beeinträchtigt diesen Anspruch auf vergleichbare Weise, wie die Beteiligung am Bilanzgewinn selbst. Es kommt nicht auf die Höhe der Gewinnbeeinträchtigung an. Diese kann bei einem Darlehen mit hohem Zins gravierender sein. Entscheidend ist, dass sich die Höhe der Beteiligung an einer zukünftig von der Gesellschaft zu erwirtschaftenden Größe orientiert. Überzeugend erscheint es deshalb, darauf abzustellen, ob der Vertrag für eine Erhöhung der Gegenleistung unmittelbar oder mittelbar an eine ergebnisorientierte Bemessungsgröße anknüpft.

cc) Beteiligung an Projektgesellschaft

Wagner stellt es in Frage, ob eine AG & Still, die an einem Projekt der Aktiengesellschaft oder an einer von der Aktiengesellschaft beherrschten Projekt-GmbH beteiligt, als Teilgewinnabführungsvertrag einzuordnen ist.[286] Er meint, es handele sich hier nicht um den Gewinn der Aktiengesellschaft, so dass § 292 Abs. 1 Nr. 2 AktG von seinem Wortlaut her nicht einschlägig und nur eine analoge Anwendung in Betracht zu ziehen sei. Dafür spricht, dass man die Formulierung „Teil ihres Gewinns“ auf zweierlei Weise auslegen muss, wenn man auch den Gewinn einzelner Projekte erfasst sehen will: Einmal als Teil des

---

[284] Siehe *Hüffer*, § 90 AktG, Rn. 5.

[285] So auch: *Eyber*, 183 ff.

[286] *Wagner* in: Loritz/Wagner, Rechtsprechung, Rn. 312 f.

Gesamtgewinns und einmal als Gewinn eines Teils des Gesamtbetrieb, der kein Teilbetrieb ist. Wozu die Beteiligung am Gewinn eines Teilbetriebs dann noch ausdrücklich erwähnt wird, ist gesetzestechnisch kaum verständlich.

Krieger sieht dagegen für den Gewinngemeinschaftsvertrag, der im Gesetz hinsichtlich des Gewinns im gleichen Sinn formuliert ist, ohne weiteres auch Gestaltungen erfasst, die den Vertragspartner am Ertrag einzelner Unternehmenssparten beteiligen.[287] Das muss auch für § 292 Abs. 1 Nr. 2 AktG gelten. Dafür spricht der materielle Schutz des Anspruchs der Aktionäre auf den Bilanzgewinn, der durch solche Gestaltungen in besonderer Weise gefährdet ist, weil auch in solchen Fällen ertragsorientierte Beteiligungen vorliegen. Der Wortlaut der Vorschrift ist damit vereinbar. Wenn der Wortlaut den Gewinn eines Teilbetriebes erwähnt, ist dies als Klarstellung aber nicht als Einschränkung zu verstehen.

Als Ergebnis der vorangehenden Ausführungen ist festzuhalten, dass ein stille Gesellschaft mit einer Aktiengesellschaft als Inhaberunternehmen stets einen Teilgewinnabführungsvertrag i.S.v. § 292 Abs. 1 Nr. 2 AktG darstellt. Der Vertrag bedarf deshalb zu seiner Wirksamkeit zumindest der Zustimmung der Hauptversammlung nach § 293 Abs. 1 AktG und der Eintragung in das Handelsregister nach § 294 Abs. 2 AktG.

ee) Bestehender Gewinnabführungsvertrag steht nicht entgegen

Ein bestehender Gewinnabführungsvertrag der Aktiengesellschaft steht einer stillen Beteiligung an der Aktiengesellschaft nicht entgegen. Ob die Aktiengesellschaft Obergesellschaft oder Untergesellschaft des Gewinnabführungsvertrages ist, spielt dabei keine Rolle.

Eine stille Gesellschaft könne nicht errichtet werden, wenn die Aktiengesllschaft Untergesellschaft eines Gewinnabführungsvertrages ist, wird teilweise angenommen.[288] Zur Begründung wird angeführt, der bestehende Gewinnabführungsvertrag bewirke, dass der gesamte Gewinn an die Obergesellschaft abgeführt werden muss. Für den stillen Beteiligten sei „schlichtweg kein Gewinn mehr vorhanden“. Das kann nicht überzeugen, weil die Gewinnbeteiligung des stillen Gesellschafters nicht notwendig an den Jahresüberschuss bzw. Bilanzgewinn anknüpft, selbst wenn ausdrücklich von „Jahresüberschuss“ bzw. „Bilanzgewinn“ die Rede ist. Die Gewinnabführung auf Grund des Gewinnabführungsvertrages betrifft dagegen den Bilanzgewinn, der sich ohne das Bestehen

[287] *Krieger* in: Münch HdB GesR IV, § 72 Rn. 10.
[288] *Berninger*, DB 2004, 297, 299.

des Gewinnabführungsvertrages ergeben würde.[289] Diese Berechnungsgröße wird durch die Beteiligung des stillen Gesellschafter gemindert. Mehr kann wegen § 302 Abs. 1 AktG nicht abgeführt werden. Die auftretenden Konkurrenzprobleme sind rein schuldrechtlicher Natur und lassen sich vertraglich lösen. Die Auslegung des Vertrages über die stille Beteiligung wird in aller Regel ergeben, dass der (fiktive) Bilanzgewinn ohne die Gewinnabführung gemeint ist. Die Vertragspartei des Gewinnabführungsvertrages wird typischerweise weiter Mehrheitsgesellschafterin sein und den Abschluss der stillen Gesellschaft verhindern können.

2. Ausnahmen nach § 292 Abs. 2 AktG

Die besonderen Anforderungen an einen Teilgewinnabführungsvertrag brauchen beim Abschluss des Vertrages über eine stille Beteiligung an einer Aktiengesellschaft allerdings nicht eingehalten zu werden, soweit im Einzelfall die Ausnahmevorschrift des § 292 Abs. 2 AktG eingreift. Nach dieser Vorschrift ist ein Vertrag über eine Gewinnbeteiligung von Mitgliedern von Vorstand und Aufsichtsrat oder mit einzelnen Arbeitnehmern der Gesellschaft sowie eine Abrede über eine Gewinnbeteiligung im Rahmen von Verträgen des laufenden Geschäftsverkehrs oder Lizenzverträgen „kein Teilgewinnabführungsvertrag".

a) Personenbezogene Ausnahmen

Aufgrund der Vorschrift des § 292 Abs. 2 AktG ist es also möglich, einen Vertrag über eine stille Gesellschaft mit Mitgliedern von Vorstand und Aufsichtsrat und mit einzelnen Arbeitnehmern zu schließen, ohne dass es der Zustimmung der Hauptversammlung und der Eintragung im Handelsregister bedarf.[290] Eine entsprechende Ausnahme für Genussrechte oder Wandelschuldverschreibungen ist in § 221 AktG nicht vorgesehen. Jedoch wird man § 292 Abs. 2 AktG auf § 221 Abs. 3 AktG deshalb entsprechend anzuwenden haben, weil für das Genussrecht § 221 AktG als Privilegierung gegenüber den konzernrechtlichen Vorschriften über den Teilgewinnabführungsvertrag zu verstehen ist. Demzufolge muss die Ausnahme des § 292 Abs. 2 AktG für Genussrechte erst recht gelten, wenn sie schon in dem vom Gesetzgeber als schwerwiegender bewerteten Fall des Teilgewinnabführungsvertrages gilt.

---

[289] Vgl. *Hüffer*, § 291 AktG, Rn. 26.

[290] Vgl. *Hüffer*, § 292 AktG, Rn. 27.

b) Verträge des laufenden Geschäftsverkehrs

Fraglich ist, ob der Abschluss des Vertrages über eine stille Gesellschaft unter die Befreiung des § 292 Abs. 2 AktG für „Verträge des laufenden Geschäftsverkehrs" fallen kann. Das Gesetz lässt offen, was unter den Verträgen des laufenden Geschäftsverkehrs zu verstehen ist.

aa) Die herrschende Auffassung in der Literatur

Die herrschende Auffassung setzt den Begriff der Verträge des laufenden Geschäftsverkehrs mit den Geschäften i.S.d. § 116 HGB gleich, also den Handlungen, die der gewöhnliche Betrieb des Handelsgewerbes der Gesellschaft mit sich bringt.[291] Der Abschluss einer stillen Gesellschaft gehört jedoch nach h.M. nicht zu den Geschäften, die der gewöhnliche Betrieb einer Handelsgesellschaft mit sich bringt.[292] Dementsprechend lehnt die h.M. es grundsätzlich ab, eine stille Gesellschaft als Vertrag des laufenden Geschäftsverkehrs nach § 292 Abs. 2 AktG einzustufen.[293] *Karsten Schmidt* nimmt in diesem Zusammenhang an, § 292 Abs. 2 HGB befreie Gesellschaftsverträge nur insoweit von den Anforderungen der §§ 293 ff. AktG, als es sich um Verträge mit einzelnen Arbeitnehmern oder mit Verwaltungsmitgliedern handele, und enthalte für Gesellschaftsverträge einen auf den genannten Personenkreis beschränkten numerus clausus. Dafür spreche, dass die neue gesetzliche Regelung bewusst als Gegenmodell zu § 256 Abs. 1 AktG 1937 eingeführt worden sei, der nur eine Gewinnabführung von mindestens 75 % der Zuständigkeit der Hauptversammlung unterwarf. Nach Einführung des § 292 Abs. 1 Nr. 1 AktG verbiete sich eine wertende Prüfung, welcher Vertrag konkret bedeutend oder unbedeutend sei. Vielmehr müsse man i.S. eines numerus clausus nach Vertragstypen unterscheiden, von dem Gesellschaftsverträge ausgenommen seien[294]

---

[291] *Geßler* in: Geßler/Hefermehl, § 292 AktG, Rn. 39; *Koppensteiner* in: Kölner Kommentar, § 292 AktG, Rn. 51; *Hüffer*, § 292 AktG, Rn. 27; *Krieger*, Münch HdB GesR IV, § 72 Rn. 18; *Karsten Schmidt*, ZGR 1984, 295, 302 (mit der Maßgabe, dass ungewöhnliche Geschäfte, die obendrein Dauerschuldverhältnisse sind, niemals „Verträge des laufenden Geschäftsverkehrs" i.S. von § 292 Abs. 2 AktG sind).

[292] *Hopt*, § 116 HGB Rn.2; *Koenigs*, 87; *Karsten Schmidt* in: Schlegelberger/Hefermehl, § 335 HGB a.F. (§ 230 n.F.), Rn. 98; *Hueck* FS Lehmann, 249.

[293] *Karsten Schmidt*, ZGR 1984, 295, 302; *Altmeppen* in: Münch Komm, § 292 AktG, Rn. 80; *Hüffer*, § 292 AktG, Rn. 28; *Koppensteiner* in: Kölner Kommentar, § 292 AktG, Rn. 55; grundsätzlich auch: *Semler*, FS Werner, 855, 861; *Blaurock*, FS Großfeld, 83, 87.

[294] *Karsten Schmidt*, ZGR 1984, 295, 302; gegen die Möglichkeit der Ausnahme des laufenden Geschäftsverkehrs für Gesellschaftsverträge auch *derselbe*, Gesellschaftsrecht, 3. Aufl. 1997, § 30 VI. 3, 930.

In die gleiche Richtung geht die Annahme *Altmeppens*, nach der es ausschließlich auf qualitative und nicht auf quantitative Kriterien ankommen soll, also auf den jeweiligen Vertragstyp abzustellen. Der Gesetzgeber habe lediglich an Austauschverträge gedacht sei, in denen eine erfolgsbezogene Gegenleistung der Aktiengesellschaft branchenüblich ist.[295]

Der Ansatz der h.M. hat sicherlich den Vorzug, dass er für Vertragsparteien, die eine stille Gesellschaft vereinbaren wollen, insofern Rechtssicherheit schafft, als sie sich darauf einstellen können, in jedem Fall das Verfahren der §§ 293 ff. AktG einhalten zu müssen. Die Ansicht, eine stille Gesellschaft könne prinzipiell nicht unter die Ausnahme eines Vertrages des laufenden Geschäftsverkehrs fallen, wirft allerdings die Frage auf, ob und inwieweit es bei einer solchen Bewertung gerechtfertigt ist, das partiarische Darlehen anders zu behandeln, und ob es umgekehrt nicht wertungswidersprüchlich ist, stille Beteiligungen anders zu behandeln als partiarische Darlehen, wenn die Mitwirkungsrechte des stillen Gesellschafters im Einzelfall vertraglich nicht weitergehend ausgestaltet sind als die des typischen Gläubigers eines partiarischen Darlehens. Die Argumentation hier mit dem Hinweis zu beschließen, die stille Gesellschaft stelle nun einmal typischerweise ein Instrument dar, mit dem weitergehende Informations- und Mitwirkungsrechte verbunden sind, als mit einem partiarischen Darlehen, wäre voreilig. Es ist zwar nicht zu verkennen, dass es dem Gesetzgeber möglich ist, im Interesse der Rechtssicherheit Typisierungen vorzunehmen, deren Folgen bei wertender Betrachtung zu nicht in allen Einzelfällen stimmigen Ergebnissen führen. Die Frage, ob im Hinblick auf den Teilgewinnabführungsvertrag aber eine solche typisierende Betrachtung vom Gesetzgeber beabsichtigt ist, welche die stille Gesellschaft von der Ausnahme nach § 292 Abs. 2 AktG generell ausnimmt, das partiarische Darlehen aber zumindest als möglichen Gegenstand eines Vertrages des laufenden Geschäftsverkehrs erfasst, ist zumindest nicht offensichtlich zu bejahen, nachdem sich weder im Wortlaut der Vorschrift des § 292 Abs. 2 AktG noch in den Gesetzesmaterialien Anhaltspunkte dafür finden.[296] Wenn die Ausnahme aber auch nicht für partiarische Darlehen eingreifen kann, wird man sich die Frage zu stellen haben, welchen Sinn die Ausnahme dann überhaupt haben soll. Dies ist umso fraglicher, wenn man davon ausgeht, dass ein Teilgewinnabführungsvertrag nur bei Anknüpfung an einen periodisch ermittelten Gewinn und nicht nur an den Gewinn eines einzelnen Geschäfts vorliegen kann. *Altmeppen* nimmt in der Folge auch tatsächlich an, Verträge, die unter die Ausnahme des laufenden Geschäftsverkehrs fallen, gebe es „in der Praxis so gut wie gar nicht."[297] Es fragt sich aber, ob es sich bei dieser

[295] *Altmeppen*, § 292 AktG, Rn. 81, unter Berufung auf RegBegr bei *Kropff*, 379.
[296] Siehe RegBegr bei *Kropff*, 378 f.
[297] *Altmeppen* in: MünchKomm, § 292 AktG, Rn. 80.

Konsequenz um die Folge eines gesetzgeberischen Versehens handelt – in diesem Fall würde es sich rechtspolitisch sicher empfehlen, die im Gesetz benannte Ausnahme ohne Anwendungsbereich im Wege einer nur klarstellenden Gesetzesänderung zu streichen – oder ob der Grund dafür, dass sich ein praktischer Anwendungsfall für die Ausnahme der Verträge des laufenden Geschäftsverkehrs nicht ausmachen lässt, doch eher in einer wenig überzeugenden Auslegung des geltenden Gesetzes liegt.

bb) Die Auffassung von *Eyber*

Die herrschende Ansicht ist in der Literatur – soweit ersichtlich – nur von *Eyber* angegriffen worden, der darauf hinweist, dass die Unterscheidung zwischen partiarischem Darlehen und stiller Gesellschaft als Vertragstypen für die Behandlung in § 292 Abs. 2 AktG umso zweifelhafter erscheine, als man diese rechtliche Unterscheidung eventuell nach der neueren Entwicklung in der Literatur generell nicht mehr aufrecht erhalten könne.[298] Jedenfalls sei eine „weniger an juristischen Modellbildern orientierte Betrachtungsweise" geboten, weil die Abgrenzung zwischen partiarischem Darlehen und typischer stiller Gesellschaft zu schwierigen Abgrenzungsproblemen führe.[299] Die typische stille Gesellschaft und das partiarische Darlehen seien nach §§ 20 Abs. 1 Nr. 4; 43 Abs. 1 Nr. 3 EStG auf Seiten des Empfängers steuerlich gleich zu behandeln, weshalb nicht auszuschließen sei, dass sich die Parteien bei dem Abschluss von Finanzierungsgeschäften nicht im klaren sind, ob der Geldgeber nun stiller Gesellschafter oder Darlehensgeber ist.[300] Nach Ansicht von *Eyber* ist es unbillig, bei einer möglicherweise nur um Nuancen abweichenden vertraglichen Gestaltung den Geldgeber, der sich quasi nachträglich als stiller Gesellschafter herausstellt, gegenüber dem Geldgeber, der als Darlehensgeber völlig identische Ziele verfolgt, bei Nichtbeachtung des § 292 Abs. 1 Nr. 2 AktG mit der Rechtsfolge der Nichtigkeit aller Abmachungen zu konfrontieren.[301] Es entspreche nicht den Intentionen des § 292 Abs. 2 AktG und schon gar nicht denen des § 116 HGB, gewisse Vertragstypen automatisch aus dem Anwendungsbereich der beiden Normen zu verbannen, weil beide Normen ersichtlich auf die konkreten Verhältnisse der betreffenden Gesellschaften abstellten und es somit dem individuellen Gesellschaftszweck und der jeweiligen Praxis der Gesellschaft überließen, was im Rahmen der alltäglichen Geschäftsbesorgung von der Vertretungsbefugnis der Geschäftsführung gedeckt sei und was nicht; daher sei es nicht schlechthin und auch nicht regelmäßig auszuschließen, dass die Vereinbarung einer stillen Gesell-

---

298 *Eyber*, 24.
299 *Eyber*, 24.
300 *Eyber*, 24.
301 *Eyber*, 24.

schaft im Einzelfall unter § 292 Abs. 2 AktG fällt.[302] Der Ausnahmetatbestand eröffne mit dem Merkmal des laufenden Geschäftsverkehrs auf jeden Fall einen Beurteilungsspielraum für die Rechtsanwendungspraxis.[303]

Eyber schließt daraus, dass zwei Gesichtspunkte für die Zuordnung einer Gewinnbeteiligung zum laufenden Geschäftsverkehr entscheidend sind. Laufender Geschäftsverkehr sei einerseits anzunehmen, wenn die Fremdfinanzierung in der Gesellschaft nicht nur üblich, sondern eine vom Vorstand ständig getroffene Maßnahme sei.[304] Andererseits komme die wirtschaftliche Bedeutung des Geschäftes in Betracht, wobei nach Art und Zweck der Maßnahme, deren Bedeutung und den damit verbundenen Risiken zu fragen sei, wobei es darauf ankomme, ob ohne den Vertrag der laufende Geschäftsverkehr gelähmt oder beeinträchtigt würde.[305] Jedenfalls unzulässig sei vom Umfang her eine Maßnahme, die zu einer Gewinnabführung von mehr als 75 % führe.[306] Der Blick auf die wirtschaftliche Bedeutung des Geschäfts dürfe jedoch nicht verschleiern, dass auf Geschäfte abzustellen sei, die so alltäglich sind, dass sich weder Vorstand noch Aufsichtsrat noch Hauptversammlung fragen, ob hier die Zustimmung der Hauptversammlung einzuholen ist, wobei die konkrete Höhe der Gewinnabführung nur ein Indiz bzw. ein Kriterium unter vielen sein könne.[307] Ebenfalls auszuscheiden seien solche besonderen Maßnahmen, die den ersten Schritt zur Konzernbildung darstellen. Unbeachtlich sei dagegen ob das eingegangene Geschäft wirtschaftlich bedeutend oder unbedeutend bzw. günstig oder ungünstig sei oder, welchen Anteil die mit dem Vertrag verbundene Kapitalaufnahme an der Gesamtfinanzierung des Unternehmens habe, da das Gesetz diese Aspekte in § 292 Abs. 2 AktG bewusst ausgeklammert habe.[308] Schließlich vertritt *Eyber* für das partiarische Darlehen, die Gewinnbeteiligung sei dann unschädlich, wenn bei einer objektiven Prognosebewertung eine Zusammenrechnung von Festverzinsung und Teilgewinnabführung einer marktüblichen Festverzinsung des Darlehens zu marktüblichen Konditionen noch entspreche, wobei allerdings aufgrund der unabweisbaren Prognoseschwierigkeiten ein Spielraum hinsichtlich der Erfolgsbeteiligung einzuräumen sei.[309] *Eyber* geht darüber hinaus davon aus, dass eine stille Gesellschaft dann ein Vertrag des laufenden Geschäftsverkehrs sei,

---

[302] *Eyber*, 25.

[303] *Eyber*, 26.

[304] Vgl. *Eyber*, 23.

[305] *Eyber*, 27 f.

[306] *Eyber*, 28.

[307] *Eyber*, 28.

[308] *Eyber*, 29, insofern gleicher Ansicht wie *Karsten Schmidt*, ZGR 1984, 302 und *Koppensteiner* in: Kölner Kommentar, § 292 AktG, Rn. 50 a.E.

[309] *Eyber*, 28.

wenn die Satzung vorsieht, die Aktiengesellschaft solle sich durch stille Beteiligungen finanzieren.[310] Insgesamt orientiert sich das von *Eyber* vertretene Konzept bei einer weiten Auslegung an den individuellen Verhältnissen der beteiligenden Aktiengesellschaft.

cc) Stellungnahme

Ausweislich der Gesetzesbegründung soll durch die Norm des § 292 Abs. 1 Nr. 2 AktG jede Abführung von Gewinn des Unternehmens oder einzelner Betriebe an die Zustimmung der Hauptversammlung gebunden werden, wobei sich dieser Grundsatz aber nicht ausnahmslos durchführen lasse, weil die Hauptversammlung nicht mit allen im Wirtschaftsleben üblichen Formen der Gewinnbeteiligung befasst werden könne deshalb und unbedeutende Gewinnabführungen zustimmungsfrei bleiben müssten.[311] Dazu heißt es wörtlich: „Das geltende Recht scheidet diese unbedeutenden Formen dadurch aus, dass es nur die Abführung von mehr als drei Vierteln des Gesamtgewinns zustimmungspflichtig macht. Diese Grenze liegt jedoch zu hoch. Sie ermöglicht es, den Gewinnanspruch des Aktionärs ungebührlich zu schmälern. Zudem knüpft sich an die Berechnung der Dreiviertelgrenze eine Fülle von Streitfragen. Der Entwurf geht daher einen anderen Weg. Er scheidet in Absatz 2 bestimmte Verträge, die eine Gewinnabführung vorsehen, aus dem Begriff des Teilgewinnabführungsvertrags aus. (...) Ferner ist eine Gewinnbeteiligung im Rahmen von Verträgen des laufenden Geschäftsverkehrs oder von Lizenzverträgen kein Teilgewinnabführungsvertrag.“[312] Die Interpretation der h.M., die stille Gesellschaft könne grundsätzlich nicht unter die Verträge des laufenden Geschäftsverkehrs fallen, kann sich bei dieser gesetzgeberischen Motivlage nicht darauf berufen, der Gesetzgeber habe eine Unterscheidung nach Vertragstypen beabsichtigt. Die Regelung unterscheidet, was die Verwaltungsmitglieder und die Arbeitnehmer angeht, ersichtlich nach der Vertragspartei. Mit den Lizenzverträgen hat der Gesetzgeber einen bestimmten Vertragstypus anerkannt, der stets von den Erfordernissen für Teilgewinnabführungsverträge ausgenommen ist. Daraus kann man aber nicht den Schluss ziehen, der Gesetzgeber habe generell nach Vertragstypen differenzieren wollen. Es ist auch zu bedenken, dass die h.M. für den Lizenzvertrag eine erweiternde Auslegung zulässt, weil sie annimmt, die Ausnahme könne auf Know-How-Verträge ausgedehnt werden.[313] Auch hier müsste man sich aber fragen, ob eine stille Gesellschaft nicht als Know-How-

---

[310] *Eyber*, 166 f., 199.

[311] RegBegr bei *Kropff*, 379.

[312] RegBegr bei *Kropff*, 379.

[313] Vgl. *Hüffer*, § 292 AktG, Rn. 28 m.N.

Vertrag eingestuft werden könnte, wenn eine Sacheinlage erbracht wird oder doch, wenn der stille Gesellschafter gegen Gewinnbeteiligung einen Beitrag in Form einer Überlassung von technischem oder geschäftlichem Know-How erbringt. Die Frage kann im Einzelfall durchaus zu bejahen sein, allerdings nicht bei einer bloßen Sacheinlage, sondern nur dann, wenn die werthaltige Erbringung von immateriellen Leistungen durch den stillen Gesellschafter dem Vertrag ihr Gepräge gibt, so dass die Know-How-Leistung den wirtschaftlichen Schwerpunkt des Vertrages bildet.[314] Damit ist allerdings nicht gemeint, der Vorstand könne die Ausnahme dadurch zur Anwendung bringen, dass er bei einem Unternehmenskauf gegen Beteiligung an den Erträgen der erwerbenden Aktiengesellschaft den Geschäftswert des erworbenen Unternehmens besonders hoch ansetzt, weil der immaterielle Teil der Leistung wirtschaftlich werthaltig sein muss, was in nachprüfbarer Weise zu dokumentieren ist. Im Zweifel wird man von der Anwendung der Ausnahme über einen Know-How-Vertrag als Lizenzvertrag i.S.d. § 292 Abs. 2 AktG für die stille Gesellschaft abzusehen haben. Gleichwohl zeigt diese Überlegung, dass der Gedanke, stille Gesellschaften seien als Vertragstypus grundsätzlich aus § 292 Abs. 2 AktG auszuscheiden, sich nicht bruchlos durchführen lässt, wenn man sich vor Augen hält, dass Typenvermischungen in diesem Bereich nicht fern liegen und daher das Abstellen auf den Vertragstypus nicht ohne weiteres überzeugen kann. Wenn qualitativ zu unterscheiden wäre, ob ein Vertrag des laufenden Geschäftsverkehrs vorliegt, so wäre diese Entscheidung deshalb nach dem konkreten Vertragsinhalt und nicht generell nach dem Vertragstyp vorzunehmen, weil sowohl der Wortlaut als auch die Gesetzesbegründung bei überzeugender Interpretation für eine vertragstypbezogene Interpretation nicht herangezogen werden können. Ebenso wenig gebietet der objektiv verstandene Gesetzeszweck es, die Verträge des laufenden Geschäftsverkehrs nach dem Vertragstypus abzugrenzen und die stille Gesellschaft von vornherein auszuschließen. Es kann nach allem nicht überzeugen, die stille Gesellschaft als Typenvertrag von vornherein aus den möglichen Ausnahmen des laufenden Geschäftsverkehrs herauszunehmen.

Bei der Erörterung der Frage, in welcher Weise die Ausnahme der Verträge des laufenden Geschäftsverkehrs zu bestimmen ist, ist zu beachten, auf welche Rechtsfolgen die Einordnung als Konzernvertrag zielt und inwiefern vor diesem Hintergrund der Begriff des laufenden Geschäftsverkehrs auszulegen ist. Dabei geht es einmal um die Zustimmung der Hauptversammlung und damit das Innenverhältnis zwischen den Aktionären, der Verwaltung und der Gesellschaft. Zum anderen geht es um die Publizität durch das Handelsregister, was vor allem potentielle künftige Aktionäre und sonstige Kapitalgeber, also den Kapitalmarkt

---

[314] Zur Behandlung von gemischt-typischen Verträgen allgemein zusammenfassend: *Heinrichs* in: *Palandt*, vor § 305 BGB, Rn. 16 ff., insbesondere Rn. 24 a.E.

im weitesten Sinne anspricht. Schließlich sind die Vorschriften über die Rücklagendotierung und über die Höchstgrenze für die Gewinnabführung zu bedenken, die der Kapitalerhaltung und damit in erster Linie dem Gläubigerschutz dienen. In diesem Zusammenhang ist einerseits das spezifisch aktienrechtliche System der Trennung von Eigentum und Kontrolle in der Gesellschaft und andererseits das legitime Bedürfnis der Aktiengesellschaft, sich in flexibeler Weise der Finanzierung durch stille Beteiligung zu bedienen. Der Vorteil der stillen Beteiligung als Finanzierungsinstrument zeigt sich gerade in Krisenzeiten, da sie gegenüber einer festen Verzinsung einen erheblichen Vorteil für die Gesellschaft und ihre Gläubiger haben kann, wenn eine feste Verzinsung entstehende Verluste der Gesellschaft im Wege eines negativen Hebeleffektes erhöht, und die aus der Festverzinsung folgenden Zahlungspflichten im schlimmsten Fall zur Insolvenz der Gesellschaft führen können. Die Gewinnbeteiligung des stillen Gesellschafters braucht dagegen in Verlustphasen nicht bedient zu werden und eine Verlustbeteiligung des stillen Gesellschafters kann den Verlust der Aktiengesellschaft sogar verringern.

Bedenkt man vor diesem Hintergrund weiter, dass es bei der Frage der Unterwerfung oder der Ausnahme von den Anforderungen an aktienrechtliche Unternehmensverträge – vorbehaltlich der Anwendbarkeit der Grundsätze über die fehlerhafte Gesellschaft – um die Wirksamkeit oder Unwirksamkeit des Vertrages geht, so wird ersichtlich, dass der ganz h.M. auch insoweit nicht zu folgen ist, als sie für die Bestimmung des Begriffs des laufenden Geschäftsverkehrs auf § 116 HGB und den dort angesprochenen Begriff des gewöhnlichen Geschäftsverkehrs einer offenen Handelsgesellschaft abstellt, weil es sich um eine Vorschrift handelt, die lediglich die Geschäftsführungsbefugnis, mithin nur das Innenverhältnis regelt und das nur für die Personenhandelsgesellschaften. Bei diesen ist aufgrund der engeren Verbundenheit der Gesellschafter untereinander eine grundsätzlich weniger weitgehende Geschäftsführungsbefugnis der Verwaltung gerechtfertigt als bei der Aktiengesellschaft, deren Aktionäre vom Grundmodell der Gesellschaftsform her gesehen stärker auf die Rolle reiner Kapitalgeber beschränkt sind.

Daraus wird ersichtlich, dass der Begriff des laufenden Geschäftsverkehrs nach spezifisch aktienrechtlichen Gesichtspunkten auszulegen ist. Der Ansatz für eine Unterscheidung kann dabei in einem oder mehreren qualitativen oder quantitativen, in individuellen oder abstrakten oder auch in einer Kombination von Merkmalen dieser unterschiedlichen Klassen liegen. Zunächst wird man bei den qualitativen Merkmalen eine abstrakte Betrachtung vorzunehmen haben, weil die Berücksichtigung der individuellen Begebenheiten der Gesellschaft, soweit es sich nicht um rein quantitative Größen bzw. Relationen handelt, zu einer Rechtsunsicherheit führen würde, die im Hinblick auf die einschneidenden Rechtsfolgen einer unzutreffenden Zuordnung als nicht hinnehmbar erscheint. Sodann wird man die Zuordnung zu den Verträgen des laufenden Geschäftsverkehrs sowohl nach qualitativen als auch nach quantitativen Merkmalen vorzunehmen haben, weil sich das Bedürfnis nach einer Zustimmung der Hauptversammlung und nach einer Registerpublizität unter beiden Gesichtspunkten jeweils isoliert ergeben kann.

(1) Qualitative Kriterien

Unter den qualitativen Merkmalen des Vertrages kommt zunächst das Kontrollrecht des stillen Gesellschafters nach § 233 HGB in Frage. Man könnte hier annehmen, ein Geschäft des laufenden Geschäftsverkehrs scheide aus, weil dem stillen Gesellschafter schon mit den im Regelstatut der stillen Gesellschaft vorgesehenen Informationsrechten eine weitergehende Informationsbefugnis eingeräumt ist als den Aktionären. Das kann jedoch nicht überzeugen, weil der Vorstand im Rahmen seiner Pflicht zur ordnungsgemäßen Geschäftsleitung als Herr der Geheimnisse der Gesellschaft anzusehen ist.[315] Auch im laufenden Geschäftsverkehrs können Informationsrechte von Dritten Parteien vereinbart werden, solange sich diese an den angemessenen Informationsbedürfnissen der anderen Partei orientieren. Dem stillen Gesellschafter dürfen vor diesem Hintergrund auch mehr Informationen zugänglich gemacht werden, als den Aktionären. Denn der stille Gesellschafter hat ein weitergehendes und anders geartetes Informationsbedürfnis als die Aktionäre. Hinsichtlich der Bemessungsgrundlage für die Gewinnbeteiligung besteht Vertragsfreiheit, so dass dem stillen Gesellschafter mit dem testierten Jahresabschluss keinesfalls gedient ist. Weiter hat der stille Gesellschafter im Gegensatz zu den Aktionären grundsätzlich die Möglichkeit, seine Beteiligung nach § 234 HGB ordentlich zu kündigen und seine Einlage zurückzuverlangen, wodurch sich zusätzlich ein von vornherein weitergehendes Informationsbedürfnis ergibt, als es für Aktionäre typisch ist. Bei einer abstrakten Betrachtungsweise kann man deshalb davon ausgehen, dass der laufende Geschäftsverkehr noch nicht überschritten wird, wenn die Aktiengesellschaft dem stillen Gesellschafter das Recht einräumt den Jahresabschluss vorgelegt zu erhalten und ihn anhand der Bücher selbst prüfen zu dürfen. Unbedenklich für die Eigenschaft des Vertrages als Vertrag des laufenden Geschäftsverkehrs erscheinen darüber hinaus auch Fälle, in denen diese Informationsrechte erweitert werden, z.B. durch ein Recht auf sofortige Vorlage des noch untestierten Jahresabschlusses, weil solche Rechte durch Großunternehmen typischerweise auch Gläubigern größerer Kredite eingeräumt werden. Darüber hinaus besteht in solchen Fällen kein Bedürfnis nach Legitimation durch die Hauptversammlung und Registerpublizität, nachdem solche Rechte

---

[315] Vgl. *Hüffer*, § 93 AktG, Rn. 7.

kein beteiligungswirksames Einflusspotential auf den Ertrag der Gesellschaft nach sich ziehen. Die erhöhte Gefahr verbotenen Insiderhandels, die sich bei börsennotierten Aktiengesellschaften aus solchen Gestaltungen ergibt, rechtfertigt es nicht, den Vertrag aus dem Rahmen der Verträge des laufenden Geschäftsverkehrs nach § 292 Abs. 2 AktG herauszunehmen. Die Informationsrechte des stillen Gesellschafters stehen einer Zuordnung des Vertrages zum laufenden Geschäftsverkehr also in der Regel nicht entgegen.

Über die Informationsrechte hinaus sind die Mitwirkungsrechte des stillen Gesellschafters zu betrachten. Eine qualitative Unterscheidung müsste insoweit auf den Vertragsinhalt abstellen und die im Einzelfall bestehenden Unterschiede in die Betrachtung einbeziehen. Dabei wird man klare Abgrenzungskriterien entwickeln müssen, weil die möglichen Gestaltungen für Mitwirkungsrechte im Einzelfall sehr vielfältig sind. Man könnte einerseits auf das Gewicht der Angelegenheiten für die Gesellschaft abstellen, bei denen dem stillen Gesellschafter Mitspracherechte eingeräumt sind. Dabei könnte man danach unterscheiden, ob lediglich in Angelegenheiten, die dem Vorstand obliegen, eine Mitwirkung vorgesehen ist, oder auch in solchen Angelegenheiten, die grundsätzlich in den Aufgabenbereich der Hauptversammlung fallen. Weiter könnte man darauf abstellen, ob die Mitwirkungsrechte bereits in das Tagesgeschäft eingreifen oder nur bei bestimmten außerordentlichen Anlässen bestehen. Andererseits könnte man auf die Qualität des Mitwirkungsrechts selbst abstellen, und danach unterscheiden, ob es sich um ein Anhörungs-, ein Veto-, ein Initiativ- oder ein Weisungsrecht handelt.

Gegen die Berücksichtigung der Mitwirkungsrechte des stillen Gesellschafters, könnte man anführen, dass die Unterwerfung des Vertrages unter das Regime des Teilgewinnabführungsvertrages gerade aus den Vermögensrechten folgt. Also könnte es für die Ausnahme des laufenden Geschäftsverkehr ebenfalls ausschließlich auf die Vermögensrechte ankommen. Eine solche Argumentation kann allerdings nicht überzeugen, weil auch die mit einer stillen Gesellschaft verbundenen Mitwirkungsrechte – seien es Anhörungs-, Veto-, Initiativ-, Weisungs- oder auch Rechte zur aktiven Geschäftsführung – einen Einfluss auf die Gewinnentstehung bei der Aktiengesellschaft haben und dazu dienen, den durch die stille Gesellschaft teilweise abzuführenden Gewinn zu erzielen. Darüber hinaus erscheinen Mitwirkungsrechte bei der Geschäftsführung als gravierender Eingriff in die Verfassung der Aktiengesellschaft, für den es eines Hauptversammlungsbeschlusses und der Registerpublizität bedarf.

Die spezifische Verbindung von Mitwirkungsrechten mit der Gewinnbeteiligung ist gerade der typische rechtliche Inhalt der stillen Gesellschaft. Dabei ist zu bedenken, dass der stille Gesellschafter bereits im Regelstatut das Recht hat, zu verlangen, dass das Handelsgewerbe in seinen wesentlichen Grundlagen keine Änderung erfährt. Das mag dafür sprechen, die stille Gesellschaft generell als Vertrag einzustufen, der nicht dem laufenden Geschäftsverkehr angehört. Bei näherer Betrachtung überzeugt aber eine so generelle Annahme nicht, weil das angesprochene Mitwirkungsrecht abdingbar ist. Wenn das angesprochene Recht abbedungen ist, kann die stille Gesellschaft als Vertrag des laufenden Geschäftsverkehrs eingeordnet werden. Allerdings erscheint es zwingend, einen Vertrag, der dieses typische Recht nicht abbedingt, als Vertrag außerhalb des laufenden Geschäftsverkehrs einzustufen, weil hier sowohl ein Bedürfnis für den Hauptversammlungsbeschluss als auch ein Bedürfnis für die Registerpublizität besteht. Es erscheint hier erforderlich, den mit der Gewinnbeteiligung verbundenen Dritteinfluss bzw. die für die Laufzeit des Vertrags bestehende Drittbindung der Gesellschaft für Entscheidungen über die Änderung der wesentlichen Grundlagen des Handelsgewerbes sowohl durch die Aktionäre zu legitimieren als auch der interessierten Öffentlichkeit durch das Handelsregister zugänglich zu machen. Dabei ist zu bedenken, dass solche Rechte vertraglich auch Gläubigern eines partiarischen Darlehens eingeräumt werden können. In der Praxis mögen für Darlehensgeber sogar Weisungsrechte hinsichtlich des Verkaufs einzelner Beteiligungen für Fälle üblich sein, in denen die Gewinnbeteiligung über eine bestimmte Zeit nichts einbringt.[316] Die Gläubiger partiarischer Darlehen sehen auf diesem Weg die Möglichkeit vor, die Gesellschaft unter bestimmten Voraussetzungen zu zwingen, durch die Veräußerung der Beteiligung einen außerordentlichen Gewinn zu erzielen, damit ihre Gewinnbeteiligung effektiv wird. Jedoch ist zu bedenken, dass der Begriff des laufenden Geschäftsverkehrs normativ und nicht rein tatsächlich zu bestimmen ist. Aus diesem Grund wird man den Rechtsbegriff des laufenden Geschäftsverkehrs nach § 292 Abs. 2 AktG nicht einfach mit den Geschäften gleichsetzen können, die in der Finanzierungspraxis üblich sind, weil dies auf eine Normativität des Faktischen herauslaufen würde. Vielmehr ist bei einer normativen Betrachtung vor allem die Notwendigkeit der Hauptversammlungszustimmung und der Registerpublizität in den Blick zu nehmen. Unter diesen Gesichtspunkten wird man annehmen müssen, dass die Vereinbarung derartiger Weisungsrechte den Rahmen der Verträge des laufenden Geschäftsverkehrs verlässt. Dagegen spricht auch nicht das Argument, anderenfalls würden sich die Gläubiger eines partiarischen Darlehens anderweitig und mit einschneidenderen Folgen für die Aktiengesellschaft absichern, z.B. indem sie sich die für die Anweisung zum Verkauf in Frage stehende Beteiligung verpfänden oder zur Sicherung übertragen lassen. Anders als bei einem Weisungsrecht zur Veräußerung der Beteiligung kann das Sicherungseigentum bei einem partiarischen Darlehen nur verwertet werden, wenn der Sicherungsfall eintritt. Die Sicherungsübereignung kann deshalb grundsätzlich nur zu einer

---

[316] Zu Weisungsrechten siehe im einzelnen sogleich unter V.

Verwertung führen, wenn die Beteiligung gekündigt ist, und die Rückzahlung der Valuta des partiarischen Darlehens ansteht. Nach der Kündigung endet aber die Gewinnpartizipation, so dass die Verwertung nicht zu einer erhöhten Gewinnteilnahme des Gläubigers des partiarischen Darlehens führt, sondern der Anteil des Erlöses, der zu seiner Befriedigung nicht erforderlich ist, allein der Aktiengesellschaft zugute kommt. Soweit die Voraussetzungen der Verwertung der Sicherheit und der Gewinnteilnahme bei der Verpfändung oder der Sicherungsübertragung einer Beteiligung in Verbindung mit einem partiarischen Darlehen so ausgestaltet sind, dass die Veräußerung noch zu einer erhöhten Gewinnpartizipation des Darlehensgläubigers führt, wird das Geschäft nicht als dem laufenden Geschäftsverkehr zugehörig anzusehen sein. In diesem Fall besteht ein erhöhtes Bedürfnis nach Mitwirkung der Hauptversammlung und Registerpublizität, weil eine außerhalb der Aktiengesellschaft stehenden Person wesentliche beteiligungsertragswirksame Entscheidungen in eigener Verantwortung treffen kann. Mithin liegt in solchen Fällen kein Vertrag des laufenden Geschäftsverkehrs vor.

Vereinzelt wurde angenommen, dass die verwaltungsmäßig atypische stille Gesellschaft als Vertrag des laufenden Geschäftsverkehrs sein könne, weil die Beteiligung in diesen Fällen möglicherweise für die Geschäftsführung erforderlich sei.[317] *Semler* führt insofern zum Fall einer typischen stillen Gesellschaft aus: „Wenn wie hier die Einlage des stillen Gesellschafters *in Form von Geld* geleistet wird, er am Gewinn oder Verlust des ganzen Unternehmens beteiligt ist und an der *Unternehmensführung nicht mitwirkt*, dann ist ein solcher Vertrag nicht erforderlich, um das laufende Geschäft zu führen.“[318] Dies legt die Folgerung nahe, bei Sacheinlage oder Mitwirkung des stillen Gesellschafters an der Unternehmensführung erscheine es zumindest denkbar, dass der Vertrag erforderlich sei, um das laufende Geschäft zu führen. Im Ergebnis können diese Zweifel allerdings schon deshalb nicht durchgreifen, weil die Beteiligung des stillen Gesellschafters durch den Vertragsschluss für die Geschäftsführung erst erforderlich wird. Bei der verwaltungsmäßig atypischen stillen Gesellschaft werden die Grundlagen der Geschäftsführung verändert. Das unterstreicht den ungewöhnlichen Charakter dieser Art der stillen Gesellschaft. Für die stille Gesellschaft gegen Sacheinlage gilt nichts anderes. Ein Vertrag des laufenden Geschäftsverkehrs liegt in diesen Fällen nicht vor.

Weiter könnte man darüber nachdenken, die Grundsätze der Holzmüller-Entscheidung entsprechend heranzuziehen, nach denen der Vorstand bei Maßnahmen von herausragender Bedeutung stets verpflichtet ist, die

---

317 *Semler* FS Werner 1984, 855, 861 (passim).

318 *Semler*, FS Werner 1984, 855, 861.

Zustimmung der Hauptversammlung einzuholen.[319] Dabei ist nicht zu verkennen, dass es bei dem Abschluss eines Vertrages über eine stille Gesellschaft nicht um den für die Holzmüller-Entscheidung typischen Sachverhalt einer Konzernbildung durch Ausgliederung oder Weggabe wesentlichen Vermögens der Aktiengesellschaft geht.[320] Im Gegenteil wird der Aktiengesellschaft im Rahmen der stillen Gesellschaft in aller Regel Vermögen zugeführt. Es ist aber zu bedenken, dass sich zugeführtes Vermögen auch über seinen Verkehrswert bei der Zuführung hinaus als verlustbringend erweisen kann. Der Gedanke, dass der Vorstand eine Entscheidung der Hauptversammlung herbeiführen muss, wenn er vernünftigerweise nicht annehmen kann, er dürfe die in Frage stehende Entscheidung ausschließlich in eigener Verantwortung treffen, lässt sich auf § 292 Abs. 2 AktG übertragen. Einen solchen Fall wird man annehmen müssen, wenn die Gesellschaft einen ganzen Geschäftsbetrieb gegen stille Gesellschaft hinzuerwirbt, der sich zwar im Rahmen des geltenden Unternehmensgegenstands bewegt, aber so schwerwiegend ist, dass der bisherige Geschäftsbetrieb dagegen als eher unbedeutend erscheint, etwa wenn der neu hinzuerworbene Geschäftsbetrieb nach der Einlage mehr als 80 % des Vermögens der Aktiengesellschaft ausmachen würde. Hier lässt sich schon deshalb kein Vertrag des laufenden Geschäftsverkehrs annehmen, weil der Vorstand nicht vernünftigerweise wird davon ausgehen können, dass er diese Entscheidung allein verantworten kann.

(2) Quantitatives Kriterium

Zusätzlich wird man ein quantitatives Kriterium für die Eigenschaft der stillen Gesellschaft als Vertrag des laufenden Geschäftsverkehrs zu entwickeln haben. Dieses wird sich durchaus an der Höhe der Gewinnbeteiligung orientieren müssen. Dagegen kann auch nicht die Gesetzesbegründung angeführt werden. Hier ist zwar die Rede davon, dass nach der alten Regelung in § 256 Abs. 1 AktG, in der die Abführung von mehr als 75 % des Gewinns der Gesellschaft als Gewinnabführungsvertrag angesprochen war, Streit um den maßgeblichen Gewinnbegriff bestand, weswegen die Neuregelung einen anderen Weg gehe.[321] Daraus aber zu folgern, dass quantitative Kriterien sich unter der neuen Regelung grundsätzlich verbieten, ginge aber zu weit, weil anderenfalls die ebenfalls in der Gesetzesbegründung ausdrücklich benannte Erkenntnis zu kurz käme, die aus der Praxis des alten Rechts bei der Neuregelung gezogen wurde, nämlich die Einsicht, dass die Grenze von 75 % Gewinnbeteiligung für die Zustimmung der Hauptversammlung zu gering veranschlagt war und es ermöglichte, „den

319 BGHZ 83, 122.

320 Vgl. deshalb für Übertragung auf Delisting ablehnend: *Hüffer*, § 119 AktG, Rn. 24.

321 RegBegr bei *Kropff*, 379.

Gewinnanspruch des Aktionärs ungebührlich zu schmälern".[322] Wenn man sich dazu noch vor Augen hält, dass ganz wesentlich für die Beteiligung der Hauptversammlung und das Erfordernis der Registerpublizität der Umstand ist, dass der Teilgewinnabführungsvertrag in das Recht der Aktionäre auf den Ertrag der Gesellschaft eingreift, dann wird man für den Rahmen, in dem sich die Ausnahme eines Vertrages des laufenden Geschäftsverkehrs bewegen kann, auch ein Kriterium zu berücksichtigen haben, durch das der Grad der Beeinträchtigung des Rechts der Aktionäre auf den Ertrag beurteilt wird. Dieses Kriterium muss in Abkehr zur alten gesetzlichen Regelung deutlich unter 75 % des Gewinns der Gesellschaft ohne die Teilgewinnabführung liegen.

(a) 10% Kriterium

Denkbar erscheint es insoweit, den Rechtsgedanken des § 192 Abs. 3 AktG heranzuziehen. In dieser Vorschrift sind zwei Höchstgrenzen für den Umfang eines bedingten Kapitals bestimmt. Die Gemeinsamkeit der § 192 AktG zugrundeliegenden Situation mit der des Teilgewinnabführungsvertrages liegt darin, dass in beiden Fällen eine Gewinnbeteiligung eingeräumt wird – bei § 192 AktG durch die Gewährung junger Aktien, bei § 292 Abs. 1 Nr. 2 AktG z.B. durch stille Gesellschaft – wobei die Aktionäre von der Teilnahme an den durch den fraglichen Vorgang eingeräumten Rechten ausgeschlossen sind, weil in beiden Fällen kein Bezugsrecht der Aktionäre auf das eingeräumte Recht besteht. Diese Parallele besteht allerdings nur zu den in § 192 Abs. 2 Nr. 2 und 3 AktG i.V.m. § 192 Abs. 3 AktG geregelten Fällen. Im Fall des § 192 Abs. 2 Nr. 1 AktG, der die Gewährung von Umtausch- oder Bezugsrechten an Gläubiger von Wandelschuldverschreibungen betrifft, ergibt sich ein Bezugsrecht der Aktionäre zwar nicht auf die durch das bedingte Kapital zur Verfügung gestellten Aktien wohl aber aus § 221 Abs. 4 AktG. auf die zugrunde liegende Wandelschuldverschreibung, die das Bezugsrecht gewährt. Die in § 192 Abs. 3 AktG geregelten Höchstgrenzen betreffen zum einen den Fall der Gewährung von Bezugsrechten auf Aktien an Arbeitnehmer und Mitglieder der Geschäftsführung der Gesellschaft oder eines verbundenen Unternehmens nach § 192 Abs. 2 Nr. 3 AktG. Hier beträgt sie 10 % des bei der Beschlussfassung vorhandenen Grundkapitals. Zum anderen gilt für die Gewährung von Bezugsrechten auf Aktien zur Vorbereitung des Zusammenschlusses mehrerer Unternehmen nach § 192 Abs. 2 Nr. 2 AktG die Höchstgrenze von 50 % des bei der Beschlussfassung vorhanden Grundkapitals.

Die Höchstgrenze von 50 % für das bedingte Kapital zum Zweck der Vorbereitung eines Zusammenschlusses mehrerer Unternehmen nach § 192

---

[322] RegBegr bei *Kropff*, 379.

Abs. 1 Nr. 2 AktG betrifft Fälle, in denen die Gesellschaft als Obergesellschaft eines Beherrschungs- oder Gewinnabführungsvertrags oder einer Eingliederung nach §§ 305 Abs. 2 Nr. 1, 2 AktG oder nach § 320 b AktG Aktien benötigt, um die außenstehenden Aktionäre der übernommenen Gesellschaft abfinden zu können.[323] Bei einer stillen Gesellschaft gegen Bareinlage wird man diese Grenze kaum heranziehen können, weil es schon an der Vergleichbarkeit mit dem Fall fehlt, in dem ein Zusammenschluss mit einem anderen Unternehmen erfolgen soll. Wenn jedoch der stille Gesellschafter als Sacheinlage ein Unternehmen in die Aktiengesellschaft einbringen soll, liegt die Vergleichbarkeit der Fälle um einiges näher. Allerdings ist zu bedenken, dass es bei der Frage des laufenden Geschäftsverkehrs nach § 292 Abs. 2 AktG nicht allein um das fehlende Bezugsrecht der Aktionäre geht, sondern – anders als bei § 192 AktG – schon das Zustimmungserfordernis der Hauptversammlung und die Registerpflichtigkeit des ganzen Vorgangs entfällt. Vor diesem Hintergrund erscheint eine Grenze von 50 % des Nennkapitals, die man bei § 292 Abs. 1 Nr. 2 AktG in 50 % des Gewinns der Aktiengesellschaft uminterpretieren könnte, deutlich zu hoch gegriffen. Bei einer Kapitalaufnahme bzw. Gewinnbeteiligung dieser Größenordnung besteht ein erhebliches Bedürfnis für eine Zustimmung der Hauptversammlung und für eine Registerpublizität. Ein Vertrag des laufenden Geschäftsverkehrs liegt also nicht schon deshalb vor, weil der stille Gesellschafter ein Unternehmen einzubringen hat und die im Gegenzug eingeräumte Beteiligung weniger als 50 % des Gewinns der Aktiengesellschaft beträgt.

Denkbar erscheint es allerdings, § 192 Abs. 3 S. 1 AktG heranzuziehen, soweit sich die Vorschrift auf die Gewährung von Bezugsrechten an Arbeitnehmer und Mitglieder der Geschäftsführung der Gesellschaft oder eines verbundenen Unternehmens im Wege des Zustimmungs- oder Ermächtigungsbeschlusses nach § 192 Abs. 1 Nr. 3 AktG bezieht. Dies hat zur Folge, dass eine Gewinnabführung zum laufenden Geschäftsverkehr zu zählen ist, wenn sie einen Anteil von nicht mehr als 10 % des Gewinns gewährt – gleichgültig wie dieser berechnet wird. Dem könnte man zunächst entgegenhalten, dass hier eine ganz andere Rechtsfrage geregelt ist, weil im Fall des § 192 Abs. 3 S. 1 AktG zugunsten der Arbeitnehmer lediglich das Bezugsrecht ausgeschlossen werden darf, während ein Hauptversammlungsbeschluss für die Gewährung des Bezugsrechts und für das bedingte Kapital gleichwohl erforderlich bleibt. Weiter ließe sich einwenden, dass die Gewährung einer Gewinnbeteiligung an Arbeitnehmer und Mitglieder der Verwaltung ohne die Gewährung von Mitgliedschaftsrechten in § 292 Abs. 2 AktG ohne eine Höchstgrenze für den Umfang der Gewinnbeteiligung geregelt ist. Trotzdem lässt sich die Vorschrift des § 192 Abs. 3 S. 1 AktG für die Bewertung der Frage heranziehen, was noch als Geschäft des laufenden

---

[323] Vgl. *Hüffer*, § 192 AktG, Rn. 3.

Geschäftsverkehrs nach § 292 Abs. 2 AktG angesehen werden kann, weil es hier nicht um eine analoge Anwendung von § 192 Abs. 3 S. 1 AktG gehen kann, sondern nur darum, die zugrunde liegende Wertung als Auslegungshilfe für den Begriff des laufenden Geschäftsverkehrs heranzuziehen. Aus dem Fehlen einer Höchstgrenze in § 292 Abs. 2 AktG für die Beteiligung von einzelnen Arbeitnehmern und von Verwaltungsmitgliedern ist im Gegenteil zu schließen, dass § 292 Abs. 2 AktG generell der Verwässerung des Gewinnanteils der Aktionäre nicht das gleiche Gewicht beimisst, wie der Verwässerung des Stimmrechts, die durch die Gewährung junger Aktien unter Ausschluss des Bezugsrechts eintritt. Man kann also die Wertung aus § 192 Abs. 3 S. 1 AktG i.V.m. § 192 Abs. 2 Nr. 3 AktG übertragen kann, weil durch einen Teilgewinnabführungsvertrag keine Stimmrechte gewährt werden und deshalb – anders als bei § 192 AktG – auch kein Hauptversammlungsbeschluss und keine Eintragung in das Handelsregister erforderlich ist. Hinzu kommt, dass für den Teilgewinnabführungsvertrag eine angemessene Gegenleistung vereinbart werden muss.

Die Wertung des § 192 Abs. 3 S. 1 AktG, nach der die Aktionäre den Ausschluss des Bezugsrechtes bei einer Gewährung von jungen Aktien hinnehmen müssen, wenn das zu diesem Zweck beschlossene Kapital nicht den zehnten Teil des Grundkapitals übersteigt, lässt sich bei einiger Modifikation für die Auslegung des Begriffs des laufenden Geschäftsverkehrs nach § 292 Abs. 2 AktG nutzbar machen, weil nach der gesetzlichen Wertung nach § 292 Abs. 2 AktG für Teilgewinnabführungsverträge des laufenden Geschäftsverkehrs auch kein Hauptversammlungsbeschluss erforderlich ist.

Als weiteres unterstützendes Argument für die Annahme einer 10 %-Höchstgrenze lässt sich die Regelung des § 186 Abs. 3 S. 4 AktG anführen, die es zulässt, das Bezugsrecht der Aktionäre auszuschließen, wenn bei einer Kapitalerhöhung gegen Bareinlagen zehn vom Hundert des Grundkapitals nicht überschritten werden und der Ausgabebetrag den Börsenpreis nicht wesentlich unterschreitet. Sicher ist auch dieser Gedanke nicht unmittelbar anwendbar, nachdem es bei § 292 Abs. 2 AktG nicht um die Ausgabe in der Nähe eines Börsenpreises ankommen kann, weil schon keine Aktien ausgegeben werden, so dass die preisliche Nähe der Ausgabe der stillen Beteiligung zu einer eventuell vorhandenen Börsennotierung der Aktien praktisch nicht festgestellt werden kann. Wohl aber ist es Voraussetzung für die Zulässigkeit der Gewährung der Gewinnbeteiligung, dass die Aktiengesellschaft eine angemessene Gegenleistung für die Gewinnbeteiligung des stillen Gesellschafters erhält, wovon man gleichermaßen auszugehen haben wird, wenn der Teilgewinnabführungsvertrag unter § 292 Abs. 2 AktG fällt, wie wenn dass Verfahren der §§ 293 ff. AktG vollumfänglich einzuhalten ist.[324] Auch in § 186 Abs. 5 S. 4 AktG zeigt sich im Kern die Bewertung des Gesetzgebers, dass die Aktionäre eine Verwässerung ihres Gewinnanspruchs bis zu 10 % hinzunehmen haben. Die Wertung lässt sich mit den entsprechenden Modifikationen auf § 292 Abs. 2 AktG und die Auslegung des Begriffes des laufenden Geschäftsverkehrs mit der Maßgabe übertragen, dass in diesen Fällen kein Hauptversammlungsbeschluss erforderlich ist, weil einerseits kein Stimmrecht vermittelt wird und andererseits eine angemessene Gegenleistung vereinbart werden muss.

Nach allem ergibt sich bei einer abstrakten Auslegung des Begriffes des laufenden Geschäftsverkehrs das weitere Kriterium, dass der Teilgewinnabführungsvertrag nur dann dem laufenden Geschäftsverkehr zugeordnet werden kann, wenn nicht mehr als 10 % des Gewinns der Aktiengesellschaft als Gegenleistung versprochen sind.

(b) Bemessungsgrundlage

Dabei wird man allerdings einige Vorsicht walten zu lassen haben, soweit es um modifizierte Berechnungsgrößen für die Gewinnabführung geht. Aus der Wertung der §§ 301 f. AktG wird man zunächst entnehmen müssen, dass die zentrale Berechnungsgröße für die Begrenzungen bei der Gewinnabführung im Rahmen eines Teilgewinnabführungsvertrages grundsätzlich der Jahresüberschuss ist, nachdem aus dieser Größe sowohl die Rücklagendotierung als auch die Höchstgrenze für die Gewinnabführung zu berechnen sind. Die Beurteilung wird allerdings dann Schwierigkeiten bereiten, wenn eine vom Jahresüberschuss abweichende Bemessungsgrundlage vereinbart ist, z.B. können 5 % des Ergebnisses vor Zinsen und Abschreibungen auf eine größere Belastung hinauslaufen als 10 % vom Jahresüberschuss, wenn die Gesellschaft mit viel Fremdkapital arbeitet und jüngst große Investitionen vorgenommen hat, die demnächst erhebliche Abschreibungen nach sich ziehen werden. Die hier erforderliche Prognose, ob eine andere Bemessungsgrundlage als der Jahresüberschuss selbst den künftigen Jahresüberschuss mit mehr als 10 % belasten wird, lässt sich in rechtssicherer Weise nur ermitteln, indem die Ergebnisse der Vergangenheit betrachtet werden. Dabei wird man auf die Jahresabschlüsse der letzten drei Geschäftsjahre vor dem Vertragsschluss abzustellen haben. Dies lässt sich aus der Wertung des § 293 f Abs. 1 Nr. 2 AktG entnehmen, nach dem die Jahresabschlüsse der letzten drei Geschäftsjahre vor dem Hauptversammlungsbeschluss über einen Unternehmensvertrag in den Geschäftsräumen der vertragsschließenden Gesellschaften auszulegen sind. Insofern erscheinen die letzten drei Geschäftsjahre der vertragsschließenden

---

[324] Siehe dazu im einzelnen unten unter § 8 V.

Unternehmen nach gesetzlicher Wertung für die Beurteilung des Vertrages als besonders bedeutend. Deshalb wird man anhand der Jahresabschlüsse der letzten drei Geschäftsjahre zu überprüfen haben, ob eine vom Jahresüberschuss abweichende Bemessungsgrundlage zu einer Abführung von mehr als 10 % des Jahresüberschusses der Gesellschaft geführt hätte. Weil § 292 Abs. 2 AktG als Ausnahmevorschrift eher restriktiv zu interpretieren ist, wird man die Grenze des laufenden Geschäftsverkehrs bereits dann als überschritten anzusehen haben, wenn in nur einem der letzten drei Geschäftsjahre aufgrund der nun vereinbarten Bemessungsgrundlage mehr als 10 % des Jahresüberschusses hätte abgeführt werden müssen. Schwierig erscheint die Beurteilung dann, wenn die Gesellschaft Verluste erzielt hat, und die vereinbarte Bemessungsgrundlage in dem maßgeblichen Zeitraum ebenfalls nicht zu einer Gewinnabführung geführt hätte. In einem solchen Fall wird man einerseits darauf abzustellen haben, ob durch die Beteiligung Mittel eingeworben werden, die einen Verkehrswert von mehr als 10 % des Buchwertes des handelsbilanziellen Eigenkapitals haben. Andererseits wird man bei anderen Bemessungsgrundlagen, die eine vergangenheitsorientierte Bewertung nicht erlauben, im Zweifel davon auszugehen haben, dass kein Vertrag des laufenden Geschäftsverkehrs vorliegt. Nur bei Beteiligungsquoten, die deutlich unter 10 % der Bemessungsgrundlage liegen, wird man im Einzelfall zu einem Vertrag des laufenden Geschäftsverkehrs kommen können, wenn es bei der objektiven Prognose eines ordentlichen Geschäftsleiters als praktisch ausgeschlossen erscheint, dass die Beteiligung in der Zukunft im Ergebnis auch nur einmal zu einer Beteiligung von mehr als 10 % des Jahresüberschusses führen wird.

(3) Satzungsbestimmungen

Die stille Gesellschaft kann nicht dadurch zu einem Vertrag des laufenden Geschäftsverkehrs gemacht werden, dass die Satzung beim Unternehmensgegenstand vorsieht, die Aktiengesellschaft solle stille Gesellschaften mit Dritten eingehen.[325] Sie gehört selbst dann nicht zum laufenden Geschäftsverkehr, wenn sich das Unternehmen im Ergebnis auf die Selbstfinanzierungstätigkeit beschränkt. Ein Unternehmen, das seine Tätigkeit darauf beschränkt, sich selbst zu finanzieren, hat keinen laufenden Geschäftsverkehr i.S.v. § 292 Abs. 2 AktG. Im übrigen steht – wie *Blaurock* überzeugend ausgeführt hat – § 23 Abs. 5 AktG einer solchen Interpretation entgegen, weil die Satzungsbestimmung nicht den gesetzlich vorgesehenen Hauptversammlungsbeschluss überflüssig machen

---

[325] So aber: *Eyber*, 166 f., 199 ("Zweck", "Gesellschaftsvertrag"); vgl. auch *Fischer* in: Großkomm., § 126 HGB Anm. 5 a.E.; a.A. überzeugend *Blaurock*, FS Großfeld, 83, 88.

kann.[326] § 292 Abs. 2 AktG eröffnet keinen Spielraum für ergänzende Satzungsregelungen.

c) Zwischenergebnis

Stille Beteiligungen an einer Aktiengesellschaft können zu Zwecken der Ergebnisbeteiligung von Vorstands- und Aufsichtsratsmitgliedern sowie von einzelnen Arbeitnehmern ohne Beachtung der Vorschriften über Teilgewinnabführungsverträge eingeräumt werden.

Der Vertrag über die stille Beteiligung an einer Aktiengesellschaft kann auch unter die Ausnahmevorschrift des § 292 Abs. 2 AktG als Vertrag des laufenden Geschäftsverkehrs fallen. Dafür sind bei einer im wesentlichen abstrakten Betrachtungsweise nebeneinander qualitative und quantitative Kriterien anzuwenden, von denen jedes die stille Gesellschaft von den Verträgen des laufenden Geschäftsverkehrs ausschließen kann.

Qualitativ kann die stille Gesellschaft nur dann als Vertrag des laufenden Geschäftsverkehrs eingestuft werden, wenn das Recht des stillen Gesellschafters, wesentliche Änderungen der Grundlagen des Handelsgewerbes zu untersagen, abbedungen ist. Weitergehende Mitwirkungsrechte des stillen Gesellschafters bei einzelnen besonderen Geschäften überschreiten ebenso den durch die Geschäfte des laufenden Geschäftsverkehrs gezogenen Rahmen, wie Initiativrechte, Weisungsrechte oder Rechte zur aktiven Geschäftsführung, inklusive des Rechts auf die Erteilung einer Spezial- oder Generalvollmacht an den stillen Gesellschafter oder seine Beauftragten. Unbedenklich sind dagegen erweiterte Informationsrechte des stillen Gesellschafters. Der Gedanke des Holzmüller Urteils kann mit der Maßgabe angewendet werden, dass kein Vertrag des laufenden Geschäftsverkehrs vorliegt, wenn der Vorstand vernünftigerweise nicht davon ausgehen kann, dass er über den Vertrag in eigener Verantwortung entscheiden darf.

Ein Teilgewinnabführungsvertrag kann nach einem quantitativen Kriterium nur dann dem laufenden Geschäftsverkehr zugeordnet werden, wenn er die Gesellschaft nicht dazu verpflichtet, mehr als 10 % ihres Gewinns abzuführen.

Dieser Rahmen der Verträge des laufenden Geschäftsverkehrs kann nicht dadurch erweitert werden, dass die Satzung der Aktiengesellschaft beim Unternehmensgegenstand bestimmt, die Aktiengesellschaft solle sich durch die

---

[326] *Blaurock*, FS Großfeld, 83, 88.

Aufnahme stiller Gesellschafter finanzieren und den stillen Gesellschaftern bestimmte Mitwirkungsrechte einräumen.

IV. Gewinnabführungsvertrag

Die stille Beteiligung an einer Aktiengesellschaft kann sich im Einzelfall als Gewinnabführungsvertrag darstellen. Das ist zunächst dann der Fall, wenn der Vertrag die Vereinbarung enthält, dass die Gewinnbeteiligung der Aktiengesellschaft als Geschäftsinhaberin überhaupt ausgeschlossen ist,[327] z.B. durch die Bestimmung, dass ein fiktiver Jahresüberschuss, der ohne die stille Beteiligung entstehen würde, dem stillen Beteiligten als Gewinn zusteht. Denn in einem solchen Fall wird der Jahresüberschuss durch die stille Beteiligung stets auf Null gestellt.[328] Diese Grundsätze gelten obgleich die Gewinnabführung bei der stillen Gesellschaft regelmäßig gegen Einlage erfolgt. Die Verpflichtung zur Leistung einer Einlage hindert die Einordnung als Gewinnabführungsvertrag nicht. Denn die Frage, ob eine Gegenleistung für die Aktiengesellschaft versprochen wird, ist in den § 292 ff. AktG bewusst offen gelassen. Insofern besteht Vertragsfreiheit. Die rechtlich mögliche Gestaltung einer stillen Beteiligung, die zugleich einen Gewinnabführungsvertrag darstellt, dürfte praktisch allerdings eher selten in Frage kommen, weil der stille Gesellschafter die Verlustausgleichspflicht nach § 302 Abs. 1 AktG, die Pflicht zur Gewährung von Ausgleich und Abfindung gemäß § 304 f. AktG sowie die Pflicht zur Sicherheitsleistung nach Beendigung des Vertrages nach § 303 AktG in aller Regel wird vermeiden wollen.[329]

Eine Gestaltung wird allerdings auch dann als Gewinnabführungsvertrag einzustufen sein, wenn sich die Abführung des Gesamtgewinns kumulativ aus dem Abschluss mehrerer rechtlich selbständiger stiller Gesellschaftsverträge ergibt, die aber wirtschaftlich als eine Einheit anzusehen sind.[330] Das wird

---

[327] Vgl. mit unterschiedlichen Formulierungen: *Bezzenberger* in: MünchHdBGesR II, StG § 7 Rn. 25; *Altmeppen* in: Münchener Kommentar, § 291 AktG Rn. 160 f. ("wenn ein zu Gunsten der AG bzw. der Aktionäre zu verwendendes Ergebnis von vornherein nicht entstehen kann"); *Emmerich*, in: Emmerich/Habersack, Aktien und GmbH-Konzernrecht, § 291 AktG, Rn. 48 (bereits, wenn der Vertrag "im Ergebnis nahezu den ganzen Gewinn erfasst", m.E. zu weit); ähnlich: *Koppensteiner* in: Kölner Kommentar, § 291 AktG, Rn. 67.

[328] Vgl. zur Einordnung auch einer solchen Gestaltung als stille Gesellschaft oben unter § 1 III. 2).

[329] Vgl. aber die Bekanntmachung der ARAB Bank AG, HRB 36136, Frankfurt a.M. vom 14. Mai 2001, bekanntgemacht in der FAZ am 30. Mai 2001, wo nach Beendigung einer stillen Gesellschaft als Teilgewinnabführungsvertrag für die Gläubiger - offensichtlich nach § 301 AktG - Sicherheit angeboten wurde.

[330] *Bezzenberger* in: MünchHdBGesR II, StG § 7 Rn. 25.

jedenfalls dann der Fall sein, wenn die unterschiedlichen Verträge alle auf Rechnung der gleichen Person geschlossen sind. Dem wird in der Literatur zum Teil entgegen gehalten, dass die Interessen der Aktionäre und Gläubiger ausreichend dadurch geschützt seien, dass ein Teilgewinnabführungsvertrag stets eine angemessene Gegenleistung vorsehen müsse, wenn die Vertragsparteien von einander unabhängig sind. Bei Abhängigkeitslagen reiche der Schutz durch die §§ 311 ff. AktG.[331] Der Umstand, dass eine angemessene Gegenleistung vereinbart wird, ändert aber nichts daran, dass die Aktiengesellschaft im Ergebnis ihren ganzen Gewinn im Interesse einer Person abführen muss. Nach der gesetzlichen Wertung des § 291 Abs. 1 S. 1 AktG darf dies nur im Rahmen eines Gewinnabführungsvertrags geschehen. Diese Wertung wird durch § 291 Abs. 1 S. 2 AktG unterstrichen. Nach dieser Regelung ist ein Vertrag als Gewinnabführungsvertrag anzusehen, in dem es die Aktiengesellschaft übernimmt, ihr Unternehmen auf Rechnung eines anderen Unternehmens zu führen. Maßgeblich erscheint es danach, dass der gesamte Gewinn wirtschaftlich an eine Person gelangt. Ob dies durch einen oder mehrere Verträge geschieht, kann keine unterschiedliche Bewertung rechtfertigen.

Ein Vertrag über eine stille Gesellschaft stellt aber nicht schon dann einen Gewinnabführungsvertrag dar, wenn der Aktiengesellschaft nach Abführung des Gewinnanteils an den stillen Gesellschafter ein an die Aktionäre ausschüttungsfähiger Gewinn nur „in unzureichendem Umfang" verbleibt. Gleiches gilt, wenn der verbleibende Gewinn nicht zur Zahlung einer Dividende von 4 % ausreicht. Etwas anderes lässt sich auch nicht aus der Wertung des § 254 Abs. 1 AktG entnehmen.[332] § 254 Abs. 1 AktG betrifft nur die Anfechtung des Gewinnverwendungsbeschlusses und enthält keine Wertung die sich auf die Frage, ob ein Gewinnabführungsvertrag vorliegt, übertragen lässt. Die Vorschrift behandelt mit Frage der Thesaurierung das Verhältnis der Aktionäre zur Aktiengesellschaft, aber nicht zu Dritten. Nähme man einen Gewinnabführungsvertrag an, der in diesen Fällen dann regelmäßig wegen fehlenden Ausgleichs nach § 304 Abs. 3 AktG nichtig wäre, würde die Tragweite der Rechtsfolge der Anfechtbarkeit überschritten, die für einen unangemessenen Thesaurierungsbeschluss in § 254 Abs. 1 AktG vorgesehen ist. Weiterhin ist die Rechtsfolge der regelmäßigen Nichtigkeit so schwerwiegend, dass sie nicht auf eine so unsichere Prognose gestützt werden kann wie diejenige über den zukünftigen Gewinn der Gesellschaft. Ebenso wenig kann es angehen, den Vertrag in der Zukunft rückwirkend oder ab dem Zeitpunkt als Gewinnabführungsvertrag zu behandeln, in dem sich herausstellt, dass die Verzinsung des Grundkapitals mit 4 % p.a. nicht mehr

---

331 *Koppensteiner* in: Kölner Kommentar, § 292 AktG, Rn. 65.

332 A.A. *Geßler*, FS Ballerstedt, 219, 226 f.; *Bezzenberger* in: MünchHdBGesR II, StG § 7 Rn. 25.

möglich ist. Dies würde eine unerträgliche Rechtsunsicherheit nach sich ziehen. Schließlich ist es auch dann kaum möglich, eine entsprechende Kausalität des Teilgewinnabführungsvertrages festzustellen, wenn ergibt, dass die Verzinsung in der Zukunft unmöglich wird. Denn die hypothetische Entwicklung der Aktiengesellschaft müsste für den Fall beurteilt werden, dass sie die aus dem Teilgewinnabführungsvertrag fließende Gegenleistung nicht erhalten hätte, und sie folglich auch nicht in ihren Umsatzprozess hätte einbeziehen können, was als kaum praktikabel erscheint. Aus diesen Gründen ist die Ansicht abzulehnen, nach der ein Teilgewinnabführungsvertrag dann als Gewinnabführungsvertrag zu qualifizieren sein soll, wenn aufgrund seines Abschlusses der verbleibende Gewinn der Aktiengesellschaft nicht zu einer Zahlung einer Dividende von 4 % auf das Grundkapital ausreicht.

Für die seltenen Ausnahmefälle, in denen eine stille Gesellschaft als Gewinnabführungsvertrag zu qualifizieren ist, wird folglich zu beachten sein, dass ein Gewinnabführungsvertrag nur wirksam geschlossen werden kann, wenn der stille Gesellschafter Unternehmenseigenschaft im Sinne des Konzernrechts hat, § 291 Abs. 1 S. 1 AktG. Der Gewinnabführungsvertrag erfordert bei Sanktion seiner Nichtigkeit nach § 304 Abs. 3 AktG darüber hinaus einen Ausgleich für die außenstehenden Aktionäre. Sind keine außenstehenden Aktionäre vorhanden, so folgt aus der Qualifikation als Gewinnabführungsvertrag grundsätzlich zunächst nur die Pflicht zum Ausgleich von während der Laufzeit entstandenen Jahresfehlbeträgen nach Maßgabe des § 302 Abs. 1 AktG. Bei der Beendigung des Gewinnabführungsvertrages ist die Pflicht zur Sicherheitsleistung nach § 303 AktG gegenüber den Gläubigern zu beachten, die sich innerhalb von 6 Monaten nach der Bekanntmachung der Vertragsbeendigung bei der Gesellschaft zu diesem Zweck melden.

V. Mitwirkungsrechte des stillen Gesellschafters

Im Folgenden wird erörtert, wie die nach dem Recht der stillen Gesellschaft möglichen Mitwirkungsrechte aktienrechtlich zu beurteilen und möglicherweise zu begrenzen sind. Solche Mitwirkungsrechte können je nach der vertraglichen Gestaltung darin bestehen, dass der stille Gesellschafter das Recht hat, bei bestimmten Maßnahmen der Geschäftsführung oder bei bestimmten Maßnahmen der Gesellschafter angehört zu werden, Maßnahmen untersagen zu können, die Initiative für bestimmte Maßnahmen ergreifen zu können, der Geschäftsführung Weisungen zu erteilen, oder die Geschäftsführung selbst zu besorgen.

Die Frage der gesellschaftsrechtlichen Begrenzung der Mitwirkungsrechte von außenstehenden Dritten bei der Unternehmensführung stellt ein klassisches Grundlagenproblem dar. Es ergibt sich in ähnlicher Weise im Rahmen von

Anleihebedingungen und Konsortialkreditverträgen, und zwar vor allem im Rahmen von Projektfinanzierungen. Dritteinfluss besteht hier sowohl über die Covenants des Kreditvertrages als auch über die Besetzung von Aufsichts- oder Geschäftsführungsorganen bis hin zur faktischen Erteilung von konkreten geschäftsführungsbezogenen Weisungen zur Vermeidung einer Kreditkündigung. Hierbei wurde in der Literatur bereits eingehend diskutiert, inwieweit aufgrund solcher Beziehungen ein Abhängigkeitsverhältnis bzw. ein qualifiziert faktischer Konzern bestehen kann.[333]

Mit seiner Rechtssprechung zum qualifiziert faktischen GmbH-Konzern hatte der Bundesgerichtshof angenommen, dass für den herrschenden Gesellschafter einer GmbH analog § 302 Abs. 1 AktG eine Haftung für die Schulden der Gesellschaft eintreten könne, wenn die Untergesellschaft einer derart verdichteten Leitungsmacht unterworfen wird, dass sich ausgleichspflichtige Nachteilszufügungen nicht mehr isolieren lassen, die Gesellschaft also wie eine unselbstständige Betriebsabteilung geführt wird.[334] Diese Grundsätze waren in der Literatur stets umstrittten; die umfangreiche Diskussion zu diesem Thema soll hier nicht nachgezeichnet werden.[335] Soweit die Literatur den Grundsätzen der qualifiziert faktischen Konzernierung einer GmbH gefolgt ist, hat sie diese auch auf die Aktiengesellschaft übertragen.[336] Der Bundesgerichtshof hat das Rechtsinstitut des qualifiziert faktischen GmbH-Konzerns inzwischen durch das Bremer Vulkan Urteil und zwei Folgeentscheidungen aufgegeben.[337] Für eine Durchgriffshaftung des Gesellschafters einer GmbH hat das Gericht auf § 826 BGB, § 823 Abs. 2 BGB i.V.m. strafrechtlichen Vorschriften und das von ihm neu entwickelte Rechtsinstitut des existenzvernichtenden Eingriffs verwiesen. Das Rechtsinstitut des existenzvernichtenden Eingriffs stützt der Bundesgerichtshof auf eine telelogische Reduktion von § 13 Abs. 2 GmbHG.

Wenig diskutiert ist bisher, welche Rechtsfolgen sich aus der Aufgabe dieser Rechtsprechung für die Fälle einer „qualifiziert faktischen Konzernierung“ einer Aktiengesellschaft ergeben. *Hüffer* führt dazu aus, dass sich besondere Rechtsfolgen für diesen Fall jedenfalls nicht mehr in Anlehnung an den Vertragskonzern konstruieren ließen.[338] Dies erscheint im Ergebnis auch

---

[333] Zusammenfassend: *Kästle*, 199 ff.; *De Meo*, 272 ff.

[334] BGHZ 95, 330, 339 ff. (Autokran); BGHZ 107, 7, 15 f. (Tiefbau); BGHZ 122, 123, 127 (TBB), BGH NJW 1994, 446 (ETC).

[335] Vgl. dazu im einzelnen die Nachweise bei *Hüffer*, § 302 AktG vor Rn. 6.

[336] Siehe die Nachweise bei *Hüffer*, § 302 AktG, Rn. 30.

[337] BGHZ 149, 10 (Bremer Vulkan); BGH NJW 2002, 1803; BGH NJW 2002, 3024 (KBV).

[338] *Hüffer*, § 302 AktG, Rn. 30; zustimmend: *Liebscher* in: Beck'sches Handbuch der AG, 2004, § 14 Rn. 97; kritisch: *Emmerich*, AG 2004, 220.

überzeugend. Zwar stellen die §§ 291 ff AktG und §§ 311 ff. AktG für die Aktiengesellschaft ein bestimmtes System erlaubter und nicht erlaubter Einflussnahme auf. Und dabei geht das Gesetz in § 317 Abs. 1 AktG davon aus, dass die Folgen von nachteiligen Maßnahmen, die das herrschende Unternehmen veranlasst hat, von ihm auszugleichen sind. Insofern ist es eigentlich konsequent, von einer Regelungslücke für Fälle auszugehen, in denen eine Einflussnahme vorliegt, bei der sich einzelne Maßnahmen nicht mehr isolieren lassen. Folgerichtig ist es an sich auch, diese Regelungslücke in Analogie zu § 302 Abs. 1 AktG zu schließen. Denn § 302 Abs. 1 AktG bestimmt die Rechtsfolgen für einen Fall, in dem eine uneingeschränkte Einflussnahme aufgrund eines Beherrschungsvertrages erlaubt ist. Fraglich ist aber, ob die behauptete Regelungslücke wirklich vorliegt. Dies wird man im Ergebnis zu verneinen haben. Denn der Fall, dass sich einzelne nachteilige Maßnahmen nicht isolieren lassen, erscheint eher theoretisch. Der Umstand, dass die Aktiengesellschaft wie eine Betriebsabteilung der Obergesellschaft geführt wird, ändert hieran nichts. Das Haftungsregime der §§ 311 ff. AktG, die unabdingbaren Pflichten des Vorstandes und die an ihre Verletzung geknüpften strengen Haftungsfolgen, sowie der Schutz der Gläubiger nach den Grundsätzen der unerlaubten Handlung erscheinen ausreichend.

Darüber hinaus wird man in Zukunft allerdings möglicherweise die Grundsätze der Haftung wegen existenzvernichtenden Eingriffs auf die Aktiengesellschaft zu übertragen haben. Ansatzpunkt wäre eine teleologische Reduktion von § 1 Abs. 1 S. 2 AktG.[339] Nach den Grundsätzen des existenzvernichtenden Eingriffs kommt eine Haftung in Betracht, wenn die Gesellschafter beim Abzug von Vermögen der Gesellschaft nicht die gebotene angemessene Rücksicht auf die Erhaltung der Fähigkeit der Aktiengesellschaft zur Bedienung ihrer Verbindlichkeiten genommen und damit die Insolvenz herbeigeführt haben.[340] Der stille Gesellschafter ist allerdings kein Gesellschafter in diesem Sinne, weil er kein Mitgliedschaftsrecht in der Aktiengesellschaft hat. Die Grundsätze des existenzvernichtenden Eingriffs begrenzen die Mitwirkungsrechte des stillen Gesellschafters deshalb nicht.

Weiterhin ist fraglich, inwieweit der stille Gesellschafter infolge von Mitwirkungsrechten als herrschendes Unternehmen und die Aktiengesellschaft als abhängig angesehen werden kann. Eine Abhängigkeit führt zur Anwendbarkeit der §§ 311 ff. AktG, insbesondere auch der Nachteilsausgleichspflicht gem. § 317 Abs. 1 S. 1 AktG. In der Literatur ist insbesondere umstritten, ob schuldrechtliche Austauschbeziehungen als solche zu einer

---

[339] Grundsätzlich kritisch zur Durchgriffslehre: *Hüffer*, § 1 AktG, Rn. 18.

[340] BGHZ 149, 10 (Bremer Vulkan); BGH NJW 2002, 1803; BGH NJW 2002, 3024 (KBV).

Abhängigkeit i.S.v. § 17 AktG führen können.[341] Eine Abhängigkeit setzt nach der Rechtsprechung des Bundesgerichtshofs voraus, dass der Einfluss gesellschaftsrechtlich vermittelt ist.[342] Allenfalls soll eine gesellschaftsrechtliche Minderheitsbeteiligung durch schuldrechtliche Beziehungen im Ausnahmefall zu einem beherrschenden Einfluss erstarken können. Ist der stille Gesellschafter nicht zugleich Aktionär, so kann die Eigenschaft und Durchführung des Vertrages als verschleierter Beherrschungsvertrag zu einer Abhängigkeit führen.[343] Denn gem. § 291 Abs. 2 AktG sind die Parteien eines Beherrschungsvertrages herrschende und abhängige Unternehmen.[344] Teilweise wird angenommen, solange ein Beherrschungsvertrag als solcher praktiziert wird, könne die Abhängigkeit nicht mit Hinweis auf die fehlerhafte Rechtsgrundlage verneint werden.[345] Außerdem kann nach einem Teil der Literatur eine Abhängigkeit durch eine atypische stille Gesellschaft begründet werden, wenn die Gesamtwürdigung ergibt, dass ein Einflusspotential vorliegt, das dem einer Mehrheitsbeteiligung entspricht.[346] Nach *Emmerich* soll eine stille Beteiligung für sich genommen bereits ein Indiz für eine Abhängigkeit darstellen.[347] Da die stille Gesellschaft keine Beteiligung im Rechtsträger, sondern eine Beteiligung am Rechtsträger darstellt, kann man auch für die atypisch stille Beteiligung nicht davon ausgehen, dass sie ohne Weiteres eine Abhängigkeit zur Folge hat. Ein derartiger Einfluss ist nicht gesellschaftsrechtlich vermittelt, weil es an einer Mitgliedschaft fehlt. Auch hier reichen die allgemeinen Rechtsgrundsätze aus, um eine Schädigung durch den stillen Gesellschafter zu vermeiden.

Die Mitwirkungsrechte eines stillen Gesellschafters sind allerdings nicht ohne weiteres aktienrechtlich unbedenklich. Das Inhaberunternehmen darf schon im Regelstatut der stillen Gesellschaft die wesentlichen Grundlagen ihres Geschäftsbetriebs nicht ohne die Zustimmung des stillen Gesellschafters ändern.[348] Das Recht der stillen Gesellschaft lässt es zu, dass der stille Gesellschafter im Innenverhältnis an der Geschäftsführung mitwirkt oder sogar im Außenverhältnis unmittelbar mit der Geschäftsführung betraut wird und eine

---

341 Bejahend: *Dierdorf*, 154 ff.; *Marchand*, 103 f. (bei Beherrschungswillen); *Geßler* in: Geßler/Hefermehl, AktG, § 17 Rn. 40 f., 56; verneinend: *Hüffer*, § 17 AktG, Rn. 8; *Windbichler* in: Großkommentar, § 17 AktG, Rn. 40; *Kästle*, 198 ff.; *De Meo*, Rn. 244 ff. *Wittig*, WM 1996, 1381 ff.

342 BGHZ 90, 381, 395 ff. (BuM/WestLB); OLG Karlsruhe, AG 2004, 147, 148.

343 Zum verschleierten Beherrschungsvertrag, siehe unten unter 4.

344 *Windbichler* in: Großkommentar, § 17 AktG, Rn. 35.

345 *Windbichler* in: Großkommentar, § 17 AktG, Rn. 35.

346 *Bayer* in: MünchKomm, § 17 AktG, Rn. 28; *Hüffer*, § 17 AktG, Rn. 9.

347 *Emmerich* in: Emmerich/Habersack, Aktien- und GmbH-Konzernrecht, § 17 AktG, Rn. 23.

348 Siehe oben unter § 3 IV. 1.

entsprechende Vollmacht erhält.[349] Die möglichen Gestaltungen sind vielfältig. Aktienrechtlich könnten das Prinzip der eigenverantwortlichen Leitung der Aktiengesellschaft durch den Vorstand, das Recht der Hauptversammlung der Aktiengesellschaft, die ihrer Zuständigkeit zugewiesenen Angelegenheiten nach ihrem eigenen Ermessen zu regeln, und das Konzernvertragsrecht der Gestaltungsfreiheit Grenzen setzen. Diese Grenzen sollen im Folgenden konkretisiert werden: Zunächst wird auf die aktienrechtlich zulässige Reichweite der Mitwirkungsrechte des stillen Gesellschafters eingegangen, die unter Einhaltung der konzernvertraglichen Anforderungen an einen Teilgewinnabführungsvertrag vereinbart werden können.[350] Danach wird dargestellt, welche spezifisch konzernvertraglichen Sonderregelungen für eine darüber hinausgehende Erweiterung der Mitwirkungsbefugnisse im Rahmen einer atypischen stillen Gesellschaft möglich bzw. erforderlich sind, wobei erörtert wird, ob und unter welchen Voraussetzungen eine stille Beteiligung an einer Aktiengesellschaft als Betriebsüberlassungsvertrag[351], als Betriebsführungsvertrag[352] oder auch atypischer oder verschleierter Beherrschungsvertrag[353] einzuordnen ist, und welche Rechtsfolgen sich daraus ergeben.

1. Grenzen der Mitwirkung beim Teilgewinnabführungsvertrag

Wie bereits dargestellt, hat der stille Gesellschafter schon im Regelstatut der stillen Gesellschaft einen durchsetzbaren Anspruch darauf, dass die Aktiengesellschaft das von ihr betriebene Handelsgewerbe in seinen wesentlichen Grundlagen unverändert fortführt.[354] Änderungen der wesentlichen Grundlagen des Handelsgewerbes dürfen ohne die Zustimmung des stillen Gesellschafters nicht vorgenommen werden. Wenn die erforderliche Zustimmung des stillen Gesellschafters fehlt, ist das betreffende Rechtsgeschäft gleichwohl wirksam. Denn die Vertretungsmacht des Vorstandes kann gemäß § 82 Abs. 1 AktG nicht eingeschränkt werden. Es kann deshalb nur um die Frage gehen, ob sich die Aktiengesellschaft gegenüber dem stillen Gesellschafter dazu verpflichten kann, bestimmte Maßnahmen zu unterlassen, ob der stille Gesellschafter eine entsprechende Verpflichtung der Gesellschaft einklagen kann, und ob er Schadensersatz verlangen kann, wenn eine solche Verpflichtung nicht eingehalten wird.

---

349 Siehe dazu oben unter § 3 IV.
350 Siehe dazu sogleich unter 1.
351 Siehe dazu unter 2.
352 Siehe dazu unter 3.
353 Siehe dazu unter 4.
354 Siehe oben unter § 3 IV. 1.

Zur Ableitung aktienrechtlicher Grenzen für die Mitwirkung eines Dritten an der Geschäftsführung durch Zustimmungsvorbehalte kommen unterschiedliche Normenkomplexe in Betracht.

a) Grenzen aus der Zuständigkeit des Aufsichtsrats

Die Zuständigkeit des Aufsichtsrats zur Überwachung der Geschäftsführung könnte es verbieten, dem stillen Gesellschafter Mitwirkungsrechte bei der Geschäftsführung einzuräumen. Dazu könnte man auf § 111 Abs. 4 S. 2 AktG abstellen. Danach muss die Satzung oder die Geschäftsordnung des Aufsichtsrats bestimmen, dass der Aufsichtsrat bei bestimmten Arten von Geschäften zuzustimmen hat. Entsprechende Empfehlungen finden sich im Deutschen Corporate Governance Kodex, zu dem sich börsennotierte Aktiengesellschaften nach § 161 AktG zu erklären haben.

Fraglich ist, ob sich aus diesen Regelungen ein Verbot ableiten lässt, nach dem es grundsätzlich unzulässig ist, Dritte an der Geschäftsführung der Aktiengesellschaft mitwirken zu lassen. Dafür könnte man anführen, durch § 111 Abs. 4 S. 2 AktG sei ein besonderes Kooperationsverhältnis zwischen Vorstand und Aufsichtsrat geregelt, das auf eine bestimmte Machtbalance in der Gesellschaft hinsichtlich der Geschäftsführung ziele und gestört werde, wenn neben dem Vorstand und dem Aufsichtsrat außenstehende Dritte in Fragen der Geschäftsführung mitwirken könnten.

Es ist nicht zu verkennen, dass durch Zustimmungsrechte des stillen Gesellschafters ein Konflikt mit Zustimmungsrechten des Aufsichtsrats nach § 111 Abs. 4 S. 2 AktG entstehen kann, wenn in der gleichen Angelegenheit sowohl der stille Gesellschafter als auch der Aufsichtsrat zuzustimmen hat. Die Folge kann sein, dass Maßnahmen, die Vorstand und Aufsichtsrat für gut befinden durch den stillen Gesellschafter behindert werden. Dies wäre problematisch, wenn das Recht des Aufsichtsrates auf Zustimmung nicht nur gegenüber dem Vorstand, sondern auch im Außenverhältnis wirken würde.

Die Zustimmungsrechte des Aufsichtsrates sind durch eine Neuregelung mit Wirkung zum 1. Januar 2003 gestärkt worden. Früher bestand die Möglichkeit, Zustimmungspflichten des Aufsichtsrates für bestimmte Arten von Geschäften zu bestimmen. Nach der Neuregelung müssen solche Zustimmungspflichten bestimmt werden. In den Materialien heißt es dazu: *„Entscheidungen oder Maßnahmen, die nach den Planungen oder Erwartungen die Ertragsaussichten der Gesellschaft oder ihre Risikoexposition grundlegend verändern und damit von existenzieller Bedeutung für das künftige Schicksal der Gesellschaft sind, müssen vom Votum beider Organe, des Vorstands und des Aufsichtsrats,* *getragen sein, von einer etwa zusätzlich erforderlichen Entscheidung der Hauptversammlung – z.B. in Holzmüller-Fällen – abgesehen.“*[355]

Daraus lässt sich nicht schließen, dass die Mitwirkung eines Dritten an der Geschäftsführung der Aktiengesellschaft ausgeschlossen ist. Die Norm bezweckt lediglich die Machtbalance zwischen Vorstand und Aufsichtsrat bei der Unternehmensleitung und -überwachung, soll aber nicht schuldrechtliche Bindungen der Aktiengesellschaft im Außenverhältnis verbieten.[356] Die Rechte und Pflichten des Aufsichtsrats stehen Mitwirkungsrechten des stillen Gesellschafters bei der Geschäftsführung im Ergebnis nicht entgegen.

Vertraglich vereinbarten Mitwirkungsrechten des stillen Gesellschafters in den Angelegenheiten der Aktiengesellschaft könnten allerdings unter zwei weiteren Gesichtspunkten Bedenken entgegenstehen. Einerseits kann dadurch das Prinzip der eigenverantwortlichen Leitung der Aktiengesellschaft durch den Vorstand nach § 76 Abs. 1 AktG beeinträchtigt werden.[357] Anderseits kann dadurch das Recht der Hauptversammlung beeinträchtigt werden, die ihr zugewiesenen Entscheidungen in eigener Verantwortung zu treffen.[358]

b) Eigenverantwortliche Leitung, § 76 AktG

Das Prinzip der eigenverantwortlichen Leitung der Aktiengesellschaft durch den Vorstand nach § 76 Abs. 1 AktG legt eine Grundlinie der Organisationsverfassung der Aktiengesellschaft fest. Die Mitwirkung eines Dritten an der Unternehmensführung, der in keinem Rechtsverhältnis zur Aktiengesellschaft steht, kraft dessen der Vorstand der Aktiengesellschaft ihm hinsichtlich seiner Tätigkeit für die Aktiengesellschaft Weisungen zu erteilen vermag, kann mit dem Prinzip der eigenverantwortlichen Leitung der Aktiengesellschaft durch den Vorstand in Konflikt geraten. Das Grundsatz der eigenverantwortlichen Leitung der Aktiengesellschaft durch den Vorstand ist außerhalb eines Beherrschungsvertrags (§ 291 Abs. 1 S. 1 Alt. 1 AktG) und einer Eingliederung (§ 319 AktG) unabdingbar und uneinschränkbar.[359] Der Grundsatz der eigenverantwortlichen Leitung bezieht sich nicht nur auf das Verhältnis der Organe der Aktiengesellschaft untereinander, sondern kann auch im Außenverhältnis einer vertraglichen Gestaltung Grenzen setzen, weil die Befugnis zur eigenverantwortlichen Leitung dem Vorstand nicht nur im Interesse

---

[355] Regierungsentwurf TransPuG, Veröffentlichung des BMJ, Stand 06. Februar 2002, 39.
[356] So auch (zur alten Rechtslage): *Bachmann/Veil*, ZIP 1999, 348, 350.
[357] Dazu unter b).
[358] Dazu unter c).
[359] Vgl. *Hüffer*, § 76 Rn. 18 f.

der Aktionäre eingeräumt ist, sondern den Vorstand befähigen soll, das Unternehmen allein unter Berücksichtigung des Unternehmensinteresses zu führen. Durch diesen Grundsatz unterscheidet sich die Rechtsform der Aktiengesellschaft von anderen Rechtsformen, insbesondere der Rechtsform der GmbH.[360]

Der Grundsatz der eigenverantwortlichen Leitung bezieht sich auf einen herausgehobenen Teilbereich der Geschäftsführung, wobei es auf die Planung, Koordination und Kontrolle des Unternehmens, sowie auf die Besetzung der Führungsstellen ankommt.[361] Die Leitung der Aktiengesellschaft ist deshalb nicht mit der Geschäftsführung der Aktiengesellschaft identisch.[362] Die wird systematisch durch die eigenständige Bestimmung über die Geschäftsführung in § 77 AktG unterstrichen. Im Folgenden wird zunächst erörtert, ob der Grundsatz der eigenverantwortlichen Leitung dem Regelstatut der stillen Gesellschaft bestimmte Grenzen setzt.[363] Danach wird erörtert, wie es sich auswirkt, wenn eine Gestaltung diese Grenzen im Einzelfall nicht beachtet.[364]

aa) Regelstatut der stillen Gesellschaft und eigenverantwortliche Leitung

Der Vorstand muss stets in eigener Verantwortung handeln können, d.h. die Leitungsmacht nach § 76 AktG kann nicht eingeschränkt werden und ist unveräußerlich.[365] Die Unveräußerlichkeit der Leitungsmacht des Vorstands schließt allerdings schuldrechtliche Dauerbindungen einer Aktiengesellschaft nicht aus, aus denen sich langfristige Festlegungen der Unternehmenspolitik ergeben.[366] Das LG Berlin hat in einer jüngeren Entscheidung angenommen, Vetorechte des stillen Gesellschafters seien unbedenklich, wenn das Verfahren für Teilgewinnabführungsverträge eingehalten wird.[367] *Bachmann/Veil* nehmen an, Zustimmungsrechte des stillen Gesellschafters in Fragen der Geschäftsführung verletzten den Grundsatz der eigenverantwortlichen Leitung der Aktiengesellschaft durch den Vorstand.[368] Welche Grenzen sich aus dem

---

[360] *Hüffer*, § 76 AktG, Rn. 7; *Krieger* in: Münch HdB GesR IV, § 19 Rn. 12; *Semler*, Leitung und Überwachung, 17 f.

[361] Vgl. *Hüffer*, § 76 AktG, Rn. 7 f.

[362] A.A. für die Innenwirkung der Leitungsfunktion: *Semler*, Leitung und Überwachung der AG, 8, Rn. 6.

[363] Dazu unter aa).

[364] Dazu unter bb).

[365] *Mertens* in: Kölner Kommentar, § 76 AktG, Rn. 43 ff.

[366] *Mertens* in: Kölner Kommentar, § 76 AktG, Rn. 45.

[367] LG Berlin AG 2001, 95, 97; wohl ablehnend: KG, DB 2002, 1704, 1706.

[368] *Bachmann/Veil*, ZIP 1998, 348, 350 f.; vorsichtig zustimmend: KG, DB 2002, 1704, 1706.

Grundsatz der eigenverantwortlichen Leitung für vertragliche Gestaltungen konkret ergeben, ist in der Literatur bisher wenig erörtert worden.[369]

Die Grenze zur unzulässigen Bindung der Leitungsmacht wird nach *Mertens* dann überschritten, wenn die organisatorische Struktur des Unternehmens oder die Besetzung von Führungspositionen im Unternehmen selbst zum Gegenstand von Verpflichtungen der Aktiengesellschaft gemacht wird, oder wenn sich die Aktiengesellschaft über das Versprechen eines konkreten Verhaltens hinaus verpflichtet, ihre Geschäfte gemäß den künftigen Entscheidungen eines Dritten zu führen.[370] Dabei könne auch der Vorstand selbst sein zukünftiges Leitungsverhalten nicht binden, weil der Vorstand in seiner jeweils aktuellen Zusammensetzung und unter Berücksichtigung der aktuellen Beschlusslage verantwortlich zu entscheiden habe.[371]

Zunächst wird man die Verpflichtung, die wesentlichen Grundlagen des Handelsgewerbes nicht ohne die Zustimmung des stillen Gesellschafters zu verändern, nicht als eine Verpflichtung der Gesellschaft sehen können, ihre Geschäfte über das Versprechen eines konkreten Verhaltens hinaus nach den Entscheidungen eines Dritten zu führen. Es handelt sich vielmehr um das bloße Versprechen eines konkreten Verhaltens. Die Maßnahmen, welche die wesentlichen Grundlagen des Handelsgewerbes verändern können, stellen zwar einen recht weiten Begriff dar. Es handelt sich aber dennoch um einen konkreten Maßstab.

Der Gegenstand der vertraglichen Verpflichtung berührt allerdings die organisatorische Struktur der Aktiengesellschaft. Zugleich ist es denkbar, die eigenverantwortliche Leitung als eingeschränkt anzusehen. Denn die Verpflichtung, keine wesentlichen Änderungen der Grundlagen des Handelsgewerbes vorzunehmen, ist nicht inhaltsidentisch mit der ohnehin bestehenden Verpflichtung des Vorstands, sich bei der eigenverantwortlichen Leitung in den Grenzen des Unternehmensgegenstands nach § 23 Abs. 3 Nr. 2 AktG zu halten. Die wesentlichen Grundlagen des Handelsgewerbes können nämlich auch im Rahmen des geltenden Unternehmensgegenstands verändert werden, wenn der Unternehmensgegenstand weit gefasst ist, so z.B. wenn die Satzung lediglich bestimmt, die Gesellschaft sei mit der Produktion und dem Vertrieb von Lebensmitteln und allen damit zusammenhängenden Geschäften befasst, die Gesellschaft aber bei Abschluss des Vertrages über die stille Gesellschaft lediglich eine Fischkonservenfabrik betreibt. In diesem Beispiel könnte sich der Vorstand grundsätzlich

---

[369] *Bachmann/Veil*, ZIP 1998, 348, 350 liSp.

[370] *Mertens* in: Kölner Kommentar, § 76 AktG, Rn. 45.

[371] *Lutter*, FS Fleck, 169, 184; *Mertens* in: Kölner Kommentar, § 76 AktG, Rn. 45.

im Rahmen der eigenverantwortlichen Leitung entscheiden, den Geschäftsbetrieb auf die Produktion und den Vertrieb von Tiefkühlkuchen zu erweitern und eine entsprechende Fabrik zu errichten, ohne dass es einer Satzungsänderung in Bezug auf den Unternehmensgegenstand bedürfte. Allerdings läge in der Entscheidung eine Veränderung der wesentlichen Grundlagen des Geschäftsbetriebs in Form einer Erweiterung, so dass die Zustimmung des stillen Gesellschafters einzuholen wäre und der stille Gesellschafter die Eröffnung der Tiefkühlkuchenfabrik auch – vom Regelstatut der stillen Gesellschaft aus gesehen – gerichtlich durchsetzbar untersagen könnte. Es dürfte eindeutig sein, dass die dargestellte Entscheidung von ausreichender Bedeutung ist, um dem Bereich der Leitung in Form der Unternehmensplanung zugeordnet zu werden. Das Beispiel zeigt, dass schon die im Regelstatut der stillen Gesellschaft vorgesehenen Mitwirkungsrechte des stillen Gesellschafters mit der eigenverantwortlichen Leitung der Aktiengesellschaft in Konflikt geraten können.

Fraglich ist zunächst vor dem allgemeinen Hintergrund des § 76 AktG, in welchem Maße die Organisationsstruktur der Aktiengesellschaft betroffen sein muss, damit ein unzulässiger Eingriff in die eigenverantwortliche Leitung und nicht bloß eine langfristige Festlegung der Unternehmenspolitik gegeben ist.

Dabei könnte man darauf abstellen, ob die Aktiengesellschaft sich dauernd oder nur vorübergehend auf bestimmte organisatorische Strukturen festlegt. Die stille Beteiligung würde in der Folge als nur vorübergehende Festlegung auch dann keinen Eingriff in die eigenverantwortliche Leitung darstellen, wenn sie die Aktiengesellschaft durchsetzbar verpflichtet, die wesentlichen Grundlagen ihres Handelsgewerbes nicht zu verändern. Für dieses Kriterium mag sprechen, dass die h.M. zum Beherrschungsvertrag annimmt, dass dieser nicht ordentlich gekündigt werden kann, falls eine entsprechende Regelung im Vertrag fehlt.[372] Der Beherrschungsvertrag legt die Gesellschaft also grundsätzlich dauernd fest. Umgekehrt kann ein Beherrschungsvertrag aber auch eine vertragliche Bestimmung über eine Befristung oder über die Möglichkeit einer ordentlichen Kündigung oder die Kombination beider Beendigungsgründe vorsehen, ohne dass er dadurch seine konzernbegründende Eigenschaft verlieren würde. Denn aus § 297 Abs. 2 AktG lässt sich entnehmen, dass hinsichtlich der Regelung der Beendigung aller Unternehmensverträge grundsätzlich Vertragsfreiheit besteht.[373] Aus dem Umstand allein, dass die stille Gesellschaft wegen § 723 Abs. 3 BGB stets kündbar ist, lässt sich deshalb nicht ableiten, dass kein Eingriff in die eigenverantwortliche Leitung der Aktiengesellschaft vorliegt.

---

[372] Vgl. *Hüffer*, § 297 AktG, Rn. 12 m.N.

[373] Vgl. auch *Hüffer*, § 297 AktG, Rn. 11.

Bachmann/Veil, die – soweit ersichtlich – bisher als einzige die Zulässigkeit des Mitwirkungsrechts des stillen Gesellschafters im Regelstatut der stillen Gesellschaft im Bezug auf die rechtliche Verfassung der Aktiengesellschaft näher untersucht haben, kommen zu dem Ergebnis, dass die Einwirkung des stillen Gesellschafters auf die Geschäftsführung der Aktiengesellschaft, bestimmten aktienrechtlichen Schranken unterliege. Dies zeige sich bereits an der Regelung der §§ 76, 291 AktG.[374] Diese Schranken sollen sich aber nach *Bachmann/Veil* nicht allein aus diesen Vorschriften ergeben, sondern aus der Grundstruktur der Aktiengesellschaft, der das Modell einer Unternehmung zugrunde liege, das auf einer deutlichen Trennung der Funktionen von (Eigen-) Kapitalgebern einerseits und Geschäftsführung andererseits beruhe.[375] Die Kapitalgeber (Aktionäre) legten durch den Unternehmensgegenstand den Rahmen fest, innerhalb dessen die Geschäftsführung (Vorstand) mit dem eingesetzten Kapital grundsätzlich frei wirtschaften könne. Dabei begegne das Gesetz den aus diesem Verhältnis erwachsenden Konflikten mit einem austarierten System von Kontrollmechanismen, dessen Balance gestört werde, wenn neben die Aktionäre eine weitere Gruppe von Kapitalgebern trete, die zwar – wie die Aktionäre – am wirtschaftlichen Risiko des Unternehmens teilhaben, die aber – anders als die Aktionäre – die unternehmerische Entscheidungsfreiheit des Vorstandes durch die Ausübung in Geschäftsführungsfragen beeinflussen können, wodurch der Vorstand zum „Diener zweier Herren" werde, ohne dass das Aktienrecht die dadurch aufgeworfenen Konflikte bewältigen könnte.[376] Unterhalb eines Unternehmensvertrages sei es nicht nur unzulässig, dass sich der Vorstand seiner Leitungsmacht begibt, sondern es seien auch Zustimmungsklauseln unzulässig, die die Geschäftsführung betreffen, selbst wenn sie als Sanktion nur Sekundäransprüche vorsehen.[377] Auch wenn aber die Erfordernisse eines Teilgewinnabführungsvertrages eingehalten sind, soll sich die Frage nach *Bachmann/Veil* nicht anders darstellen. Denn der Teilgewinnabführungsvertrag habe keinen organisationsrechtlichen und keinen satzungsüberlagernden Charakter. Er verändere die von § 93 Abs. 2 AktG beschriebene Pflichtenstellung des Vorstands nicht, weil der Teilgewinnabführungsvertrag lediglich wegen der durch die Gewinnverwendungskompetenz der Aktionäre und die dadurch geschützten Vermögensinteressen gesetzlich als Konzernvertrag eingestuft sei.[378] Es sei außerdem zur Durchführung des Vertrags nicht notwendig, dem anderen Teil Mitwirkungsrechte einzuräumen, weshalb der Gesetzgeber für den Teilgewinnabführungsvertrag weder eine § 308 AktG äquivalente Norm noch eine reduzierte Form der

---

[374] *Bachmann/Veil* ZIP 1999, 348, 350 liSp.

[375] *Bachmann/Veil* ZIP 1999, 348, 350 liSp.

[376] *Bachmann/Veil* ZIP 1999, 348, 350.

[377] *Bachmann/Veil* ZIP 1999, 348, 350 liSp.

[378] *Bachmann/Veil* ZIP 1999, 348, 351 f.

Einflussnahme vorgesehen habe.[379] Auf diese Argumente wird noch einzugehen sein. Zunächst soll aber gezeigt werden, inwieweit sich die Frage für die stille Beteiligung an einer Aktiengesellschaft im Rahmen des Teilgewinnabführungsvertrages stellt und inwieweit sich die Frage außerhalb einer konzernvertragsrechtlich legitimierten Beteiligung stellen kann.

Außerhalb eines eingehaltenen konzernvertraglichen Verfahrens kann sich die Frage nach die angesprochenen Mitwirkungsrechten nur in Fällen stellen, in denen einzelne Arbeitnehmer oder Mitglieder von Vorstand und Aufsichtsrat stille Gesellschafter sind, weil der Vertrag insoweit nach § 292 Abs. 2 AktG von den konzernvertraglichen Anforderungen ausgenommen sein kann. In anderen Fällen kann nur die Ausnahme eines Vertrages des laufenden Geschäftsverkehrs in Frage kommen. Diese setzt aber nach der hier vertretenen Ansicht voraus, dass das hier in Frage stehende Mitwirkungsrecht vertraglich ausgeschlossen ist.[380] Für die verbleibenden Fälle der Beteiligung einzelner Arbeitnehmer und der Beteiligung von Mitgliedern des Vorstands und des Aufsichtsrats ist davon auszugehen, dass hier eine Schranke aus der eigenverantwortlichen Leitung besteht, die Vertragsinhalte verbietet, die dem stillen Gesellschafter gegenüber dem Vorstand Mitwirkungsbefugnisse einräumen, die auf eine verbindliche Entscheidung von Leitungsfragen durch den stillen Gesellschafter hinauslaufen, weil es jedenfalls außerhalb eines Unternehmensvertrages, der das konzernrechtliche Verfahren einhält, durch § 76 Abs. 1 AktG rechtlich zwingend geboten erscheint, dass der Vorstand umfassend aller zur Leitung gehörenden Einzelfragen in eigener Verantwortung entscheiden kann. Insofern überzeugt der von *Mertens* angenommene Grundsatz, der Vorstand müsse die Entscheidungen in seiner jeweiligen Zusammensetzung treffen können, weil darauf ein berechtigtes Vertrauen potentieller Erwerber von Aktien am Kapitalmarkt besteht.[381] Ein wie auch immer geartetes Unternehmensinteresse braucht zur Begründung dieser Rechtsfolge nicht herangezogen zu werden, weshalb die Frage, ob eine verbindliche Richtschnur des Vorstandsverhalten in einem – wie auch immer zu definierenden – Unternehmensinteresse gesehen werden kann, an dieser Stelle nicht erheblich ist.[382] Das Prinzip der eigenverantwortlichen Leitung wird insofern vor kapitalmarktpolitischem Hintergrund als Verbotsgesetz i.S.v. § 134 BGB auszulegen sein. Allerdings wird man eine Gestaltung, die keine besondere Regelung in diesem Punkt enthält, einschränkend auszulegen haben, und insofern von einem Anhörungsrecht auszugehen haben und von dem Recht des stillen Gesellschafters, seine Beteiligung nach § 314 BGB außerordentlich zu kündigen,

---

379 *Bachmann/Veil* ZIP 1999, 348, 352 liSp.

380 Siehe oben unter § 4 III. 2.

381 Vgl.: *Mertens* in: Kölner Kommentar, § 76 AktG, Rn. 45.

382 Vgl. zu dieser Streitfrage: *Hüffer*, § 76 AktG, Rn 15 m.N.

wenn sein abweichender – mit der Treupflicht vereinbarer – Standpunkt übergangen wird.

Anders wird man die Frage dann beantworten müssen, wenn die stille Beteiligung als Teilgewinnabführungsvertrag geschlossen und das Verfahren der §§ 293 ff. AktG eingehalten wurde.[383] Da das Bestehen des Teilgewinnabführungsvertrages nach § 294 Abs. 2 AktG zu seiner Wirksamkeit in das Handelsregister eingetragen werden muss, und der Vertrag der Anmeldung nach § 294 Abs. 1 S. 2 AktG beizufügen ist, kann der Vertrag nach § 9 Abs.1 HGB auch jederzeit bei dem Handelsregister eingesehen werden. Deswegen ist es gesichert, dass für die interessierten Kreise eine Publizität über den Vertrag im Sinne einer Zugänglichkeit über das Handelsregister besteht. Da es zu den typischen Inhalten einer stillen Gesellschaft gehört, dass der stille Gesellschafter die im wesentlichen unveränderte Fortführung des Handelsgewerbes des Geschäftsinhabers verlangen kann, bestehen zumindest vom Gesichtspunkt der Publizität her keine Bedenken, dem stillen Gesellschafter dieses Recht auch bei der stillen Beteiligung an einer Aktiengesellschaft einzuräumen.

Auch die Einwände unter dem Gesichtspunkt der eigenverantwortlichen Leitung und der Regelung in § 308 Abs. 1 AktG überzeugen im Ergebnis nicht. Zunächst ist festzustellen, dass mit dem Recht des stillen Gesellschafters, bestimmte Grundlagenänderungen zu untersagen, noch kein Weisungsrecht gegenüber dem Vorstand besteht. Aus diesem Grund liegt es eher fern, einen solchen Vertragsinhalt nur für Beherrschungsverträge zu reservieren. Allerdings ist umstritten, welche anderen Leitungsinstrumente neben Weisungen in einem sog. atypischen Beherrschungsvertrag vereinbart werden können.[384] Natürlich kann der stille Gesellschafter durch ein solches Recht in den betreffenden Fragen seinen Willen durchsetzen. Darin lässt sich aber noch nicht ohne weiteres ein Einfluss sehen, durch den die Befugnis des Vorstands zur eigenverantwortlichen Leitung beeinträchtigt wird. Denn das Verbot, Grundlagenänderungen ohne die Zustimmung des stillen Gesellschafters zu unterlassen, legt nur einen bestimmten Rahmen fest, innerhalb dessen der Vorstand die Gesellschaft eigenverantwortlich leiten kann. Ein solcher Rahmen kann in gewissen Grenzen auch durch die satzungsmäßige Festlegung des Unternehmensgegenstands nach § 23 Abs. 3 Nr. 2 AktG gesteckt werden. Darin zeigt sich die Möglichkeit, der Geschäftsführungsbefugnis des Vorstands – auch soweit es sich um die eigenverantwortliche Leitung handelt – bestimmte Grenzen zu setzten. Dies ist freilich in Bezug auf den Unter-

[383] Vgl. auch *Mertens*, § 76 AktG, Rn. 46 f.

[384] Siehe dazu noch unten 5.

nehmensgegenstand nur in einem eingeschränkten Rahmen möglich.[385] Daraus lassen sich aber umgekehrt keine Grenzen für die Begrenzung der Geschäftsführungsbefugnis durch eine stille Beteiligung als Teilgewinnabführungsvertrag entnehmen lassen. Denn insoweit geht es sich um das Verhältnis zwischen Vorstand und Hauptversammlung, bei der stillen Gesellschaft aber um das Verhältnis zu einem außenstehenden Unternehmensbeteiligten, dessen rechtliche Interessen an der Aktiengesellschaft nicht auf Mitgliedschaftsrechten beruhen und folglich nicht durch die Wahrnehmung mitgliedschaftlicher Rechte verfolgt werden können. Die umstrittene Frage, inwieweit Begrenzungen der Geschäftsführungsbefugnis durch den Unternehmensgegenstandes im einzelnen getroffen werden können, braucht deshalb nicht erörtert zu werden.[386]

Die Grenzen, die eine Aktiengesellschaft der Geschäftsführung des Vorstands stecken kann, sind gegenüber einem Außenstehenden nach anderen Maßstäben zu beurteilen, als die Grenzen, die für die Einschränkung der Leitungsbefugnisse gegenüber der Hauptversammlung zu gelten haben. Selbst wenn man aus § 76 AktG Grenzen für Außenverpflichtungen der Aktiengesellschaft entnehmen wollte, können diese durch den Teilgewinnabführungsvertrag teilweise überwunden werden.

Es kann nicht überzeugen, dass in einem Teilgewinnabführungsvertrag keine weitergehenden Mitwirkungsrechte erteilt werden könnten als außerhalb eines Unternehmensvertrages, weil eine bestimmte – dem § 308 Abs. 1 AktG entsprechende – Regelung für den Teilgewinnabführungsvertrag fehlt. Der Teilgewinnabführungsvertrag knüpft zwar tatbestandlich unterhalb einer Einschränkung der eigenverantwortlichen Leitung an. Es erscheint aber gerade bei nicht mitgliedschaftlichen Gewinnbeteiligungen im Einzelfall zweckmäßig, Mitwirkungsrechte des Kapitalgebers zu vereinbaren, um diesem für sein Engagement eine gewisse Planungssicherheit einzuräumen. Das hier ins Feld geführte aktienrechtliche System der Trennung von Eigentum und Kontrolle, das auf eine Machtbalance in der Gesellschaft zielt, wird durch entsprechende Mitwirkungsrechte nicht gestört. Denn die konzernvertraglichen Regelungen für Teilgewinnabführungsverträge sind geeignet, die beabsichtigte Machtbalance zwischen den Organen und dem durch einen Unternehmensvertrag Einfluss gewinnenden Dritten herzustellen. Dies geschieht zunächst durch das Erfordernis der Zustimmung der Hauptversammlung, wobei die Mehrheit gegebenenfalls auch die aus der Treupflicht folgenden Einschränkungen zu beachten haben wird. Eine weitere Sicherung stellt das Erfordernis einer angemessenen Gegenleistung

---

[385] Vgl. *Hefermehl* in: Geßler/Hefermehl, § 82 AktG, Rn. 27; und exemplarisch zu den hier entstehenden Auslegungsschwierigkeiten: *Lutter*, FS Fleck, 169, 183 ff.

[386] Vgl. die Nachweise bei *Hüffer*, § 23 AktG, Rn. 21 und *Hefermehl* in: Geßler/Hefermehl, § 82 AktG, Rn. 27; sowie: *Lutter*, FS Fleck, 169, 183 ff.

im Rahmen des Teilgewinnabführungsvertrages dar. Der Vorstand wird durch den Vertrag auch nicht zum „Diener zweier Herren", weil die Ausübung der Mitwirkungsrechte aus der stillen Gesellschafters durch die Treupflicht mit dem Unternehmensinteresse der Aktiengesellschaft in Einklang gebracht wird. Darüber hinaus wird dieses Ziel durch das Erfordernis einer angemessenen Gegenleistung gefördert.[387] Das Recht des stillen Gesellschafters, zu verlangen, dass das Handelsgewerbe in seinen wesentlichen Grundlagen unverändert fortgeführt wird, lässt sich deshalb im Rahmen eines Teilgewinnabführungsvertrages mit dem Grundsatz der eigenverantwortlichen Leitung vereinbaren.

bb) Erweiterung der Mitwirkungsbefugnisse

Fraglich ist, inwieweit es möglich ist, die Mitwirkungsbefugnisse des stillen Gesellschafters im Rahmen des Teilgewinnabführungsvertrags zu erweitern. In Frage kommt insbesondere ein Recht des stillen Gesellschafters, den Vorstand anzuweisen, eine bestimmte Beteiligung zu verkaufen, wenn sich über einen bestimmten Zeitraum in der Gesellschaft kein Gewinn ergeben hat, so dass der stille Gesellschafter keinen Ertrag aus seiner Beteiligung erhalten hat. Das LG Berlin hat angenommen, dass auch eine atypische stille Gesellschaft als Teilgewinnabführungsvertrag einzuordnen sei. Dies gelte auch dann, wenn dem stillen Gesellschafter für bestimmte Fälle ein Vetorecht eingeräumt ist, weil der Hauptversammlungsbeschluss das Mitwirkungsrecht rechtfertige. Für Geschäftsführungsbefugnisse gelte nichts anderes.[388] *Bachmann/Veil* sehen schon die Mitwirkungsrechte im Regelstatut als mit der Verfassung der Aktiengesellschaft nicht vereinbar an. Das solle auch gelten, wenn die Anforderungen an Teilgewinnabführungsverträge eingehalten sind.[389] Eine Erweiterung wäre auf dieser Grundlage erst recht abzulehnen.

Aus § 308 Abs. 1 AktG, der bestimmt, dass bei einem Beherrschungsvertrag grundsätzlich umfassend Weisungen erteilt werden können, lässt sich nicht entnehmen, dass jedes im Einzelfall vereinbarte Weisungsrecht die eigenverantwortliche Leitung beeinträchtigt und nur im Rahmen eines Beherrschungsvertrages vereinbart werden kann. Die Zustimmung der Hauptversammlung, die Registerpublizität und die Möglichkeit des Aufsichtsrats, das Geschäft über § 111 Abs. 4 S. 2 AktG zu untersagen, gewährleisten im Ausgangspunkt eine hinreichende Legitimation. Die Mitwirkungsrechte des stillen Gesellschafters wird man im Rahmen des Teilgewinnabführungsvertrages allerdings nicht

---

[387] Siehe dazu unten unter § 8 VII.

[388] LG Berlin, AG 2001, 95, 97 f.

[389] *Bachmann/Veil*, ZIP 1998, 348, 351 f.

beliebig erweitern können. So werden den Weisungsrechten des stillen Gesellschafters konzernrechtliche Grenzen zu ziehen sein. Weisungsrechte dürfen nur in einzelnen klar abgrenzbaren Fällen eingeräumt werden. Hierhin gehört z.B. das Recht des stillen Gesellschafters, den Vorstand anzuweisen, eine bestimmte Beteiligung zu veräußern. Der stille Gesellschafter kann nicht das Recht erhalten, die Aktiengesellschaft anzuweisen, den Vertrag zu ändern, aufrechtzuerhalten oder zu beendigen. Dies wird man aus einer analogen Anwendung des § 299 AktG auf den Teilgewinnabführungsvertrag abzuleiten haben. Wenn solche Weisungen schon nicht auf Grund eines Beherrschungsvertrages erteilt werden können, kann sich der stille Gesellschafter ein entsprechendes Recht erst recht nicht in einem Teilgewinnabführungsvertrag einräumen lassen. Betreffen die Weisungsrechte die Leitung der Gesellschaft als ganze, so liegt ein Beherrschungsvertrag vor.[390]

Ähnlich werden Initiativrechte und Geschäftsführungsrechte des stillen Gesellschafters zu beurteilen sein. Initiativrechte in der Geschäftsführung können grundsätzlich durch den Teilgewinnabführungsvertrag hinreichend legitimiert werden. Soll der stille Gesellschafter die Aktiengesellschaft im Ergebnis umfassend leiten, so kann ein Betriebsführungsvertrag oder ein verschleierter Beherrschungsvertrag vorliegen.[391]

Vetorechte müssen konkret ausgestaltet sein, damit die eigenverantwortliche Leitung nicht beeinträchtigt wird.[392]

c) Grenzen aus der Zuständigkeit der Hauptversammlung

Eine weitere Grenze für die Mitwirkung des stillen Gesellschafters bei Grundlagenentscheidungen könnte sich aus den gesetzlichen Zuständigkeiten der Hauptversammlung ergeben.

aa) Zulässigkeit von Verpflichtungen

Durch die im gesetzlichen Regelstatut der stillen Gesellschaft enthaltene Befugnis des stillen Gesellschafters, bei Grundlagenentscheidungen mitzuwirken, könnte insbesondere die Zuständigkeit der Hauptversammlung für Satzungsänderungen im Bereich des Unternehmensgegenstands nach § 23 Abs. 3 Nr. 2 AktG betroffen sein, nach dem „namentlich bei Industrie- und Handelsunternehmen die Art der Erzeugnisse und Waren, die hergestellt und

---

[390] Dazu unten unter 4.

[391] Dazu unten unter 3. und 4.

[392] Vgl. oben unter aa).

gehandelt werden sollen" in der Satzung näher anzugeben ist. Die entsprechende Satzungsbestimmung der Aktiengesellschaft setzt einen äußeren Rahmen für die Tätigkeit der Aktiengesellschaft, innerhalb dessen der Vorstand die Geschäfte der Aktiengesellschaft nach eigener Verantwortung leitet und soll außenstehende Dritte über den Tätigkeitsbereich der Aktiengesellschaft informieren.[393] Hier kann sich eine Kollision mit den Rechten des stillen Gesellschafters ergeben, wenn die Aktionäre eine Erweiterung oder Änderung des Unternehmensgegenstands beschließen. Der Vorstand hätte die Geschäftstätigkeit dann entsprechend auszurichten. Daran kann ihn aber der stille Gesellschafter hindern, wenn es sich um eine wesentliche Änderung der Grundlagen des Handelsgewerbes handelt. Dies beeinträchtigt die Effektivität der Hauptversammlungsentscheidung über eine Änderung des Unternehmensgegenstandes. Weiter ist die Zuständigkeit der Hauptversammlung nach § 179 a AktG betroffen. Danach hat die Hauptversammlung über die Verpflichtung zur Übertragung des gesamten Gesellschaftsvermögens zu beschließen. In einem solchen Beschluss liegt zugleich eine Grundlagenänderung, die der Zustimmung des stillen Gesellschafters bedarf.[394] Fraglich ist, inwieweit das Zustimmungsrecht mit diesen zwingenden Zuständigkeiten der Hauptversammlung zu vereinbaren ist.

Das LG Berlin hat ohne nähere Differenzierung angenommen, Vetorechte des stillen Gesellschafters seien mit dem Aktienrecht zu vereinbaren, wenn das Verfahren für Teilgewinnabführungsverträge eingehalten wird.[395] *Bachmann/Veil* nehmen an, es sei mit dem Gesellschaftsstatut der Aktiengesellschaft nicht zu vereinbaren, sich schuldrechtlich gegenüber einem Dritten zu verpflichten, Satzungsänderungen ohne seine Zustimmung zu unterlassen.[396] Sie nehmen an, ein Vetorecht bei Strukturänderungen sei eine unzulässige abstrakte Verpflichtung zur Unterlassung von Satzungsänderungen. Eine solche Verpflichtung verletze die Satzungsautonomie der Aktiengesellschaft und sei deshalb unwirksam. Ebenso wenig könne die Aktiengesellschaft Schadensersatzansprüche für den Fall gewähren, dass ein entsprechendes Mitwirkungsrecht des stillen Gesellschafters missachtet wird. Der stille Gesellschafter könne allenfalls nach § 234 Abs. 1 S. 2 HGB i.V.m. § 723 BGB außerordentlich kündigen. Selbst gegenüber einer solchen Auslegung eines vertraglichen Zustimmungsvorbehalts des stillen Gesellschafter sei aber Vorsicht geboten.[397] Die Aktiengesellschaft sei gegenüber einem stillen Beteiligten deshalb nur verpflichtet, ihn von einer geplanten Strukturänderung rechtzeitig zu unterrichten, nicht aber, seine

---

[393] Vgl. *Hüffer*, § 23 AktG, Rn. 21.

[394] Vgl. dazu im einzelnen oben unter § 3 IV. 1.

[395] LG Berlin, AG 2001, 95, 97 f.; anders wohl: KG, DB 2002, 1704, 1706.

[396] *Bachmann/Veil* ZIP 1999, 348, 349, vorsichtig zustimmend: KG, DB 2002, 1704, 1706.

[397] *Bachmann/Veil*, ZIP 1999, 348, 349 f.

Zustimmung einzuholen.[398] Eine Mitwirkung in strukturellen Fragen sei auch deshalb ausgeschlossen, weil sich dies der beherrschungsvertraglichen Leitungsmacht entziehe.[399]

Überzeugend ist zunächst die Auffassung, dass eine Aktiengesellschaft sich einem Dritten gegenüber nicht abstrakt verpflichten kann, jegliche Satzungsänderung ohne seine Zustimmung zu unterlassen.[400] Dies würde tatsächlich auf eine Selbstentmündigung hinauslaufen. Jedoch kann man die Verpflichtung, die wesentlichen Grundlagen des Handelsgewerbes nicht ohne die Zustimmung des stillen Gesellschafters zu verändern, nicht als eine abstrakte Verpflichtung in diesen Sinne ansehen. Der Begriff mag auslegungsbedürftig sein. Das ändert aber nichts daran, dass mit der Änderung der wesentlichen Grundlagen des Handelsgewerbes ein konkreter Maßstab für die Verpflichtung zur Unterlassung vorliegt. Dieser Maßstab ist auch nicht etwa so weit, dass der Gesellschaft im Ergebnis jede materielle Satzungsänderung in eigener Verantwortung verwehrt wäre. Es sind durchaus materielle Satzungsänderungen denkbar, die die wesentlichen Grundlagen des Handelsgewerbes unberührt lassen. Eine Kapitalerhöhung stellt z.B. keine Änderung der Grundlagen dar, weil der stille Gesellschafter bei einer Aktiengesellschaft nicht davon ausgehen kann, dass der Gesellschafterkreis unverändert bleibt.[401] Ebenso wenig kann der stille Gesellschafter grundsätzlich einem Rechtsformwechsel widersprechen.[402] Es handelt sich also nicht um eine abstrakte Verpflichtung, jegliche Satzungsänderung zu unterlassen, wenn die Aktiengesellschaft verpflichtet ist, die wesentlichen Grundlagen des von ihr betriebenen Handelsgewerbes nicht ohne Zustimmung des stillen Gesellschafters zu verändern.

Weniger eindeutig ist die Frage für konkrete Verpflichtungen. Die Rechtsprechung hat für den eingetragenen Verein entschieden, dass eine solche Verpflichtung durch den Vorstand möglich sei, wenn die Mitgliederversammlung sie genehmigt.[403] Die Frage war in der Literatur Gegenstand kontroverser Erörte-

---

[398] *Bachmann/Veil*, ZIP 1999, 348, 350.

[399] *Bachmann/Veil*, ZIP 1999, 348, 350 liSp.

[400] *Bachmann/Veil*, ZIP 1999, 348, 349.

[401] Vgl. *Zutt* in: Großkommentar, § 230 HGB, Rn. 90.

[402] *Zutt* in: Großkommentar, § 230 HGB, Rn. 90.

[403] BGH LM UWG 16 Nr. 6 (Vereinsname) kritisch dazu: *Flume*, § 7 I 3, 198 f.: Eine Verpflichtung könne man nur eingehen, den Vereinsnamen nicht zu gebrauchen, nicht aber, es zu unterlassen, die Satzung in Bezug auf einen bestimmten Namen zu ändern; BVerfGE 83, 341, 359 (Bahai): Zur Satzungsautonomie gehöre es auch, sich der Freiheit zur Selbstbestimmung teilweise zu begeben. Die Entscheidung berührt die eingeschränkte Satzungsautonomie der Unterverbände in der gestuft aufgebauten Verbandsgruppe einer Religionsgemeinschaft.

rung.[404] Die angesprochene Rechtsprechung zum eingetragenen Verein weist eine Tendenz auf, die Möglichkeit, sich der Selbstbestimmung zugunsten Dritter zu begeben, als Teil der Selbstbestimmung aufzufassen.[405]

Wiedemann hat das gerade in Bezug auf die Aktiengesellschaft entschieden kritisiert.[406] Er meint, die Verbandsautonomie der Aktiengesellschaft sei so zu verstehen, dass zur Selbstbestimmung grundsätzlich auch die Freiheit zur Neubestimmung gehört. Die Aktiengesellschaft könne sich dieser Freiheit nur in engen Grenzen entledigen. Man müsse die Aktiengesellschaft in einem gewissen Maß auch vor sich selbst schützen. Die Aktionäre würden mit der Entscheidung, bestimmte Satzungsbestimmungen dauerhaft festzulegen, nicht nur für sich, sondern auch für ihre Rechtsnachfolger entscheiden. Die Argumentation lässt sich dahin zusammenfassen, es gehöre zum berechtigten Vertrauen des Rechtsverkehrs in die Organisationsform der Aktiengesellschaft, dass die Hauptversammlung die wesentlichen Strukturentscheidungen selbständig treffen kann. Vor diesem Hintergrund lehnt *Wiedemann* es auch als Kunstgriff ab, wenn man die über eine solche Satzungsbestimmung begünstigten Personen als (Dritt-) Organe der Aktiengesellschaft bezeichnet. Eine Selbstbindung der Hauptversammlung sei nur in engen Grenzen möglich. Die Hauptversammlung könne sich durch Zeit- und Sachbedingungen oder andere konkrete Vorgaben für eine übersehbare Zukunft selbst festlegen, wenn die Satzungsautonomie davon nicht ernsthaft betroffen sei. Eine solche Bestimmung binde die Gesellschaft dann gleichwohl nicht derart, dass widersprechende Hauptversammlungsbeschlüsse unwirksam wären. Der durch die Bestimmung Begünstigte könne auch nicht Unterlassung verlangen, sondern sei auf Schadensersatzansprüche verwiesen.

Fleck[407] vertritt für die GmbH, dass es mit Genehmigung der Gesellschafterversammlung möglich sei, die Gesellschaft zu einer konkreten Satzungsänderung zu verpflichten. Ebenso sei es möglich, die GmbH zu verpflichten, eine konkrete Satzungsänderung zu unterlassen.[408] Einerseits sei nach der Bedeutung der Maßnahme zu unterscheiden.[409] Andererseits müsse eine ganz bestimmte Maßnahme versprochen werden, wobei die Bedingungen nicht völlig ungewiss oder unabsehbar oder in das Belieben des Versprechensempfängers gestellt sein

---

[404] Dafür: *Fleck* ZGR 1988, 104, 118; *v. Godin/Wilhelmi*, AktG, 4. Aufl. 1971, § 179 Rn. 3; *Henn*, Handbuch des Aktienrechts, 6. Aufl. 1998, Rn. 185; einschränkend *Wiedemann* in: Großkomm., § 179 Rn. 8; zweifelnd: *Hefermehl/Bungeroth* in: Geßler/Hefermehl, § 179 AktG, Rn. 137.

[405] BGH, LM UWG 16 Nr. 6 (Vereinsname); BVerfGE 83, 341, 359 (Bahai).

[406] *Wiedemann* in: Großkomm., § 179 AktG, Rn. 8.

[407] *Fleck*, ZGR 1988, 104, 104 ff.

[408] *Fleck*, ZGR 1988, 104, 118.

[409] *Fleck*, ZGR 1988, 104, 109.

dürften.[410] Eine entsprechende Verpflichtung sei auch gerichtlich durchsetzbar. In § 53 GmbHG heißt es, die Satzung könne nur durch Beschluss der Gesellschafter geändert werden. Hieraus sei indessen nicht zwangsläufig zu schließen, dass die Gesellschafter die Träger der Satzungsgewalt sind. Überzeugender sei es, die Gesellschafter beim Akt der Satzungsgebung als Vertreter der Gesellschaft anzusehen.

Das Gesetz über Kapitalanlagegesellschaften sieht es in § 25 c Abs. 1 S. 1 lit. g KAGG ausdrücklich vor, dass die Kapitalanlagegesellschaft, die sich still an einem Unternehmen beteiligt, auch bestimmte Zustimmungsrechte zu erhalten hat. Das Gesetz geht auch davon aus, dass eine Aktiengesellschaft Beteiligungsunternehmen sein kann, wie aus § 25 b Abs. 1 S. 1 Nr. 2 lit. a KAGG ersichtlich wird.[411] Der Gesetzgeber nimmt also offenbar an, dass diese Zustimmungsrechte auch bei einer Aktiengesellschaft möglich sind. Zum typischen Inhalt solcher Zustimmungsrechte gehört es aber auch, dass sie gerichtlich durchsetzbar sind.

Die Grundsätze über die Verpflichtung einer GmbH, konkrete Strukturänderungen vorzunehmen oder zu unterlassen, können im Rahmen des Teilgewinnabführungsvertrages auch auf die Aktiengesellschaft übertragen werden. Das Gegenteil könnte sich vor allem aus der aktienrechtlichen Kompetenzordnung ergeben, die in § 23 Abs. 5 AktG vor Satzungsänderungen abgesichert ist. Man könnte fordern, die Satzung müsse im Verfahren der §§ 179 ff. AktG ebenso änderbar bleiben, wie die gesetzlichen Kapitalmaßnahmen und anderen Strukturänderungen durchführbar sein müssen. „Weitere Erfordernisse" wie z.B. nach § 179 Abs. 2 S. 3 AktG könne die Satzung nur für den Hauptversammlungsbeschluss aufstellen, der für die jeweilige Strukturmaßnahme erforderlich ist. Ebenso wenig könne sich eine Aktiengesellschaft schuldrechtlich verpflichten, Strukturänderungen nur unter bestimmten Voraussetzungen vorzunehmen oder grundsätzlich ganz oder teilweise zu unterlassen. Der Rechtsverkehr müsse bei der auf eine verkehrsfähige Mitgliedschaft angelegten Aktiengesellschaft darauf vertrauen können, dass die gesetzlich vorgesehenen Rechte der Aktionäre, bei Strukturentscheidungen mitwirken zu können, auch schuldrechtlich uneingeschränkt bestehen.

Auch hier ist aber von einer Legitimation durch den Teilgewinnabführungsvertrag auszugehen, weil die Hauptversammlung sich unter der Voraussetzung der Registerpublizität verpflichten kann, konkrete Satzungsänderungen nicht vorzunehmen, solange der Vertrag läuft. Soweit es um

---

[410] *Fleck*, ZGR 1988, 104, 109.

[411] Dem entspricht es auch, dass in den einschlägigen Musterbedingungen eine Differenzierung nach Rechtsform nicht vorgesehen ist; siehe *Baur*, Investmentgesetze, 2. Aufl. 1997, Anh. 25 c.

das Verhältnis der Organe untereinander geht, kann die Argumentation nicht auf das Verhältnis zum dem stillen Gesellschafter als einem Dritten übertragen werden. Es ist nicht einzusehen, warum die Befugnis der Aktiengesellschaft, sich in diesem Punkt schuldrechtlich zu verpflichten, weniger weit gehen soll als die von Gesellschaften anderer Rechtsform. Auch für die Aktiengesellschaft überzeugt der Gedanke, dass nicht die Gesellschafter sondern die Gesellschaft Träger der Satzungsgewalt ist. Auch die Verpflichtung, die wesentlichen Grundlagen des Handelsgewerbes unverändert zu lassen, ist deshalb als konkrete Unterlassungsverpflichtung anzusehen, die durch den Hauptversammlungsbeschluss nach § 293 AktG grundsätzlich hinreichende Legitimation erhält.

bb) Besondere Anforderungen

Fraglich ist allerdings, ob sich besondere Anforderungen an die Legitimation des Vertrages ergeben, weil er die Hauptversammlung für seine Laufzeit verpflichtet, bestimmte Satzungsänderungen zu unterlassen.

Für die GmbH ist es unbestritten, dass zumindest ein Beschluss erforderlich ist, der die Anforderungen an satzungsändernde Beschlüsse einhält.[412] Dies ist auch für die Aktiengesellschaft überzeugend, weil die konkrete Unterlassungsverpflichtung den Beschluss, der die Satzungsänderung ablehnt, vorwegnimmt. Die Erfordernisse an satzungsändernde Beschlüsse sind durch die Zustimmung zum Unternehmensvertrag bei der Aktiengesellschaft nicht automatisch eingehalten. Dies ergibt sich daraus, dass nach § 293 Abs. 1 S. 4 AktG die Bestimmungen des Gesetzes und der Satzung für satzungsändernde Beschlüsse auf den Hauptversammlungsbeschluss über den Unternehmensvertrag nicht anzuwenden sind. Damit die stille Gesellschaft in diesem Punkt wirksam werden kann, sind deshalb zusätzlich etwaige satzungsmäßig erhöhte Mehrheiten und weitere Erfordernisse gemäß der Satzung der Aktiengesellschaft nach § 179 Abs. 2 AktG einzuhalten.

Für die GmbH ist umstritten, ob es einer notariellen Beurkundung des Beschlusses bedarf.[413] Der Beschluss über den Unternehmensvertrag ist bei der Aktiengesellschaft ohnehin notariell zu beurkunden. Dies ergibt sich aus der in § 293 Abs. 1 S. 2 AktG zwingend vorgeschriebenen drei Viertel Kapitalmehrheit, die nach § 130 Abs. 1 S. 1, 3 AktG eine Pflicht zur notariellen Beurkundung des Beschlusses begründet. Dies gilt auch, wenn die Aktiengesellschaft nicht börsennotiert ist. Für nicht börsennotierte Aktiengesellschaften reicht zwar nach

---

[412] *Fleck*, ZGR 1988, 105, 114, 118 f.; *Lutter/Hommelhoff*, § 53 GmbHG, Rn. 35; *Priester* in: Scholz, § 53 GmbHG, Rn. 35.

[413] Dagegen: *Fleck* ZGR 1988, 105, 114, 118 f; *Priester* in: Scholz, § 53 GmbHG, Rn. 35; dafür *Lutter/Hommelhoff*, § 53 GmbHG, Rn. 35.

§ 130 Abs. 1 S. 3 AktG ein privatschriftliches Protokoll, soweit keine Beschlüsse gefasst werden, für die das Gesetz eine drei Viertel oder größere Mehrheit vorsieht. Dabei könnten sich Zweifel ergeben, weil § 293 Abs. 1 S. 4 AktG zwar eine drei Viertel Kapitalmehrheit aber keine drei Viertel Stimmenmehrheit vorschreibt. § 130 Abs. 1 S. 3 AktG bezieht sich aber trotz seines indifferenten Wortlauts jedenfalls auf die Kapitalmehrheit.[414] Der Beschluss über den Teilgewinnabführungsvertrag ist also ohnehin stets notariell zu beurkunden. Insofern können sich keine weiteren Anforderungen ergeben.

Weiter ist für die GmbH umstritten, ob es einer Eintragung des Beschlusses in das Handelsregister bedarf. Das hat für den Teilgewinnabführungsvertrag Bedeutung, weil nach § 294 Abs. 2 AktG wohl das Bestehen des Vertrages nicht aber der Hauptversammlungsbeschluss einzutragen ist. Nach einer Ansicht ist die Eintragung des Beschlusses erforderlich. Neu eintretende Gesellschafter müssten vor Überraschungen geschützt werden, wie sie etwa aus einer Verpflichtung zur Kapitalerhöhung herrühren könnten.[415] Hieraus könnte man weiter folgern, der Beschluss dürfe sich nicht auf die bloße Zustimmung zu der außerhalb des Beschlusses liegenden Verpflichtung beschränken, sondern müsse die konkrete Verpflichtung benennen. Nur dann könne der genaue Umfang der Verpflichtung unmittelbar aus der Handelsregistereintragung ersichtlich werden. Nach der wohl herrschenden Auffassung ist die Eintragung in das Handelsregister bei der GmbH dagegen von vornherein nicht erforderlich. Es fehle an einer entsprechenden Gesetzesbestimmung, die die Eintragung von Beschlüssen vorschreibt, durch die eine GmbH verpflichtet wird, ihre Satzung zu ändern oder Satzungsänderungen zu unterlassen. Neu hinzutretende Gesellschafter seien ausreichend geschützt. Sie könnten sich an den Veräußerer des erworbenen Anteils halten, der sie aufzuklären habe.[416] Dieses Argument erscheint für die GmbH überzeugend, lässt sich aber zumindest dann nicht auf die Aktiengesellschaft übertragen, wenn der die Anteile ohne Kenntnis des Veräußerers über die Börse erworben werden können. Auch für börsennotierte Aktiengesellschaften ist allerdings das Verfahren der §§ 293 ff. AktG als hinreichende Gewähr des potentiellen Anteilserwerbers gegen böse Überraschungen anzusehen. Zunächst ist der Beschluss über das Bestehen des Teilgewinnabführungsvertrages nach § 294 Abs. 2 AktG in das Handelsregister einzutragen. Stille Gesellschaften sind typische Teilgewinnabführungsverträge. Dabei enthalten stille Gesellschaften typischerweise bestimmte Mitwirkungsrechte des stillen Gesellschafters. Die interessierte Öffentlichkeit kann sich also schon durch die Eintragung darüber klar werden kann, dass möglicherweise weitgehende Mitwirkungsrechte eines Dritten in der Gesellschaft

[414] *Hüffer*, § 130 AktG, Rn 14 b.

[415] *Lutter/Hommelhoff*, § 53 GmbHG, Rn. 35.

[416] *Fleck*, ZGR 1988, 105, 114, 114 f.; *Priester* in: Scholz, § 53 GmbHG, Rn. 35.

bestehen. Darüber hinaus ist der Vertrag als Anlage nach § 294 Abs. 1 S. 2 AktG zum Handelsregister einzureichen. Dort kann er nach § 9 HGB von jedermann eingesehen werden. Die Einzelheiten der bestehenden Mitwirkungsrechte lassen sich also auf diesem Weg ermitteln. Hiermit ist dem Publizitätsinteresse potentieller Aktienerwerber hinreichend Rechnung getragen. Eine Eintragung des Hauptversammlungsbeschlusses ist deshalb nicht erforderlich. Ebenso wenig muss der Beschlusswortlaut die konkrete Verpflichtung enthalten.

Im Ergebnis ist festzuhalten, dass die Satzungsautonomie der Aktiengesellschaft Grenzen für Zustimmungsrechte des stillen Gesellschafters setzt. Die Aktiengesellschaft kann sich auch gegenüber einem stillen Gesellschafter nicht in abstrakter Weise verpflichten, jegliche Satzungsänderung ohne seine Zustimmung zu unterlassen. Konkrete Unterlassungsverpflichtungen sind dagegen gerechtfertigt, wenn die Voraussetzungen für Teilgewinnabführungsverträge und zusätzlich diejenigen für satzungsändernde Beschlüsse eingehalten werden. Die Verpflichtung der Aktiengesellschaft, die wesentlichen Grundlagen ihres Handelsgewerbes nicht ohne die Zustimmung des stillen Gesellschafters zu ändern, gehört zum typenvertraglichen Regelinhalt der stillen Gesellschaft. Diese Verpflichtung enthält eine konkrete Verpflichtung der Aktiengesellschaft, entsprechende Satzungsänderungen zu unterlassen.

2. Betriebsüberlassungsvertrag

Eine atypische stille Beteiligung ist nach h.M. konzernrechtlich auch dann als Teilgewinnabführungsvertrag einzuordnen, wenn dem stillen Gesellschafter Geschäftsführungsbefugnisse eingeräumt sind.[417] Nach *Schulze-Osterloh* soll es sich dagegen in diesem Fall um einen Betriebsüberlassungsvertrag handeln, weil das Unternehmen der Aktiengesellschaft zwar nicht für den stillen Gesellschafter aber für die stille Gesellschaft geführt werde, die wegen der Geschäftsführungsbefugnisse des stillen Gesellschafters einen eigenen unternehmerischen Willen habe. Die Aktiengesellschaft erhalte den ihr zustehenden Ertrag wirtschaftlich gewissermaßen nur noch als Gewinnanteil aus der stillen Gesellschaft zurück.[418] Die Qualifikation als Betriebsüberlassungsvertrag soll bereits dann eingreifen, wenn dem stillen Gesellschafter Widerspruchsrechte in wichtigen Angelegenheiten der Geschäftsführung eingeräumt sind. Dann soll neben dem Betriebsüberlassungsvertrag auch kein Teilgewinnabführungsvertrag mehr vorliegen, sondern

[417] *Altmeppen* in: MünchKomm, § 292 AktG, Rn. 66; *Hüffer,* § 292 AktG, Rn. 15; *Krieger* in: Münch HdB GesR IV, § 72 Rn. 17; *Koppensteiner* in: Kölner Kommentar, § 292 AktG, Rn. 54; *Emmerich* in: Emmerich/Habersack, Aktien- und GmbH- Konzernrecht, § 292 AktG, Rn. 29; *Jebens,* BB 1996, 701; *Blaurock*, § 7 Rn. 24.

[418] Vgl. *Schulze-Osterloh* ZGR 1974, 427, 447 ff.

der Vertrag insgesamt konzernrechtlich ausschließlich als Betriebsüberlassungsvertrag einzuordnen sein.[419]

Diese Ansicht lässt sich nicht mit dem rechtlich zwingenden Charakter auch der atypischen stillen Gesellschaft als Innengesellschaft vereinbaren, die bei dieser Interpretation selbst Vertragspartnerin der Aktiengesellschaft sein und das Unternehmen nach außen hin betreiben müsste.[420] Der Betriebsüberlassungsvertrag setzt voraus, dass die Gesellschaft zwar in ihrem eigenen Namen aber auf Rechnung des Betriebsübernehmers geführt wird. Nach dem überzeugenden Verständnis des Betriebsüberlassungsvertrags bedeutet dies, dass die Aktiengesellschaft ausschließlich und nicht nur teilweise auf fremde Rechnung geführt wird.[421] Um sie als Betriebsüberlassungsvertrag einzuordnen, müsste man die stille Gesellschaft – wenn der Stille zur Geschäftsführung befugt ist – also derart interpretieren, dass die stille Gesellschaft selbst das Zuordnungssubjekt für die Gewinne aus der Aktiengesellschaft ist und die Aktiengesellschaft den verbleibenden Gewinn nur aus der stillen Gesellschaft im Wege der Gewinnverteilung zurückerhält. Diese Interpretation entspricht aber weder einer unbefangenen Betrachtung der äußeren Erscheinung des Sachverhalts, noch sind zwingende rechtliche Gründe dafür ersichtlich.

Wenn man die stille Beteiligung an einer Aktiengesellschaft als Betriebsüberlassungsvertrag einstufen will, verkennt man darüber hinaus den regelmäßigen Willen der Vertragsparteien, die keine selbstständige Organisation schaffen, sondern durch die stille Gesellschaft an einem bestehenden Unternehmen beteiligen wollen. Das Einkommensteuerrecht behandelt die atypische stille Gesellschaft zwar als Mitunternehmerschaft und damit als eigenständiges Subjekt der Gewinnermittlung, wobei dem einzelnen Gesellschafter sodann (u.a.) sein Gewinnanteil als Teil des „Gesamtgewinns" der Mitunternehmerschaft zugerechnet wird.[422] Diese einkommensteuerliche Qualifikation der atypischen stillen Gesellschaft als Mitunternehmerschaft und damit als selbstständiges Gewinnerzielungssubjekt lässt sich aber nicht mit der Folge der Qualifikation der atypischen stillen Gesellschaft als Betriebsüberlassungsvertrag auf das Gesellschaftsrecht übertragen, weil sie mehr als technischer Behelf für die Zuständigkeitsabgrenzung bei der steuerlichen Gewinnermittlung anzusehen ist, denn als Regelung, in der sich die wirtschaftlichen Verhältnisse einer derartigen Gestaltung spiegeln, die - selbst wenn sie so gemeint wäre - auch für die gesellschaftsrechtliche Beurteilung nicht maßgeblich sein könnte. Festzuhalten ist, dass die

---

419 *Schulze-Osterloh*, ZGR 1974, 427, 450 f.

420 Vgl. *Koppensteiner* in: Kölner Kommentar, § 292 AktG, Rn. 54.

421 Vgl. die praktischen Beispiele bei: *Luther/Happ*, 2.143.

422 *Weber-Grellert* in: Schmidt, § 15 EStG, Rn. 164 ff. und 340 ff

objektiv verstandenen Absichten der Parteien, die eine atypische stille Gesellschaft vereinbaren, gerade nicht dahin gehen, den Betrieb des Inhaberunternehmens an die atypische stille Gesellschaft zu überlassen.

Auch von der Rechtsfolgenseite her ist die Einordnung der stillen Gesellschaft mit Geschäftsführungsbefugnissen als Betriebsüberlassungsvertrag nicht als angemessene Lösung anzusehen. Ein Betriebsübernehmer hat die Aktiengesellschaft von allen Verbindlichkeiten, die ihr aus seiner Betriebsführung erwachsen, freizustellen.[423] Die Eigentümergesellschaft hat dem Übernehmer alles herauszugeben, was sie aus der Betriebsführung erlangt. Sie hat insbesondere alle Ansprüche abzutreten.[424] Beide Rechtsfolgen passen nicht für die stille Gesellschaft. Die Aktiengesellschaft muss nicht alles, was sie aus der Betriebsführung erlangt, an die stille Gesellschaft herausgeben, sondern nur einen Teil ihres Gewinns an den stillen Gesellschafter abführen. Daran ändert auch der Umstand nichts, dass der stille Gesellschafter auch Geschäftsführungsmaßnahmen vornimmt. Es ist der stille Gesellschafter, der die Geschäfte der Aktiengesellschaft führt und nicht die stille Gesellschaft, die ihre eigenen Geschäfte durch den stillen Gesellschafter im Namen der Aktiengesellschaft führen lässt. Dementsprechend soll nach dem Vertrag auch keine Gewinnabgrenzung zwischen der stillen Gesellschaft und der Aktiengesellschaft derart stattfinden, dass die stille Gesellschaft die Aktiengesellschaft von den Folgen der durch den stillen Gesellschafter für die stille Gesellschaft aber im Namen der Aktiengesellschaft geschlossenen Geschäften freizustellen hätte und die Aktiengesellschaft die Erträge der stillen Gesellschaft herauszugeben hätte. Eine derartige Rechtsfolge ist auch vom Standpunkt des Konzernrechts aus nicht erforderlich, weil sie voraussetzt, dass die Aktionäre und sonstige rechtserheblich an der Aktiengesellschaft interessierte Personen, insbesondere die Gläubiger, anderenfalls nicht ausreichend vor den möglichen negativen Folgen einer nicht sachgemäßen Geschäftsführung durch den stillen Gesellschafter geschützt wären. Das ist aber deshalb der Fall, weil bei der stillen Gesellschaft – anders als bei der Durchführung eines Betriebsüberlassungsvertrags – die Interessen beider Vertragsparteien parallel liegen. Wenn der stille Gesellschafter Geschäfte der Aktiengesellschaft führt, so muss dies aufgrund der gesellschaftsrechtlichen Treupflicht im ausschließlichen Interesse der Aktiengesellschaft als Inhaberunternehmen geschehen.

Schließlich müsste es eigentlich in der Konsequenz des Ansatzes von *Schulze-Osterloh* liegen, die atypische stille Gesellschaft dann nicht mehr als Betriebs-

---

[423] *Koppensteiner* in: Kölner Kommentar, § 292 AktG, Rn. 66; *Würdinger* in: Großkommentar, 3. Aufl., § 292 AktG, Anm. 23; *Krieger* in: Münch HdB GesR IV, § 72 Rn. 27.

[424] *Koppensteiner* in: Kölner Kommentar, § 292 AktG, Rn. 66; Würdinger in: Großkommentar, 3. Aufl., § 292 AktG, Anm. 23; *Krieger* in: Münch HdB GesR IV, § 72 Rn. 27.

überlassungsvertrag sondern sogar als Geschäftsführungsvertrag anzusehen, wenn sie sich als vermögensmäßig atypische stille Beteiligung auf den gesamten Wertzuwachs der Gesellschaft bezieht. Eine solche Gestaltung ist in der Praxis durchaus häufig, wie *Schulze-Osterloh* selbst an anderer Stelle darstellt.[425] Die Beteiligung des stillen Gesellschafters am gesamten Vermögenszuwachs der Aktiengesellschaft müsste in der Konsequenz des Ansatzes von *Schulze-Osterloh* dazu führen, dass nicht nur sämtliche Betriebe der Aktiengesellschaft, sondern die Aktiengesellschaft insgesamt auf Rechnung der stillen Gesellschaft geführt wird. Darin liegt nach § 291 Abs. 1 S. 2 AktG ein Geschäftsführungsvertrag, der wie ein Gewinnabführungsvertrag zu behandeln ist. Verlustausgleichspflicht sowie Pflicht zu Abfindung und Ausgleich für den vermögensmäßig atypischen stillen Gesellschafter an einer Aktiengesellschaft erscheinen aber kaum als angemessene Rechtsfolge, weil der stille Gesellschafter durch seinen Beitrag eine angemessene Gegenleistung zu erbringen hat. Aus der Eigenschaft der vermögensmäßig atypischen stillen Beteiligung als Geschäftsführungsvertrag nach § 291 Abs. 1 S. 2 AktG würde darüber hinaus folgen, dass der Vertrag nur mit einem Unternehmen nicht aber mit einer Privatperson als stillem Gesellschafter geschlossen werden könnte. Auch diese Rechtsfolge erscheint für eine vermögensmäßig atypische stille Gesellschaft an einer Aktiengesellschaft wenig zweckmäßig und wäre als überflüssige Einschränkung der Finanzierungsfreiheit der Aktiengesellschaft anzusehen. Schließlich müsste die Verlustausgleichspflicht eigentlich nicht den stillen Gesellschafter sondern die stille Gesellschaft treffen. Denn auf deren Rechnung wird ja nach der Ansicht von *Schulze-Osterloh* das Unternehmen geführt. In der Konsequenz müsste man eigentlich auch die stille Gesellschaft selbst als Vertragspartnerin ansehen. Die reine Innengesellschaft kann aber kein Unternehmen im Sinne des Konzernrechts sein. Der Geschäftsführungsvertrag wäre damit unzulässig. Damit wäre die atypische stille Gesellschaft mit einer Aktiengesellschaft eigentlich von vornherein als rechtlich unmöglich anzusehen. Nach allem kann die Qualifikation der verwaltungsmäßig atypischen stillen Gesellschaft als Betriebsüberlassungsvertrag nicht überzeugen.

Folglich stellt die stille Beteiligung an einer Aktiengesellschaft auch dann keinen Betriebsüberlassungsvertrag dar, wenn dem stillen Gesellschafter im Vertrag aktive Geschäftsführungsbefugnisse eingeräumt werden. Noch weniger können Widerspruchsrechte in wichtigen Angelegenheiten der Geschäftsführung zu einer Qualifikation des Vertrages als Betriebsüberlassungsvertrag führen.

---

[425] *Schulze-Osterloh*, FS Kruse, 377 ff.

3. Betriebsführungsvertrag

Das Recht der stillen Gesellschaft eröffnet einen erheblichen Gestaltungsspielraum für die Mitwirkung des stillen Gesellschafters, wobei es sogar unbedenklich ist, wenn der stille Gesellschafter im Ergebnis allein die Geschäfte des Inhaberunternehmens führt.[426] Bei einer solchen Gestaltung erscheint es deshalb denkbar, die verwaltungsmäßig atypische stille Gesellschaft im Einzelfall als Betriebsführungsvertrag einzuordnen. Dies hätte zur Folge, dass über den Vertrag – neben den konzernrechtlichen Anforderungen als Teilgewinnabführungsvertrag – unter der Bezeichnung als Betriebsführungsvertrag durch die Hauptversammlung zu beschließen wäre, und der Vertrag auch unter der Bezeichnung als Betriebsführungsvertrag bzw. Betriebsüberlassungsvertrag in das Handelsregister einzutragen wäre. Weiterhin könnte in der Konsequenz auch ein mit Mitgliedern von Vorstand oder Aufsichtsrat sowie mit einzelnen Arbeitnehmern geschlossener Vertrag nicht ohne die Zustimmung der Hauptversammlung und die Eintragung in das Handelsregister wirksam werden, weil die Befreiung von den konzernrechtlichen Anforderungen an Unternehmensverträge nach § 292 Abs. 1 Nr. 2 AktG nur für Teilgewinnabführungsverträge nicht aber für Betriebsführungsverträge gilt, die entsprechend § 292 Abs. 1 Nr. 3 AktG zu behandeln sind.[427]

a) Einordnung atypischer stiller Gesellschaften als Betriebsführungsvertrag

Der Betriebsführungsvertrag verpflichtet den Betriebsführer, die vom Betriebsführungsvertrag erfassten Betriebe im Namen der Eigentümergesellschaft auf deren Rechnung zu führen.[428] Gegenstand des Vertrags können einzelne oder alle Betriebe der Aktiengesellschaft sein, wobei der Betriebsführungsvertrag allerdings nur dann konzernvertragsrechtlich relevant ist, wenn er sich auf alle Betriebe der Aktiengesellschaft bezieht.[429] Er ist dann wie ein Betriebsüberlassungsvertrag analog § 292 Abs. 1 Nr. 3 AktG zu behandeln.[430] Nach anderer Ansicht sind die Vorschriften über den Betriebsüberlassungsvertrag nicht

---

[426] Siehe oben unter § 3 IV. 2.

[427] Dazu sogleich unter a).

[428] *Krieger* in: Münch HdB GesR IV, § 72 Rn. 44; vgl. auch *Veelken*, 239 ff.; *Geßler* in: Geßler/Hefermehl, § 292 AktG, Rn. 83.

[429] *Krieger* in: Münch HdB GesR IV, § 72 Rn. 44; *Geßler* in: Geßler/Hefermehl, § 292 AktG, Rn. 58 (Betriebspacht); *Koppensteiner* in: Kölner Kommentar, § 292 AktG, Rn. 68; *Huber*, ZHR 152 (1988), 1, 32.

[430] *Koppensteiner* in: Kölner Kommentar, § 292 AktG, Rn. 68; Oesterreich, 53 f.; *Altmeppen* in: Münchener Kommentar, § 292 AktG, Rn. 149; für unmittelbare Anwendung: *Geßler* in: Geßler/Hefermehl, § 292 AktG, Rn. 78 ff.

entsprechend auf den Betriebsführungsvertrag anzuwenden, weil die Aktiengesellschaft durch den Betriebsüberlassungsvertrag nicht – wie in den beiden Fällen der unmittelbaren Anwendung von § 292 Abs. 1 Nr. 3 AktG – zur Rentnergesellschaft wird.[431] Jedoch verliert der Vorstand durch den Vertrag – wie bei Betriebspacht und Betriebsüberlassungsverträgen – die Möglichkeit, den gesamten Betrieb des Unternehmens der Aktiengesellschaft in eigener Verantwortung aktiv zu führen. Aus diesem Grund erscheint es zumindest geboten, eine Zustimmung der Hauptversammlung zu verlangen, sei es im Rahmen einer Satzungsänderung, sei es im Rahmen einer unternehmensvertraglichen Einordnung analog § 292 Abs. 1 Nr. 3 AktG.[432] Als weiteres Gegenargument wird angeführt, die Betriebsführung sei als bürgerlich rechtlicher Geschäftsführungsvertrag einzuordnen; daher bestehe im Unterschied zur Betriebspacht und Betriebsüberlassung bei der Betriebsführung ein Weisungsrecht nach § 665 BGB. Eine entsprechende Anwendung scheide in der Folge mangels Ähnlichkeit des geregelten und nicht-geregelten Falles aus.[433] Dies überzeugt nicht, weil es ein ganz wesentlicher Unterschied ist, ob die Gesellschaft ihren Betrieb selbst führt oder ob ihn ein Dritter nach ihren Weisungen führt. Gerade hierin liegt der wesentliche Gesichtspunkt § 292 Abs. 1 Nr. 3 AktG.[434] Verträge, die darauf zielen, die aktive Führung sämtlicher Betriebe der Aktiengesellschaft in die Hand eines Dritten zu legen, sind deshalb als Betriebsführungsverträge analog § 293 Abs.1 Nr. 3 AktG zu behandeln.

Eine solche Gestaltung ist auch im Rahmen einer stillen Gesellschaft möglich, wenn der stille Gesellschafter umfassende Managementleistungen für die Aktiengesellschaft erbringen soll. In der Literatur wird teilweise vertreten, ein Betriebsführungsvertrag bestehe nur, wenn es eine Partei als Konsequenz eines Auftrags oder eines Geschäftsbesorgungsvertrags übernimmt, den Betrieb des gesamten Unternehmens der Gesellschaft zu führen.[435] Aus diesem Grund müsste die Betriebsführung aufgrund einer stillen Gesellschaft für die analoge Anwendung des § 292 Abs. 1 Nr. 3 AktG ausscheiden. Eine solche Einschränkung ist aber vom konzernrechtlichen Standpunkt aus gesehen nicht geboten, weil es für die Eigenschaft als Betriebsführungsvertrag nur darauf ankommt, dass der anderen Partei die Befugnis eingeräumt wird, den gesamten Betrieb im Namen und für

---

[431] *Biedenkopff/Koppensteiner* in: Kölner Kommentar, 1. Aufl., § 292 AktG, Rn. 24 (die nur §§ 311 ff. AktG anwenden wollten, falls Abhängigkeit entsteht), wohl auch *Emmerich/Sonnenschein*, 7. Aufl., 205 f.

[432] *Koppensteiner* in: Kölner Kommentar, § 292 AktG, Rn. 68.

[433] *Biedenkopff/Koppensteiner* in: Kölner Kommentar, 1. Aufl., § 292 AktG, Rn. 24.

[434] *Huber*, ZHR 152 (1988), 1, 33.

[435] Vgl. *Koppensteiner* in: Kölner Kommentar, § 292 AktG, Rn. 67.

Rechnung des Eigentümerunternehmens zu führen.[436] Der zugrunde liegende Vertragstypus für die Einordnung als Betriebsführungsvertrag unbeachtlich. Die Gestaltung eines Betriebsführungsvertrags mit zugrunde liegender stiller Gesellschaft führt dann aber abweichend von den herkömmlichen Betriebsführungsverträgen zu einer weisungsfreien – nur durch die Treupflicht aus der stillen Gesellschaft gebundenen Betriebsführung durch den stillen Gesellschafter, deren Zulässigkeit noch näher zu untersuchen sein wird (dazu unter b).

Der Umstand, dass der stille Gesellschafter den Betrieb nicht ausschließlich auf Rechnung der Aktiengesellschaft sondern – infolge der Gewinnbeteiligung aus der stillen Gesellschaft – auch auf eigene Rechnung führt, spricht noch nicht gegen die Annahme eines Betriebsführungsvertrags. Vielmehr liegt ein zusätzlicher Teilgewinnabführungsvertrag vor, wenn das Entgelt für die Betriebsführung in einem Anteil am Gewinn der Eigentümergesellschaft besteht.[437] Eine Absorption durch den Teilgewinnabführungsvertrag findet nicht statt. Man kann eine solche Gestaltung umgekehrt auch nicht als eine bloße Entgeltmodalität beim Betriebsführungsvertrag auffassen, weil die Gewinnabführung es notwendig macht, die §§ 300 Nr. 2, 301 AktG anzuwenden. Es entspricht der h.M., dass die Parteien verschiedene Unternehmensverträge kombinieren können.[438] Die Teilgewinnabführungsverpflichtung ist gleichwohl nicht isoliert zu beurteilen, wenn sie Entgelt für die Betriebsführung ist. Es gilt dann § 292 Abs. 3 AktG, wenn das Entgelt unangemessen und der Vertragspartner Aktionär ist. In der Folge ist ein solcher Vertrag nicht wegen Verstoß gegen die Kapitalbindung nach den §§ 57, 58, 60 AktG nichtig, sondern lediglich anfechtbar.[439]

Eine Absorption des Teilgewinnabführungsvertrags nimmt *Schulze-Osterloh*[440] für die Fälle an, die er als Betriebsüberlassungsvertrag qualifiziert. Betrachtet man den Ansatz *Schulze-Osterlohs*, so ergibt sich ohne weiteres, dass die bei

---

[436] Vgl. *Huber*, ZHR 152 (1988), 1.

[437] Vgl. *Koppensteiner*, § 292 AktG, Rn. 73; *Krieger* in: Münch HdB GesR IV, § 72 Rn. 52.

[438] *Geßler* in: Geßler/Hefermehl, § 292 AktG, Rn. 105 ff., § 291 AktG, Rn. 34 (es sollen die für beide Vertragsarten bzw. die für eine Vertragsart vorgeschriebenen strengeren Vorschriften gelten); *Hüffer*, § 292 AktG, Rn. 71; *Exner*, 128 ff.; *Huber* ZHR 152 (1988), 1, 4 f. (zur Kombination eines Betriebsführungsvertrags mit einem Gewinnabführungsvertrag, die Bestimmung des Betriebsführungsvertrags, wonach der Betriebsführer den Betrieb für Rechnung der Eigentümergesellschaft führt, werde hier durch den „Gewinnabführungsvertrag überlagert und in ihr Gegenteil verkehrt"); *derselbe* ZHR 152 (1988), 123, 128 ff.; *Krieger* in: Münch HdB GesR IV, § 72 Rn. 51 ff. *Biedenkopf-Koppensteiner* in: Kölner Kommentar, vor § 291 AktG, Rn. 38; dies war bisher vor allem für die Kombination von Betriebsführungsvertrag und Beherrschungsvertrag praktisch bedeutsam, vgl. die statistischen Hinweise bei *Geßler* in: Geßler/Hefermehl Vorbem. 8 vor § 291 ff. AktG; a.A. *Veelken*, 199 ff., 217 f.

[439] *Koppensteiner* in: Kölner Kommentar, § 292 AktG, Rn. 73.

[440] *Schulze-Osterloh*, ZGR 1974, 427, 448.

seiner Interpretation maßgeblichen Grundsätze nicht gelten können, wenn man die atypisch stille Gesellschaft als Betriebsführungsvertrag qualifiziert, weil dann nicht schon von vornherein mit der stillen Gesellschaft ein anderes Subjekt der Gewinnzurechnung vorhanden ist, von dem die Aktiengesellschaft ihren Gewinn gewissermaßen nur noch zurück erhält, so dass schon begrifflich keine Gewinnabführung vorliegt, nachdem der Gewinn infolge der Betriebsüberlassung schon gar nicht bei der Aktiengesellschaft entsteht.[441] Eine Absorption des Teilgewinnabführungsvertrags durch einen zusätzlich vorliegenden Betriebsführungsvertrag kann auch nicht aus § 300 Nr. 3 AktG geschlossen werden, der für Beherrschungsverträge ausdrücklich anordnet, dass mindestens die Rücklagendotierung nach § 300 Nr. 2 AktG einzuhalten ist, wenn die Gesellschaft verpflichtet ist, ihren Gewinn zum Teil abzuführen. Der Gesichtspunkt aus § 300 Nr. 3 AktG betrifft nun von seinem Wortlaut her nur den Beherrschungsvertrag und kann auch für den Beherrschungsvertrag nicht überzeugend dahingehend ausgelegt werden, dass von einer Absorption eines daneben bestehenden Teilgewinnabführungsvertrages auszugehen wäre; vielmehr handelt es sich nur um eine klarstellende Vorschrift ohne so weitgehende systematische Bedeutung. Noch weniger lässt sich daraus eine Art Hierarchie der Unternehmensverträge ableiten, wonach etwa jeweils der von seinen Rechtsfolgen her weitergehende Unternehmensvertrag – hier entsprechend § 292 Abs. 1 Nr. 3, 292 Abs. 3 AktG der Betriebsführungsvertrag – den weniger weitgehenden Unternehmensvertrag – hier den Teilgewinnabführungsvertrag nach § 292 Abs. 2 Nr. 2 AktG, der keine Befreiung von den Vorschriften über die Kapitalbindung nach sich zieht – in sich aufnehmen würde, mit der Folge, dass ausschließlich die Anforderungen an den Betriebsführungsvertrag zu gelten hätten. Die stille Gesellschaft ist deshalb auch dann – zusätzlich – als Teilgewinnabführungsvertrag zu beschließen und einzutragen, wenn zugleich ein Betriebsführungsvertrag vorliegt.

Bachmann/Veil haben sich gegen die Einordnung der stillen Gesellschaft als Betriebsführungsvertrag ausgesprochen.[442] Eine Interpretation der atypischen stillen Gesellschaft als Betriebsführungsvertrag beruhe notwendig auf einem Missverständnis der Funktion von Mitwirkungsrechten im Rahmen der stillen Gesellschaft, die mit Managementleistungen nichts gemeinsam hätten.[443] Die Teilgewinnabführung stehe nicht in einem synallagmatischen Verhältnis zur Betriebsführung sondern zur Vermögenseinlage.[444] Diese Argumentation kann im Ergebnis nicht überzeugen. Zwar besteht bei der stillen Gesellschaft nicht immer ein Gegenseitigkeitsverhältnis zwischen den zu erbringenden Diensten und der

---

[441] Vgl. *Schulze-Osterloh*, ZGR 1974, 427, 447 f.
[442] *Bachmann/Veil*, ZIP 1999, 348, 353 liSp.
[443] *Bachmann/Veil*, ZIP 1999, 348, 353 liSp.
[444] *Bachmann/Veil*, ZIP 1999, 348, 353 liSp.

Gewinnbeteiligung. Im Einzelfall kann dies indessen anders sein, wenn der stille Gesellschafter seinen Beitrag in Form einer Dienstleistung erbringt, was von Recht der stillen Gesellschaft aus gesehen ohne weiteres möglich ist.[445] Es leuchtet aber vor allem nicht ein, dass dies der entscheidende Aspekt sein soll. Vielmehr ist der Betriebsführungsvertrag deshalb den Vorschriften über den Betriebsüberlassungsvertrag zu unterstellen, weil sich der Vorstand durch ihn der aktiven Führung aller Betriebe der Gesellschaft begibt. Aus diesem Grund ist es unerheblich, ob zwischen der Betriebsführung und einem etwa dafür vereinbarten Entgelt des Betriebsführers ein synallagmatisches Verhältnis besteht.

Weiterhin ist in diesem Zusammenhang darauf hinzuweisen, dass der Betriebsführungsvertrag auch dann als Konzernvertrag einzustufen ist, wenn der Betriebsführer kein Unternehmen im konzernrechtlichen Sinne ist.[446] Die reine Privatperson als Betriebsführer ist also weder von den Bestimmungen des Unternehmensvertragsrechts entbunden, noch ist sie gehindert, einen Betriebsführungsvertrag wirksam zu schließen. Dies unterscheidet den Betriebsführungsvertrag vom Gewinnabführungsvertrag und vom Beherrschungsvertrag.

Im Ergebnis ist eine verwaltungsmäßig atypische stille Beteiligung, die dem stillen Gesellschafter aktive Geschäftsführungsbefugnisse für sämtliche Betriebe der Aktiengesellschaft einräumt, konzernrechtlich als Betriebsführungsvertrag einzuordnen, wenn die Aktiengesellschaft nach dem zugrunde liegenden Vertrag ihre Betriebe nicht mehr selbst führen soll. Allein die Bevollmächtigung des stillen Gesellschafters für den gesamten Geschäftsbetrieb reicht für die Qualifikation als Betriebsführungsvertrag nicht aus.

b) Aktienrechtliche Grenzen für Betriebsführungsverträge

Dem Inhalt eines Betriebsführungsvertrages könnten allerdings aktienrechtliche Grenzen gesetzt sein.

Es stellt sich zunächst die Frage, ob § 76 Abs. 3 AktG, wonach nur eine natürliche Person Vorstand sein kann, umgangen wird, wenn man einen Betriebsführungsvertrag mit einer juristischen Person schließt.[447] *Geßler* hält dem entgegen, dass auch beim Betriebsführungsvertrag allein der Vorstand der Aktiengesellschaft die Verantwortlichkeit für die Geschäftspolitik behalte, weil

---

[445] Vgl. *Karsten Schmidt* in: Schlegelberger/Hefermehl, § 335 HGB a.F. (§ 230 HGB n.F.), Rn. 138.

[446] *Luther/Happ*, Form 2.144 Anm. 5 und Form 2.141 Anm. 6.

[447] So: *Veelken*, 123 f.; *Hommelhoff*, 285 Fn. 64.

er über die Billigung der Geschäftsplanung des Betriebsführers zu entscheiden hat.[448] Das überzeugt auch insofern, als die Verantwortlichkeit des Vorstands durch den Betriebsführungsvertrag in keiner Weise eingeschränkt wird, also der hinter § 76 Abs. 3 AktG stehende Zweck, dass eine natürliche Person die Verantwortlichkeit für die grundlegenden Entscheidungen der Geschäftspolitik der Aktiengesellschaft tragen soll, nicht beeinträchtigt wird.

Weiter beeinträchtigt der Betriebsführungsvertrag auch nicht die Funktionsfähigkeit der Vorstandshaftung nach § 93 AktG. Denn die Entscheidung über die Unternehmenspolitik und damit auch die Organhaftung trotz des Betriebsführungsvertrags beim Vorstand verbleibt.[449] Auch wenn der Betriebsführungsvertrag mit einer atypischen stillen Gesellschaft verbunden ist, kann man die Beschränkung des Haftungsmaßstabs auf eigenübliche Sorgfalt nach § 708 BGB insofern nicht anwenden. Überzeugender ist es, § 93 AktG entsprechend anzuwenden.[450] Es empfiehlt sich, die Geltung der Regeln des § 93 AktG im Betriebsführungsvertrag ausdrücklich zu vereinbaren, um Klarheit zu schaffen.

Streitig ist, wie das Erfordernis der eigenverantwortlichen Leitung auf Betriebsführungsverträge einwirkt, die sich auf sämtliche Betriebe der Aktiengesellschaft beziehen. Die eigenverantwortliche Leitung der Aktiengesellschaft durch den Vorstand ist nach § 76 AktG eine Grundlinie der Verfassung der Aktiengesellschaft, die durch den Betriebsführungsvertrag nicht eingeschränkt oder aufgehoben werden darf. Ein Betriebsführungsvertrag kann mit der eigenverantwortlichen Leitung in Konflikt zu geraten, weil der Betriebsführer die laufenden Entscheidungen der Geschäftsführung trifft, während die Leitungsmacht des Vorstands darauf beschränkt wird, die ordnungsgemäße Führung der Geschäfte durch den Betriebsführer zu überprüfen und daraus die im Betriebsführungsvertrag vorgesehenen Konsequenzen zu ziehen.

Zunächst führt die Diskussion der Frage, ob bestimmte Aufgaben vom Gesamtvorstand wahrzunehmen sind oder auf ein einzelnes Vorstandsmitglied übertragen werden können, an dieser Stelle nicht weiter.[451] Die hier von der Literatur entwickelten Abgrenzungskriterien beziehen sich nur auf die interne Zuständigkeit. Sie lassen sich nicht auf das Verhältnis zu Dritten übertragen. Der Betriebsführungsvertrag ist also nicht schon deshalb unzulässig, weil durch ihn

---

[448] *Geßler*, FS Hefermehl, 278.

[449] *Geßler* in: FS Hefermehl, 263, 280.

[450] Zum Haftungsmaßstab offen: *Geßler* in: FS Hefermehl, 263, 280 (die Unterschiede zur Haftung des Vorstands seien „nicht so gravierend").

[451] *Geßler*, FS Hefermehl, 272.

Aufgaben einem Dritten übertragen werden, die dem Gesamtvorstand vorbehalten sind.

Zunächst sind Betriebsführungsverträge, die nur einzelne Betriebe der Aktiengesellschaft betreffen, nach wohl unbestrittener Ansicht hinsichtlich der Pflicht des Vorstandes zur eigenverantworlichen Leitung unproblematisch.[452] Dies lässt sich überzeugend damit begründen, dass der Vorstand mit den verbleibenden Betrieben weiterhin das Unternehmen der Gesellschaft eigenverantwortlich leitet, also den herausgehobenen Teilbereich der Geschäftsführung mit der Koordination und Kontrolle des Unternehmens, sowie der Besetzung der Führungsstellen ausübt. Dagegen ist umstritten, inwieweit das Prinzip der eigenverantworlichen Leitung gem. § 76 Abs. 1 AktG einem Betriebsführungsvertrag Grenzen setzt, der sich auf sämtliche Betriebe der Aktiengesellschaft bezieht.

Veelken hat das aktienrechtliche System der Unternehmensleitung – wie bereits angesprochen - dahingehend interpretiert, dass der Vorstand zwingend zu einer aktiven Unternehmensleitung verpflichtet ist, wozu er die Bestimmung der Unternehmenspolitik und die Leitung der laufenden Geschäfte zählt. Er hat in der Folge angenommen, der Betriebsführungsvertrag sei organisationsrechtlich auch dann unzulässig, wenn ausschließlicher Maßstab der Unternehmensführung das Interesse der geführten Aktiengesellschaft sei und der Betriebsführer in den grundsätzlichen Fragen der Geschäftsführung an die Mitwirkung der geführten Aktiengesellschaft gebunden sei, die auf vertraglichen Zustimmungsvorbehalten beruhe.[453] Eine vergleichbare Konzeption wurde von *Hommelhoff* entwickelt, der für eine eigenverantwortliche Leitung fordert, dass der Vorstand der Aktiengesellschaft das Zentrum der unternehmerischen Kreativität, Aktivität und Initiative bleibt.[454]

Geßler meint demgegenüber, der Vorstand leite die Gesellschaft auch bei einer solchen Gestaltung aktiv, weil er den Betriebsführer nötigen könne, einen anderen Wirtschaftsplan vorzulegen.[455] Im Gegensatz zur nur passiven Leitung durch den Aufsichtsrat in den Fällen des § 111 Abs. 4 AktG werde die Gesellschaft umfassend handlungsunfähig, wenn sich Vorstand und Betriebsführer nicht einigen. Übe der Betriebsführer sein Vorschlagsrecht nicht im Sinne des Vorstands aus, sei der Betriebsführungsvertrag aufzulösen. Insofern

---

452 *Krieger* in: Münch HdB GesR IV, § 72 Rn. 46 m.N.

453 *Veelken*, (passim) 210-212 i.V.m. 50 f.

454 *Hommelhoff*, 285 Fn. 64.

455 *Geßler*, FS Hefermehl, 277.

habe der Vorstand aufgrund der Möglichkeit, diesen Druck auszuüben, die erforderliche aktive Leitungsmacht.

Die Frage erweist sich allerdings dann als nicht mehr entscheidend, wenn man mit *Huber* davon ausgeht, dass die aktive Unternehmensleitung nicht zum unverzichtbaren Bestand der eigenverantwortlichen Leitung der Aktiengesellschaft durch den Vorstand gehört. Als Begründung führt *Huber* die der Vorschrift des § 292 Abs. 1 Nr. 3 AktG zugrunde liegende Wertung an: Wenn der Gesetzgeber es der Aktiengesellschaft ermöglicht einen Betriebspacht oder Betriebsüberlassungsvertrag zu schließen und dabei stillschweigend davon ausgeht, dass die eigenverantwortliche Leitung der Gesellschaft durch den Vorstand durch solche Verträge nicht berührt wird, dann kann die aktive Unternehmensleitung nicht zum unveräußerlichen Bestand der Pflicht zur eigenverantwortlichen Leitung gehören, weil der Vorstand einer verpachteten Gesellschaft mit der aktiven Unternehmensleitung, der Unternehmenspolitik nichts zu tun habe und auch nicht das Zentrum unternehmerischer Kreativität, Aktivität und Initiative sei.[456] Diese Argumente überzeugen. Ein Betriebsführungsvertrag, der dem Betriebsführer umfassend das Recht einräumt, die Geschäfte der Aktiengesellschaft zu führen, verstößt deshalb grundsätzlich noch nicht gegen das Erfordernis der eigenverantwortlichen Leitung der Aktiengesellschaft durch den Vorstand.

Huber zieht deshalb grundsätzlich keine Grenzen für die Befugnisse des Betriebsführers, was unter Abwägung der bereits erörterten Argumente überzeugend erscheint.[457] Es reiche aus, dass der Vorstand jederzeit die Vollmacht widerrufen kann. Entgegen *Veelken* nimmt *Huber* an, dass es nicht zulässig sei, wenn die Geschäftsführer der Betriebsführungsgesellschaft zugleich den Vorstand des geführten Unternehmens bilden, weil diese Gestaltung im Ergebnis alle Mitwirkungsbefugnisse ausschalte, die der Betriebsführungsvertrag der Eigentümergesellschaft einräumt und die verhindern sollen, dass die Betriebsführungsgesellschaft das geführte Unternehmen ihren eigenen Zwecken nutzbar macht. Dieser Ansicht ist zu folgen, woraus für die stille Beteiligung an einer Aktiengesellschaft folgt, dass es nicht zulässig ist, die Beteiligung einerseits als Betriebsführungsvertrag zu gestalten und den stillen Gesellschafter bzw. die Mitglieder seines Geschäftsführungsorgans zugleich zum alleinigen Vorstandsmitglied der Aktiengesellschaft zu machen. Weitere Einschränkungen sind für den Betriebsführungsvertrag nicht angezeigt, weil die Belange der Aktiengesellschaft dadurch hinreichend geschützt sind, dass die Vollmacht frei widerrufen werden kann, wobei die tatsächliche Funktionsfähigkeit dieses

---

[456] *Huber*, ZHR 152 (1988), 1, 34.
[457] Vgl. *Huber*, ZHR 152 (1988), 1, 33 ff.

Widerrufsrechtes zugleich die Grenze für die Zulässigkeit der Vertragsgestaltung im Rahmen der Betriebsführung darstellt, durch die nicht in die eigenverantwortliche Leitung durch den Vorstand eingegriffen werden darf.

Martens vertritt die Ansicht, konzernfreie Betriebsführungsverträge, die der Aktiengesellschaft als Eigentümergesellschaft kein Weisungsrecht einräumen, seien mit § 76 AktG unvereinbar, auch wenn sie wegen der Widerruflichkeit der dem Betriebsführer zu erteilenden Generalvollmacht jederzeit auflösbar seien.[458] Das kann im Ergebnis nicht überzeugen. Ein konzernfreier Betriebsführungsvertrag ohne Weisungsrecht der Eigentümeraktiengesellschaft unterliegt zwar erheblichen Beschränkungen, ist aber keinesfalls generell unzulässig. Es sind mit *Huber* lediglich die folgenden drei Schranken zu beachten, um sicherzustellen, dass der Vertrag die eigenverantwortliche Leitung der Gesellschaft durch den Vorstand nicht beeinträchtigt: Erstens ist eine zu erteilende Generalvollmacht widerruflich zu gestalten, wobei allerdings zu beachten ist, dass eine unwiderrufliche Generalhandlungsvollmacht bei einer teleologisch einschränkenden Interpretation des § 168 S. 2 BGB auch bei Kapitalgesellschaften nicht zulässig und damit – zumindest nach § 138 BGB – nichtig ist, weil eine unwiderrufliche Generalmacht gegen die Schranken verstößt die von der Rechtsordnung einer Mehrheitsherrschaft in Kapitalgesellschaften gesetzt werden, um einen angemessenen Schutz der außenstehenden Gesellschafter und der Gesellschaftsgläubiger sicherzustellen.[459] Zweitens führt der – jederzeit mögliche – Widerruf der Generalhandlungsvollmacht nicht nur dazu, dass der Betriebsführer die Befugnis verliert, im Namen der Aktiengesellschaft zu handeln, sondern der Betriebsführer verliert auch die Befugnis für Rechnung der Aktiengesellschaft zu handeln.[460] Drittens entfällt mit dem Widerruf der Vollmacht der Anspruch des Betriebsführers auf die laufende Vergütung für die Geschäftsführung, wobei eine entgegenstehende Vereinbarung nach § 138 BGB nichtig wäre.[461] Das heißt aber nicht, dass der stille Gesellschafter seine Rechte auf Gewinnbeteiligung aus der stillen Gesellschaft verliert, soweit sie für die Leistung der Einlage und nicht für die Betriebsführung gewährt ist, was vertraglich zu berücksichtigen ist. Es ist auch zu bedenken, dass die jederzeitige Widerruflichkeit des Vertrages dazu führt, dass der stille Gesellschafter, der möglicherweise Arbeitnehmer zum Zwecke der Betriebsführung eingestellt hat, diese nun weiterbezahlen muss, ohne sie weiter zur Betriebsführung einsetzen zu können. Das schließt die Gestaltung eines Betriebsführungsvertrags zwischen unabhängigen Unternehmen aber wirtschaftlich nicht grundsätzlich aus, weil es möglich bleibt, den stillen

---

458 *Martens* in: Kölner Kommentar, § 76 AktG, Rn. 47.

459 Vgl. *Huber*, ZHR 152 (1988), 1, 24 ff., 28.

460 *Huber*, ZHR 152 (1988), 1, 28.

461 *Huber*, ZHR 152 (1988), 1, 28.

Gesellschafter für den Fall vertraglich zu entschädigen, dass die Aktiengesellschaft den Vertrag ohne wichtigen Grund kündigt, es sei denn dies würde die Entscheidungsfreiheit der Aktiengesellschaft hinsichtlich des Widerrufs wesentlich beeinträchtigen. Im übrigen ist es auch im Rahmen einer stillen Gesellschaft möglich, dass die Aktiengesellschaft als Inhaberin Weisungsbefugnisse hinsichtlich der Betriebsführung durch den stillen Gesellschafter erhält, weil die Weisungsbefugnis einer Partei der stillen Gesellschaft gegenüber der anderen Partei hinsichtlich ihrer Tätigkeit für das Inhaberunternehmen es nicht ausschließt, dass diese Tätigkeit von den Parteien aufgrund der Gewinn- und Verlustbeteiligung und von Kontrollrechten des stillen Gesellschafters nach dem Parteiwillen zu einem zu gemeinsamen Zweck geschlossen ist. Eine gesellschaftsvertraglich eingeräumte Weisungsbefugnis eines Kommanditisten gegenüber dem Komplementär einer Kommanditgesellschaft ist grundsätzlich rechtlich möglich, wenn auch der angewiesene Komplementär die Ausführung der Weisung von Rechts wegen ablehnen kann, wenn sie ihm vor dem Hintergrund seiner persönlichen Haftung für die Verbindlichkeiten der Kommanditgesellschaft unzumutbar ist.[462] Erst recht ist es möglich, dem Inhaberunternehmen eine Weisungsbefugnis für die Geschäftsführung des stillen Gesellschafters zu erteilen, weil der stille Gesellschafter nicht persönlich für die Verbindlichkeiten aus weisungsgemäß abgeschlossenen Verträgen haftet, sondern die aus den angewiesenen Maßnahmen entstehenden Verbindlichkeiten gerade den Weisungsberechtigten – nämlich die Aktiengesellschaft – treffen.

Hält ein Betriebsführungsvertrag die aufgezeigten Grenzen nicht ein, so ist Teilnichtigkeit anzunehmen und die Nichtigkeit des Vertrags insgesamt nach § 139 BGB zu beurteilen, wobei sich auf die Gesamtnichtigkeit allerdings nur derjenige Vertragspartner berufen kann, der durch die nichtige Einzelvorschrift begünstigt wird.[463]

Im Ergebnis ist der Betriebsführungsvertrag insofern unter dem Gesichtspunkt der eigenverantwortlichen Leitung zulässig, als es dem Vorstand der Aktiengesellschaft unbenommen bleibt, die Vollmacht des stillen Gesellschafters als Betriebsführer zu widerrufen, wenn der Aktiengesellschaft nicht ein Weisungsrecht hinsichtlich der Geschäftsführung durch den stillen Gesellschafter eingeräumt ist. Weiterhin muss der Vorstand der Aktiengesellschaft vom Betriebsführer unabhängig bleiben. Es ist nicht zulässig, den Betriebsführer zugleich zum Vorstandsmitglied der Aktiengesellschaft zu bestellen. Es bleibt allerdings zu erörtern, ob sich die Gestaltung im Einzelfall als verschleierter

---

[462] Siehe *Martens* in: Schlegelberger/Hefermehl, § 164 HGB, Rn. 27 ff.; vgl. auch *Huber*, ZHR 152 (1988), 1, 21.

[463] Vgl. *Huber*, ZHR 152 (1988), 1, 28 m.N.

Beherrschungsvertrag darstellen kann und welche Rechtsfolgen aus einer solchen Qualifikation ergeben können.

4. Verschleierter Beherrschungsvertrag

Fraglich ist, ob und gegebenenfalls unter welchen Voraussetzungen die stille Gesellschaft einen Beherrschungsvertrag darstellen kann und welche Rechtsfolgen sich in diesem Fall ergeben.

a) Vorliegen eines verschleierten Beherrschungsvertrags

Ob ein Beherrschungsvertrag vorliegt, muss nach materiellen Kriterien beurteilt werden, richtet sich also nicht nach der bloßen Bezeichnung des Vertrags.[464] Die Literatur geht demgegenüber teilweise davon aus, die Frage, ob ein Beherrschungsvertrag vorliegt, sei nur nach der Vertragsbezeichnung zu beurteilen, wobei der Registerrichter demgegenüber zu prüfen habe, ob die Grenzen für eine Selbstentmündigung der Gesellschaft eingehalten sind, die sich aus § 138 BGB, § 76 AktG und den §§ 311 ff. AktG ergeben können.[465] Demgegenüber geht die Rechtsprechung davon aus, dass ein Vertrag der die Grenzen der Leitungsbefugnis überschreitet, als Beherrschungsvertrag zu behandeln ist.[466] Ebenso sieht die h.M. in der Literatur einen Betriebsführungsvertrag als Beherrschungsvertrag an, wenn er sich nicht an diese Grenzen hält.[467] Für diese Sichtweise spricht, dass die Vorschriften über den Beherrschungsvertrag dem Schutz der Gläubiger und der außenstehenden Aktionäre dienen.

Vom Standpunkt des Rechts der stillen Gesellschaft ist es möglich, dem stillen Gesellschafter Weisungsbefugnisse hinsichtlich der Geschäftsführung des Inhaberunternehmens zu erteilen.[468] Aktienrechtlich sind Weisungsbefugnisse gegenüber dem Vorstand aber nur in einem Beherrschungsvertrag zulässig, wenn sie dazu führen, dass die Leitung der Aktiengesellschaft dem andern Vertragsteil unterstellt wird.[469] Die stille Gesellschaft darf also nicht dazu führen, dass die eigenverantwortliche Leitung über Weisungsbefugnisse in konkreten Einzelfällen

---

[464] *Mestmäcker*, FG Kronstein, 129, 148 ff.; *Koppensteiner* in: Kölner Kommentar § 291 AktG, Rn. 15 ff. m.N.

[465] *Würdinger* in: Großkommentar, § 292 AktG, Anm. 21; *Hommelhoff*, 277; *Luchterhandt*, 166 ff., *Reinhard/Schulz*, 91.

[466] BGH BB 1979, 1735, 1737.

[467] *Koppensteiner* in: Kölner Kommentar, § 291 AktG, Rn. 16 f.; Hüffer, § 292 AktG, Rn. 24; *Krieger* in: Münch HdB GesR IV, § 72 Rn. 50.

[468] Siehe dazu unter § 3 IV. 2.

[469] Vgl. *Hüffer*, § 76 AktG, Rn. 10 und Rn. 18.

hinaus dem stillen Gesellschafter unterstellt wird.[470] Anderenfalls liegt ein verschleierter Beherrschungsvertrag vor.

Zustimmungs- bzw. Vetorechte in Fragen der Geschäftsführung sind bei einer Aktiengesellschaft außerhalb eines Beherrschungsvertrages nur insoweit möglich, als sie die eigenverantwortliche Leitung des Vorstands unberührt lassen. Sie können – gewollt oder ungewollt – den Vertrag, in dem sie eingeräumt sind, zu einem Beherrschungsvertrag machen. Ein Betriebsführungsvertrag kann also auch in einen Beherrschungsvertrag umschlagen.[471] Dies wird man für die stille Gesellschaft als Teilgewinnabführungsvertrag in der Folge nicht anders beurteilen können. Sieht die stille Gesellschaft also Weisungsrechte vor, die über einen konkret bestimmten Einzelfall hinausgehen, kann ein verschleierter Beherrschungsvertrag vorliegen. Welche Gestaltungen im Rahmen eines Teilgewinnabführungsvertrags oder eines Betriebsführungsvertrag noch erlaubt sind, wird in der Literatur unterschiedlich beurteilt.

Nach *Geßler* ist die Grenze zwischen einem zulässigen und einem unzulässigen Betriebsführungsvertrag nicht zwischen der aktiven und der passiven, sondern innerhalb der aktiven Unternehmensführung zu ziehen. Der Vorstand genüge seiner Leitungspflicht, wenn er die Grundfragen der Unternehmenspolitik entscheidet und deren Durchführung überwacht. Die laufende Geschäftsführung gehöre nicht zu den unübertragbaren Aufgaben des Vorstands.[472] Der Vorstand müsse allerdings in der Lage sein, das Unternehmen der Aktiengesellschaft aktiv zu leiten. Diese Voraussetzung sei aber bereits erfüllt, wenn der Vorstand auf die Entscheidung über den vom Betriebsführer aufgestellten Geschäftsplan beschränkt sei.[473] In der Konsequenz dieses Ansatz läge es, den Betriebsführungsvertrag als verschleierten Beherrschungsvertrag anzusehen, wenn der Vertrag nicht vorsieht, dass der Vorstand regelmäßig über den vom Betriebsführer aufgestellten Geschäftsplan entscheidet.

Einen anderen Ansatzpunkt für die Qualifikation als verschleierter Beherrschungsvertrag vertritt *Oesterreich*. Nach seiner Ansicht führt schon der Umstand, dass in einem Betriebspachtvertrag keine angemessene Gegenleistung vereinbart ist, zu einem verschleierten Beherrschungsvertrag.[474] Sollte dieser Grundsatz zutreffen, wäre zu überlegen, ob er sich auch auf eine atypische stille

---

[470] Zum Begriff der eigenverantworlichen Leitung siehe oben unter 1 b).

[471] *Geßler* in: Geßler/Hefermehl, § 292 AktG Anm. 85; sowie *derselbe* in: FS Ballerstedt, 231 ff.

[472] *Geßler* in: FS Hefermehl, 263, 282.

[473] *Geßler* in: FS Hefermehl, 263, 277.

[474] *Oesterreich*, 138 f.

Gesellschaft, die einen Teilgewinnabführungsvertrag und eventuell zusätzlich einen Betriebsführungsvertrag darstellt, übertragen lässt. Indessen kann die Ansicht schon für die Betriebspacht nicht überzeugen. Dass die mangelnde Gegenleistung die Beherrschung der Gesellschaft durch den Vertragspartner zur Folge haben soll, leuchtet nicht ein, wenn man sich die Regelung des § 292 Abs. 3 AktG sowie des § 302 Abs. 2 AktG vor Augen hält, die gerade Bestimmungen für Betriebspachtverträge gegen unangemessenes Entgelt enthalten. Noch weniger wird man die Ansicht auf einen mit einem Teilgewinnabführungsvertrag verbundenen Betriebsführungsvertrag übertragen können, weil die Betriebsführung durch eine jederzeit widerrufliche Vollmacht zu regeln ist, und deshalb ein Eingriff in die eigenverantwortliche Leitung noch bedeutend ferner liegt, als im Fall der Betriebspacht.[475] Allein der Umstand, dass im Teilgewinnabführungsvertrag ein unangemessenes Entgelt versprochen wird, macht die atypische stille Gesellschaft als Teilgewinnabführungsvertrag also weder allein noch zusammen mit einem im Einzelfall zugleich vorliegenden Betriebsführungsvertrag zu einem verschleierten Beherrschungsvertrag.

Ein Betriebsführungsvertrag stellt sich nach *Huber* dann als verschleierter Beherrschungsvertrag dar, wenn sich die abhängige Gesellschaft verpflichtet, dem herrschenden Unternehmen die Führung ihres Unternehmens zu überlassen, ohne dass zugleich ein Beherrschungsvertrag, ein Gewinnabführungsvertrag oder ein Eingliederungsvertrag abgeschlossen wird.[476] *Huber* begründet dies überzeugend damit, dass eine effektive Kontrolle der Betriebsführung in einer abhängigen Gesellschaft nicht möglich sei. Deswegen sei es in diesem Fall auch ohne Bedeutung, in welchem Umfang die Aktiengesellschaft Kontrollrechte oder auch Weisungsbefugnisse gegenüber dem herrschenden Betriebsführer eingeräumt würden. Denn die Organe der Aktiengesellschaft, die über die Ausübung dieser Rechte zu befinden hätten, seien typischerweise mit Repräsentanten des herrschenden Unternehmens besetzt.[477] Aus diesem Grund unterstellt sich die Aktiengesellschaft in einem solchen Fall der Leitung des herrschenden Unternehmens, weswegen materiell ein Beherrschungsvertrag vorliegt.[478] Dem ist *Krieger* mit dem Argument entgegen getreten, dass bei einer solchen Betrachtungsweise auch Betriebspacht und Betriebsüberlassungsverträge zwischen der Aktiengesellschaft und einem herrschenden Unternehmen als verschleierte Beherrschungsverträge einzuordnen sein müssten. Dieser Einordnung stehe aber § 302 Abs. 2 AktG entgegen, der die Zulässigkeit von Betriebspacht und Betriebsüberlassung auch bei einem Abhängigkeitsverhältnis

---

[475] Siehe soeben unter 3.

[476] *Huber*, ZHR 152 (1988), 123, 140 ff.

[477] *Huber*, ZHR 152 (1988), 123, 124.

[478] *Huber*, ZHR 152 (1988), 123, 140.

voraussetzt. Denn § 302 Abs. 2 AktG bestimmt, dass eine Ausgleichspflicht des herrschenden Unternehmens für Verluste der Untergesellschaft nur insoweit besteht, als die Gegenleistung für die Pacht bzw. Überlassung das angemessene Entgelt nicht erreicht.[479] Diese Argumentation überzeugt jedoch nicht, weil der Betriebsführungsvertrag den Einfluss des herrschenden Gesellschafters auf das ganze Unternehmen der Aktiengesellschaft ausdehnt, während bei der Betriebspacht und der Betriebsüberlassung die Gegenleistung zur freien Verfügung des Vorstands der Aktiengesellschaft steht, der hiermit wirtschaften kann, ohne dass der herrschende Gesellschafter über diese Mittel aufgrund der Betriebspacht oder der Betriebsüberlassung verfügen könnte. Aus diesem Grund darf ein Betriebsführungsvertrag nicht mit dem herrschenden Unternehmen als Betriebsführer geschlossen werden.

Diese Grundsätze wird man auf die stille Gesellschaft als Betriebsführungsvertrag zu übertragen haben. Eine stille Gesellschaft stellt sich folglich als verschleierter Beherrschungsvertrag dar, wenn sie zwischen herrschendem und abhängigem Unternehmen abgeschlossen ist und vorsieht, dass der stille Gesellschafter das Unternehmen der Aktiengesellschaft umfassend führt.

Für die stille Gesellschaft die zwar Mitwirkungsrechte einräumt, aber keine Betriebsführung durch den stillen Gesellschafter vorsieht, gelten andere Grundsätze. Hier ist darauf abzustellen, ob durch die Mitwirkungsrechte über den konkreten Einzelfall hinaus die Leitung des gesamten Unternehmens den Entscheidungen des stillen Gesellschafters unterworfen wird. Dies ist insbesondere dann möglich, wenn Weisungsrechte über einen konkret bestimmten Einzelfall hinaus eingeräumt werden.

b) Rechtsfolgen einer Qualifikation als verschleierter Beherrschungsvertrag

Ein verschleierter Beherrschungsvertrag ist zunächst an den materiell-rechtlichen Anforderungen für Beherrschungsverträge zu messen, d.h. der Vertrag ist nicht per se nichtig, sondern dann wirksam, wenn er die Wirksamkeitsvoraussetzungen für einen Beherrschungsvertrag erfüllt. Dabei ist insbesondere wegen § 304 Abs. 3 S.1 AktG an die Ausgleichsregelung zu denken sowie wegen § 293 AktG zu prüfen, ob der Hauptversammlungsbeschluss den Vertrag inhaltlich abdeckt.[480] Sind die Wirksamkeitsvoraussetzungen für Beherrschungsverträge nicht erfüllt, ist der Vertrag nichtig. Allerdings bleiben Geschäfte, die aufgrund einer im

---

[479] *Krieger* in: Münch HdB GesR IV, § 72 Rn. 50.

[480] *Krieger* in: Münch HdB GesR IV, § 72 Rn. 36 und 50.

Vertrag eingeräumten Vollmacht vorgenommen wurden, grundsätzlich wirksam, weil die Vollmacht als abstraktes Rechtsgeschäft grundsätzlich unabhängig vom Grundgeschäfts besteht. Dies folgt zumindest aber, wenn man eine Fehleridentität annimmt, aus der aus § 54 HGB folgenden Wertung bzw. entsprechend § 173 BGB oder nach den Grundsätzen der Duldungsvollmacht, die besagen, dass ein Dritter den Fehler der Vollmacht nur gegen sich gelten lassen muss, wenn er ihn kannte oder kennen musste, falls der Vertretene vom Tätigwerden des Vertreters wusste.[481]

Weiter ist ein Beherrschungsvertrag nach § 291 Abs. 1 S. 1 AktG nur zulässig, wenn der stille Gesellschafter überhaupt Unternehmen i.S.d. Konzernrechts ist, also über eine anderweitige wirtschaftliche Interessenbindung verfügt.[482] Nur dann sind die mit einem Beherrschungsvertrag verbundenen Eingriffe in die Verfassung der Aktiengesellschaft zu rechtfertigen.[483] Ein reiner Privatmann kann also keinen wirksamen Beherrschungsvertrag schließen. Eine solche Gestaltung wäre nach § 134 BGB i.V.m. § 291 AktG unheilbar nichtig.

Die Rechtsfolge einer Qualifikation als verschleierter Beherrschungsvertrag sind im übrigen wenig geklärt. Eine verbreitete Meinung in der Literatur befürwortet eine Haftung nach § 302 Abs. 2 AktG annehmen, wenn zusätzlich die Voraussetzungen qualifiziert faktischer Konzernierung vorliegen, also die Aktiengesellschaft tatsächlich wie eine Betriebsabteilung geführt wird.[484] *Krieger* nimmt an, dass der Vertrag nach den Grundsätzen über die fehlerhafte Gesellschaft für die Zeit seiner Durchführung nach § 302 Abs. 2 AktG zum Verlustausgleich verpflichte, auch wenn die Voraussetzungen qualifiziert faktischer Konzernierung nicht vorliegen.[485] Nach *Huber* haftet das herrschende Unternehmen im Falle eines verschleierten Beherrschungsvertrages für jeden während der Vertragsdurchführung entstandenen Verlust, soweit es nicht nachweist, dass ein ordnungsgemäß handelnder Geschäftsleiter einer unabhängigen Gesellschaft diese unter denselben Umständen genauso geführt hätte, wie er es selbst getan hat.[486]

---

[481] *Krieger* in: Münch HdB GesR IV, § 72 Rn. 36; und mit den dargestellten Einschränkungen: *Huber*, ZHR 155 (1988), 123, 145 ff.;

[482] *Hüffer*, § 291 AktG, Rn. 8; siehe zum Regelungszweck eingehend: *Altmeppen* in: MünchKomm, § 291 AktG, Rn. 4 ff.

[483] So auch: *Altmeppen* in: MünchKomm, § 291 AktG, Rn. 8.

[484] Vgl. *Hüffer*, § 292 AktG Rn. 24, *Krieger* in: Münch HdB GesR IV, § 72 Rn. 36; *Huber*, ZHR 152 (1988), 123, 142.

[485] *Krieger* in: Münch HdB GesR IV, § 72 Rn. 36.

[486] BGH WM 1979, 937, 941; BGHZ 93, 330, 345 f.; Huber, ZHR 155 (1988), 123, 142 f.

Daneben kommt es für die Aktiengesellschaft in Frage, einen infolge der Durchführung des verschleierten Beherrschungsvertrages möglicherweise entgangenen Gewinn nach § 317 Abs. 1 S. 1 AktG im Wege des Nachteilsausgleichs ersetzt zu verlangen. Hierzu wird von *Huber* angenommen, die Nichtigkeit des Beherrschungsvertrages führe dazu, dass im Sinne des § 311 AktG kein Beherrschungsvertrag besteht, wobei die Anwendbarkeit des § 302 Abs. 2 AktG nicht dazu führe, dass die Pflicht zum Nachteilsausgleich entfällt.[487] Die Haftung setzt den Nachweis voraus, das die Aktiengesellschaft aufgrund des nichtigen verschleierten Beherrschungsvertrages geschädigt worden ist, was ein erhebliches Problem hinsichtlich der Beweisführung aufwirft. Hier soll mit *Huber* davon auszugehen sein, dass ein in den letzten drei Jahren vor dem nichtigen Beherrschungsvertrag durchschnittlich erzielter Gewinn auch ohne den Beherrschungsvertrag erzielt worden wäre, es sei denn der andere Vertragsteil könne das Gegenteil beweisen.[488] Unter diesen Ausgangsannahmen ergibt sich die Rechtswidrigkeit der Schädigung i.S.v. § 311 AktG aus ihrer objektiven Nachteiligkeit, wobei ein Entlastungsbeweis nach § 317 Abs. 2 AktG nicht mehr denkbar sei, weil das herrschende Unternehmen, dass unter diesen Bedingungen keinen Gewinn für die abhängige Gesellschaft erwirtschaftet hat, sich keinesfalls so verhalten haben kann, „wie ein ordentlicher und gewissenhafter Geschäftsleiter einer unabhängigen Gesellschaft“.[489] Hierin ist ein angemessener Interessenausgleich im Angesicht der sich nach der Durchführung des nichtigen Vertrages ergebenden unklaren Beweislage zu sehen, die nicht zu Lasten der Untergesellschaft gehen kann, weil die Verantwortlichkeit für die Eigenschaft des Vertrages als verschleiertem Beherrschungsvertrag beim herrschenden Unternehmen liegt. *Huber* hat dies ausdrücklich nur für konzerninterne Beherrschungsverträge ausgeführt, die sicherlich praktisch der naheliegendere Anwendungsfall für einen verschleierten Beherrschungsvertrag sind. Aber auch wenn vor dem Abschluss des verschleierten Beherrschungsvertrages ausnahmsweise keine Abhängigkeit bestand, wird man dieser Lösung zu folgen haben, weil der durchgeführte verschleierte Beherrschungsvertrag eine faktische Abhängigkeit herbeiführt, die im Verantwortungsbereich der Vertragspartei liegt, die aufgrund des Vertrages die Herrschaft ausübt. Dies rechtfertigt die Anwendung der §§ 311 ff. AktG.

5. Atypische Beherrschungsverträge

Im Folgenden wird unter dem Begriff der „atypischen Beherrschungsverträge“ die Frage erörtert, ob Beherrschungsverträge mit nur eingeschränkten

---

[487] *Huber*, ZHR 155 (1988), 123, 143 f.

[488] *Huber*, ZHR 155 (1988), 123, 145.

[489] *Huber*, ZHR 155 (1988), 123, 146.

Befugnissen des herrschenden Unternehmens möglich sind. Es wurde gezeigt, dass die stille Gesellschaft als Teilgewinnabführungsvertrag die aktienrechtlichen Grenzen für einen Fremdeinfluss nicht schon verletzt, weil sie gerichtlich durchsetzbare Mitwirkungsrechte einräumt.[490] Es kann aber im Einzelfall beabsichtigt sein, die Mitwirkungsrechte des stillen Gesellschafters weitergehend auszugestalten. Die einfachste Variante wäre ein Beherrschungsvertrag, der dem stillen Gesellschafter Weisungsbefugnisse für das gesamte Unternehmen der Aktiengesellschaft einräumt. Fraglich ist, ob ein den Fremdeinfluss rechtfertigender Beherrschungsvertrag auch mit weniger weit gehenden Befugnissen des stillen Gesellschafters gestaltet werden kann.

a) Beherrschungsvertrag über Teilfunktionen der Gesellschaft

Die Literatur sieht es überwiegend als möglich an, einen sog. Teilbeherrschungsvertrag zu schließen.[491] Die Bezeichnung ist irreführend. Auch ein Teilbeherrschungsvertrag setzt nach allen Ansichten voraus, dass die andere Partei die Aktiengesellschaft als solche beherrschen kann. Ein Teilgewinnabführungsvertrag setzt dem überwiegenden Teil der Literatur voraus, dass ein Teil der wesentlichen Funktionen der Gesellschaft betroffen ist. Nicht ausreichend sei es dagegen, wenn ein Vertrag lediglich einen von mehreren Betrieben des Unternehmens betrifft, gleichgültig ob dieser vollständig fremder Beherrschung unterworfen wird. Es erscheint aus diesem Grund angezeigt, von einem Beherrschungsvertrag über Teilfunktionen des Gesamtunternehmens zu sprechen.

Nach *Koppensteiner* muss die Gesellschaft als ganze beherrscht werden. Notwendig sei mindestens eine integrierte Finanzplanung.[492] Dazu müssten auf jeden Fall auch Weisungsrechte hinsichtlich unternehmerischer Beteiligungen vereinbart sein.[493] Weitere Voraussetzungen sollen sein, dass der Gesellschaft im Vertrag kein äquivalentes Entgelt versprochen ist und der Vertragspartner auch über die weitere Verwendung der zugeflossenen Mittel entscheiden kann.[494]

---

[490] Siehe oben unter 1.

[491] *Geßler* in: Geßler/Hefermehl, § 291 AktG, Rn. 51; *Exner*, 113 f.; *Hommelhof*, 152 (z.B. Verpflichtung, bestimmte Stücke des Anlagevermögens nicht zu veräußern, bestimmte Projekte der Forschung und Entwicklung oder bestimmte Märkte nicht aufzugeben; auch Beherrschungsvertrag ohne Leitungsmacht soll möglich sein); *Hüffer*, § 291 AktG, Rn. 15; *Krieger* in: Münch HdB GesR IV, § 70 Rn. 5; *Grobecker*, DStR 2002, 1953; a.A. *Dierdorf*, 109 f.; *Koppensteiner* in: Kölner Kommentar, § 291 AktG, Rn. 32 ff.; *Würdinger* in: Großkomm., § 291 AktG, Anm. 8.

[492] *Koppensteiner* in: Kölner Kommentar, § 291 AktG, Rn. 18.

[493] *Koppensteiner* in: Kölner Kommentar, § 291 AktG, Rn. 30.

[494] *Koppensteiner* in: Kölner Kommentar, § 291 AktG, Rn. 19, 21.

Hierbei soll es sich aber nur um sog. „analytische" Kriterien handeln, die nach Ansicht von *Koppensteiner* letztlich keine praktische Bedeutung haben.

Nach der überwiegenden Ansicht in der Literatur soll es ausreichend sein, wenn ein Beherrschungsvertrag dem herrschenden Unternehmen eine wesentliche Funktion des Unternehmens unterstellt. Zu den möglichen Funktionen sollen Einkauf und Verkauf, Personalpolitik, Forschung und Finanzwesen gehören. Die Aufzählungen sind nur beispielhaft. Ein abschließender Kanon von wesentlichen Funktionsbereichen hat sich nicht herausgebildet.

Im Ergebnis erscheint es überzeugend, auch einen Beherrschungsvertrag über Teilfunktionen des Gesamtunternehmens anzuerkennen, weil in diesen Fällen die eigenverantwortliche Leitung berührt ist.

In der Folge kann eine stille Beteiligung an einer Aktiengesellschaft einen Beherrschungsvertrag über Teilfunktionen des Unternehmens darstellen. Diese Variante kommt in Frage, wenn die stille Gesellschaft Weisungsrechte einräumt, die über das Maß hinaus gehen, das im Rahmen eines Teilgewinnabführungsvertrages zulässig ist, also die eigenverantwortliche Leitung beeinträchtigt. Solche Gestaltungen können auch dann als Beherrschungsvertrag anzusehen sein, wenn sich die Weisungsbefugnisse nur auf Teilfunktionen des Unternehmens beziehen. Das gilt insbesondere für umfassende Weisungsrechte hinsichtlich der Finanzplanung.

b) Beherrschungsvertrag ohne Weisungsbefugnis

Auch reine Zustimmungsrechte im Rahmen der stillen Gesellschaft können die Fähigkeit des Vorstands zur eigenverantwortlichen Leitung verletzen. In der Folge kann man eine konzernvertragliche Rechtfertigung solcher Gestaltungen nur annehmen, wenn man davon ausgeht, ein Beherrschungsvertrag könne auch ohne Weisungsbefugnis vorliegen. Die wohl h.M. in der Literatur nimmt an, Beherrschungsverträge setzten eine Weisungsbefugnis voraus.[495] Andererseits werden Beherrschungsverträge auch ohne Weisungsbefugnis für möglich gehalten.[496] Eine solche Einordnung ist teilweise gewünscht, um in Abhängigkeitskonstellationen mittels eines Unternehmensvertrags zu einer Befreiung von der Vermögensbindung und der Pflicht zum Abhängigkeitsbericht zu gelangen, ohne

---

[495] Dagegen: *Hüffer*, § 308 AktG, Rn. 10; *Koppensteiner* in: Kölner Kommentar, § 308 AktG, Rn. 14.

[496] So zuletzt: *Bachmann/Veil*, ZIP 1999, 348, 350 liSp, 353 reSp; siehe z.B. auch *Emmerich/Sonnenschein*, 6. Aufl. 4 b (für Unternehmen der öffentlichen Hand).

dass dabei eine Weisungsbefugnis für das herrschende Unternehmen besteht, was z.B. aus kapitalmarktpolitischen Gründen unerwünscht sein kann.[497]

Das Erfordernis eines Weisungsrechts wird zunächst damit begründet, dass die Vertragsfreiheit im Rahmen des Beherrschungsvertrags auch im Interesse des herrschenden Unternehmens dahingehend eingeschränkt sei, dass ein Weisungsrecht unabdingbar ist.[498] Die Aktionäre des herrschenden Unternehmens sollen sich es mit andern Worten nicht gefallen lassen müssen, dass ihre Gesellschaft zum Verlustausgleich und zu Ausgleich und Abfindung zugunsten der außenstehenden Aktionäre der Untergesellschaft gezwungen wird, ohne dass ihrer Gesellschaft nicht wenigstens gegenüber der beherrschten Gesellschaft das Weisungsrecht zusteht.

Für die Zulässigkeit eines Beherrschungsvertrages ohne Weisungsbefugnis wird weiter § 308 Abs. 1 S. 2 AktG angeführt, der vorsieht, dass auch nachteilige Weisungen erteilt werden können, wenn der Vertrag nichts anderes bestimmt.[499] Nach den Materialien sollte es durch die Möglichkeit der vertraglichen Einschränkung der Weisungsbefugnis erleichtert werden, die Zustimmung der Aktionäre zu einem Beherrschungsvertrag zu gewinnen.[500] Das bezieht sich zwar nur auf den vertraglichen Ausschluss nachteiliger Weisungen. Trotzdem lässt sich daraus ableiten, dass auch andere vertragliche Einschränkungen des Weisungsrechts sowie dessen Ausschluss möglich sind. Denn die Interessen der Gläubiger und der außenstehenden Aktionäre werden durch eine solche Vertragsgestaltung nicht berührt. Es ist auch aus praktischen Gründen möglich, das Weisungsrecht für typischerweise nachteilige Maßnahmen abzubedingen. Den Vertragsparteien sollten selbst bestimmen können, welche Maßnahmen nachteilig sein können und welche nicht, um eine klare Pflichtenlage für den Vorstand der Untergesellschaft zu schaffen, wenn das Recht zu nachteiliger Weisung abbedungen ist. Daher sollte es den Parteien möglich sein, einen Katalog von Maßnahmen zu schaffen, für die das Weisungsrecht ausgeschlossen ist, weil sie typischerweise nachteilig sind.[501] Dem Interesse an einer klaren Pflichtenlage dient es ebenso, wenn der Beherrschungsvertrag nur bestimmte

---

[497] *Geßler* in: Geßler/Hefermehl, § 292 AktG, Rn. 53 (Beherrschungsvertrag sei ohne Leitungsmacht möglich); *Hommelhoff*, 152.

[498] *Krieger* in: Münch HdB GesR IV, § 70 Rn. 6; *Koppensteiner* in: Kölner Kommentar, § 291 AktG, Rn. 13 f. (Schutz auch des herrschenden Unternehmens); *Emmerich* in: Emmerich/Habersack, Aktien- und GmbH-Konzernrecht, § 291 AktG, Rn. 22.

[499] *Exner*, 115 f. (einheitliche Leitung sei entscheidend); *Geßler*, FS Beitzke, 923, 932; *Bachmann/Veil*, ZIP 1999, 348, 350.

[500] RegBegr bei *Kropff*, 403.

[501] So auch: *Bachmann/Veil*, ZIP 1999, 348, 354.

Vetorechte einräumt, und dem Vorstand der Untergesellschaft in allen anderen Belangen freie Hand lässt.

Die stille Gesellschaft kann im Ergebnis also auch ohne die Vereinbarung von Weisungsrechten als Beherrschungsvertrag gerechtfertigt sein.

c) Beherrschungsvertrag ohne Leitungsmacht

Schließlich ist zu überlegen, ob es möglich ist, einen Beherrschungsvertrag abzuschließen, der dem herrschenden Unternehmen keine Leitungsmacht einräumt. § 291 Abs. 1 S. 1 AktG bestimmt, dass ein Vertrag, durch den eine Aktiengesellschaft die Leitung ihrer Gesellschaft einem anderen Unternehmen unterstellt, ein Unternehmensvertrag in Form eines Beherrschungsvertrages sei.

Bachmann/Veil gehen in der Folge davon aus, dass ein Beherrschungsvertrag nur dann geschlossen werden kann, wenn die vertragliche Gestaltung dem anderen Vertragsteil Leitungsmacht verschafft.[502] Auch Zustimmungsrechte im Rahmen einer atypischen stillen Beteiligung sollen zu einer sog. partiellen Leitung führen können.[503] Es reiche aus, wenn der stille Gesellschafter durch Zustimmungsrechte in zentralen unternehmerischen Fragen eine solch gewichtige Stellung erlange, dass er in der Lage sei, seine Interessen durchzusetzen. Erforderlich sei eine Würdigung der zugestandenen Einwirkungsmöglichkeiten insbesondere im Hinblick auf Finanzentscheidungen. Reiche der Einfluss des stillen Gesellschafters nicht aus, um die Leitung der Gesellschaft zu begründen, könnten die entsprechenden Rechte nicht durch einen Beherrschungsvertrag gerechtfertigt werden. Deshalb gebe es Konstellationen, in denen Zustimmungsrechte des stillen Gesellschafters gegen den Grundsatz der eigenverantwortlichen Leitung verstoßen aber gleichwohl nicht durch einen Beherrschungsvertrag gerechtfertigt werden könnten.[504]

Dies wäre anders zu beurteilen, wenn ein Beherrschungsvertrag auch ohne die Vermittlung von Leitungsmacht wirksam werden könnte. Aus der Klammerdefinition in § 291 Abs. 1 S. 1 AktG wird man nicht schließen können, dass alle Beherrschungsverträge die Leitung durch die Obergesellschaft voraussetzen. Die Bestimmung ist vielmehr so zu verstehen, dass alle Verträge, die eine Leitung der Untergesellschaft durch die Obergesellschaft bewirken, Beherrschungsverträge sind. Damit ist aber zu der Frage nichts gesagt, wie es sich mit Verträgen verhält, die keine Leitung durch die Obergesellschaft bewirken. Für die Möglichkeit eines

---

[502] *Bachmann/Veil*, ZIP 1999, 348, 354; *Exner*, 115 f.

[503] *Bachmann/Veil*, ZIP 1999, 348, 354.

[504] *Bachmann/Veil*, ZIP 1998, 348, 354 reSp.

Beherrschungsvertrages ohne Leitungsmacht lässt sich systematisch § 18 Abs. 1 S. 2 AktG anführen, nach dem Unternehmen, zwischen denen ein Beherrschungsvertrag besteht, als unter einheitlicher Leitung zusammengefasst anzusehen sind. Dieser Anordnung – mag es sich dabei um eine unwiderlegliche Vermutung oder um eine gesetzliche Fiktion handeln – würde es kaum bedürfen, wenn ein Beherrschungsvertrag die Voraussetzung hätte, dass die Parteien durch ihn zwangsläufig unter einheitliche Leitung zusammengefasst werden. Weiter kann man mit der konzernvertraglichen Vertragsfreiheit argumentieren. Schließlich lässt sich auch bezweifeln, dass das Konzernvertragsrecht ein Schutzrecht im Interesse des herrschenden Unternehmens ist.[505] Das gilt unabhängig von der Frage, ob die §§ 291 ff. AktG neben dem Schutz der Aktionäre und Gläubiger auch die Normierung eines Konzernorganisationsrechts bezwecken.[506] Dementsprechend wird man auch einen Beherrschungsvertrag ohne Leitungsmacht anerkennen können.[507]

Nach der hier vertretenen Ansicht sind jedoch alle stillen Gesellschaftsverträge, die nicht im Rahmen eines Teilgewinnabführungsvertrages gerechtfertigt werden können, mit einer Leitungsmacht des stillen Gesellschafters verbunden. Verträge, die keine Leitungsmacht an den stillen Gesellschafter vermitteln, lassen sich im Rahmen des konzernvertraglichen Verfahrens für Teilgewinnabführungsverträge rechtfertigen. Diese Grenze lässt sich indessen praktisch nicht immer rechtssicher bestimmen. Der stille Gesellschafter mag deshalb in Erwägung ziehen, ob er die Anforderungen an einen Beherrschungsvertrag einhalten will. Er ist dabei nicht gezwungen, sich Leitungsmacht einräumen zu lassen. Freilich wird es praktisch äußerst selten sein, dass der stille Gesellschafter alle Beschwerlichkeiten auf sich nimmt, die der Beherrschungsvertrag rechtlich nach sich zieht, aber auf das Weisungsrecht und sogar auf eine Mitwirkung verzichtet, die ihm die Leitung der Untergesellschaft vermittelt. Eine solche Gestaltung ist gleichwohl rechtlich zulässig.

---

505 Vgl. etwa: RegBegr bei *Kropff*, 373.

506 Vgl. z.B.: *Sonnenschein*, ZGR 1981, 429 ff., insbesondere: 434 f.; und auch: RegBegr bei *Kropff*, 374 („Grundzüge").

507 Ähnlich: *Altmeppen*, § 291 AktG, Rn. 78.

2. Teil: Zustandekommen des Beteiligungsverhältnisses

Im Folgenden soll dargestellt werden, welche rechtlichen Vorschriften beim Abschluss eines Vertrages über eine stille Beteiligung an einer Aktiengesellschaft zu beachten sind und unter welchen Bedingungen die Beteiligung rechtsverbindlich wird. Dabei soll zunächst auf die Pflichten bei der Vertragsanbahnung eingegangen werden.[508] Weiter sollen die besonderen Erfordernisse für die Vertretung einer Aktiengesellschaft beim Abschluss des Vertrags über die stille Beteiligung als Unternehmensvertrag dargestellt werden.[509] Danach wird auf die Voraussetzungen eingegangen, die für die Wirksamkeit des Vertrages vorliegen müssen, wobei auch auf mögliche Nichtigkeits- und Anfechtungsgründe eingegangen wird.[510] Dabei wird sich zeigen, dass für den Abschluss einer stillen Beteiligung an einer Aktiengesellschaft eine Fülle von Fehlerquellen bestehen, die grundsätzlich zur Unwirksamkeit des Vertrages führen können. Aus diesem Grund soll schließlich darauf eingegangen werden, ob sich aus den Grundsätzen über die fehlerhafte Gesellschaft im Einzelfall trotz der grundsätzlichen Unwirksamkeit für die stille Beteiligung ergeben kann, dass der Vertrag – soweit er tatsächlich durchgeführt wurde – für die Vergangenheit wirksam ist.[511]

§ 6 Pflichten bei der Vertragsanbahnung

Was die Pflichten bei der Vertragsanbahnung angeht, ist unter spezifisch aktienrechtlichem Gesichtspunkt zunächst zu klären, inwieweit der Vorstand im Vorfeld des Vertragsschlusses Geheimnisse der Gesellschaft offenbaren darf.[512] Es ist an dieser Stelle noch nicht zu erörtern, wie sich die Vorschriften der §§ 76, 93 Abs. 1 S. 3 AktG und umfassender das aktienrechtliche System der Unternehmensinformation auswirken, wenn einem Kapitalgeber bei der Durchführung seiner Unternehmensbeteiligung Informationsrechte eingeräumt sind, die für Aktionäre nicht gelten; vielmehr ist zunächst nur zu erörtern, ob und gegebenenfalls wie der Vorstand im Hinblick auf die besondere rechtliche Struktur der Aktiengesellschaft sicherstellen muss, dass die Aktiengesellschaft sich nicht verpflichtet, Informationen in einer Weise zu erteilen, die nicht im Unternehmensinteresse liegt.[513] Schließlich werden einige sonstige Pflichten des Vorstands im Vorfeld des Vertragsschlusses dargestellt, die sich typischerweise

[508] Dazu unter § 6.
[509] Dazu unter § 7.
[510] Dazu unter § 8.
[511] Dazu unter § 9.
[512] Dazu unter I.
[513] Dazu unter II.

im weitesten Sinne unter kapitalmarktrechtlichem Gesichtspunkt ergeben können. Dazu gehört im Einzelfall die Pflicht zur Ad-Hoc-Publizität bei börsennotierten Aktiengesellschaften und die kapitalmarktrechtliche Prospektpflicht.[514]

I. Grenzen vorvertraglicher Aufklärung

Während der Kapitalgeber ein Interesse hat, möglichst umfassend über die Lage des Unternehmens informiert zu werden, bevor er die Beteiligung eingeht, können sich für den Vorstand der Aktiengesellschaft Konflikte mit seiner Verschwiegenheitspflicht nach §§ 76, 93 I S. 2 AktG ergeben. Für den Vorstand einer börsennotierten Aktiengesellschaft sind die Bestimmungen des Wertpapierhandelsgesetzes zu beachten.

Zu bestimmen sind die Möglichkeiten und Grenzen des Vorstands, bei der Vertragsanbahnung Geheimnisse der Gesellschaft zu offenbaren. Der Erwerber einer stillen Beteiligung kann im Einzelfall der Hauptkapitalgeber sein. Das kann sowohl in Sanierungsfällen als auch bei vorbörslichen Risikofinanzierungen der Fall sein. Er hat dann ein berechtigtes Interesse daran, dass ihm der gesamte strategische Datenbestand des Unternehmens vorgelegt wird, damit er das Unternehmen zum Zweck der zu erwerbenden Beteiligung möglichst angemessen zu bewerten. In diesem Fall sind Geheimnisse der Aktiengesellschaft betroffen, weil Unternehmensinterna offenbart werden, die auch zumindest im Ausgangspunkt geheimhaltungsbedürftig sind.[515]

1. Geheimhaltungspflichten nach Aktienrecht

Die Vertraulichkeitspflichten ergeben sich aus §§ 76, 93 AktG. Erstere Vorschrift verpflichtet den Vorstand als Organ zur eigenverantwortlichen Leitung, letztere konkretisiert die Pflichten der einzelnen Vorstandsmitglieder. Die beiden Normen stellen unterschiedliche Anforderungen.

a) Geheimhaltungspflicht einzelner Vorstandsmitglieder nach § 93 Abs. 1 S. 2 AktG

Die einzelnen Vorstandsmitglieder haben keine Verfügungsbefugnis über die Geheimnisse der Gesellschaft, § 93 Abs. 1 S. 2 AktG. Soweit im Rahmen einer due diligence also die Information über Geheimnisse der Gesellschaft im Raum

---

[514] Dazu unter III.

[515] Zum Geheimnisbegriff: BGHZ 64, 325, 329; *Hüffer*, § 93 AktG, Rn. 7, *Hefermehl* in: Geßler/Hefermehl § 93 AktG, Rn. 7; *Stebut*, 39 ff., 53 ff. (mit objektivem Geheimnisbegriff), ähnlich auch: *Wiesner* in: Münch HdB GesR IV, § 25 Rn. 39 (Vorstand habe Beurteilungsspielraum), subjektiv gefasst dagegen bei: *Hopt* in: Großkomm. § 93 Rn. 191.

steht, kann die Freigabeentscheidung nicht durch ein einzelnes Vorstandsmitglied sondern nur durch einen Vorstandsbeschluss getroffen werden.

b) Geheimhaltungspflicht des Vorstands als Organ, §§ 76, 93 AktG

Es fragt sich folglich, ob der Vorstand der Aktiengesellschaft durch einen Beschluss die Informationsweitergabe legitimieren kann. Man wird davon ausgehen müssen, dass der Vorstand grundsätzlich über die Geheimnisse der Gesellschaft verfügen kann, weil die Handlungsfähigkeit der Gesellschaft sonst gefährdet wäre.[516] Gelegentlich wurde aus § 404 III AktG geschlossen, der Vorstand als Organ könne nicht gegen die Verschwiegenheitspflicht verstoßen.[517] Der Vorstand sei Herr und Hüter der Geheimnisse der Gesellschaft. *Reuter* hat dann erstmals ausdrücklich vertreten, der Vorstand dürfe Informationen, die objektiv geheimhaltungsbedürftig sind, nicht freigeben.[518] Dem Vorstand sei es dabei aufgegeben, die Grenzen des vertretbaren Unternehmensinteresses festzulegen. Dies habe der Vorstand nach objektiven Maßstäben zu beurteilen[519], wobei ihm ein unternehmerisches Ermessen zustehe.[520]

aa) Die Ansicht Lutters

Nach Ansicht von *Lutter* darf der Vorstand im Interesse des Unternehmens typischerweise nur sektorale und selektive Informationen weitergeben.[521] Er dürfe globale Daten, die das gesamte Unternehmen bestimmen, als innerste Geschäftsgeheimnisse entgegen der gesetzgeberischen Grundanweisung aus § 93 AktG nur offen legen, wenn ein ungewöhnliches und überragendes, anders nicht erreichbares, eigenes unternehmerisches Interesse der Gesellschaft besteht, gewissermaßen eine einmalige unternehmerische Chance. Eine solche Situation sei sehr selten. Sollte sie ausnahmsweise eintreten, so stehe es in der Befugnis des Vorstands, über sie zu befinden. Sie könne vorliegen, wenn eine Verschmelzung ansteht oder die Gesellschaft sonst in ihrem Fortbestand bedroht ist.[522]

---

[516] Vgl. *Stebut*, 91 f, *Lutter*, Informationsrechte, 1. Aufl., 107, 145.

[517] *Hengeler*, FS Schilling, 175, 181 f.

[518] *Reuter* ZHR 144 (1980), 493, 497; zustimmend: *Lutter*, Informationsrechte 2. Aufl. 1984, 137.

[519] BGHZ 64, 325, 329 (zur Verschwiegenheitspflicht der Aufsichtsratsmitglieder, die weder durch Satzung noch durch Geschäftsordnung verschärft werden kann).

[520] BGHZ 64, 325, 327 (angemessener Raum für eigenverantwortliches Handeln); *Hopt* in: Großkomm. AktG § 93 AktG, Rn. 99; *Mertens* in: Kölner Kommentar, § 93 AktG, Rn. 77; a.A. *Gaul* GmbHR 1986, 296, 299.

[521] *Lutter*, FS Schippel, 463 f.

[522] *Lutter*, ZIP 1997, 613, 617.

Hier soll zunächst kurz der Rahmen abgesteckt werden, in dem die Praxis der Rechtsfrage bisher begegnet ist.

bb) Due diligence bei Veräußerung eines Aktienpaketes

Schon im Zusammenhang mit der Veräußerung eines Aktienpaketes durch einen Großaktionär wird es überwiegend für möglich gehalten, eine sog. due diligence durchführen zu lassen und umfassende Informationen zu gewähren, die es ermöglichen, den Ertragswert des Unternehmens möglichst genau zu ermitteln.[523] Hierbei werden regelmäßig Geschäftsgeheimnisse offenbart, weil der Ertragswert ohne umfassende und überprüfbare Kenntnis der betriebswirtschaftlichen Eckdaten nicht richtig zu beurteilen ist. In diesem Zusammenhang ist darauf hinzuweisen, dass es bereits legitimen Interessen des Unternehmens dienen kann, wenn der Vorstand einem Großaktionär ermöglicht, sein Aktienpaket weiter zu geben, auch wenn dem Unternehmen dadurch kein Kapital zufließt. Die Maßnahme kann der Kurspflege ebenso dienen wie der Möglichkeit, mit Hilfe des neuen Großaktionärs unabhängig vom organisierten Kapitalmarkt im Bedarfsfall frisches Kapital aufzunehmen.

cc) Due diligence der Emissionsbanken beim Börsengang

Auf der anderen Seite lässt man eine due diligence regelmäßig durchführen, wenn erstmals Anteile des Unternehmens an die Börse gebracht werden. Dies dürfte nach keiner vertretenen Ansicht rechtlichen Bedenken ausgesetzt sein, da der Börsengang wohl als ein solches "überragendes Interesse" einzustufen sein dürfte, wie es *Lutter* verlangt, wenn das Unternehmen eine entsprechende Expansionsstrategie verfolgt.[524] Heute wird sich ohne eine due diligence keine Emissionsbank mehr zu einer Platzierung bereit finden. Zudem erwarten die potentiellen Investoren mit Recht, dass die Emissionsbanken im Vorfeld der Platzierung eine due diligence durchführen. Eine Emissionsbank hat zudem als professioneller Vermittler zwischen den Anlegern und den kapitalsuchenden Unternehmen eine besondere Legitimation, auch umfassend vertrauliche Umstände der Gesellschaft zu erfahren, weil sie auf das Vertrauen kapitalsuchender Unternehmen für ihr zukünftiges Geschäft angewiesen ist.

Diese Grundsätze kann man auf die Information im Vorfeld einer stillen Gesellschaft übertragen, die als Publikumsfonds gestaltet ist und für die ein Institut den Vertrieb übernimmt, das dauernd das Emissionsgeschäft betreibt. Sie gelten nicht, wenn ein einzelner Kapitalgeber die stille Beteiligung erwerben will, weil

---

[523] Vgl. *Hüffer*, § 93 AktG, Rn. 8; *Hopt* in: Großkommentar, § 93 AktG, Rn. 213.

[524] Vgl. *Lutter*, ZIP 1997, 613, 617.

es nicht eine dem Börsengang vergleichbare Öffentlichkeit schafft, wenn der einzelne Investor eine Emissionsbank einschaltet.

dd) Due Diligence beim Abschluss einer stillen Beteiligung

Auf den konkreten Fall bezogen lässt sich sagen, dass der Vorstand in aller Regel nicht die Grenzen überschreitet, die ihm die Geheimhaltungspflicht setzt, wenn er im Vorfeld einer stillen Beteiligung den Interessenten eine due diligence durchführen lässt. Das unmittelbare Interesse der Gesellschaft an der Kapitalzuführung rechtfertigt grundsätzlich die Offenlegung. Etwas anderes kann nur gelten, wenn mit der Offenbarung der Geheimnisse nach dem Gesamtbild der tatsächlichen Verhältnisse im Einzelfall ein Risiko verbunden ist, das offensichtlich außer Verhältnis zu den mit der Finanzierung verbundenen Chancen steht. Eine due diligence wird danach regelmäßig einer besonderen Rechtfertigung bedürfen, wenn die stille Beteiligung weniger als 5 % des handelsbilanziellen Eigenkapitals aus dem letzten testierten Einzelabschluss der Gesellschaft einwirbt. Darüber hinaus ist es selbstverständlich unzulässig, wenn der Vorstand die Geheimnisse offenbart, um eine Beteiligung einzugehen, die ihrerseits offensichtlich den Interessen der Gesellschaft zuwider läuft. Davon wird auszugehen sein, wenn der Stille eine Gewinnbeteiligung erhält, die ihm in unvertretbarer Weise Vorteile gegenüber den Aktionären einräumt. Dieser Fall liegt insbesondere dann vor, wenn es von vornherein geplant ist, den Stillen für eine feste Laufzeit der Beteiligung grundsätzlich wie einen Aktionär zu behandeln, ihn also vermögensmäßig voll zu beteiligen, ihm den Einstieg aber zu einem Preis deutlich unter dem Wert zu gewähren, der im Verhältnis des zugeführten Kapitals zum Unternehmenswert zur Zeit des Vertragsschlusses angemessen wäre.

Auch ein Blick in das Hauptbuch der Gesellschaft ist vor dem Vertragsschluss kaum entbehrlich, wenn man einzelne Stichproben über die im Datenraum aufgestellten Angaben durchführen will. Hierbei hat die Praxis verschiedene Phasen entwickelt, in denen vertrauliche Informationen nach dem Stand der Vertragsverhandlungen schrittweise offenbart werden.[525] Ein Verfahren in dieser Abstufung entspricht den Grundsätzen einer ordnungsgemäßen Geschäftsleitung, wenn ein Vorstandsbeschluss vorliegt und nicht ausnahmsweise unzulässig Einzelinteressen verfolgt werden.[526]

Allerdings muss der Vorstand die andere Partei hinsichtlich der erhaltenen Informationen zur Vertraulichkeit verpflichten, weil es nicht dem Interesse der Gesellschaft entspricht, wenn vertrauliche Informationen in einer Weise weiter-

---

[525] *Treeck*, FS Fikentscher, 434 ff.

[526] Vgl. *Treeck*, FS Fikentscher, 434 ff.

gegeben werden, die über das für die Anbahnung des Vertrages erforderliche Maß hinausgeht.[527] Dagegen erscheint es nicht erforderlich, dass die due diligence für das Zustandekommen des Geschäfts unumgänglich ist.[528] Dieses Kriterium lässt sich praktisch kaum handhaben. Entweder müsste man die Unumgänglichkeit subjektiv verstehen. Dann ließe sich das Erfordernis durch eine einfache Erklärung der Erwerberseite erfüllen und wäre eine reine Formalie. Oder man müsste die Unumgänglichkeit objektiv verstehen. Dies würde aber für den Vorstand zu einer übermäßigen Rechtsunsicherheit hinsichtlich seiner Pflichtenlage führen. Deshalb erscheint es ausreichend, wenn die Chancen und Risiken des Geschäfts nicht völlig außer Verhältnis stehen.

2. Grenzen der Offenbarung nach Wertpapierhandelsgesetz

Weitere Grenzen der Offenbarung von Unternehmensinterna ergeben sich aus dem Wertpapierhandelsgesetz. Der Vorstand einer börsennotierten Aktiengesellschaft ist Primärinsider (§ 13 Nr. 1 WpHG). Er darf einem anderen Insidertatsachen weder unbefugt mitteilen noch unbefugt zugänglich machen (§ 14 Nr. 2 WpHG).

Ausweislich der Gesetzesbegründung soll es nicht als unbefugt im Sinne der Vorschrift gelten, wenn dem Erwerber im Pakethandel Insidertatsachen offenbart werden.[529] Umso mehr hat dieser Befund aber zu gelten, wenn der Vorstand die Insidertatsachen offenbart, um einem Finanzier im Vorfeld einer stillen Beteiligung über die Ertragslage der Gesellschaft aufzuklären. Die Gesetzesbegründung mag nach dem objektiven Zweck des Gesetzes für die Fälle des Pakethandels in Frage zu stellen sein, weil man daran zweifeln kann, inwieweit es im Interesse der Gesellschaft liegen kann, dass Interna herausgegeben werden, ohne dass Kapital eingeworben wird.[530] Jedenfalls wenn der Finanzier dem Unternehmen Kapital zuführt, offenbart der Vorstand die Insidertatsachen nicht unbefugt. Eine Ausnahme hat wiederum zu gelten, wenn die Risiken der Offenbarung offensichtlich außer Verhältnis zu den Chancen stehen, die sich der Gesellschaft durch die stille Beteiligung bieten.

II. Sonstige Pflichten bei der Vertragsanbahnung

Im Folgenden werden die für den Vorstand einer Aktiengesellschaft in Frage kommenden weiteren Pflichten bei der Vertragsanbahnung im Bezug auf eine

---

[527] So auch: *Hüffer*, § 93 AktG, Rn. 8.
[528] So aber: *Hüffer*, § 93 AktG, Rn. 8.
[529] BT-Drucks. 12/6679, 47 reSp.
[530] Vgl. aber bereits oben unter 1. b) bb).

stille Beteiligung an der Aktiengesellschaft und die möglichen Folgen aus der Verletzung dieser Pflichten angesprochen.

1. Ad-hoc-Publizität

Ist die Aktiengesellschaft börsennotiert, kann schon die ernsthafte Planung, in erheblichem Umfang Kapital im Wege der stillen Gesellschaft einzuwerben, die Pflicht zur Ad-hoc-Publizität begründen. Nach § 15 Abs. 1 S. 1 WpHG hat der Emittent von Wertpapieren, die zum Handel an einer inländischen Börse zugelassen sind, eine neue Tatsache unverzüglich zu veröffentlichen, wenn sie wegen der Auswirkungen auf die Vermögens- oder Finanzlage oder auf den allgemeinen Geschäftsverlauf des Emittenten geeignet ist, den Börsenpreis der zugelassenen Wertpapiere erheblich zu beeinflussen. Der Umstand, dass die stille Beteiligung im Jahresabschluss zu verzeichnen ist, also auch der Regelpublizität unterliegt, führt nicht dazu, dass die Ad-hoc-Publizität ausgeschlossen wäre.[531]

Das BAWe (jetzt BAFin) und die Deutsche Börse führen in ihrem Schreiben von 1998 beispielhaft unter anderem dem Abschluss von Beherrschungs- und Gewinnabführungsverträgen, sowie die Grundkapitalerhöhung an, wobei die Umstände des Einzelfalls zu berücksichtigen seien.[532] Der Umstand, dass Teilgewinnabführungsverträge hier nicht genannt sind, besagt nicht, dass insoweit keine Pflicht zur Ad-hoc-Publizität besteht. Es kommt stets im Einzelfall darauf an, ob die Tatsache geeignet ist, den Kurs erheblich zu beeinflussen. Für eine beabsichtigte stille Gesellschaft ist auf die Art der Einlage des Stillen bzw. den Wert des durch die stille Gesellschaft aufzunehmenden Kapitals im Verhältnis zum Grundkapital sowie auf die Einflussmöglichkeiten des Stillen auf die Geschäftsführung abzustellen.

Die Veröffentlichungspflicht besteht bereits im Planungsstadium. Es reicht aus, wenn ein nicht rechtsverbindlicher Letter of Intent abgeschlossen wurde.[533]

Die BAFin kann den Emittenten auf Antrag von der Veröffentlichungspflicht befreien, wenn die Veröffentlichung der Tatsache geeignet ist, den berechtigten Interessen des Emittenten zu schaden, § 15 Abs. 1 S. 2 WpHG.

Ein Verstoß gegen die Pflicht zur Ad-hoc-Publizität ist gemäß § 39 Abs. 2 WpHG bußgeldbewehrt. Er kann weiterhin aufsichtsrechtliche Folgen und darüber hinaus schadensersatzrechtliche Konsequenzen gegenüber Dritten haben.

---

[531] BAWe, Insiderhandelsverbote und Ad-Hoc-Publizität, 31.

[532] BAWe, Insiderhandelsverbote und Ad-Hoc-Publizität, 60.

[533] *Holzapfel/Pöllath*, Rn. 291.

Eine Schadensersatzpflicht gegenüber Dritten entsteht unter den Voraussetzungen des § 15 Abs. 6 i.V.m. §§ 37b und 37c WpHG.

2. Prospektpflicht bei öffentlichem Angebot von verbrieften Treuhandanteilen

Der öffentliche Vertrieb von stillen Gesellschaftsanteilen beim Publikum führt noch nicht zu einer Prospektpflicht, § 1 Verkaufsprospektgesetz.[534] Eine Pflicht zur Erstellung eines Verkaufsprospekts besteht bisher nur bei Verbriefung, die nur bei einer Treuhandkonstruktion in Frage kommt, weil es nicht möglich ist, den Gesellschaftsanteil zu verbriefen. Ein freiwillig erstellter Prospekt kann trotzdem wegen falscher Angaben zur bürgerlich-rechtlichen Prospekthaftung nach den von der Rechtsprechung entwickelten Grundsätzen führen.

3. Strafbarkeit falscher Angaben an das Publikum

Unabhängig von der Verbriefung macht sich wegen Kapitalanlagebetrugs strafbar, wer im Zusammenhang mit dem Vertrieb von Anteilen, die eine Beteiligung an dem Ergebnis eines Unternehmens gewähren sollen, in Prospekten oder in Darstellungen oder Übersichten über den Vermögensstand vorsätzlich hinsichtlich der für die Entscheidung über den Erwerb erheblichen Umstände gegenüber einem größeren Kreis von Personen unrichtige vorteilhafte Angaben macht oder nachteilige Tatsachen verschweigt, § 264 a Abs. 1 Nr. 1 StGB.

4. Zwischenergebnis

Bei einer börsennotierten Aktiengesellschaft kann bereits im Planungsstadium der stillen Beteiligung eine Pflicht zur Ad-Hoc-Publizität bestehen. Eine Prospektpflicht besteht für die stille Beteiligung grundsätzlich nicht; ein freiwillig erstellter Prospekt kann zu einer bürgerlich rechtlichen Prospekthaftung führen. Vorsätzlich falsche Angaben an das Publikum und das vorsätzlich pflichtwidrige Verschweigen nachteiliger Tatsachen gegenüber dem Publikum können zu einer Strafbarkeit der Beteiligten wegen Kapitalanlagebetrugs führen.

§ 7 Vertragsschluss

Zu prüfen ist weiterhin, wie sich der Vertragsschluss bei der stillen Beteiligung an einer Aktiengesellschaft vollzieht. Dabei wird zunächst auf die Frage der Vertretung der Aktiengesellschaft als der die Beteiligung einräumenden

---

[534] *Hopt*, Anh. § 177 a HGB, Rn. 59.

Inhaberin des Handelsgewerbes eingegangen.[535] Danach wird die Vertretung des stillen Gesellschafters für den Fall behandelt, dass der stille Gesellschafter ebenfalls eine Gesellschaft ist.[536]

I. Vergabe in der beteiligenden Aktiengesellschaft

Der Vorstand hat den Vertrag zu schließen, weil er die Gesellschaft nach außen vertritt, § 78 AktG. Vorbehaltlich einer abweichenden Satzungsbestimmung besteht Gesamtvertretung, § 78 Abs. 2 S. 1 AktG. Die Vertretungsmacht kann nach § 78 Abs. 3 AktG erweitert sein, wenn die Satzung oder der von der Satzung hierzu ermächtigte Aufsichtsrat bestimmt hat, dass einzelne Vorstandsmitglieder allein oder in Gemeinschaft mit einem Prokuristen zur Vertretung der Gesellschaft befugt sind. Die organschaftliche Vertretungsmacht durch den Vorstand ist grundsätzlich unbeschränkt und kann auch nicht durch die Satzung beschränkt werden, § 82 AktG.

1. Gesetzlich eingeschränkte Vertretungsmacht durch den Vorstand

Beim Teilgewinnabführungsvertrag ist die Vertretungsmacht des Vorstands allerdings gesetzlich durch die von der Hauptversammlung zu erteilende Zustimmung beschränkt.[537] Den Beteiligten ist indessen nicht immer bewusst, dass es sich um einen Teilgewinnabführungsvertrag handelt, wenn sie eine stille Beteiligung mit einer Aktiengesellschaft als Inhaberunternehmen schließen. Die Unkenntnis in diesem Punkt war in der Vergangenheit zum Beispiel auch bei mittelständischen deutschen Banken anzutreffen. Manchmal wurde erst Jahre später festgestellt, dass eine im Rahmen der Unternehmensfinanzierung an die Bank gewährte stille Beteiligung schwebend unwirksam ist. Die Hauptversammlung kann unterschiedliche Gründe haben, das Geschäft nun nicht mehr zu wollen. Die Machtverhältnisse in der Gesellschaft können sich geändert haben. Die Gesellschaft kann durch eine feindliche Übernahme in Hände gekommen sein, die eine enge Zusammenarbeit mit dem alten Finanzier ablehnen. Die Hauptversammlung kann eine sich aus dem Vertrag ergebende Gewinnzuweisung an den stillen Gesellschafter im Nachhinein als zu hoch ansehen. Der stille Gesellschafter kann seine Absichten inzwischen ebenfalls geändert haben, etwa weil sich abzeichnet, dass die Beteiligung eine Verlustzuweisung an ihn bewirken würde, wenn man sie vertragsgemäß durchführt, und der Stille seinerseits an weiteren Geschäftsbeziehungen nicht interessiert ist.

---

[535] Siehe unter I.

[536] Unter II.

[537] *Hüffer*, § 78 AktG, Rn. 8; *Mertens* in: Kölner Kommentar, § 78 AktG, Rn. 15.

2. Schwebezustand

Der Vertrag ist zunächst schwebend unwirksam. Die Grundsätze über die fehlerhafte Gesellschaft sind (noch) nicht zu beachten. Am Vertragsschluss beteiligte Vorstandsmitglieder haben auf eine Entscheidung der Hauptversammlung hinzuwirken, insbesondere darauf, dass der Vorstand den nach § 121 Abs. 2 AktG für die Einberufung notwendigen Beschluss fasst. Diese Pflicht ergibt sich aus dem vorvertraglichen Schuldverhältnis der Vertragsverhandlungen gemäß § 311 Abs. 3 BGB wegen der Inanspruchnahme besonderen Vertrauens ausnahmsweise als persönliche Pflicht des organschaftlichen Vertreters einer juristischen Person, der diese nicht allein wirksam vertreten kann. Die Hauptversammlung kann frei über die Zustimmung entscheiden. Der Vorstand als Aktionär kann sich aber durch den Vertragsschluss schlüssig in einen Stimmbindungsvertrag hinsichtlich seiner Anteile gefügt haben. Stimmbindungsverträge mit Nicht-Aktionären unterliegen zwar wesentlichen Einschränkungen aufgrund der Unabdingbarkeit der Treupflicht und des Grundsatzes, dass Aktie und Stimmrecht zusammen gehören (Abspaltungsverbot).[538] Die Schranke der Treupflicht liegt hier allerdings parallel mit den Pflichten des Vorstands zur ordnungsgemäßen Geschäftsleitung beim Abschluss des Vertrags. Wenn der Vorstand also beim Abschluss des Vertrags nicht seine Pflicht zur ordnungsgemäßen Geschäftsleitung verletzt, unterliegt auch ein darin schlüssig enthaltener, von einem beteiligten Vorstandsmitglied abgeschlossener Stimmbindungsvertrag mit dem zukünftigen stillen Gesellschafter keinen Bedenken hinsichtlich der Treupflicht. Die aus dem schlüssigen Stimmbindungsvertrag eines Vorstandsmitglieds folgende Stimmbindung müsste der stille Gesellschafter allerdings zunächst gerichtlich durchsetzen, wenn er die Zustimmung der Hauptversammlung herbeiführen will. Wenn überhaupt gebundene Vorstandsmitglieder mit einem erheblichen Aktienbesitz vorhanden sind, bleiben die übrigen Aktionäre doch grundsätzlich frei in ihrer Entscheidung über den Vertrag. Bis die Zustimmung der Hauptversammlung erteilt ist, kann eine erhebliche Zeitspanne vergehen. In der Zwischenzeit herrscht ein für beide Parteien eventuell misslicher Schwebezustand.

In diesem Zusammenhang sind zwei wesentliche Fragen zu unterscheiden. Erstens ist zu klären, ob der andere Vertragsteil im Verfahren des § 177 BGB das Ende des Schwebezustandes erzwingen und sich eventuell vom Vertrag lösen kann.[539] Zweitens stellt sich die Frage, ob der Vorstand der Aktiengesellschaft als

---

538 Statt aller: *Robert Fischer*, FG Kunze 1969, 95; weiter: *Zöllner* ZHR 155 (1991), 168, 180 f.

539 Siehe dazu unter 3.

Inhaberunternehmen nach § 179 BGB haftet, wenn die Hauptversammlung die Genehmigung verweigert und der Vertrag dadurch unwirksam wird.[540]

3. Beendigung des Schwebezustandes

Der Schwebezustand endet, wenn die Hauptversammlung den Vertrag durch Beschluss genehmigt oder die Genehmigung verweigert. Es ist in Literatur und Rechtsprechung bisher nicht geklärt, was während der Zwischenzeit gelten soll. Einfach ist die Situation dann, wenn die Parteien erkannt haben, das der Vertrag genehmigungsbedürftig ist und sie die Frage ausdrücklich im Beteiligungsvertrag geregelt haben. Sinnvoll erscheint z.B. eine Regelung, die einen genau bestimmten und angemessenen Zeitrahmen für die Genehmigung des Vertrages durch die Hauptversammlung und die Eintragung in das Handelsregister setzt und dem stillen Gesellschafter das Recht gibt, seine Erklärung zu widerrufen, wenn die Eintragung nicht bis zum Ablauf der Frist erfolgt ist. Ein selbständiges Strafversprechen für den Fall, dass der Vertrag nicht innerhalb der vereinbarten Frist von der Hauptversammlung genehmigt oder bis zu einem bestimmten Zeitpunkt danach nicht zur Eintragung in das Handelsregister angemeldet wird, erscheint dabei mit der Zuständigkeit der Hauptversammlung vereinbar, es sei denn, das Strafversprechen wäre nach den Verhältnissen der Aktiengesellschaft bei Vertragsschluss wirtschaftlich so schwerwiegend, dass es die Entscheidungsfreiheit der Hauptversammlung unerträglich einschränkt, und es deshalb entsprechend § 293 Abs. 1 AktG seinerseits ohne die Zustimmung der Hauptversammlung nicht wirksam vereinbart werden kann.

Eine Aufforderung zur Genehmigung oder ein Widerruf durch den anderen Teil kommt in Frage, wenn eine vertragliche Regelung fehlt, §§ 177 Abs. 2, 178 BGB. Nach der älteren Rechtsprechung gelten die §§ 177 ff. BGB – einschließlich des Widerrufsrechtes nach § 178 BGB - auch dann, wenn der Vorstand der Aktiengesellschaft ohne Zustimmung der Hauptversammlung gehandelt hat, und die Vertretung nicht von vornherein gesetzlich ausgeschlossen ist.[541] In diesem Sinne wurde vom Reichsgericht zu einem ohne Zustimmung der Hauptversammlung unwirksamen Nachgründungsvertrag entschieden.[542] Die ganz h.L. und ein großer Teil der obergerichtlichen Rechtsprechung sind anderer Ansicht.[543] Keine Partei könne sich einseitig lösen, wenn die Genehmigung der

---

[540] Siehe dazu unter 4.

[541] RG JW 1929, 2944, 2946; BayOblG JW 1925, 1646; BGH NJW-RR 1993, 1250, 1251 (zu § 112 AktG, offengelassen); BGH LM § 177 Nr 10; BGH NJW 71, 428 (die beiden letzteren zur Adoptionserklärung, wo die §§ 177 ff. BGB nicht gelten sollen).

[542] RG JW 1929, 2944, 2946.

[543] OLG Braunschweig, AG 2003, 686, 687; OLG Celle, AG 1996, 370; KG OLGR 43, 307, 308 (§ 182 ff. BGB seien einschlägig, die abweichende Rspr. des Reichsgerichts wurde vom

Hauptversammlung und die Eintragung in das Handelsregister in angemessener Zeit herbeigeführt werden. Danach soll ein rücktrittsähnliches Gestaltungsrecht bestehen, zu dessen Ausübung einer innnerhalb der h.L. verbreiteten Ansicht zufolge eine Fristsetzung entsprechend dem Rechtsgedanken von §§ 326, 283 BGB a.F. erforderlich ist.[544] Für eine angemessene Frist sei – soweit zumutbar – auf den Zeitpunkt der nächsten ordentlichen Hauptversammlung Rücksicht zu nehmen.[545] Der BGH hat die Frage, ob die §§ 177 ff. BGB anwendbar sind, in einer Entscheidung zur Vertretung durch den Aufsichtsrat gegenüber den Mitgliedern des Vorstandes (§ 112 AktG) offen gelassen.[546]

Wenn man der h.L. folgt, ergibt sich aber nicht nur das Problem, bis zu welchem Zeitpunkt der stille Gesellschafter ohne Mitwirkung der Aktiengesellschaft an den Vertrag gebunden ist. Weiter wird fraglich, ob die Bindungswirkung ohne weiteres erlischt oder ob dazu eine Erklärung des anderen Teils erforderlich ist. *Emmerich/Sonnenschein* nahmen in der 6. Aufl. ihres Werks zum Konzernrecht an, die Bindungswirkung ende von selbst, wenn die Genehmigung nicht auf der nächsten ordentlichen Hauptversammlung herbeigeführt wird.[547] Das Kammergericht ist dem zu Recht entgegengetreten.[548] Eine solche Rechtsfolge ergibt sich weder aus einer entsprechenden Anwendung gesetzlicher Vorschriften noch lässt sie sich regelmäßig ohne weiteres im Wege einer ergänzenden Vertragsauslegung entnehmen.

Überzeugend erscheint es, der Auffassung des Reichsgerichts zu folgen. Die §§ 177 ff. BGB bieten keinen Ansatzpunkt für eine Einschränkung und sind deshalb anzuwenden. Eine teleologische Reduktion verbietet sich, weil es dem Sinn und Zweck der Regelung entspricht, den ungewollten Schwebezustand einer raschen Beendigung zuführen zu können. Dies führt auch in der Sache zu angemessenen Ergebnissen.

KG nicht angesprochen); LG Hamburg, JW 1930, 2726; *Hüffer*, § 52 AktG, Rn. 6; *Barz* in: Großkomm., § 52 AktG, Anm. 4; *Pentz* in: MünchKommAktG, § 52 AktG, Rn. 44 ff.; *Koppensteiner* in: Kölner Kommentar, § 293 AktG, Rn. 17; *Diekmann*, ZIP 1996, 2149, 2153 liSp; *Geiler*, JW 1929, 2924; *Stoldt*, WPg 1961, 123 f.; *Ury*, JW 1930; 1353, 1354.

[544] OLG Braunschweig, AG 2003, 686, 687; *Pentz* in: MünchKommAktG, § 52 AktG, Rn. 46 f.; *Koppensteiner* in: Kölner Kommentar, § 293 AktG, Rn. 17; *Geiler*, JW 1929, 2924, 2925.

[545] OLG Braunschweig, AG 2003, 686, 687.

[546] BGH NJW-RR 1993, 1250, 1251.

[547] *Emmerich/Sonnenschein*, 6. Aufl., 205 f.

[548] KG NZG 1999, 1102 = AG 2000, 183 f.

a) Genehmigung, § 177 Abs. 1 BGB

Die Wirksamkeit des durch den Vorstand ohne Vertretungsmacht geschlossenen Vertrages hängt nach § 177 Abs. 1 BGB von der Genehmigung des anderen Teils ab, d.h. hier der Aktiengesellschaft vertreten durch die Hauptversammlung, § 293 Abs. 1 AktG. Die Genehmigung kann gegenüber dem Vorstand als dem Vertreter ohne Vertretungsmacht oder gegenüber dem stillen Gesellschafter als dem anderen Teil erklärt werden, § 182 Abs. 1 BGB. Der Vorstand hat den Beschluss der Hauptversammlung nach § 83 Abs. 2 AktG auszuführen und deshalb dem anderen Teil die Genehmigung des Vertrages durch die Hauptversammlung mitzuteilen. Die Mitteilung ist formfrei möglich; sie bedarf insbesondere nicht der Schriftform nach § 293 Abs. 3 AktG wie der Unternehmensvertrag als das genehmigungsbedürftige Rechtsgeschäft, § 182 Abs. 2 BGB. Aus Gründen der Beweissicherung ist es allerdings kaum empfehlenswert, sich mit einer formfreien Mitteilung zu begnügen.

b) Aufforderung, § 177 Abs. 2 BGB

Der Geschäftspartner kann die Aktiengesellschaft auffordern, sich über die Genehmigung des Geschäftes zu erklären, § 177 Abs. 2 AktG. Die Genehmigung kann dann nur noch ihm gegenüber erfolgen. Die Aufforderung ist an die Aktiengesellschaft, vertreten durch den Vorstand, zu richten, § 78 AktG. Die Genehmigung durch die Hauptversammlung hat der Vorstand dem anderen Vertragsteil mitzuteilen, §§ 78, 83 Abs. 2 AktG. Die Genehmigung gilt als verweigert, wenn sie nicht innerhalb von 2 Wochen nach dem Empfang der Aufforderung gegenüber dem stillen Gesellschafter erklärt wird, § 177 Abs. 2 BGB. Die Frist kann allerdings verlängert werden.[549]

Durch die Aufforderung nach § 177 Abs. 2 AktG kann sich der stille Gesellschafter auch dann vom Vertrag lösen, wenn er davon gewusst hat, dass die Zustimmung der Hauptversammlung erforderlich ist. Dies ergibt sich systematisch aus § 178 BGB. Dieser Vorschrift ist zu entnehmen, dass die Kenntnis von der fehlenden Vertretungsmacht nur dazu führt, dass der andere Teil nicht sogleich widerrufen kann. Die Möglichkeit, nach § 177 BGB zur Genehmigung aufzufordern, bleibt also von der Kenntnis unberührt. Wegen der Einberufungsfrist für die Hauptversammlung, die nach § 123 Abs. 1 AktG grundsätzlich einen Monat beträgt, wird es häufig nicht möglich sein, die Genehmigung rechtzeitig herbeizuführen. Der stille Gesellschafter kann aber im Einzelfall gegen das Verbot widersprüchlichen Verhaltens nach § 242 BGB verstoßen, wenn er die Zustimmungsbedürftigkeit kannte und dann bewusst kurzfristig zur

---

[549] *Heinrichs* in: Palandt, §§ 177, 178 BGB, Rn. 5.

Genehmigung auffordert, um sich so seiner vertraglichen Verpflichtung zu entziehen.

c) Widerruf, § 178 BGB

Der zukünftige stille Gesellschafter kann seine Erklärung jederzeit widerrufen, bis die Genehmigung erteilt ist, es sei denn, er hat den Mangel der Vertretungsmacht gekannt, § 178 BGB. Wenn die Frage im Vertrag geregelt ist, greift das Widerrufsrecht schon deshalb nicht ein, weil dokumentiert ist, dass der andere Teil den Mangel der Vertretungsmacht kennt. Ausreichend sollte insoweit die Formulierung sein: „*Den Parteien ist bewusst, dass der Vertrag zu seiner Wirksamkeit der Genehmigung der Hauptversammlung bedarf.*" Systematisch richtiger ist zu formulieren: „*Den Parteien ist bewusst, dass die [Bezeichnung AG] ohne Zustimmung der Hauptversammlung bei Abschluss dieses Vertrages nicht wirksam vertreten werden kann.*"

4. Haftung der Vorstandsmitglieder nach § 179 BGB

Die Vorstandsmitglieder handeln beim Abschluss der stillen Gesellschaft außerhalb ihrer Vertretungsmacht. Sie haften deshalb bei Kenntnis auf Erfüllung oder Schadensersatz wegen Nichterfüllung nach § 179 Abs. 1 BGB. Bei Unkenntnis des Mangels der Vertretungsmacht haftet der Vorstand nach § 179 Abs. 2 BGB auf den Vertrauensschaden, wobei die Haftung auf das Erfüllungsinteresse begrenzt ist.

Die aktienrechtliche Kommentarliteratur geht davon aus, die Haftung des Vorstands sei in jedem Fall nach § 179 Abs. 3 BGB ausgeschlossen.[550] Das kann nicht überzeugen, vielmehr ist in jedem Einzelfall nach den jeweiligen Umständen des Sachverhalts zu unterscheiden. Nach § 179 Abs. 3 S. 1 AktG ist die Haftung des Vertreters ohne Vertretungsmacht ausgeschlossen, wenn der andere Teil den Mangel der Vertretungsmacht kannte oder kennen musste. Unter Kennenmüssen ist nach § 122 Abs. 2 BGB die Unkenntnis infolge Fahrlässigkeit zu verstehen. Auch hier gilt der Befund, dass die §§ 177 ff. BGB im Ausgangspunkt nicht einzuschränken sind. Wer mit einem Gemeinschaftsorgan kontrahiert, braucht dessen Vertretungsmacht grundsätzlich nicht anhand der einschlägigen Rechtsvorschriften zu prüfen, es sei denn, es handelt sich um ein Geschäft, das über den Kreis der laufenden Verwaltung hinausgehet *und* einen bedeutsamen Umfang hat.[551] Es ist also in erster Linie Sache des Vorstandes, sich über die

---

[550] *Hüffer*, § 293 AktG, Rn. 24; *Geßler* in: Geßler/Hefermehl, § 293 AktG, Rn. 19; *Koppensteiner* in: Kölner Kommentar, § 293 AktG, Rn. 9.

[551] *Heinrichs* in: Palandt, § 179 BGB, Rn. 4.

Beschränkungen seiner Vertretungsmacht klar zu werden. Versäumt er dies, kann er seiner Haftung nur entgehen, wenn er Umstände darlegt und beweist, die belegen, dass die stille Gesellschaft im Einzelfall über den Kreis der laufenden Verwaltung hinausging und einen bedeutsamen Umfang hatte. Allein aus dem Umstand, dass der Vertrag nicht unter die Ausnahme des § 292 Abs. 2 AktG fiel, wird man dies nicht ableiten können. Z.B. liegt bei einer im Verhältnis zur Größe des Unternehmens geringfügigen Gewinnbeteiligung kein Geschäft von einem bedeutsamen Umfang vor. Gleichwohl kann die Zustimmung der Hauptversammlung erforderlich sein, wenn der stille Gesellschafter – wie regelmäßig – das Recht hat, Änderungen der wesentlichen Grundlagen des Geschäftsbetriebs zu untersagen.

5. Initiativrecht der Hauptversammlung

Die Zuständigkeit der Hauptversammlung, der stillen Beteiligung als Unternehmensvertrag zuzustimmen, gibt ihr auch das Initiativrecht des § 83 Abs. 1 AktG. Das heißt, die Hauptversammlung kann den Vorstand durch Beschluss verpflichten, einen oder mehrere stille Gesellschaftsverträge mit einem oder mehreren, bestimmten oder bestimmbaren Partnern abzuschließen. Die Weisung kann vorsehen, den Vertrag zu bestimmten oder als Eckpunkten festgelegten Bedingungen abzuschließen. Der Beschluss kann zugleich ausdrücklich die Zustimmung zum Vertrag enthalten; dann muss der Entwurf aber schlechthin vollständig sein.[552]

II. Erwerb beim beteiligten Rechtsträger

Der beteiligte Rechtsträger ist nach seinen eigenen Regeln zu vertreten. Wenn es sich um eine Aktiengesellschaft handelt, ist grundsätzlich der Vorstand allein zuständig. Die Hauptversammlung braucht nicht mitzuwirken. Etwas anderes gilt, wenn die Gestaltung als (verdeckter) Beherrschungs- oder Gewinnabführungsvertrag einzuordnen ist. Dann muss die Hauptversammlung nach § 293 Abs. 2 AktG zustimmen.

III. Zwischenergebnis

Der Abschluss der Vertrags über die stille Gesellschaft mit einer Aktiengesellschaft als beteiligendem Unternehmen fällt in die – allerdings durch die Zustimmung der Hauptversammlung eingeschränkte – Vertretungsbefugnis des Vorstands. Schließt der Vorstand den Vertrag ohne die erforderliche Zustimmung der Hauptversammlung ab, so ist der Vertrag zunächst schwebend

---

[552] Str. siehe unter § 8 VI. 2. a).

unwirksam. Die §§ 177 ff. AktG sind uneingeschränkt anwendbar. Das Problem der Zustimmung der Hauptversammlung sollte deshalb beim Abschluss der stillen Beteiligung auf jeden Fall im Vertrag bedacht werden. Die Hauptversammlung der Aktiengesellschaft hat hinsichtlich der Gewährung einer stillen Beteiligung ein Initiativrecht.

Wenn es sich bei dem die Beteiligung erwerbenden Rechtsträger ebenfalls um eine Aktiengesellschaft handelt, ist bei diesem Rechtsträger gleichwohl grundsätzlich die alleinige und unbeschränkte Vertretungsbefugnis des Vorstands gegeben und kein Hauptversammlungsbeschluss erforderlich.

§ 8 Wirksamkeitsvoraussetzungen und gesetzliche Verbote

Die stille Beteiligung an einer Aktiengesellschaft bedarf zu ihrer rechtlichen Verbindlichkeit einer Vielzahl von formellen Voraussetzungen. Darüber hinaus können Gesetze die stille Beteiligung nach ihrer Ausgestaltung im Einzelfall und nach der Art des Inhaberunternehmens im Einzelfall verbieten.[553] Im folgenden werden die Voraussetzungen dargestellt unter denen der vom Vorstand geschlossene Vertrag über eine stille Beteiligung an einer Aktiengesellschaft Wirksamkeit erlangen kann. Dabei wird auch auf mögliche Anfechtungsgründe eingegangen. Es wird unterstellt, dass sich die Gestaltung – wie ganz regelmäßig – als Teilgewinnabführungsvertrag darstellt. Handelt es sich auch um einen Beherrschungsvertrag oder einen Gewinnabführungsvertrag, so muss die Gestaltung zu ihrer Wirksamkeit zusätzlich einen angemessenen Ausgleich und eine Abfindung nach §§ 304 f. AktG vorsehen. Zugleich der Vertrag in diesen Fällen nichtig, wenn überhaupt kein Ausgleich vorgesehen ist, § 304 Abs. 3 S. 1 AktG. Außerdem bedarf es bei einer Aktiengesellschaft oder Kommanditgesellschaft auf Aktien als Obergesellschaft nach § 293 Abs. 2 AktG eines zusätzlichen Hauptversammlungsbeschlusses bei der Obergesellschaft und eines entsprechenden Vertragsberichtes. Auf die mit der stillen Gesellschaft als Gewinnabführungsvertrag oder als Beherrschungsvertrag verbundenen Rechtsfragen soll hier nicht näher eingegangen werden, weil die stille

[553] So für Apotheken als Inhaberunternehmen, die aber ohnehin nur in BGB Gesellschaft oder oHG geführt werden dürfen; § 8 S. 2 ApothG; nichtig nach § 12 ApothG, im einzelnen dazu: *Karsten Schmidt* in: Schlegelberger/Karsten Schmidt § 335 HGB a.F. (§ 230 n.F.) Rn. 80, und für Unternehmen, die mit der Rechtsberatung befasst sind, BGH Urt. v. 25.03.1974 – II ZR 63/72, BGHZ 62, 234: Keine verwaltungsmäßig atypische stille Gesellschaft mit Inkassounternehmen, § 1 RBerG i.V.m. §§ 3, 10 der 1. VO zur Ausführung des RBerG i.V.m. § 134 BGB; die Grundsätze der fehlerhaften Gesellschaft sind wegen übergeordneter Gemeinwohlbelange nicht anzuwenden. Anwaltsaktiengesellschaften werden nach der unklaren neuen Regelung in der BRAO vorerst selten bleiben.

Gesellschaft als Gewinnabführungsvertrag und als Beherrschungsvertrag einen seltenen Ausnahmefall darstellt.

I. Formelle Wirksamkeitsvoraussetzungen

1. Schriftform

Der Gesellschaftsvertrag ist schriftlich zu schließen, weil es sich um einen Unternehmensvertrag handelt, § 293 Abs. 3 AktG. Der gesamte Vertragsinhalt muss in der unterschriebenen Urkunde enthalten sein. Es reicht nicht, wenn der Stille lediglich einen Beteiligungsantrag unterschreibt. Auch der Emissionsprospekt kann Vertragsinhalt enthalten, wenn er eindeutig Rechte bestimmt, die in der Urkunde über den Beteiligungsvertrag nicht angesprochen sind.[554] Es reicht dann nicht, dass der Vertrag auf den Emissionsprospekt Bezug nimmt. Die Zusammengehörigkeit einer aus mehreren Blättern bestehenden Urkunde muss durch körperliche Verbindung oder sonst in geeigneter Weise erkennbar gemacht sein.[555] Der Vertrag ist schwebend unwirksam, wenn es an diesen Voraussetzungen fehlt. Der Vertrag kann nach den Grundsätzen über die fehlerhafte Gesellschaft insoweit wirksam werden, als die Parteien ihn durchführen.

Mündliche Nebenabreden, die nicht einen gewissen Niederschlag[556] im Urkundeninhalt gefunden haben, sind nichtig und können über § 139 BGB die Geltung des ganzen Vertrages gefährden. Die Vorschrift des § 139 BGB gilt auch für die stille Gesellschaft.[557] Sie gilt auch für Beherrschungsverträge, obwohl die Rechtsprechung der Oberlandesgerichte nicht einheitlich ist.[558] Es empfiehlt sich aus

---

[554] So im Fall OLG Stuttgart, NZG 2000, 93.

[555] BGH NJW 1998, 58; zur neuen Rechtsprechung: *Michalski,* WM 1998, 1993, 2002 f.

[556] RG 154, 41, 44; BGHZ 63, 359, 362; BGHZ 80, 242 245, BGHZ 80, 246, 250; BGHZ 87, 150, 154; BGH NJW 1996, 2792, 2793; kritisch zur Andeutungstheorie: *Heinrichs* in: Palandt, § 125 BGB, Rn. 15, § 133 BGB Rn. 19; *Medicus,* AT Rn. 330; *Gerhards*, JuS 1994, 642 (zu Testamenten): Alle im wesentlichen mit dem (überzeugenden) Hinweis auf den allgemeinen Auslegungsgrundsatz, dass Falschbezeichnung nicht schadet (falsa demonstratio non nocet), der nach der Rechtsprechung auch bei formbedürftigen Erklärungen gilt.

[557] BGH, DB 1976, 2107; BGH NJW, 1992, 2696, 2697.

[558] OLG Hamburg, NJW 1990, 521 und 3024/3025 f. (letztere Entscheidung mit verkehrtem redaktionellen Leitsatz; beide zu Beherrschungsverträgen, die wegen vereinbarter Rückwirkung teilweise nichtig waren, i.E. wurde die Gesamtnichtigkeit gleichwohl jeweils abgelehnt); *Koppensteiner* in: Kölner Kommentar, § 293 AktG, Rn. 12; *Krieger* in: Münch HdB GesR IV, § 70 Rn. 18; anders (keine Anwendung von § 139 BGB) wohl OLG München AG 1980, 272 („Kolb Wohnungsbau AG": geltungserhaltende Reduktion ohne Rücksicht auf den Parteiwillen für einen Beherrschungsvertrag mit Vollmachtklausel); dem OLG München hinsichtlich der geltungserhaltenden Reduktion für Beherrschungsverträge mit Hinweis auf den Schutzzweck der §§ 308 Abs. 2, 310 AktG zustimmend, aber für Betriebsführungsverträge

diesem Grunde, neben einer salvatorischen Klausel eine gesonderte Erklärung in den Vertrag aufzunehmen, dass keine mündlichen Nebenabreden geschlossen sind oder werden und diese Erklärung gesondert abzuzeichnen.

Die Rechtsfolgen von Formmängeln wirken allerdings unter Umständen nach den Grundsätzen über die fehlerhafte Gesellschaft nur für die Zukunft, wenn der Vertrag in das Handelsregister eingetragen worden ist, weil der vollzogene Gesellschaftsvertrag nur eingeschränkt rückabzuwickeln ist. Formnichtige mündliche Nebenabreden werden nach Ansicht von *Hüffer* auch nicht etwa wirksam, weil der Vertrag im übrigen schriftlich geschlossen ist;[559] ebenso wenig, weil die Hauptversammlung zugestimmt hat und der Vertrag geprüft und in das Handelsregister eingetragen ist.[560]

Es ist aber eine Analogie zu den Bestimmungen über die Heilung von Formmängeln in Betracht zu ziehen. Bei der Verschmelzung wird der Mangel der notariellen Beurkundung des Verschmelzungsvertrages mit der Eintragung der Verschmelzung in das Register des Sitzes des übernehmenden Rechtsträgers geheilt, § 20 Abs. 1 Nr. 4 UmwG. Der BGH hat für einen § 313 BGB betreffenden Fall entschieden, dass die Nebenabrede mit der Eintragung gem. § 313 S. 2 BGB wirksam wird.[561] Das gleiche gilt für § 15 Abs. 3 und Abs. 4 S. 2 GmbHG.[562] Ein entsprechende Heilungsvorschrift findet sich in den §§ 293 ff. AktG nicht.

Die Frage, ob diese Grundsätze analog anwendbar sind, ist bisher – soweit ersichtlich – nicht diskutiert worden. Zwei Umstände sprechen für eine Analogie zu § 20 Abs. 1 Nr. 4 UmwG: Erstens ist die gesetzliche Regelung über die Unternehmensverträge insgesamt eingeführt worden, um Vertragsgestaltungen zu

---

ablehnend: *Exner*, AG 1981, 175, 178; kritisch zu dieser Entscheidung wegen Aufgabe des Erfordernisses der Weisung: *Michalski,* AG 1980, 261, 262 f.; ebenfalls kritisch (zur Anwendung der Regeln über die Vertretung ohne Vertretungsmacht bei vollmachtlosem Handeln neben Beherrschungsverträgen): *Berkenbrock*, AG 1981, 69, 72.

[559] *Hüffer,* § 293 AktG, Rn. 26.

[560] *Koppensteiner* in: Kölner Kommentar, § 293 AktG, Rn. 54 m.N.

[561] BGH LM 313 Nr. 30 = MDR 1968, 36 = BB 1967, 1270, (mit dem Argument, die unvollständige Bezeichnung sei wie eine Falschbezeichnung zu behandeln, Begründung zweifelhaft); OLG FfM Rpfleger 1980, 87) krit.: *Heinrichs* in: Palandt, § 133 BGB Rn. 19 a.E., anders im übrigen BGH Urt. v. 23. März 1979 - V ZR 24/77, BGHZ 74, 117 (im Vertrag nicht bezeichnetes, wegzumessendes Teilstück von einem Grundstück ist durch Übertragung des ganzen Grundstücks nicht zu übertragen geschuldet); BGH Beschl v. 9. April 1981 – IV a ZR 6/80, BGHZ 80, 245, 250 (Zur Andeutungstheorie bei Testamenten); krit. zu dieser Entscheidung: *Flume,* NJW 83, 2009.

[562] BGHZ 127, 129 (es reicht, wenn die dingliche Anteilsübertragung voll wirksam ist, und die Einigung in diesem Zeitpunkt fortbesteht).

erfassen, die der Gesetzgeber als Vorstufe oder gar Ersatzinstrument für eine Verschmelzung gewertet hat. Die Rechtsfolgen bei Formmängeln unter diesem Regime können dann aber kaum strenger sein, als im vom Gesetzgeber als Vorbild gesehenen Regime der Verschmelzung. Zweitens betrifft die Regelung im Umwandlungsgesetz sogar notariell beurkundete Verträge. Bedenkt man dies, wird man Regelungslücke und Ähnlichkeit von geregeltem und nicht geregeltem Fall anzunehmen und § 20 Abs. 1 Nr. 4 UmwG auf mündliche Nebenabreden zu Unternehmensverträgen und deshalb auch auf mündliche Nebenabreden zu stillen Beteiligungen an einer Aktiengesellschaft entsprechend anzuwenden haben.

Jedoch kann die Heilung auch bei Unternehmensverträgen mündliche Nebenabreden nur insoweit erfassen, als sie der Hauptversammlung im Zeitpunkt der Entscheidung über den Vertrag bekannt waren. Der Vertragsinhalt, wie ihn der Vorstand ausgehandelt hat, kann nicht maßgeblich sein, wenn dadurch die Beteiligung der Hauptversammlung unterlaufen wird. So ist es auch zu § 20 Abs. 1 Nr. 4 UmwG inzwischen h.M.[563] Dies folgt aus der Informations- und Warnfunktion der Hauptversammlungszuständigkeit. Soweit Zusatzabreden aufgrund dessen unwirksam sind, kann im Einzelfall im Wege der ergänzenden Vertragsauslegung ein Interessenausgleich zu finden sein.[564]

Zusammenfassend ist festzuhalten, dass der Teilgewinnabführungsvertrag inklusive aller Nebenabreden der Schriftform nach § 293 Abs. 3 AktG bedarf. Mündliche Nebenabreden können über § 139 BGB die Wirksamkeit des ganzen Vertrages gefährden. Eine nichtige mündliche Nebenabrede kann analog § 20 Abs. 1 Nr. 4 UmwG geheilt werden, wenn der Vertrag in das Handelsregister eingetragen wird, und die nichtige Nebenabrede beim dem Zustimmungsbeschluss der Hauptversammlung allen Aktionären bekannt war.

2. Richtige Bezeichnung

Fraglich ist, ob der Vertrag in der Urkunde mit der zutreffenden Unternehmensvertragsart bezeichnet sein muss. In der Literatur wird teilweise vertreten, ein

---

[563] *Grunewald* in: Lutter, § 20 UmwG, Rn. 65 f., 81; *Bermel* in: Goutier/Knopf/Tulloch, § 20 UmwG, Rn. 55; *Vossius* in: Widmann/Mayer, § 20 UmwG, Rn. 369; a.A. *Schilling* in: Großkomm., § 346 AktG, Anm. 35; *Picot-Müller-Elsing*, B 237; *Schilling/Zutt* in: Hachenburg, § 25 VerschmG, Rn. 9.

[564] *Grunewald* in: Lutter, § 20 UmwG, Rn. 81, 61; der Fall, dass beiden Hauptversammlungen unterschiedliche Versionen zur Entscheidung vorliegen, tritt bei Teilgewinnabführungsverträgen insoweit nicht auf, als nur die Hauptversammlung der Untergesellschaft zuzustimmen hat, und – sollte der stille Gesellschafter seinerseits die Rechtsform einer Aktiengesellschaft haben – die Hauptversammlung der Obergesellschaft nicht zu beteiligen ist; *Grunewald* nimmt für die Verschmelzung an, man habe insoweit einen „Mittelweg" im Wege der ergänzenden Vertragsauslegung zu ermitteln.

Unternehmensvertrag müsse in der Überschrift oder im Urkundentext ausdrücklich nach seiner konzernvertragsrechtlich zutreffenden Vertragsart bezeichnet sein; Vertrag oder Zustimmungsbeschluss der Hauptversammlung seien anderenfalls nichtig.[565] Dies lässt sich dem Gesetz nicht entnehmen und überspannt die Ansprüche an eine zutreffende Aktionärsinformation. Es kommt nur darauf an, ob Vertrag und Information hierüber den vereinbarten Inhalt zutreffend wiedergegeben haben und ob die Wirksamkeitsvoraussetzungen für den nach zutreffender rechtlicher Qualifikation vorliegenden Vertrag erfüllt sind.

Festzuhalten bleibt, dass die richtige Bezeichnung im Sinne der ausdrücklichen Zuordnung zum zutreffenden Unternehmensvertragstyp in der Vertragsurkunde zur Wirksamkeit des Vertrags über eine stille Beteiligung an einer Aktiengesellschaft nicht erforderlich ist.

3. Berichtspflicht, § 293 a AktG

Die §§ 293 a ff. AktG wurden der konzernrechtlichen Regelung durch das zum 01. Januar 1995 in Kraft getretene Umwandlungsgesetz[566] hinzugefügt. Das Schutzniveau bei Unternehmensverträgen sollte dem Schutzniveau bei Verschmelzungen angepasst werden, weil der Gesetzgeber von einer rechtlichen und wirtschaftlichen Vergleichbarkeit ausging.[567] Die Literatur ist sich einig, dass insofern eine Überregulierung vorliegt.[568] Rechtspolitisch ist zu bedenken, ob die

---

[565] *Geßler* in: Geßler/Hefermehl § 293 AktG, Rn. 43 ff. (Beschluss sei nichtig nach § 241 Nr. 3 AktG); *Koppensteiner* in: Kölner Kommentar § 293 Rn. 11 f., 34, 49 f.; widersprüchlich derselbe § 291 Rn. 17; *Bälz*, FS Raiser 1974, 287, 306 (andere Verträge legitimieren keine Abhängigkeit); *Soehring*, WuB II A. § 291 AktG, 2.91, 1277 (Bezeichnung in Urkunde und Tagesordnung als Wirksamkeitsvoraussetzung); a.A. überzeugend: LG Hamburg AG 1991, 365, 366 reSp (im zugrundeliegenden Fall war lautete die Bezeichnung in der Vertragsurkunde „Unternehmensvertrag“, im Zustimmungsbeschluss dagegen zutreffend und genauer „Beherrschungs- und Gewinnabführungsvertrag“); *Hüffer*, § 293 AktG, Rn. 14; *Krieger* in: Münch HdB GesR IV, § 70 Rn. 7; Oesterreich, Die Betriebsführung zwischen Vertragskonzern und faktischem Konzern, 1979, 150 ff.; *Huber*, ZHR 152 (1988), 123, 136 ff. (auch konkludente Beherrschungsverträge können wirksam sein).

[566] BGBl. I 1994, 3210; zur Frage der Übergangsregelung siehe: *Hüffer*, § 293 a AktG, Rn. 6 (nach dem § 318 UmwG analog gelten soll); tendenziell zustimmend: *Bungert*, DB, 1995, 1384, 1385 (zumindest sei es nicht erforderlich, nachträglich Hauptversammlungszustimmungen einzuholen, wie im Gefolge der Supermarkt-Entscheidung zum GmbHG (BGHZ 105, 324) geschehen; das dürfte indessen auf der Hand liegen, weil man hier ausdrücklich das Gesetz geändert hat und nicht die Rechtsprechung die alte Rechtslage für die Praxis überraschend neu interpretiert).

[567] Begründung Regierungsentwurf zu Art 6 Nr. 5 und 6, BT-Drucks. 12/6699, 178.

[568] *Bungert*, DB 1995, 1384, 1386; *Hüffer*, § 293 a AktG, Rn. 4; *Emmerich* in: Emmerich/Habersack, Aktien- und GmbH-Konzernrecht, § 293 a AktG, Rn. 7; noch

Regelung ihren Zweck verfehlt, indem sie den Abschluss von Unternehmensverträgen erschwert und dadurch Anreiz gibt, in vertragsloser Abhängigkeit oder faktischer Konzernierung zu verharren.[569]

a) Anwendbarkeit der Regelung

Bungert und *Altmeppen* nehmen an, dass sowohl Bericht als auch Prüfung bei den sonstigen Unternehmensverträgen i.S.v. § 292 AktG nicht erforderlich seien, weil anderenfalls der Gesetzeszweck verfehlt werde.[570] Sie führen an, dass die Verträge des § 292 AktG generell nicht als Alternative zur Verschmelzung in Frage kommen. Der Gesetzgeber habe aber gerade die wirtschaftliche und rechtliche Vergleichbarkeit der Unternehmensverträge mit der Verschmelzung ausdrücklich als Begründung für die Regelung über den Vertragsbericht und die Vertragsprüfung angegeben. Sie verweisen zusätzlich darauf, dass hier weder Ausgleichs- noch Abfindungsansprüche in Frage kommen, so dass es von vornherein zumindest teilweise am Gegenstand der angeordneten Prüfung fehlt und kommen zu einer teleologischen Reduktion des Begriffs „Unternehmensvertrag" i.S.d. §§ 293 a ff. AktG. Nach *Altmeppen* sollen die Vorschriften nur insoweit anwendbar sein, wie sie im Wege redaktioneller Änderung an Stelle des alten § 293 Abs. 3 AktG getreten sind.[571]

Die wohl h.L. ist dem im wesentlichen mit Hinweis auf den klaren Gesetzeswortlaut entgegengetreten, was im Ergebnis als überzeugend erscheint.[572] Die Ansicht, es handele sich um ein Redaktionsversehen ist nach den Materialien nicht zwingend.[573] Der Gesetzgeber wollte durch die Neuregelung einen besseren

---

weitergehend: *Altmeppen,* ZIP 1998, 1998, (der für Verträge i.S.v. § 292 AktG die Vertragsprüfung ausschließt, weil es sich um ein Redaktionsversehen handele).

[569] So: *Hüffer*, § 293 a AktG, Rn. 4; *Bungert*, DB 1995, 1384, 1386.

[570] So: *Bungert*, DB 1995, 1384, 1386, 1391 liSp a.E.; *Altmeppen* ZIP 1998, 1853, 1855; *Altmeppen* in: MünchKommAktG, § 293 a AktG, Rn. 6 ff.

[571] *Altmeppen* in: MünchKommAktG, § 293 a AktG, Rn. 11 (§ 293 Abs. 3 AktG a.F. regelte Folgendes: der Vertrag ist von der Einberufung der Hauptversammlung an auszulegen; jedem Aktionär ist auf Verlangen eine Abschrift zu erteilen; der Vertrag ist in der Hauptversammlung auszulegen; der Vorstand hat ihn zu Beginn der Verhandlung zu erläutern; der Vertrag ist der Nierderschrift als Anlage beizufügen).

[572] *Hüffer*, § 293 a AktG, Rn. 4; *Krieger* in: Münch HdB GesR IV, § 72 Rn. 56.

[573] Vgl. BT-Drucks., 12/6699, 178 f., (hier ist in einem umfassenden Sinn vom Unternehmensvertrag die Rede; ob die für die beabsichtigte Regelung angeführte Begründung trägt, ist eine andere, zunächst nur rechtspolitische Frage; der Gegenansicht ist zuzugeben, dass man die Begründung so lesen kann, als ob der Gesetzgeber unter „Unternehmensvertrag" nur Gewinnabführungsvertrag und Beherrschungsvertrag verstehen würde und als ob ein Unternehmensvertrag Abhängigkeit begründe, die ihm regelmäßig vorausgeht und was für sonstige Unternehmensverträge so pauschal nicht zutrifft).

Aktionärsschutz gewährleisten; hierzu können Information, Prüfung und Hauptversammlungsbeschluss geeignete Mittel sein. Die Verfehlung des Gesetzeszwecks ist insofern nicht eindeutig. Der Wortlaut hingegen bietet keinen Interpretationsspielraum. Die Kritik ist in einzelnen Punkten berechtigt – insbesondere sind systematische Brüche in der Regelung bei jeder Interpretation unvermeidlich. Indessen ist es nicht zutreffend, dass es für andere Unternehmensverträge von vornherein an einem Prüfungsmaßstab mangelt.[574] Nimmt man den gesetzgeberischen Auftrag ernst, so wird man beim Teilgewinnabführungsvertrag zu prüfen haben, ob die vertraglich vereinbarte Gegenleistung angemessen ist.

b) Entbehrlichkeit des Berichts

Der Bericht ist entbehrlich, wenn sämtliche Anteilseigner in öffentlich beglaubigter Form auf seine Erstattung verzichten, § 293 a Abs. 3 AktG. Das kann in Konzernverhältnissen ebenso vorkommen, wie wenn bei einem Publikumsfonds i.F.v. AG & Still die Initiatoren alle Aktien halten.

aa) Alle Anteilseigner „aller beteiligten“ Unternehmen verzichten

Die Vorschrift des § 293 a Abs. 3 AktG ist missverständlich, soweit für die Entbehrlichkeit des Berichts gefordert wird, dass alle Anteilseigner „aller beteiligten Unternehmen“ auf den Bericht verzichten. Bei Beherrschungsverträgen und bei Gewinnabführungsverträgen leuchtet es schon wenig ein, dass die Gesellschafter der Obergesellschaft auch für den Verzicht auf den Bericht bei der Untergesellschaft zustimmen müssen und umgekehrt. Für diese Fälle lässt sich die klare Anordnung der Norm aber auch nicht durch eine teleologische Reduktion überspielen.[575] Es reicht beim Teilgewinnabführungsvertrag jedoch für den Wegfall der Berichtspflicht auf der Ebene der Untergesellschaft, wenn alle Aktionäre der Untergesellschaft verzichten.[576] Ein Verzicht auch der Aktionäre der Obergesellschaft ist für den Wegfall dieser Berichtspflicht nicht erforderlich, weil die Aktionäre der Obergesellschaft dem Vertrag nicht einmal zustimmen müssen. Ihnen gegenüber besteht also auch keine Berichtspflicht, auf die sie verzichten könnten. Ob ein Bericht erstellt wird oder nicht, muss dann entgegen dem missverständlichen Wortlaut allein von der Entscheidung der Aktionäre der Untergesellschaft abhängen.

---

[574] So aber auch: *Hüffer*, § 293 b AktG, Rn. 6, der die Prüfungspflicht andererseits grundsätzlich bejaht, § 293 a AktG, Rn. 4 a.E.

[575] *Hüffer*, § 293 a AktG, Rn. 21; a.A. *Altmeppen*, ZIP 1998, 1853, 1860 ff.

[576] Ausdrücklich: *Krieger* in: Münch HdB GesR IV, § 70 Rn. 27; der Sache nach auch: *Hüffer*, § 293 a AktG, Rn. 21.

Das ist für einen Teilgewinnabführungsvertrag von Bedeutung, den z.B. eine Aktiengesellschaft als Obergesellschaft mit einer 100-prozentigen Tochtergesellschaft abschließt, die ebenfalls die Form einer Aktiengesellschaft hat. Denn hier braucht – anders als beim Beherrschungsvertrag nach § 293 Abs. 2 AktG – die Hauptversammlung der Mutter nicht zuzustimmen, weshalb bei der Mutter auch keine Berichtspflicht besteht § 293 a Abs. 1 S. 1 AktG. Nach dem Wortlaut der Norm sollen die Aktionäre der Obergesellschaft für den Verzicht auf die Berichtspflicht einzuschalten sein, obwohl sie über den Vertrag selbst nicht zu entscheiden haben. Diese Forderung ist nicht überzeugend. Daher ist die Vorschrift einschränkend dahin auszulegen, dass ein Unternehmen nur dann im Sinne des § 293 a Abs. 3 AktG „beteiligt" ist, wenn auch bei ihm eine Berichtspflicht nach § 293 a Abs. 1 S. 1 AktG besteht, was auch bei einer Aktiengesellschaft oder KGaA als Obergesellschaft eines sonstigen Unternehmensvertrags nach § 292 AktG nicht der Fall ist, weil hier keine Hauptversammlungspflicht nach § 293 Abs. 2 AktG eingreift.

Im Ergebnis haben lediglich die Anteilseigner der beteiligenden Aktiengesellschaft über einen Verzicht auf die Berichtspflicht zu beschließen, wenn die stille Gesellschaft nur unter § 292 AktG fällt. Handelt es sich bei der stillen Gesellschaft im Einzelfall um einen Gewinnabführungsvertrag oder einen Beherrschungsvertrag, so ist für einen Verzicht zusätzlich die Zustimmung der Hauptversammlung der Obergesellschaft erforderlich, falls es sich bei dieser um eine Aktiengesellschaft oder eine Kommanditgesellschaft auf Aktien handelt. Klarstellend empfiehlt sich zu § 293 a Abs. 3 AktG eine Neufassung, die lauten könnte: „Die Hauptversammlung jeder Partei kann einstimmig auf die ihr gegenüber bestehende Berichtspflicht verzichten."

bb) Alle Anteile in einer Hand

Der Bericht ist nicht schon dann entbehrlich, wenn alle Anteile in einer Hand sind. An diesem Punkt ist die Regelung strenger als das Vorbild in § 8 Abs. 3 UmwG. Das ist wenig einleuchtend, wenn man sich die Gesetzesbegründung vor Augen hält, nach der die Berichtspflicht Anfechtungsklagen von Aktionären verhindern soll.[577] Trotzdem sind die durch den Wortlaut der Regelung gezogenen Grenzen auch hier so klar, dass man sie nicht durch eine Analogie zu § 8 Abs. 3 S. 1 Alt. 2 UmwG überspielen kann.[578] Auch der Alleinaktionär muss sich förmlich über den Verzicht erklären.[579] Fehlt der Beschluss in diesem Punkt, wird das Registergericht die Eintragung wegen des nach § 293 a AktG fehlenden

---

[577] *Hüffer*, § 293 a AktG, Rn. 22.

[578] Für eine Analogie: *Bungert*, DB 1995, 1384, 1388 f.

[579] So wohl auch: *Hüffer*, § 293 a AktG, Rn. 22.

Berichts ablehnen. Allerdings wird man davon auszugehen haben, dass der Beschluss über den Verzicht auch nachträglich, d.h. nach dem Zustimmungsbeschluss gefasst werden kann.

Auch wenn sich alle Anteile in einer Hand befinden, bedarf es also einer förmlichen Erklärung über den Verzicht auf die Berichtspflicht. Die Regelung des § 293 a AktG leuchtet insofern rechtspolitisch nicht ein, weshalb sich eine Gesetzesänderung empfiehlt. Diese könnte zu § 293 a Abs. 3 AktG einen Satz 2 folgenden Wortlauts anfügen: „Ein Bericht ist auch dann nicht erforderlich, wenn sich die Gesellschaftsanteile der jeweiligen Partei in einer Hand befinden."

cc) Form des Verzichts

Die Verzichtserklärung bedarf der öffentlichen Beglaubigung, § 293 a Abs. 3 AktG. In der Literatur war streitig, ob der Form auch dadurch genügt ist, dass die Anteilseigner durch einstimmigen, notariell beurkundeten Hauptversammlungsbeschluss auf die Erstattung des Berichts verzichten.[580] Dies ist bei wörtlicher Interpretation nicht der Fall. Die öffentliche Beglaubigung bedarf der eigenhändigen Unterschrift ebenso wie die notarielle Beurkundung von Erklärungen, § 129 Abs. 1, Abs. 2 BGB.

Altmeppen nimmt an, der Gesetzgeber könne den Verzicht auf die Information nicht von strengeren Voraussetzungen abhängig machen, als die Entscheidung über die Frage der Zustimmung zum Vertrag selbst, weil dieser die Hauptsache sei.[581] Die notarielle Beurkundung des Hauptversammlungsbeschlusses genüge hinreichend der Warnfunktion. Rechtssicherheit sei ebenfalls gewährleistet. Weiter wird in der Literatur auf den Gesetzeszweck verwiesen, nach dem die Vorschrift nur die Möglichkeit der Beglaubigung zum Zwecke der Kostenersparnis für den Fall einführen sollte, dass die Aktionäre außerhalb der Hauptversammlung zustimmen.[582] Dazu heißt es in der Gesetzesbegründung wörtlich: „Anders als nach Artikel 1 § 8 Abs. 3 Satz 2 UmwG *soll es ausreichen*, wenn die Verzichtserklärungen der Aktionäre öffentlich beglaubigt sind, um das Verfahren hier nicht mit zu hohen Kosten zu belasten."[583] Diese Argumente überzeugen. Vor allem im Hinblick auf den Gesetzeszweck erscheint es geboten, den Verzicht

---

[580] Dagegen: *Emmerich* in: Emmerich/Habersack, Aktienkonzernrecht, 1998, § 293 a Rn. 24; dafür: *Altmeppen*, ZIP 1998, 1854, 1862; zustimmend: *Hüffer*, § 293 a AktG, Rn. 21; *Emmerich* in: Emmerich/Habersack, Aktien- und GmbH-Konzernrecht, § 293 a Rn. 35.

[581] *Altmeppen*, ZIP 1998, 1854, 1862 reSp.

[582] *Hüffer*, § 293 a AktG, Rn. 21.

[583] BT-Drucks. 12/6699, 178.

durch den (einstimmigen) notariell beurkundeten Vollversammlungsbeschluss ausreichen zu lassen.

Im Ergebnis ist die öffentliche Beglaubigung deshalb nur erforderlich, wenn der Verzicht auf die Berichtspflicht ausnahmsweise außerhalb des Zustimmungsbeschlusses zum Unternehmensvertrag erklärt wird.

c) Inhalt des Vorstandsberichts

Der Vorstand hat den Vertrag ausführlich rechtlich und wirtschaftlich zu erläutern und zu begründen. Zu erläutern sind nach dem Wortlaut des § 293 a AktG der Abschluss des Vertrags, der Vertrag im einzelnen und insbesondere die Art und die Höhe des Ausgleichs, § 293 a Abs. 1 S. 1 AktG. Statt der Art und Höhe des Ausgleichs ist beim Teilgewinnabführungsvertrag die vorgenommene Unternehmensbewertung zu erläutern. Es ist auf besondere Schwierigkeiten bei der Bewertung der vertragschließenden Unternehmen, sowie auf die Folgen für die Beteiligungen der Aktionäre hinzuweisen, § 293 a Abs. 1 S. 2 AktG.[584]

Tatsachen brauchen in den Bericht nicht aufgenommen werden, wenn deren Bekanntwerden geeignet ist, einem der vertragsschließenden Unternehmen oder einem verbundenen Unternehmen einen nicht unerheblichen Nachteil zuzufügen, § 293 a Abs. 2 S. 1 AktG. Dann sind aber die Gründe darzulegen, aus denen die Tatsachen nicht aufgenommen worden sind, § 293 a Abs. 2 S. 2 AktG.

d) Umfang des Berichts

Für den Umfang des Berichts müssen sich noch klare Standards herausbilden. *Hüffer* nahm in der 2. Aufl. seines Kommentars zum Aktiengesetz noch an, dass man vorerst auf die Vorlagen zum Verschmelzungsbericht zurückzugreifen habe.[585] Inzwischen verweist er auf das neuere, wesentlich knappere Formular von *Hoffmann-Becking*.[586] Der Bericht wird sich im Umfang am Bericht des Vorstands zum Bezugsrechtsausschluss zu orientieren haben.[587] Der gegenüber einem Verschmelzungsbericht geringere Umfang ist nicht zu beanstanden, weil das Informationsbedürfnis – zumal beim Teilgewinnabführungsvertrag – nicht gleich hoch ist wie bei der Verschmelzung. Es ist allerdings auch nicht schädlich,

---

[584] Die Formulierung entspricht § 8 Abs. 1 S. 2 UmwG.

[585] *Hüffer*, 2. Aufl. 1995, § 293 a AktG, Rn. 11.

[586] *Hüffer*, § 293 a AktG, Rn. 11; *Hoffmann-Becking*, Münchener Vertragshandbuch, 5. Aufl. 2000, IX 3, 1132 ff.

[587] *Bungert*, DB 1995, 1384, 1388; dazu grundlegend: *Lutter* ZGR 1979, 401, 408.

wenn zusätzliche Informationen gewährt werden, wenn es nicht die Übersichtlichkeit des Berichts beeinträchtigt.

e) Form des Berichts

Der Bericht ist schriftlich zu erstatten. Er ist nach der h.M. von sämtlichen Vorstandsmitgliedern eigenhändig zu unterschreiben.[588] Mit *Hüffer*[589] ist allerdings eine Erklärungsvertretung des Gesamtorgans durch den Vorstandsvorsitzenden in Anlehnung an § 26 Abs. 3 BetrVG als möglich anzusehen, wenn Satzung oder Geschäftsordnung dies vorsehen und der Vorstand einen Beschluss über den Bericht gefasst hat. Häufig wird schon die Satzungs- oder Geschäftsordnungsermächtigung fehlen. Praktisch wird man sich angesichts der entgegenstehenden h.M. vorsehen müssen und in jedem Fall alle Unterschriften zu besorgen haben.

4. Vertragsprüfung, § 293 b – e AktG

a) Gegenstand der Vertragsprüfung

Es ist umstritten, ob der Teilgewinnabführungsvertrag überhaupt Gegenstand der Vertragsprüfung ist und welche Umstände der Prüfung zu unterziehen sind.

aa) Prüfungspflicht für Teilgewinnabführungsverträge

Altmeppen führt aus, die Vertragsprüfung habe bei den Verträgen des § 292 AktG keinen sinnvollen Gegenstand und sei deshalb in teleologischer Reduktion der §§ 293 a ff. AktG zu unterlassen.[590] Es sei sinnlos, die Angemessenheit des vorgeschlagenen Ausgleichs oder der vorgeschlagenen Abfindung zu überprüfen, weil Abfindung und Ausgleich nur für Gewinnabführungsverträge vorgesehen sind.

Der Ansicht *Altmeppens* ist im Ergebnis nicht zu folgen.[591] Überzeugend ist im Ausgangspunkt die Überlegung, dass es nicht angehen kann, den Parteien eine

---

[588] *Bungert*, DB 1995, 1384, 1389; *Hüffer*, § 293 a AktG, Rn. 10; *Keil*, 33; *Krieger* in: Münch HdB GesR, § 70 Rn. 28 (alle unter Berufung auf § 126 BGB); *Grunewald* in: Geßler/Hefermehl, § 340 a AktG a.F. Rn. 18; *Lutter*, § 8 UmwG, Rn. 9 (für schlechthin vertretungsfeindliche Wissenserklärung); *Hüffer*, FS Claussen, 1997, 171, 176 ff. (Berichte seien keine Vorgänge des Außenverhältnisses; Vorstand selbst sei Berichtsschuldner und könne mangels anderer Regelung nur durch seine sämtlichen Mitglieder handeln).

[589] *Hüffer*, § 293 a AktG, Rn. 10.

[590] *Altmeppen*, ZIP 1998, 1853, 1855 ff; *Altmeppen* in: MünchKommAktG, § 293 a AktG, Rn. 6 ff.

[591] Siehe zum Vertragsbericht bereits oben unter III. 1.

aufwendige und kostenintensive Vertragsprüfung aufzubürden, die keinen materiellen Prüfungsgegenstand hat. Es wird sich allerdings zeigen, dass die Vertragsprüfung auch bei einem Teilgewinnabführungsvertrag einen Prüfungsgegenstand hat. Die Ansicht, dass die Regelung für den Teilgewinnabführungsvertrag eine Überregulierung darstellt, liegt zwar insbesondere dann nicht fern, wenn es sich um Verträge handelt, die im Ergebnis nur einen geringen Teil des Gewinns der Aktiengesellschaft betreffen. Zur Einführung einer Bagatellgrenze, wie *Hüffer* sie unter rechtspolitischem Gesichtspunkt empfiehlt, ist es aber nicht gekommen, und eine teleologische Reduktion verbietet sich angesichts des eindeutigen Willens des Gesetzgebers.[592]

bb) Umfang der Vertragsprüfung

(1) Materieller Prüfungsgegenstand

Die Vertragsprüfung hat einer Ansicht zufolge einen materiellen Prüfungsgegenstand, weil sie auf die Angemessenheit der Gegenleistung zu erstrecken ist.[593] Nach anderer Ansicht soll sich die Vertragsprüfung auf einige Angaben zu den Vertragsformalien beschränken, weil das Gesetz keine Grundlage für die weitgetriebene Prüfung der Angemessenheit von schuldrechtlichen Austauschverträgen biete.[594] Überzeugend erscheint es, die Vertragsprüfung auf die Angemessenheit der Gegenleistung zu erstrecken. Ein solcher Prüfungsmaßstab ist zwar sehr weitgehend und für eine an der Privatautonomie orientierte Rechtsordnung untypisch. Er entspricht aber dem Zweck der §§ 293 ff. AktG, die für die Minderheitsaktionäre den Anspruch auf den Bilanzgewinn vor erheblichen wirtschaftlichen Gefahren sichern sollen.

Die §§ 293 a ff. AktG mögen für den Teilgewinnabführungsvertrag eine Überregulierung enthalten. Diese Überregulierung lässt sich aber nur durch eine Gesetzesänderung beseitigen. Man kann sie nicht durch eine teleologische Reduktion auf die Fälle beschränken, die mit einer Verschmelzung vergleichbar sind.[595]

---

[592] Vgl. *Hüffer*, § 293 a AktG, Rn. 4.

[593] *Krieger* in: Münch HdB GesR IV, § 72 Rn. 56.

[594] *Emmerich* in: Emmerich/Habersack, Aktien- und GmbH-Konzernrecht, § 293b AktG, Rn. 8.

[595] *Hüffer*, § 293 a AktG, Rn. 4; *Emmerich* in: Aktien- und GmbH-Konzernrecht, § 293 a AktG, Rn. 7.

Die Gesetzessystematik steht diesem Befund nicht entgegen; sie stützt ihn vielmehr. Wenn das Gesetz bestimmt,[596] Art und Höhe des Ausgleichs und der Abfindung, die bei Teilgewinnabführungsverträgen gar nicht geschuldet sind, seien rechtlich und wirtschaftlich zu erläutern, ist diese Berichts- und Prüfungsanweisung nicht abschließend. Das geht schon aus dem Wortlaut („insbesondere") hervor. Diese Aufzählung erklärt sich dadurch, dass Beherrschungs- und Gewinnabführungsvertrag wegen ihrer Bedeutung bei der körperschaftsteuerlichen Organschaft nach § 14 KStG die verbreitetsten Unternehmensverträge sind.[597] Der Gesetzgeber hat diese Fälle als besonders wichtig angesehen und deswegen beispielhaft aufgezählt. Im übrigen können Abfindung und Ausgleich im Einzelfall auch freiwillig gewährt sein. Es ist der Gegenansicht zuzugeben, dass die Formulierung in § 293 e Abs.1 S. 2 AktG i.d.R. gegenstandslos ist, nach der der Prüfungsbericht mit einer Erklärung darüber abzuschließen ist, ob der vorgeschlagene Ausgleich oder die vorgeschlagene Abfindung angemessen ist.[598] An anderer Stelle[599] ist angeordnet, dass auf Schwierigkeiten bei der Unternehmensbewertung hinzuweisen ist. Das setzt aber voraus, dass bei allen Unternehmensverträgen eine Unternehmensbewertung vorzunehmen ist. Eine Unternehmensbewertung kann für die Verträge ohne Ausgleich und Abfindung der außenstehenden Aktionäre aber nur dann Sinn machen, wenn die Gegenleistung auf ihre Angemessenheit zu prüfen ist. Aus alldem folgt, dass für die anderen Unternehmensverträge nach § 292 AktG auf die eine oder die andere Weise ein Redaktionsversehen des Gesetzgebers vorliegt. Der größere systematische Bruch würde indessen darin liegen, wenn die Vertragsprüfung für die anderen Unternehmensverträge entgegen dem klaren Wortlaut des § 293 b AktG i.V.m. § 292 AktG für die anderen Unternehmensverträge gegenstandslos wäre.

Rechtspolitisch ist zu überlegen, ob man die Vertragsprüfung für die Unternehmensverträge nach § 292 AktG wieder abschafft.[600] Nach gegenwärtiger Rechtslage liegen die methodischen Voraussetzungen einer teleologischen Reduktion nicht vor.

---

[596] § 293 a Abs. 1 S. 1 AktG und § 293 e Abs. 1 S. 2 AktG.

[597] Ein Beherrschungsvertrag ist für die körperschaftsteuerliche Organschaft nach der Neufassung der Regelung durch das Gesetz vom 23.10.2000 (BGBl. I, 1433) allerdings nicht mehr erforderlich.

[598] Vgl. wegen der richtigen Formulierung schon oben.

[599] § 293 a Abs. 1 S. 2 AktG.

[600] Dafür: *Hüffer*, § 293 a AktG, Rn. 4.

(2) Formeller Prüfungsgegenstand

Nach dem Wortlaut ist nur der Unternehmensvertrag zu prüfen. Streitig ist, ob daneben auch der Vorstandsbericht zu prüfen ist.[601] Der Frage wird für das Verschmelzungsrecht sehr kontrovers erörtert. Die rechtswissenschaftliche Literatur neigt hier eher dazu, die Prüfungspflicht zu bejahen.[602] Der gegenteilige Standpunkt wird von der h.M. in der Betriebswirtschaftslehre vertreten.[603]

Im Ergebnis wird man auch von einer Prüfungspflicht hinsichtlich des Vorstandsberichts auszugehen haben. Dafür spricht die Entlastungsfunktion der Prüfung, nämlich die gerichtliche Überprüfung des Vertrags möglichst überflüssig zu machen.

cc) Prüfung auch für sich still beteiligende Aktiengesellschaft

Wenn der Stille seinerseits eine Aktiengesellschaft oder eine Kommanditgesellschaft auf Aktien ist, muss hier bei wörtlicher Interpretation ebenfalls eine Vertragsprüfung durchgeführt werden, § 293 b Abs. 1 S. 1 AktG. Die Prüfungspflicht besteht nach dem eindeutigen Wortlaut für „jede" vertragsschließende Aktiengesellschaft oder KGaA. Die Literatur geht trotzdem davon aus, dass die Prüfung nur für die zur vertragsspezifischen Leistung verpflichtete Gesellschaft erforderlich ist, wenn nicht auch bei der anderen Gesellschaft die Hauptversammlung nach § 293 Abs. 2 AktG zustimmen muss.[604] Das Argument, die Hauptversammlung müsse einem Teilgewinnabführungsvertrag bei der Obergesellschaft nach § 293 Abs. 2 AktG nicht zustimmen und die Vertragsprüfung ergebe deshalb keinen Sinn, überzeugt für sich genommen noch nicht, weil es auch möglich ist, die Vertragsprüfung isoliert durchzuführen, und der Hauptversammlung der sich beteiligenden Gesellschaft darüber zu berichten. Das ist indessen nicht gesetzlich vorgesehen, so dass auch diese Lösung sich nicht ohne weiteres in die gesetzliche Systematik fügt. Der Abschluss eines Teilgewinnabführungsvertrages stellt auch

---

[601] Dafür: LG Berlin, AG 1996, 230, 232 reSp (zur Eingliederung); *Hüffer*, § 293 b AktG, Rn. 3; *Emmerich* in: Emmerich/Habersack, Aktien- und GmbH-Konzernrecht, § 293 b AktG, Rn. 14; a.A. *Humbeck*, BB 1995, 1893, 1896 liSp.

[602] *Kraft* in: Kölner Kommentar, § 340 b AktG a.F. Rn. 7; *Bayer* AG 1988, 323, 328; *Ganske*, DB, 1981, 1551, 1553; *Hoffmann-Becking*, FS Fleck, 1988, 105, 122; *Priester*, ZGR 1990, 420, 430; a.A. *Grunewald* in: Geßler/Hefermehl, § 340 b AktG a.F., Rn. 10; *Lutter*, § 9 UmwG, Rn. 12 f.; *Mertens*, AG 1990, 20, 31 reSp; *Möller*, 138.

[603] IdW Stellungnahme HFA 6/88 Slg. IdW/HFA, 181 = WPg 1989, 42; WP-HdB 1998 Dd II D 21; *Meyer zu Lösebeck*, WPg, 1989, 499 f.; *Schedelbauer*, WPg 1984, 33; *Schmitz*, 190; a.A. *Dirrigl*, WPg 1989, 413, 417.

[604] *Emmerich* in: Emmerich/Habersack, Aktien- und GmbH-Konzernrecht, § 293 b AktG, Rn. 9; *Hüffer*, § 293 AktG, Rn. 7.

keine besondere Gefährdungslage für die Obergesellschaft dar. Die Rechtsfolgen für eine unterlassene Vertragsprüfung könnten auch nur in einer Verantwortlichkeit des Vorstands und gegebenenfalls des Aufsichtsrats liegen. Wenn bei der Obergesellschaft kein Hauptversammlungsbeschluss erforderlich ist, kann der Vertrag von den Aktionären nicht angefochten werden. Die Vorschrift als Verbotsgesetz anzusehen, und den Vertrag als unwirksam anzusehen, wäre nicht angemessen. Der Literaturauffassung ist deshalb zu folgen.

b) Entbehrlichkeit der Vertragsprüfung

aa) Verzicht

Der Verzicht auf die Vertragsprüfung bedarf einer öffentlich beglaubigten Erklärung aller Anteilseigner der Aktiengesellschaft. Gemäß § 293 b Abs. 2 AktG gilt § 293 a Abs. 3 AktG entsprechend. Auf die Ausführungen unter III. 2. wird verwiesen.

bb) Alle Anteile in einer Hand

Die Vertragsprüfung ist nach § 293 a Abs. 3 AktG entbehrlich, wenn sich alle Aktien des abhängigen Unternehmens in der Hand des herrschenden Unternehmens befinden. Der Fall hat heute für Teilgewinnabführungsverträge kaum praktische Bedeutung. Früher mag die Ausnahme im Fall einer (nachträglich entstandenen) Ein-Mann-AG & Still aus steuerlichen Gründen denkbar gewesen sein. Nachdem der gespaltene Körperschaftsteuersatz und damit der steuerliche Vorteil eines Schütt-Aus-Hol-Zurück-Verfahrens entfallen ist, hat die Gestaltung einer Kapitalgesellschaft & Still für Unternehmen mit nur einem Gesellschafter erheblich an Attraktivität eingebüßt.

Denkbar ist es, dass sich im Wege einer mehrgliedrigen stillen Gesellschaft mehrere stille Gesellschafter an der Aktiengesellschaft beteiligen, die zusammen alle Anteile an der beteiligenden Aktiengesellschaft halten. Es ist in der Literatur anerkannt, dass die Ausnahme für einen Vertragspartner, der alle Anteile hält, entsprechend für Mehrmütter-Beherrschungsverträge gilt, wenn alle Mütter gemeinsam sämtliche Anteile an der Tochter halten.[605] Diese Ausnahme hat auch für Teilgewinnabführungsverträge zu gelten, wenn die Stillen zum Beispiel deswegen die stille Beteiligung gewählt haben, weil sie das Ergebnis der Inhaberaktiengesellschaft segmentieren wollen. Halten sie entsprechend der Ausgangsbeteiligung zusätzlich Aktien, die jeweils schuldrechtlich zwingend mit den

[605] *Krieger* in: Münch HdB GesR IV, § 70 Rn. 33; *Hüffer*, § 293 b AktG, Rn. 9; *Emmerich* in: Aktien- und GmbH-Konzernrecht, § 293 b AktG, Rn. 7; *Bungert*, DB 1995, 1384, 1391 reSp.

stillen Beteiligungen übertragen werden müssen, können sie so zu behandeln sein, als ob sie selbst alle Anteile halten. Es reicht in dieser Konstellation, dass sie untereinander in der mehrgliedrigen stillen Gesellschaft oder einer BGB-Gesellschaft verbunden sind, um die Berichtspflicht entfallen zu lassen, wenn der jeweilige Gesellschaftsvertrag es vorsieht, dass die Aktienbeteiligung in dieser Weise koordiniert auszuüben ist.

c) Bestellung der Vertragsprüfer

Die Vertragsprüfer sind vom Vorstand der beteiligenden Gesellschaft oder auf deren Antrag vom Gericht zu bestellen, § 293 c Abs. 1 S. 1 AktG.

d) Auswahl, Stellung und Verantwortlichkeit der Prüfer, § 293 d AktG

Die Vorschriften über die Abschlussprüfung gelten im wesentlichen entsprechend, § 293 d Abs. 1 S. 1 AktG. Das Auskunftsrecht der Prüfer besteht gegenüber den vertragsschließenden Unternehmen und gegenüber einem Konzernunternehmen, einem abhängigen und einem herrschenden Unternehmen, § 293 d Abs. 1 S. 2 AktG.

e) Prüfungsbericht

Die Vertragsprüfer haben über das Ergebnis der Prüfung schriftlich zu berichten, § 293 Abs. 1 S. 1 AktG. Der Bericht muss in entsprechender Anwendung von § 293 e Abs. 1 S. 3 AktG mindestens darüber Auskunft geben, nach welchen Methoden die Angemessenheit der Gegenleistung ermittelt worden ist (Nr. 1), aus welchen Gründen die Anwendung dieser Methoden angemessen ist (Nr. 2) und welcher Bewertung sich bei der Anwendung verschiedener Methoden, sofern mehrere angewandt worden sind, jeweils ergeben würde; zugleich ist darzulegen, welches Gewicht den verschiedenen Methoden zur Bestimmung der Angemessenheit der Gegenleistung und der ihr zugrunde liegenden Werte beigemessen worden ist (Nr. 3) und welche Schwierigkeiten bei der Unternehmensbewertung aufgetreten sind.

Prüfungsrelevante Tatsachen brauchen unter den Voraussetzungen des § 293 a Abs. 2 AktG nicht mitgeteilt zu werden, § 293 e Abs. 2 AktG.[606]

Der Prüfungsbericht ist nach § 293 e Abs. 2 AktG i.V.m. § 293 a Abs. 3 AktG entbehrlich, wenn alle Beteiligten durch öffentlich beglaubigte Erklärung verzichten. Die Aktionäre sollen sich nach förmlicher Prüfung noch die Berichts-

[606] Siehe dazu oben unter III. 3. b).

kosten ersparen können, wenn das Ergebnis auch ohne förmlichen Bericht akzeptiert wird.[607]

f) Prüfungsvermerk

Die in § 292 e Abs. 1 S. 2 AktG vorgeschriebene Schlusserklärung über die Angemessenheit von Ausgleich und Abfindung ist beim Teilgewinnabführungsvertrag – wenn nicht freiwillig ein Ausgleich gezahlt wird – gegenstandslos. *Hüffer* empfiehlt die Feststellung, dass Ausgleich und Abfindung nicht vorgesehen sind und nach dem Inhalt des Vertrages auch nicht geschuldet werden.[608] Eine solche Feststellung ist allerdings nicht zwingend. Der Prüfungsbericht ist auch ohne sie nicht fehlerhaft.[609] Man kann zwar ein gewisses Publizitätsinteresse an einer solchen Feststellung nicht völlig ausschließen, weil immerhin ein freiwilliger Ausgleich für außenstehende Aktionäre möglich ist und andere Unternehmensverträge verschleierte Beherrschungsverträge sein können. Aus diesem Grund macht die Feststellung zwar Sinn, dass Abfindung und Ausgleich nach dem Inhalt des Vertrages nicht geschuldet sind. Das Gesetz schreibt aber nur die positive Feststellung über die Angemessenheit des Ausgleichs vor, und es ist auch hinreichend ersichtlich, dass kein Ausgleich gewährt wird, wenn der Prüfungsbericht dazu keine Feststellung trifft.

Zu empfehlen ist die abschließende Feststellung, dass die Gegenleistung für die Teilgewinnabführung nach den der Prüfung zugrunde gelegten Umständen angemessen ist. Der Gesetzgeber sollte diese Feststellung vorschreiben, wenn er das gegenwärtige Konzept einer Vertragsprüfung auch für die sonstigen Unternehmensverträge beibehalten will.

5. Eintragung, § 294 AktG

a) Konstitutive Eintragung

Der Vertrag wird erst wirksam, wenn sein Bestehen in das Handelsregister des Sitzes der Gesellschaft eingetragen ist, § 294 Abs. 2 AktG.[610]

---

[607] Begr. BT-Drucks. 12/6699, 85 reSp.

[608] *Hüffer*, § 293 e AktG, Rn. 8.

[609] *Krieger* in: Münch HdB GesR IV, § 72 Rn. 56 a.E.

[610] Für Teilgewinnabführungsverträge unter rechtspolitischem Gesichtspunkt kritisch: *Schulte/Waechter*, GmbHR, 2002, 189, 191.

b) Anmeldung

Nach § 294 Abs. 1 AktG hat der Vorstand das Bestehen und die Art des Vertrages zum Handelsregister anzumelden. Es besteht aber keine öffentlich-rechtliche Pflicht, den Vertrag anzumelden, weil der Vertrag ohne die Eintragung nicht wirksam wird und folglich vor der Eintragung auch kein Publizitätsinteresse bestehen kann.[611] Wohl ist der Vorstand dagegen aus seinem Organverhältnis zur Aktiengesellschaft zur Anmeldung verpflichtet.[612] Darüber hinaus wird man anzunehmen haben, dass die einzelnen am Vertragsschluss beteiligten Vorstandsmitglieder verpflichtet sind, auf die Anmeldung hinzuwirken.[613]

aa) Zuständigkeit und Form

Der Vorstand hat die Anmeldung vorzunehmen, § 294 Abs. 1 S. 1 AktG. Die Vorstandsmitglieder haben dabei nach h.M. im Namen der Aktiengesellschaft und nicht im eigenen Namen zu handeln.[614] Vertretung ist deshalb zulässig, auch unechte Gesamtvertretung, eine Bevollmächtigung muss sich ausdrücklich auf die Anmeldung richten.[615] Nach anderer Auffassung handelt der Vorstand im eigenen Namen. Deshalb sollen alle Vorstandsmitglieder die Anmeldung unterschreiben müssen.[616] Der Vorstand handelt aber ganz regelmäßig nur als Vertreter der Aktiengesellschaft und nicht in eigener Sache. Einleuchtende Gründe dafür, dass der Vorstand hier selbst zur Anmeldung verpflichtet sein soll und nicht als Organ der Aktiengesellschaft, sind nicht ersichtlich. Der Teilgewinnabführungsvertrag und somit auch seine Anmeldung ist eine Angelegenheit der Aktiengesellschaft. Es ist deshalb der h.M. zu folgen und anzunehmen dass eine Vertretung der Aktiengesellschaft nach den jeweiligen Regeln zulässig ist. Trotzdem kann es sich aus Gründen der Vorsicht im Hinblick auf die bestehende Gegenansicht empfehlen, die Anmeldung von sämtlichen Vorstandsmitgliedern unterschreiben zu lassen.

Die Anmeldung ist öffentlich zu beglaubigen, § 12 HGB.

---

[611] Vgl. *Hüffer*, § 294 AktG, Rn. 2.

[612] *Hüffer*, § 294 AktG Rn. 2.

[613] Siehe dazu oben unter § 7 I. 2.

[614] BGHZ 105, 324, 327 (Supermarkt, zur GmbH); *Hüffer*, § 294 AktG, Rn. 2 und § 181 AktG, Rn. 4.

[615] *Hüffer*, § 294 AktG, Rn. 2.

[616] KGJ 41, 134, 135; auch *Henn*, HdB des Aktienrechts, 5. Aufl. Rn. 199, 478 (in der 6. Aufl. aufgegeben).

bb) Inhalt der Anmeldung

Inhaltlich sind das Bestehen, die Art des Unternehmensvertrags, die Vereinbarung über die Höhe des abzuführenden Gewinns und der Name des anderen Vertragsteils anzumelden, § 294 Abs. 1 AktG.

(1) Bestehen und Art des Unternehmensvertrags

Der Vertragsschluss ist unter Angabe des Datums anzumelden.[617] Der Vertrag ist in der gesetzlichen Terminologie der §§ 291, 292 AktG zu benennen.[618] Bei der stillen Gesellschaft handelt es sich mindestens um einen Teilgewinnabführungsvertrag. Zusätzlich kann ein Betriebsführungsvertrag vorliegen, wenn es sich um eine verwaltungsmäßig atypische stille Gesellschaft mit Geschäftsführungsbefugnissen für das ganze Unternehmen handelt. Betriebsführungsverträge sollte man mit dem Zusatz „Betriebsüberlassungsvertrag" anmelden.[619] Wenn in solchen Fällen ein Vertrag unter mehrere Arten von Unternehmensverträgen zugleich fällt, sind alle zu benennen.[620]

(2) Name des anderen Vertragsteils

Die Anmeldungs- und Eintragungsmodalitäten unterscheiden sich gemäß § 294 Abs. 1 S. 1 HS 1 und 2 AktG je nachdem, ob es sich um einzelne oder eine Vielzahl von Verträgen handelt.

(a) Einzelne Verträge

Bei einzelnen Verträgen ist der Name des anderen Vertragspartners anzumelden. Anzugeben ist auch eine Firma, der Wohnort, Gesellschaftssitz oder bei Einzelkaufleuten die Hauptniederlassung, soweit es zur Individualisierung des Vertragspartners erforderlich ist.[621]

Die Beteiligung eines Strohmanns könnte der von § 294 Abs. 1AktG bezweckten Publizität zuwider laufen. Die Vorschrift bestimmt, dass der Name des anderen Vertragsteils zur Eintragung in das Handelsregister angemeldet werden muss.

---

617 *Hüffer*, § 294 AktG, Rn. 3

618 *Hüffer*, § 294 AktG, Rn. 3

619 *Hüffer*, § 294 AktG, Rn. 5; *Koppensteiner* in: Kölner Kommentar, § 294 AktG, Rn. 7.

620 *Hüffer*, § 294 AktG, Rn. 5.

621 *Hüffer*, § 294 AktG, Rn. 5 m.N.; a.A. (ohne die Einschränkung): *Koppensteiner* in: Kölner Kommentar, § 294 AktG, Rn. 8.

Die wörtliche Auslegung der Bestimmung "anderer Vertragsteil" vermag denjenigen, der in keiner unmittelbaren Beziehung zu der zu schützenden Aktiengesellschaft steht, und für dessen Rechnung das Geschäft lediglich erfolgt, nicht zu erfassen. Eine erweiternde Auslegung entfällt, weil sie die Grenzen des möglichen Wortsinns überschreiten würde.

In Frage kommt deshalb nur eine analoge Anwendung, für die eine dem geregelten Fall ähnliche Konstellation vorliegen müsste, die in planwidriger Weise nicht mitgeregelt wurde.

Ein ähnlicher Fall liegt insofern vor, als die Situation des Hintermanns wirtschaftlich dem unmittelbar Beteiligten vergleichbar ist. Ihm kommen die Chancen des Geschäftes zugute und er trägt auch die Risiken. Der Treugeber ist die Person, auf deren Entscheidung die Ausübung von Kontroll- und Initiativrechten beruht, die also in der Sache für den Einfluss auf die Aktiengesellschaft verantwortlich ist.

Zu untersuchen ist deshalb die Frage, ob es nach den objektiven Intentionen des Gesetzgebers planwidrig ist, wenn der in der Norm nicht ausdrücklich geregelte Fall nicht erfasst wird. Dazu ist auf den Zweck der Publizitätsbestimmung abzustellen. Entscheidend ist, ob es das Interesse des Geschäftsverkehrs an Klarheit über die Verhältnisse der Aktiengesellschaft verlangt, auch über die Person unterrichtet zu sein, die letztlich Begünstigter des Unternehmensvertrages ist, oder ob es reicht, wenn ersichtlich ist, dass ein Unternehmensvertrag besteht und wer die Rechte aus dem Vertrag unmittelbar ausübt. Unter diesem Gesichtspunkt ist es unbedenklich, wenn eine Treuhand für Gestaltungen besteht, die keine aktiven Geschäftsführungsbefugnisse einräumen. Hier ist nur das Gewinninteresse der Gesellschaft und in geringerem Maß durch Kontrollrechte auch das Geheimhaltungsinteresse betroffen. Sind dem stillen Gesellschafter Geschäftsführungsbefugnisse für das ganze Unternehmen eingeräumt – handelt es sich also um einen Betriebsführungsvertrag – besteht ein erhebliches Interesse des Geschäftsverkehrs daran, auch Klarheit über die Person zu haben, die den Einfluss auf die Gesellschaft durch die Ausübung der Weisungsrechte aus dem Treuhandauftrag letztlich bestimmt. Dafür spricht auch die Gesetzesbegründung, wo es heißt, die Öffentlichkeit habe ein Interesse daran zu erfahren, welche Bindungen die Aktiengesellschaft eingegangen sei, namentlich wer ihre Geschicke tatsächlich leitet.[622]

Dieses Interesse rechtfertigt es, § 294 AktG auf den Treugeber entsprechend anzuwenden, weil die Norm Publizität nicht nur über die formale Partei des

---

[622] RegBegr bei *Kropff*, 382.

Unternehmensvertrags, sondern Publizität über die Ausübung eines unternehmensvertraglich vermittelten Einflusses auf die Gesellschaft herstellen soll, wenn es sich nicht um eine Gestaltung handelt, bei der die genaue Identität des Vertragsbegünstigten für die Aktionäre und Gläubiger von keiner wesentlichen Relevanz ist. Eine solche wesentliche Relevanz der genauen Identität des Vertragsbegünstigten ist aber dann gegeben, wenn ein Betriebsführungsvertrag vorliegt, weil dieser einen wesentlichen Einfluss auf die Geschäfte der Aktiengesellschaft vermittelt. Dem lässt sich auch nicht der Umstand entgegenhalten, dass der Betriebsführer aufgrund des Betriebsführungsvertrages ohnehin auf das Interesse der Aktiengesellschaft festgelegt ist, also Weisungen eines eventuellen Treugebers nur befolgen dürfte, wenn die Weisungen den Interessen der Aktiengesellschaft nicht zuwiderlaufen. Das ist zwar rechtlich zutreffend, es soll aber den übrigen Beteiligten des Unternehmens erleichtert werden, mögliche Interessenkonflikte zu erkennen, die sich aus der Identität der hinter dem Betriebsführer stehenden Person ergeben können. Bei der Anmeldung eines Betriebsführungsvertrags ist aus diesem Grund anzugeben, dass der Vertrag nicht Gegenstand eines Treuhandverhältnisses ist bzw. zu wessen Gunsten ein Treuhandverhältnis besteht.

(b) Vielzahl von Teilgewinnabführungsverträgen

Nach § 294 Abs. 1 S. 1 HS 2 AktG n.F. kann beim Bestehen einer Vielzahl von Teilgewinnabführungsverträgen anstelle des Namen des anderen Vertragsteils auch eine andere Bezeichnung eingetragen werden, die den jeweiligen Teilgewinnabführungsvertrag konkret bestimmt.[623] Der Wortlaut der Vorschrift spricht nur davon, dass die Eintragung unter anderer Bezeichnung erfolgen kann. Man wird aber anzunehmen haben, dass auch die Anmeldung bereits unter der entsprechenden Bezeichnung erfolgen kann, weil dies dem Entlastungszweck der Vorschrift entspricht.[624] Der Registerrichter braucht sich weniger Gedanken über eine geeignete Bezeichnung zu machen, wenn die Bezeichnung bereits in der Anmeldung vorhanden ist. Eine Vielzahl von Verträgen liegt vor, wenn die Aufführung der Namen der stillen Gesellschafter in Spalte 6 des Registerblatts unverhältnismäßigen Raum einnehmen würde.[625] Die einzutragende Bezeichnung für den Vertrag muss zur Individualisierung des einzelnen Vertrages geeignet sein. Hierfür wird man eine Sammelbezeichnung mit Namensfunktion ausreichen lassen können, sofern diese dem Rechtsverkehr deutlich macht, worum es geht.[626] Dabei reicht es aus, wenn das zu finanzierende Projekt, die Gesamtzeichnungs-

---

[623] Vgl. BT-Drucks. 14/6855, 21 f.
[624] Vgl. *Hüffer*, § 294 AktG, Rn. 6.
[625] *Hüffer*, § 294 AktG, Rn. 6.
[626] *Hüffer*, § 294 AktG, Rn. 6.

summe, die durch die stille Beteiligung einzuwerben ist und die Mindestzeichnungssumme für die einzelne stille Beteiligung bezeichnet wird.[627] Über den Wortlaut hinaus wird man anzunehmen haben, dass eine Vielzahl von Verträgen in diesem Sinne nur besteht, wenn die angemeldeten Verträge bis auf die Zeichnungssumme gleichartig sind. Anderenfalls kann die Sammelbezeichnung ihre Publizitätsfunktion nicht erfüllen.

cc) Vereinbarung über die Höhe des abzuführenden Gewinns

Die Vereinbarung über die Höhe des abzuführenden Gewinns ist nach der Neuregelung im ER JuKoG nicht mehr in das Handelsregister einzutragen.[628] Der entsprechende Passus wurde aus dem Wortlaut des § 294 Abs. 1 S. 1 AktG gestrichen. Die Vereinbarung über die Höhe des abzuführenden Gewinns ist auch nicht etwa zur Konkretisierung der vorgeschriebenen Eintragung über die Art des Unternehmensvertrages erforderlich. Insoweit ist die Bezeichnung als Teilgewinnabführungsvertrag ausreichend.

c) Beizufügende Schriftstücke, § 294 Abs. 1 S. 2 AktG

Der Unternehmensvertrag ist nach § 294 Abs. 1 S. 2 AktG in vollem Wortlaut in Urschrift, Ausfertigung oder öffentlich beglaubigter Abschrift beizufügen. Ist der Vertrag bereits eingereicht, kann man auf ihn Bezug nehmen.[629] Das ist wegen § 293 g Abs. 2 S. 2 AktG i.V.m. § 130 Abs. 5 AktG regelmäßig der Fall. Die Vorschrift des § 294 Abs. 1 S. 2 1. Alt. AktG ist deshalb eigentlich überflüssig. Spätestens mit der Anmeldung des Vertrages zum Handelsregister ist der Vertrag allerdings in jedem Fall einzureichen.

Die Niederschrift über den Hauptversammlungsbeschluss der Inhabergesellschaft ist nach bestrittener aber überzeugender Ansicht nicht erforderlich.[630] Das ergibt sich einerseits aus dem Wortlaut des Gesetzes und erklärt sich andererseits daraus, dass der Gesetzgeber davon ausging, der Hauptversammlungsbeschluss liege dem Registerrichter wegen § 130 Abs. 5 AktG bereits vor. Spätestens mit der Einreichung der Unterlagen ist aber auch die Pflicht des § 130 Abs. 5 AktG zu erfüllen.

---

[627] Vgl. *Hüffer*, § 294 AktG, Rn. 6.

[628] Vgl. BT-Drucks. 14/6855, 21 f.

[629] *Hüffer*, § 294 AktG, Rn. 7; *Geßler* in: Geßler/Hefermehl, § 294 AktG, Rn. 14; *Koppensteiner* in: Kölner Kommentar, § 294 AktG, Rn. 10.

[630] *Hüffer*, § 294 AktG, Rn. 7; a.A. *Baumbach/Hueck*, § 294 AktG, Rn. 5.

Das Erfordernis nach § 294 Abs. 1 S. 2 AktG, die Niederschrift des Hauptversammlungsbeschlusses des anderen Teils beizufügen, betrifft nur stille Gesellschaften, die (verschleierte) Beherrschungsverträge oder Gewinnabführungsverträge darstellen. Denn nur in diesen Fällen ist nach § 293 Abs. 2 AktG die Zustimmung der Hauptversammlung der anderen Teils überhaupt erforderlich.

Der Vorstand muss eine von der anderen Partei unterschriebene Erklärung darüber beizufügen, ob die andere Partei Aktionär der Inhabergesellschaft ist oder Aktien für ihre Rechnung gehalten werden. Dies ist nach der hier vertretenen Ansicht für die Ermittlung des Prüfungsmaßstabs des Registergerichts, das die Angemessenheit der Gegenleistung zu prüfen hat, erforderlich, wenn der Vertragspartner Aktionär ist oder Aktien für seine Rechnung gehalten werden. Wenn der Vertragspartner Aktionär ist, wird man auch den Prüfungsbericht beizufügen haben, damit der Registerrichter die Angemessenheit der Gegenleistung beurteilen kann.

d) Registergerichtliches Verfahren

aa) Zuständigkeit und formelle Prüfung

Das Amtsgericht entscheidet, § 8 HGB, § 125 Abs. 1 FGG. Der Satzungssitz der anmeldepflichtigen Gesellschaft ist für die örtliche Zuständigkeit maßgeblich, §§ 5, 14 AktG. Funktional ist die Entscheidung ist dem Richter vorbehalten, § 17 Nr. 1 lit. d RPflG.

Im Rahmen der formellen Prüfung sind die Zuständigkeit des Gerichts und die Form der Anmeldung zu prüfen, insbesondere, ob der Vorstand den Vertrag in der Anmeldung richtig bezeichnet hat.[631] Weiterhin ist die Vollständigkeit der beigefügten Unterlagen zu prüfen.

bb) Materielle Prüfung

Im Rahmen der materiellen Prüfung der Unternehmensvertrages ist zu prüfen, ob der Unternehmensvertrag – Eintragung unterstellt – wirksam wäre.[632] Dazu ist die Wirksamkeit des Hauptversammlungsbeschlusses der Inhaberaktiengesellschaft zu prüfen.[633] Handelt es sich um einen verschleierten Beherrschungsvertrag und ist die andere Partei ebenfalls Kapitalgesellschaft, so bedarf es auch dort eines

---

[631] *Hüffer*, § 294 AktG, Rn. 11, zur Bezeichnung der Vertragsart in der Anmeldung vgl. oben unter 2. c) aa).

[632] Vgl. *Hüffer*, § 294 AktG, Rn. 11.

[633] Vgl. *Hüffer*, § 294, Rn. 12.

Zustimmungsbeschlusses der Eigentümerversammlung, § 293 Abs. 2 AktG. Dann bedarf es auch einer Ausgleichsregelung, ohne die der Vertrag nichtig ist, § 304 Abs. 3 AktG. Der Unternehmensvertrag ist insbesondere auf Einhaltung der Schriftform nach § 293 Abs. 3 AktG zu prüfen.[634] Die richtige Bezeichnung des Unternehmensvertrages in der Urkunde oder im Beschluss ist nach der hier vertretenen Auffassung nicht Wirksamkeitsvoraussetzung.[635] Gleichwohl hat die richtige Bezeichnung für den Registerrichter bei der formellen Prüfung der Anmeldung Bedeutung; einen in der Anmeldung unrichtig bezeichneten Unternehmensvertrag darf der Registerrichter nicht eintragen.[636]

Mängel des Zustimmungsbeschlusses sind vom Gericht jedenfalls zu beachten, wenn sie zur Nichtigkeit des Beschlusses führen. Dazu gehören insbesondere weitergehende satzungsmäßige Erfordernisse für Unternehmensverträge nach § 293 Abs. 1 S. 2 AktG. Die Behandlung anfechtbarer Beschlüsse ist streitig, kann hier aber nicht im einzelnen erörtert werden.[637] Bei anhängiger Anfechtungsklage kann das Registergericht das Eintragungsverfahren nach § 127 FGG aussetzen. Eine Registersperre folgt aus der Anfechtung nicht. Auch eine Negativerklärung – wie in § 319 Abs. 5 AktG, § 16 Abs. 2 UmwG – ist bei der Anmeldung nicht erforderlich. Bei Anfechtung besteht also auch keine faktische Registersperre.

Fraglich ist, ob der Registerrichter auch die Angemessenheit der Gegenleistung für den Teilgewinnabführungsvertrag zu prüfen hat. Das entspricht nach Auskunft aus Bankkreisen der Praxis einiger Registergerichte. In der Literatur ist die Frage – soweit ersichtlich – bisher nicht erörtert worden. Dafür wird man zu differenzieren haben. Wenn der stille Gesellschafter im Zeitpunkt des Vertragsschlusses nicht Aktionär war, ist der Vertrag wirksam und nur anfechtbar, auch wenn die Gegenleistung nicht angemessen ist. Der Registerrichter darf die Eintragung dann nicht ablehnen. Dementsprechend hat er auch nicht zu prüfen, ob die Gegenleistung angemessen ist. War der stille Gesellschafter bei Vertragsschluss auch Aktionär, so ist die Angemessenheit der Gegenleistung zu prüfen, weil eine unangemessene Gegenleistung den Vertrag dann unwirksam macht. Für die Aktionärseigenschaft wird man dem stillen Gesellschafter alle für seine Rechnung gehaltenen Anteile und die Anteile von mit ihm verbundenen Unternehmen zurechnen müssen. Deswegen ist für den

---

634 *Hüffer*, § 294, Rn. 11.

635 Siehe dazu oben unter II.

636 Siehe soeben unter b).

637 *Hüffer*, § 294 AktG, Rn. 12 f. und § 181 AktG, Rn. 14 m.N.; andere Konzepte bei: *Baums*, Eintragung und Löschung, 1981, 70, 72, 93 f.; Müller, RPfl, 1970, 375, 378 f.; Säcker, FS Stimpel, 1985, 867, 885.

Teilgewinnabführungsvertrag bei der Anmeldung eine Erklärung darüber beizufügen, ob die andere Vertragspartei Aktionär ist oder für ihre Rechnung Aktien gehalten werden. Diese Erklärung muss von der anderen Vertragspartei unterschrieben sein. Fügt der Vorstand eine entsprechende Erklärung nicht bei, wird der Registerrichter die Angemessenheit der Gegenleistung prüfen müssen.

cc) Eintragung

Wenn die formelle und materielle Prüfung der Anmeldung durch den Registerrichter zu keinen Beanstandungen führt, ist der Unternehmensvertrag in das Handelsregister einzutragen, § 294 Abs. 2 HGB.[638] Einzutragen sind mit dem durch die Anmeldung vorgegebenen näheren Inhalt das Bestehen und die Art des Unternehmensvertrages, die Firma oder der sonstiges Name des anderen Vertragsteils, ferner, wenn dessen Identität sonst nicht zweifelsfrei feststeht, auch Sitz oder Hauptniederlassung bzw. Wohnort.[639] Nach der Neuregelung durch das ER JuKoG kann der Registerrichter bei Teilgewinnabführungsverträgen statt des Namens des anderen Vertragsteils auch eine Bezeichnung in das Handelsregister eintragen, die den jeweiligen Teilgewinnabführungsvertrag konkret bestimmt, wenn eine Vielzahl von Teilgewinnabführungsverträgen besteht, § 294 Abs. 1 S. 1 HS 2 AktG. Weiter ist bei Teilgewinnabführungsverträgen auch die Vereinbarung über die Höhe des abzuführenden Gewinn einzutragen.[640]

Der Unternehmensvertrag ist in Abteilung B Spalte 6 unter Angabe des Eintragungstages einzutragen, § 43 Nr. 6 lit. g HRV, § 130 Abs. 1 FGG. Das Registergericht hat die Bekanntmachung zu veranlassen, die nach § 10 HGB durch den Bundesanzeiger und mindestens ein weiteres Blatt im vollen Wortlaut der Eintragung zu erfolgen hat.[641]

6. Mitwirkung der Hauptversammlung

Der Teilgewinnabführungsvertrag wird nur mit Zustimmung der Hauptversammlung der Aktiengesellschaft wirksam, die die Beteiligung einräumt, § 293 Abs. 1 AktG. Der Unternehmensträger, der die Beteiligung erwirbt, braucht für einen Teilgewinnabführungsvertrag keinen Hauptversammlungsbeschluss zu fassen; dies ist nur bei Beherrschungs- und Gewinnabführungsverträgen erforderlich, § 293 Abs. 2 AktG. Für die Vorbereitung der Hauptversammlung sind hinsichtlich der Formalitäten der Einberufung die allgemeinen Vorschriften zu

---

[638] Vgl. *Hüffer*, § 294 AktG, Rn. 16.

[639] *Hüffer*, § 294 AktG, Rn. 16.

[640] *Hüffer*, § 294 AktG, Rn. 16 und dazu bereits oben unter 2. c) cc).

[641] *Hüffer*, § 294 AktG, Rn. 16.

beachten, wobei insbesondere zu beachten ist, dass in der Bekanntmachung der Tagesordnung nach § 124 Abs. 2 S. 2 AktG auch der wesentliche Inhalt des Unternehmensvertrages bekannt zu machen ist, weil die Hauptversammlung über einen Vertrag beschließen soll, der nur mit Zustimmung der Hauptversammlung wirksam wird.[642]

a) Vorbereitung und Durchführung, §§ 293 f – g AktG

Die Hauptversammlung ist nach Maßgabe der §§ 293 f – g AktG vorzubereiten und durchzuführen. Werden die nachfolgend dargestellten Anforderungen nicht eingehalten, so ist der Hauptversammlungsbeschluss über die Zustimmung zum Vertrag über die stille Beteiligung nach § 243 Abs. 1 AktG wegen Gesetzesverletzung anfechtbar, soweit der Beschluss auf der Gesetzesverletzung beruhen kann. Dabei hat die Aktiengesellschaft im Falle einer Anfechtung darzulegen und zu beweisen, dass der Fehler des Beschlussverfahrens sich nicht im Beschlussergebnis niedergeschlagen hat.[643]

aa) Vorbereitung des Hauptversammlungsbeschlusses, § 293 f AktG

Von der Einberufung der Hauptversammlung an sind in dem Geschäftsraum der beteiligenden Aktiengesellschaft in entsprechender Anwendung von § 293 f Abs. 1 AktG zur Einsicht der Aktionäre der Unternehmensvertrag (Nr. 1), die Jahresabschlüsse und die Lageberichte der Gesellschaft für die letzten drei Geschäftsjahre (Nr. 2)[644], der nach § 293 a AktG erstattete Bericht des Vorstands und der nach § 293 e AktG erstattete Bericht der Vertragsprüfer (Nr. 3) auszulegen.[645] Auch bei der stillen Gesellschaft als Teilgewinnabführungsvertrag und damit als sonstigem Unternehmensvertrag nach § 292 AktG, zu dessen Abschluss die Eigentümerversammlung einer Obergesellschaft – sei es eine GmbH oder eine Aktiengesellschaft – grundsätzlich nicht zuzustimmen hat, sind nach § 293 f Abs. 1 Nr. 2 AktG die Jahresabschlüsse auch der Obergesellschaft auszulegen. Dem ist Altmeppen ausgehend von seinem Standpunkt entgegengetreten, dass alle Verschärfungen des Unternehmensvertragsrechts, die im Zusammenhang mit der Vertragsprüfung eingeführt worden sind, nur für die Verträge des § 291 AktG gelten.[646] Wie bereits oben dargelegt, ist dem nicht zu

---

[642] Vgl. *Hüffer*, § 124 AktG, Rn. 10.

[643] Vgl. *Hüffer*, § 243 AktG, Rn. 61 ff. und § 181 AktG, Rn. 14.

[644] A.A. *Altmeppen* in: MünchKommAktG, § 293 f AktG, Rn. 2.

[645] A.A. *Altmeppen* in: MünchKommAktG, § 293 g AktG, Rn. 1 (infolge der Ablehnung von Prüfung und Bericht für den Teilgewinnabführungsvertrag).

[646] *Altmeppen*, ZIP 1998, 1853, 1865.

folgen.[647] Auch der rechtspolitische Sinn der Vorschrift des § 293 f Abs. 1 Nr. 2 AktG mag zu bezweifeln sein, nachdem die Obergesellschaft beim Teilgewinnabführungsvertrag keinen Ausgleich und keine Abfindung schuldet und man auch kaum davon ausgehen kann, dass ein solcher Vertrag der Vorbereitung einer Konzernverbindung dient.[648] De lege lata verbietet sich allerdings auch hier eine teleologische Reduktion. Die Vorschrift kann aber nur insoweit zur Anwendung kommen, als der stille Gesellschafter selbst handelsrechtlich bilanzierungspflichtig bzw. auch zur Aufstellung eines Lagebericht verpflichtet ist und kann nicht etwa dazu führen, dass ein Vertrag mit einem Privatmann stets einen Mangel hinsichtlich des Verfahrens trägt, da es schlechthin unmöglich ist die in § 293 f Abs. 1 Nr. 2 AktG geforderten Unterlagen auszulegen. Ebenso wenig kann die Vorschrift dazu führen, dass ein Unternehmen, dass handelsrechtlich keinen Lagebericht zu erstellen hat – also z.B. eine Kommanditgesellschaft mit einer natürlichen Person als Komplementär, einen Lagebericht originär aufgrund § 293 f Abs. 1 Nr. 2 AktG zu erstellen hätte. Die Vorschrift ist insoweit einschränkend auszulegen, dass sie nicht durch die Hintertür für den Teilgewinnabführungsvertrag das Erfordernis der Unternehmenseigenschaft des anderen Vertragsteils einführen kann. Das in § 292 Abs. 1 Nr. 2 AktG eindeutig nicht vorgesehen.[649]

Die Auslegung der Unterlagen in einfacher Abschrift ist formell ausreichend.[650] Jedem Aktionär ist auf Verlangen unverzüglich und kostenlos eine Abschrift dieser Unterlagen zu erteilen, § 293 f Abs. 2 AktG.

Zusammenfassend ist festzuhalten, dass nach § 293 f Abs. 1 Nr. 2 AktG von der Einberufung der Hauptversammlung an auch die Jahresabschlüsse und die Lageberichte des stillen Gesellschafters für die letzten drei Geschäftsjahre in dem Geschäftsraum der Aktiengesellschaft ausgelegt werden müssen, soweit es sich bei dem stillen Gesellschafter um ein handelsrechtlich bilanzierungspflichtiges Unternehmen handelt.

bb) Durchführung der Hauptversammlung

Bei der Durchführung der Hauptversammlung sind die nachfolgenden rechtlichen Anforderungen zu beachten.

---

[647] Siehe oben unter III. 1. und IV. 1.

[648] Vgl. *Hüffer*, § 293 f AktG, Rn.4.

[649] Siehe dazu oben unter § 4 III. 1.

[650] *Hüffer*, § 293 f AktG, Rn. 3.

Alle Unterlagen, die § 293 f AktG erfordert, sind in der Hauptversammlung auszulegen, § 293 g Abs. 1 AktG, namentlich Unternehmensvertrag, Jahresabschlüsse sowie Vorstandsbericht und Prüfungsbericht.[651]

Der Vorstand hat den Unternehmensvertrag zu Beginn der Verhandlungen mündlich zu erläutern, § 293 g Abs. 2 S. 1 AktG. Dazu ist es erforderlich, dass der Vorstand in einem zusammenhängenden mündlichen Vortrag den wesentlichen Vertragsinhalt, sowie die rechtlichen und wirtschaftlichen Gründe und Folgen des Vertrages darstellt, wobei der Vorstand darauf einzugehen hat, warum die Gegenleistung des stillen Gesellschafters als angemessen anzusehen ist, und wie die zur Beurteilung dieser Frage vorzunehmende Unternehmensbewertung vorgenommen wurde.[652]

Jedem Aktionär ist in der beschließenden Hauptversammlung auf Verlangen Auskunft über alle für den Vertragsschluss wesentlichen Angelegenheiten des anderen Vertragsteils zu geben, § 293 g Abs. 3 AktG. Der BGH hat angedeutet, man könne diesem Auskunftsrecht nicht den Auskunftsverweigerungsgrund des § 131 Abs. 3 Nr. 1 AktG entgegenhalten.[653] Dieses Ergebnis erscheint überzeugend, weil § 293 g Abs. 3 AktG ein besonderes Auskunftsrecht vorsieht.[654] Soweit ein Umstand allerdings gemäß § 293 a Abs. 2 S. 1 AktG nicht in den Vertragsbericht aufgenommen werden muss, braucht über ihn auch keine Auskunft erteilt zu werden.[655]

Der BGH hat angenommen, dass die Frageob zwischen einem Großaktionär der Aktiengesellschaft und dem stillen Beteiligten geschäftliche Beziehungen bestehen nicht zu den wesentlichen Angelegenheiten des anderen Vertragsteils gehört.[656] Deshalb wurde eine Anfechtung wegen einer entsprechenden Auskunftsverweigerung abgelehnt. Zu den wesentlichen Angelegenheiten werden dagegen Unternehmensverbindungen i.S. der §§ 15 ff. AktG zwischen dem stillen Gesellschafter und einem Großaktionär gesehen.[657] Diese Unterscheidung lässt sich mit dem Bundesgerichtshof überzeugend damit begründen, dass eine wesentliche Angelegenheit nur vorliegen kann, wenn sie auf eine

---

[651] Siehe dazu soeben unter a).

[652] Vgl. *Hüffer*, § 293 g AktG, Rn. 2.

[653] BGHZ 119, 1, 16 f.; und *Henze*, Rspr. zum Aktienrecht, Rn. 653; Hüffer, § 293 g AktG, Rn. 4; vgl. *Quack*, FS Beusch, 1993, 663, 665; zweifelnd: *Semler* in: Münch HdB GesR IV, § 37, Rn. 40.

[654] Vgl. *Hüffer*, § 293 g AktG, Rn. 4.

[655] So auch: *Semler* in: Münch HdB GesR IV, § 37, Rn. 40 a.E.

[656] BGH, Der Konzern, 2003, 764, 765.

[657] *Altmeppen* in: Münch Komm, § 293g AktG, Rn. 11, 16; *Hüffer*, § 293g AktG, Rn. 3.

Unangemessenheit der konkreten Konditionen deutet. Die etwaige Unangemessenheit der Konditionen ist aber durch einen Vergleich mit der Marktlage festzustellen und lässt sich auch nicht ansatzweise aus einfachen Geschäftsbeziehungen zwischen dem stillen Gesellschafter und einem Großaktionär folgern.

b) Hauptversammlungsbeschluss

aa) Zustimmung

(1) Einwilligung und Genehmigung

Die Hauptversammlung kann sowohl im voraus einwilligen, als auch im Nachhinein genehmigen.[658] Zum Teil wird vertreten, der Vertrag müsse bereits geschlossen sein, damit man die Aktionäre hinreichend informieren kann.[659] Das überzeugt schon in Anbetracht des Wortlauts und der Systematik der gesetzlichen Regelung nicht. Eine Zustimmung kann stets im voraus als Einwilligung (§ 183 BGB) oder im Nachhinein als Genehmigung erfolgen (§ 184 BGB). Die konzernrechtliche Regelung bietet keine Anhaltspunkte, hier von einer anderen Systematik auszugehen. Darüber hinaus überspannt eine abweichende Bewertung die Reichweite der gesetzlich vorgesehenen Informationspflichten, die am Einzelfall auszurichten sind, und zwingt den Parteien nach Vertragsschluss einen unnötigen Schwebezustand auf.

(2) Vollständigkeit eines Vertragsentwurfs

Die vorherige Einwilligung in den Vertragsschluss ist aber nur möglich, wenn der vorliegende Entwurf schlechthin vollständig ist.[660] Die Hauptversammlung kann

---

[658] Wie hier: OLG Celle AG 1996, 370; RegBegr bei *Kropff*, 383; *Baumbach/Hueck* § 293 AktG, Rn. 5; *Geßler* in: Geßler/Hefermehl § 293 AktG, Rn. 26; *v. Godin/Wilhelmi*, § 293 AktG, Rn. 2; *Würdinger* in: Großkomm., § 293 AktG Anm. 1; *Krieger* in: Münch HdB GesR IV, § 70 Rn. 24.; a.A. *Koppensteiner* in: Kölner Kommentar zum AktG § 293 AktG, Rn. 5 (Ausnahme nur bei Ein-Mann-Gesellschaften, unter Berufung auf BGHZ 82, 188, 193 f., wo aber nur festgestellt ist, dass die Beurkundung dem Hauptversammlungsbeschluss nicht vorausgehen muss).

[659] *Koppensteiner* in: Kölner Kommentar zum AktG § 293 AktG, Rn. 5.

[660] BGHZ 82, 189, 195 ff. („Hoesch/Hoogovens", zur Vermögensübertragung nach § 361 AktG a. F.; die Parteien wollten ihr Vermögen in jeweils zu gründende 100 %ige Töchter einbringen, eine Holding mit Sitz in Arnheim gründen und dann die Beteiligungen an den gegründeten Töchtern als Sacheinlage gegen je 50 % Grundkapital an der Holding in die Holding einbringen, so dass beide Mütter nur noch doppelt mittelbar über die Zwischenholding am operativen Geschäft beteiligt sein sollten (sog. Fokker-Modell); zusätzlich schlossen sie in anderer Urkunde einen Grundvertrag, der Vereinbarungen über die Gewinnverwendung,

nicht ihre Beschlussfassung auf bestimmte Teile des Vertrages beschränken und im übrigen die Verwaltung entscheiden lassen.[661] Es ist in der Folge auch nicht möglich, bestimmte Regelungen im Einzelfall der Verwaltung zu überlassen.[662] Das Informationsbedürfnis der Aktionäre ist nach Fallgruppen unterschiedlich zu beurteilen. Für Publikumsgesellschaften besteht die Schwierigkeit, dass grundsätzlich auch der Vertragspartner zu nennen ist, was zu technischen Schwierigkeiten führen kann, wenn die Kapitalgeber für ein durch die stille Beteiligung zu finanzierendes Projekt zunächst noch geworben werden müssen. Zur Lösung des Problems könnte man einen Treuhänder einschalten, der die Beteiligung zunächst übernimmt. Der Übernehmer räumt den eigentlichen Kapitalgebern dann anteilig und treuhänderisch die Rechte aus der stillen Beteiligung gegen (anteilige) Befreiung von seiner Einlagepflicht gegenüber der Aktiengesellschaft ein. Dafür ist keine Schriftform entsprechend § 293 Abs. 3 AktG erforderlich. Der BGH hat für die Treuhand an GmbH Anteilen entschieden, dass sich ein Schriftformerfordernis für den Treuhandvertrag über die Gesellschaftsanteile aus einer entsprechenden Anwendung von § 15 Abs. 4 GmbHG ergebe.[663] Diese Rechtsprechung lässt sich auf das Schriftformerfordernis des § 293 Abs. 3 AktG nicht übertragen. Die Vorschrift dient ausweislich der Regierungsbegründung der Publizität über den Unternehmensvertrag und nicht der Einschränkung der Handelbarkeit einer dem Unternehmensvertrag möglicherweise zugrundeliegen-

---

gemeinsame Stimmrechtsausübung und Grundsätze für die Geschäftsführung in der zu gründenden Holding-Gesellschaft regelte; der BGH hielt den Hauptversammlungsbeschluss über die Einbringung des Vermögens in die operative Tochter für anfechtbar, weil der Grundvertrag zwar verlesen, aber nicht ausgelegt worden war); *Geßler* in: Geßler/Hefermehl § 293 AktG, Rn. 26 (der Vertrag müsse unverändert abgeschlossen werden); *Hüffer*, § 293 AktG, Rn. 4; siehe auch: *Windbichler*, AG 1981, 169, 172 (es sei zu formal, den vollen Wortlaut zu fordern; ausreichend sei es, wenn sich die Aktionäre ein zutreffendes Bild von dem Gesamtvorhaben und seinen wirtschaftlichen Auswirkungen machen können); a.A. LG Dortmund, AG 1977, 109; *Vollmer*, BB Beil. 4/1977, 5 ff.

[661] BGHZ 82, 188, 197 („Hoesch/Hoogovens": der Vertrag bestand aus drei Teilen: Übertragungsvertrag, Einbringungsvertrag und Grundvertrag; Übertragungsvertrag und Einbringungsvertrag waren der Einladung zur Hauptversammlung beigefügt und fristgerecht ausgelegt worden; der Grundvertrag nicht; er wurde vollständig in der Hauptversammlung verlesen; der BGH hat das nicht ausreichen lassen); *Emmerich* in: Emmerich/Habersack, Aktien- und GmbH-Konzernrecht, § 293 AktG, Rn. 26; *Hüffer*, § 293 AktG, Rn. 5; a.A. *Semler*, BB 1983, 1566, 1567 (eine öffentliche Ausbreitung diene weder den beteiligten Unternehmen, noch sei sie mit einer geordneten Führung vereinbar).

[662] *Geßler* in: Geßler/Hefermehl, § 293 AktG, Rn. 39; *Koppensteiner* in: Kölner Kommentar, § 293 AktG, Rn. 11; *Krieger* in: Münch HdB GesR IV, § 70 Rn. 24 (zum Beherrschungsvertrag); a.A. *Semler* BB 1983, 1566, 1567 f. (allgemein zu Grundlagenverträgen).

[663] Vgl. BGH BB 1999, 1233 (Vereinbarungstreuhand an GmbH-Anteilen bedarf notarieller Form, nicht aber vor Beurkundung des Gesellschaftsvertrags; § 15 Abs. 4 GmbHG soll auch die Handelbarkeit des GmbH-Anteils verhindern).

den Beteiligung.[664] Die Reichweite des Publizitätszwecks darf in diesem Zusammenhang nicht überspannt werden. Ebenso wenig, wie der Treuhänder grundsätzlich in das Handelsregister einzutragen ist, bedarf es der Schriftform für den Treuhandvertrag. Etwas anderes gilt dann, wenn die oben dargestellten Grundsätze über die Eintragung des Treuhänders in das Handelsregister eingreifen, also für Fälle, in denen die stille Gesellschaft einen Betriebsführungsvertrag darstellt.[665]

(3) Zeitlicher Rahmen für eine vorherige Einwilligung

Der zeitliche Rahmen, in dem eine vorherige Einwilligung möglich ist, wird in der Literatur – soweit ersichtlich – nicht erörtert. Die vorherige Einwilligung ist nur in einem angemessenen zeitlichen Rahmen möglich, weil die Zustimmung der Aktionäre zu einem bestimmten Vertrag auch von Rahmenbedingungen abhängt, die sich verändern können, wie z.B. die Stellung des Unternehmens am Markt. Man kann die Frist des § 221 Abs. 2 AktG, des § 202 Abs. 1 AktG von fünf Jahren entsprechend heranziehen, um eine angemessene und rechtssichere Begrenzung zu schaffen.

(4) Zusammengefasster Beschluss über eine Vielzahl von Verträgen

Über mehrere Unternehmensverträge kann die Hauptversammlung einheitlich beschließen. Dafür besteht bei Publikumsgestaltungen ein erhebliches Interesse, bei denen die Einzelzustimmung zu einer großen Vielzahl von im wesentlichen gleichlautenden Verträgen zu einem unvertretbaren Aufwand führen kann.

Eine solche Blockabstimmung kann nach der Rechtsprechung des Bundesgerichtshofes erfolgen, wenn der Versammlungsleiter zuvor darauf hinweist, dass durch (mehrheitliche) Ablehnung der Beschlussvorlage eine Einzelabstimmung herbeigeführt werden kann, und kein anwesender Aktionär Einwände gegen diese Verfahrensweise erhebt.[666] Vorausgesetzt ist dabei, dass es sich um zusammenhängende Sachfragen handelt.[667]

Das LG Hamburg hat darüber hinaus gefordert, dass zwischen den Verträgen ein enger Zusammenhang besteht.[668] Die Beschlussfassung müsse für die Aktionäre

---

664 RegBegr bei *Kropff*, 381.

665 Siehe oben unter § 3 VI. 3. a).

666 BGH, Der Konzern, 2003, 764, 764 f.; vgl. allgemein zu Blockabstimmungen: *Lutter*, FS Odersky, 845 ff.

667 BGH aaO. (vorige Fußnote), 764.

668 LG Berlin, AG 2001, 95, 96.

dabei hinreichend übersichtlich und durchschaubar bleiben.[669] Dies sei der Fall, wenn die Verträge von gleicher Struktur sind.[670] Der Gesamtbeschlussfassung stehe weder entgegen, dass der einzelne stille Gesellschafter ein bestimmtes Vetorecht innehaben würde, noch, dass die einzelnen zur Abstimmung gestellten Beteiligungen Bareinlagen in unterschiedlicher Höhe vorsehen.[671] Die Beschlussfassung dürfte sich dagegen nach Maßgabe dieser Ansicht nicht mehr als hinreichend übersichtlich und überschaubar darstellen, wenn in den einzelnen Verträgen Sacheinlagen unterschiedlicher Art vereinbart sind oder sonst wesentliche Vertragsinhalte differieren. Diese zusätzlichen Anforderungen sollten aber jedenfalls dann nicht gelten, wenn nach den Grundsätzen der zitierten BGH -Entscheidung verfahren wird und kein Aktionär Einwände erhebt.

bb) Erforderliche Mehrheit

Neben der stets erforderlichen einfachen Stimmenmehrheit bedarf es einer Mehrheit, die mindestens drei Viertel des bei der Beschlussfassung vertretenen Grundkapitals umfasst, § 293 Abs. 1 S. 2 AktG. Die Satzung kann eine größere Mehrheit und weitere Erfordernisse vorsehen § 293 Abs. 1 S. 3 AktG. Die gesetzlichen und satzungsmäßigen Bestimmungen für Satzungsänderungen gelten nicht, § 293 Abs. 1 S. 4 AktG. Eine satzungsmäßig größere Kapitalmehrheit oder Stimmenmehrheit kommt also nur dann zum Zug, wenn sie ausdrücklich für Beschlüsse nach § 293 AktG vorgesehen ist.

cc) Bezeichnung der Vertragsart im Beschluss?

Die Vertragsart muss im Beschluss nicht richtig bezeichnet werden. Der Vertrag ist auch wirksam, wenn dies nicht geschieht, aber die konzernvertraglichen Voraussetzungen für die materiell zutreffende Vertragsart eingehalten sind.[672]

dd) Notarielle Beurkundung

Der Hauptversammlungsbeschluss ist auch bei nicht börsennotierten Gesellschaften stets durch eine notariell aufgenommene Niederschrift zu beurkunden, weil eine drei Viertel Kapitalmehrheit erforderlich ist, § 293 Abs. 1 S. 2 i.V.m. § 130 Abs. 1 S. 3 AktG.[673]

---

[669] LG Berlin, AG 2001, 95, 96.

[670] LG Berlin, AG 2001, 95, 96.

[671] LG Berlin, AG 2001, 95, 96.

[672] Str. siehe unter § 8 I.

[673] Trotzt seines Wortlauts meint § 130 Abs. 1 S. 3 AktG die Kapitalmehrheit, nicht die Stimmenmehrheit; eine ¾ Stimmenmehrheit sehen nur § 103 Abs. 1 S. 2 AktG für die

Der Mangel der notariellen Beurkundung macht den Beschluss nach § 241 Nr. 2 AktG nichtig. Weil der Beschluss nicht in das Handelsregister eingetragen wird, kommt eine Heilung nach § 242 Abs. 1 AktG nicht in Betracht.[674] Nach dieser Vorschrift kann die Nichtigkeit eines Hauptversammlungsbeschlusses, der entgegen § 130 Abs. 1, 2 oder 4 AktG nicht oder nicht gehörig beurkundet worden ist, nicht mehr geltend gemacht werden, wenn der Beschluss in das Handelsregister eingetragen worden ist. Der Beschluss über den Unternehmensvertrag ist lediglich nach § 130 Abs. 5 AktG zum Handelsregister einzureichen.[675] Nur eingereichte Beschlüsse werden nach dem klaren Wortlaut des § 242 AktG nicht geheilt.[676] Dem liegt die gesetzgeberische Wertung zugrunde, dass die Einreichung anders als die Eintragung keine ausreichende Publizitätswirkung hat, um den Mangel der notariellen Beurkundung zu heilen. Diese Wertung kann auch nicht durch eine Analogie überspielt werden.

ee) Beifügung des Unternehmensvertrages

Der Unternehmensvertrag ist der Niederschrift über den Hauptversammlungsbeschluss beizufügen, § 293 Abs. 2 S. 2 AktG. Die Vorschrift soll sicherstellen, dass der Hauptversammlungsbeschluss sich auf den richtigen Vertragstext bezieht.[677] Der Beschluss ist wirksam, auch wenn der Vertrag nicht beigefügt wird, weil es sich bei der Pflicht zur Beifügung der Vertrags sich nicht um ein Formerfordernis für den Beschluss handelt.[678] Der Registerrichter wird die Nachreichung durch Zwischenverfügung zu verlangen haben, wenn der Vertrag nicht nach § 294 Abs.1 S. 2 AktG eingereicht wird, der die Pflicht des § 293 Abs. 2 S. 2 AktG i.V.m. § 130 Abs. 5 AktG ohnehin bestehende Pflicht zur Einreichung zum Handelsregister in der Sache wiederholt.[679] Die Pflicht zur Einreichung des Beschlusses ist durch das Registergericht durch Zwangsgeld nach § 407 AktG auch nachträglich durchsetzbar, wenn das Registergericht eingetragen hat, ohne dass der Vertrag vorgelegen hat.[680]

Abberufung von Aufsichtsratsmitgliedern und § 111 Abs. 4 AktG für die Überstimmung des Aufsichtsrats durch die Hauptversammlung vor, so dass die Vorschrift nahezu bedeutungslos wäre; *Hoffmann-Becking*, ZIP 1995, 1, 7 reSp (entgegen Wortlaut auch nicht beide Fälle); *Hüffer*, § 130 AktG, Rn. 14 b.

674 Vgl. *Hüffer* in: MünchKomm, § 242 AktG, Rn. 4.

675 Vgl. *Hüffer*, § 294 AktG, Rn. 7.

676 *Hüffer* in: MünchKomm, § 242 AktG, Rn. 4.

677 BGH NJW 1992, 1452 reSp (Siemens, zu § 293 Abs. 3 AktG a.F.: Zustimmungsbeschluss nebst Anlage sei der Anmeldung beizufügen).

678 Vgl. *Hüffer*, § 293 g AktG, Rn. 2.

679 *Hüffer*, § 294 AktG, Rn. 7.

680 *Hüffer*, § 294 AktG, Rn. 7 a.E.

ff) Einreichung der Niederschrift

Die Niederschrift über den Hauptversammlungsbeschluss ist nach § 130 Abs. 5 AktG vom Vorstand zum Handelsregister einzureichen.[681] Die Einreichung hat spätestens zusammen mit der Einreichung der nach § 294 Abs. 1 AktG zu erfolgen, da anderenfalls ein Eintragungshindernis vorliegt.[682]

II. Materielle Wirksamkeitsvoraussetzungen

1. Gegenleistung

Fraglich ist, ob Voraussetzung für einen Teilgewinnabführungsvertrag generell die Gewährung einer angemessenen Gegenleistung ist. Der Wortlaut der Gesetzesbegründung zu § 292 AktG lässt dies vermuten. Hier heißt es, die Verträge des § 292 AktG dürften *auch* mit einem herrschenden Unternehmen nur geschlossen werden, wenn die Gesellschaft eine angemessene Gegenleistung erhält.[683]

Nirk führt dagegen an, eine derart wichtige Voraussetzung für die Gültigkeit solcher Verträge hätte das Gesetz erwähnen müssen, zumal sich an anderer Stelle (§ 243 Abs. 2, 311 AktG) entsprechende Bestimmungen fänden.[684] Außerdem entspreche auch eine Gewinnabführung gegen angemessene Gegenleistung nicht § 58 AktG; deshalb sei mit der Forderung nach einer Gegenleistung nichts gewonnen. Gegen diese Ansicht spricht, dass sich die Gewinnbeteiligung in keinem Fall auf den Bilanzgewinn im formellen Sinn bezieht. Das lässt sich sowohl § 277 Abs. 3 HGB als auch § 301 AktG entnehmen, aus denen folgt, dass es sich bei der Teilgewinnabführung um Aufwendungen der Gesellschaft handelt und nicht um Gewinnverwendung. Eine Gewinnabführungsverpflichtung gegen angemessene Gegenleistung schmälert zudem ebenso wenig wirtschaftlich den Gewinn der Aktiengesellschaft, wie sie gesellschaftsrechtlich die Kapitalerhaltung gefährdet.

Der Teilgewinnabführungsvertrag befreit zunächst einmal nicht von den §§ 57, 58, 60 AktG. Es stellt deshalb eine verdeckte Gewinnausschüttung dar, die den Vertrag grundsätzlich unwirksam macht, wenn die Aktiengesellschaft an einen stillen Beteiligten, der zugleich Aktionär ist, ohne angemessene Gegenleistung

---

681 Vgl. *Hüffer*, § 294 AktG, Rn. 7.
682 Vgl. *Hüffer*, § 294 AktG, Rn. 7.
683 RegBegr bei *Kropff*, 389.
684 *Nirk*, I Rn. 2281.

Gewinn abführt.[685] Dies gilt nicht, wenn der sich still beteiligende Aktionär zugleich herrschendes Unternehmen, also die Aktiengesellschaft vom stillen Gesellschafter abhängig ist und die Maßnahme auf einer zulässigen nachteiligen Veranlassung des herrschenden Unternehmens beruht.[686] Dann verdrängen die §§ 311 ff. AktG die §§ 57, 60 AktG. Räumt die Aktiengesellschaft die stille Beteiligung also an einen Aktionär ein, der nicht herrschendes Unternehmen i.S.d. §§ 311 ff. AktG ist, und ist keine angemessene Gegenleistung vereinbart, so ist der Zustimmungsbeschluss der Hauptversammlung nichtig.[687] Der eingetragene und durchgeführte Vertrag ist nach den Grundsätzen über die fehlerhafte Gesellschaft zu behandeln.[688]

Gewährt die Aktiengesellschaft die stille Beteiligung ohne angemessene Gegenleistung an einen Nichtaktionär, so stellt sich die Frage, welche Rechtsfolge sich daraus ergibt. Es ist bereits besprochen worden, dass eine unangemessene Gegenleistung nicht die Umqualifizierung des Vertrages in einen Gewinnabführungsvertrag oder einen Beherrschungsvertrag begründen kann.[689] Weil die §§ 57 ff. AktG gegenüber Nichtaktionären keine Anwendung finden, ist der Vertrag auch nicht ohne weiteres nichtig. Allerdings ist an eine Anfechtung nach § 243 Abs. 1 AktG wegen Treupflichtverletzung zu denken.[690]

Koppensteiner nimmt an, dass ein Teilgewinnabführungsvertrag ohne angemessene Gegenleistung – von § 93 AktG abgesehen – keine besonderen Rechtsfolgen auslöse, wenn der Vertragspartner nicht Aktionär der Gesellschaft ist.[691] Das Gesetz vertraue zu Recht darauf, dass die Parteien in solchen Fällen

---

685 *Emmerich/Sonnenschein*, Konzernrecht, 6. Aufl. 1997 § 11 III 3, 174; *Koppensteiner* in: Kölner Kommentar, § 292 AktG, Rn. 61 ff.; *Raiser*, Recht der Kapitalgesellschaften, § 57 Rn. 10, 12; a.A. *Geßler* in: Geßler/Hefermehl, § 292 AktG, Rn. 46 (im Zusammenhang mit Teildividendengarantie, kein Verstoß gegen § 58 AktG; der Vorstand hat keinen Anspruch, dass der Jahresüberschuss nicht geschmälert wird); *Würdinger* in: Großkomm., § 292 Anm. 12; *Nirk*, I Rn. 2281.

686 Wie hier: OLG Stuttgart, AG 1994, 411, 412 reSp; LG Düsseldorf, AG 1979, 290, 291 f.; *Habersack* in: Aktienkonzernrecht, § 311 AktG, Rn. 55; *Hüffer*, § 311 AktG, Rn. 49; *Koppensteiner* in: Kölner Kommentar, § 311 AktG, Rn. 107; *Krieger* in: Münch HdB GesR IV, § 69 Rn. 47 und § 72 Rn. 22; *Strohn*, 24 ff.; a.A. *Cahn*, 64 ff.; *Altmeppen*, ZIP 1996, 693, 695 ff.; *Würdinger* in: Großkomm., § 311 AktG, Anm. 5; *Schilling* in: Großkomm., § 243 AktG, Anm. 24; offen gelassen von: OLG Düsseldorf, AG 1980, 273.

687 *Krieger* in: Münch HdB GesR IV, § 72 Rn. 54, 13, 22.

688 Siehe dazu unten unter § 9.

689 Siehe dazu oben unter § 5 III und V.

690 Vgl. *Hüffer*, § 243 AktG, Rn. 24.

691 *Koppensteiner* in: Kölner Kommentar, § 292 AktG, Rn. 61.

aufgrund der Verhandlungsposition in der Regel zu äquivalenten Austauschrelationen gelangen.[692]

Brauksiepe geht davon aus, dass der Gesetzgeber für den Teilgewinnabführungsvertrag vorausgesetzt haben, dass den Aktionären ein angemessener Gewinn verbleibe; sei dies nicht der Fall, könnten die Aktionäre entsprechend § 304 AktG einen angemessenen Ausgleich verlangen.[693] Das kann nicht überzeugen, weil die gesetzliche Regelung einen Ausgleich nur dann vorsieht, wenn der abgeschlossene Vertrag einen Gewinnabführungsvertrag darstellt, die Aktiengesellschaft also den gesamten Gewinn abführt, oder wenn die Gestaltung im Einzelfall einen Gewinnabführungsvertrag verschleiert.[694] Die Regelung über den Teilgewinnabführungsvertrag wäre praktisch kaum handhabbar und rechtssystematisch kaum verständlich, wenn der Partner eines Teilgewinnabführungsvertrags einen Ausgleich an die außenstehenden Aktionäre riskiert, wenn diesen in Zukunft kein angemessener Gewinn verbleiben sollte. Das hierin liegende Prognose- und Haftungsrisiko würde es wirtschaftlich unvertretbar machen, überhaupt einen Teilgewinnabführungsvertrag abzuschließen.

Die Gesetzesbegründung gibt aber ausreichende Anhaltspunkte, dass ein Teilgewinnabführungsvertrag auch im übrigen nur gegen angemessene Gegenleistung geschlossen werden darf.[695] Dies entspricht auch der Systematik des Aktienrechts im übrigen und dem Sinn und Zweck der Regelungen über die Gewinnverteilung in §§ 58, 119 Abs. 1 Nr. 2 AktG. *Altmeppen* hat überzeugend dargelegt, dass der Vorstand die Aktiengesellschaft auch mit Zustimmung der Hauptversammlung nicht unentgeltlich verpflichten darf, Gewinn der Aktiengesellschaft abzuführen, weil der Anspruch auf den Bilanzgewinn grundsätzlich ein unentziehbares Sonderrecht der Aktionäre darstellt. Ein Hauptversammlungsbeschluss über den Verzicht auf dieses Recht bedarf deshalb der Zustimmung sämtlicher Aktionäre.[696] Der Schutz des Sonderrechts der Aktionäre besteht im Ausgangspunkt gegenüber einem Dritten ebenso wie gegenüber einem Aktionär. Die Nichtigkeit des Vertrages mit einem Aktionär nach §§ 57 ff. AktG wegen verbotener Einlagenrückgewähr betrifft die besondere Pflicht des Aktionärs zur Kapitalerhaltung, die sich aus seiner Einlage in die Aktiengesellschaft gegen Gewährung von Mitgliedschaftsrechten ergibt. Die Pflicht des Vorstands gegenüber den Aktionären, kein Vermögen der Aktiengesellschaft zu verschenken ergibt sich aus der Pflicht zur sorgfältigen

[692] *Koppensteiner* in: Kölner Kommentar, § 292 AktG, Rn. 61.
[693] *Brauksiepe*, BB 1966, 144, 145 reSp.
[694] Siehe im einzelnen oben unter § 8 IV.
[695] RegBegr bei *Kropff*, 378 („auch mit einem herrschenden Unternehmen").
[696] Vgl. *Altmeppen*, § 292 AktG, Rn. 74 ff.

Geschäftsführung, die Pflicht der übrigen Aktionäre aus der Treupflicht. Ein Teilgewinnabführungsvertrag gegen unangemessene Gegenleistung stellt zum Teil eine unentgeltliche Abführung von Gewinn der Aktiengesellschaft dar, die aus diesen Gründen zu unterlassen ist. Aus diesen Gründen ist die Zustimmung der übrigen Aktionäre als Verstoß gegen die Treupflicht zu werten. In der Folge kann der Beschluss entsprechend § 243 Abs.1 AktG angefochten werden.

Die neueren Tendenzen in der Rechtsprechung zur Beschränkung der Anfechtungsklage für Fälle, in denen das Spruchstellenverfahren einschlägig ist, kommen für den Teilgewinnabführungsvertrag nicht in Betracht, weil der Teilgewinnabführungsvertrag nicht zum Ausgleich verpflichtet.[697]

Ebenso wenig kann aus der neueren Rechtsprechung zur Rechtfertigung des Bezugsrechtsausschlusses beim genehmigten Kapital eine Einschränkung für die Anfechtung abgeleitet werden.[698] Zum einen besteht beim Teilgewinnabführungsvertrag von vornherein kein Bezugsrecht der Aktionäre. Zum anderen kann ein Teilgewinnabführungsvertrag mit unangemessener Gegenleistung auch bei generell abstrakter Beurteilung nicht im Gesellschaftsinteresse liegen.

2. Leitung

Für die Aktiengesellschaft muss weiterhin die Möglichkeit verbleiben, ihre Unternehmenspolitik selbst zu bestimmen. Anderenfalls verstößt die stille Gesellschaft gegen den Grundsatz der eigenverantwortlichen Leitung durch den Vorstand, § 76 AktG. Das ist von Bedeutung, wenn sich eine verwaltungsmäßig atypische stille Gesellschaft auf alle Betriebe des Unternehmens bezieht. Dies gilt umso mehr, wenn der stille Gesellschafter eine Vollmacht erhält und aktiv die Geschäfte der Aktiengesellschaft führt, also wenn sich die stille Gesellschaft zugleich als Betriebsführungsvertrag darstellt.[699]

3. Nichtigkeit wegen fehlender Abfindung und fehlenden Ausgleichs

Handelt es sich um einen verschleierten Beherrschungsvertrag, so ist die Gestaltung wegen fehlender Abfindung und fehlendem Ausgleich nichtig, § 304 Abs. 3 S. 1 AktG. Etwas anderes gilt, wenn freiwillig ein Ausgleich versprochen ist. Dann können Aktionäre wegen der Abfindung nur das Spruchstellenverfahren nach § 306 AktG anstrengen.

---

[697] Zu den einschränkenden Tendenzen der Rspr.: *Henze*, ZIP 2002, 97, 101 ff.

[698] Vgl. BGHZ 136, 133, 138 ff. (Siemens/Nold).

[699] Zu den Gestaltungsmöglichkeiten bei einem Betriebsführungsvertrag siehe unter § 5 IV.

4. Verbotenes Einlagengeschäft bei Beteiligungsgesellschaften ohne Bankerlaubnis

Zu prüfen ist weiterhin, ob die Aktiengesellschaft, indem sie stille Gesellschafter zur Beteiligung veranlasst, das bankrechtliche Einlagengeschäft betreibt, das nach § 3 Nr. 1 KWG Kreditinstituten vorbehalten ist.

Das Bundesaufsichtsamt für das Kreditwesen (jetzt: Bundesanstalt für Finanzdienstleistungsaufsicht – BAFin) hat im Einzelfall gegen eine Aktiengesellschaft eine Untersagung ausgesprochen, die in großem Umfang Gelder auf sogenannte stille Beteiligungen einwarb.[700] Nur Kreditinstitute dürfen das Einlagengeschäft betreiben, § 3 Nr. 1 KWG.

Einlagengeschäft betreibt, wer gewerbsmäßig oder in einem Umfang, der einen in kaufmännischer Weise eingerichteten Gewerbebetrieb erfordet, rückzahlbare Gelder des Publikums annimmt und den Rückzahlungsanspruch nicht in Inhaber- oder Orderschuldverschreibungen verbrieft, § 1 Nr. 1 KWG. Die Frage ist isoliert auf den Verkehr mit den Anlegern bezogen zu beurteilen.

Fraglich ist zunächst, ob die Beteiligung als stille Gesellschafter es von vornherein ausschließt, von einem Einlagegeschäft auszugehen. Der BGH ist in einer Entscheidung unter alter Rechtslage im konkreten Fall davon ausgegangen, dass eine stille Gesellschaft wegen ihres gesellschaftsrechtlichen Charakters kein Einlagegeschäft darstellt.[701] In der Literatur wird teilweise vertreten, dies gelte für stille Gesellschaften ganz allgemein.[702] Teilweise wird angenommen, der gesellschaftsrechtliche Charakter der Kapitalaufnahme befreie unter den neu gefassten Bestimmungen über das Einlagegeschäft generell nicht mehr von den Anforderungen des Bankaufsichtsrechts.[703] Dafür lässt sich die Gesetzesbegründung heranziehen, nach der jede Form subjektiver Zwecksetzung unerheblich sein soll.[704]

Die BAFin vertritt die Ansicht, dass eine stille Beteiligung trotz Verlustteilnahme als Einlagengeschäft zu sehen ist, wenn der Geschäftsinhaber eine Mindestverzinsung verspricht.[705] Die Verlustteilnahme sei unbeachtlich, wenn

---

[700] Z.B. Pressemitteilung BaKred v. 20. Mai 1997 (Advance Invest AG), v. 6. März 1997 (Wonsei AG), v. 1. August 2000 (Real Direkt AG).

[701] BGHZ 90, 310 = NJW 1984, 269.

[702] *Rohlfing*, NZG 2003, 854, Fn. 1 a.E.; ähnlich: *Möschel*, ZGR 149 (1985), 206, 226.

[703] *Bornemann*, ZHR 166 (2002), 211, 253 f.

[704] BT-Drks. 13/7142, 62.

[705] *Zacharias*, 34.

eine Mindestverzinsung versprochen ist. *Loritz* dem entgegengetreten.[706] Im Ergebnis erscheint es überzeugend, von einem verbotenen Einlagengeschäft auszugehen, wenn die Mindestverzinsung über die feste Laufzeit der Beteiligung rechnerisch ohne Abzinsung zu einer Rückzahlung des vom stillen Gesellschafter für seinen Beitrag aufzuwendenden Betrages führt.

Gewinnunabhängige Entnahmerechte sollen die eingezahlten Beträge nach Ansicht der BAFin ebenfalls als rückzahlbare Gelder qualifizieren. In der Praxis sind derartige Gestaltungen durchaus anzutreffen.[707]

Der Verstoß gegen § 1 Abs. 1 S. 2 Nr. 1 KWG macht das Geschäft nicht unwirksam. Es handelt sich nicht um ein Verbotsgesetz im Sinne von § 134 BGB, weil das Verbot sich einseitig gegen den Betreiber des Bankgeschäftes richtet und ausschließlich dem Schutz des Geldgebers dient.

5. Typenzwang bei der Finanzierung

Eine Grenze könnte der stillen Beteiligung an einer Aktiengesellschaft durch die §§ 139 ff. AktG gezogen sein, soweit die stille Gesellschaft nach der vertraglichen Vereinbarung im Einzelfall Eigenkapitalcharakter hat. Die §§ 139 ff. AktG regeln die Finanzierung der Aktiengesellschaft durch Vorzugsaktien ohne Stimmrecht und sehen für Vorzugsaktien in § 139 Abs. 2 AktG eine Grenze in Höhe der Hälfte des Grundkapitals der Aktiengesellschaft vor.

Seit längerem ist umstritten, inwieweit die §§ 139 ff. AktG für andere Finanzierungsformen mit Eigenkapitalcharakter in der Aktiengesellschaft eine Grenze ziehen. Die Diskussion zur verbotenen Eigenkapitaleigenschaft anderer Beteiligungsformen hat sich durch die Einführung von § 10 Abs. 4 und 5 KWG weitgehend erledigt. Die Disskussion betrifft heute im wesentlichen nur noch um die Zulässigkeit von aktiengleichen Genussrechten.[708] Dauernde Finanzierung durch stille Beteiligung ist rechtlich wegen § 723 Abs. 3 BGB nicht möglich. Aus diesem Grund stellt sich die Frage der Umgehungsproblematik für stille Beteiligungen nicht. Man kann auch nicht etwa annehmen, eine Mindestverzinsung bei stillen Gesellschaften, die als bankrechtliches Eigenkapital nach § 10 Abs. 4 KWG zur Verfügung gestellt werden, führe zu einer im Einzelfall nach § 139

---

[706] *Loritz*, ZIP 2001, 309, 311 ff.

[707] Vgl. das von *Zacharias* dargestellte Beteiligungsmodell der stillen Beteiligung an einer Unternehmenskette: *Zacharias*, 205 ff.; und der Vertragsentwurf: *Zacharias*, 253 in § 12 Abs. 1.

[708] Siehe dazu oben unter § 5 II. 2. und *Hüffer*, § 221 AktG, Rn. 31 ff. m.N.

Abs. 2 AktG verbotenen Vorzugsaktie auf Zeit.[709] Ein etwaiger Typenzwang für die Finanzierung der Aktiengesellschaft steht der stillen Beteiligung also nicht entgegen. Das gilt auch dann, wenn es sich um bankrechtliches Eigenkapital handelt.

6. Keine Nichtigkeit nach §§ 57, 60 AktG, § 134 BGB

Die stille Gesellschaft ist nichtig, wenn sie einem Aktionär gegen unangemessenes Entgelt eingeräumt wird.[710] Eine Mindestverzinsung auf die stille Einlage schadet für sich genommen jedoch nicht, weil die Verzinsung die Einlage als stiller Gesellschafter und nicht die Aktie betrifft. Sie verstößt auch nicht gegen § 57 Abs. 2 AktG, wenn der stille Gesellschafter Aktionär ist, weil es sich hier nicht um eine Verzinsung der Einlage auf die Aktie handelt.

7. Verbotsgesetz für bestimmte Unternehmensarten

Unternehmensbeteiligungsgesellschaften, die auch[711] in der Rechtsform der Aktiengesellschaft betrieben werden können (§ 2 I UBGG), dürfen nach § 5 Abs. 2 UBBG keine stillen Beteiligungen gewähren. Der Grund für diese Bestimmung ist darin zu sehen, dass die Unternehmensbeteiligungsgesellschaft eine möglichst durchsichtige Kapitalstruktur vorweisen soll, die sie für den Kleinanleger nach der Wertung des Gesetzgebers besonders geeignet macht.

Auch Investmentaktiengesellschaften dürfen keine stillen Beteiligungen gewähren, § 57 Abs. 4 KAGG.

8. Sachliche Rechtfertigung

Schließlich bedarf der Beschluss der Hauptversammlung über den Teilgewinnabführungsvertrag keiner sachlichen Rechtfertigung. Die Literatur will teilweise jegliche Mehrheitsentscheidung dem Erfordernis einer sachlichen Rechtfertigung unterwerfen.[712] Überzeugender ist es aber, nur dann eine Rechtfertigung für Mehrheitsbeschlüsse der Hauptversammlung zu verlangen, wenn der Beschluss in Rechte der Minderheit eingreift und nicht schon das Gesetz selbst die

---

[709] Überzeugend: LG Berlin, AG 2001, 95, 96 und KG, DB 2002, 1704, 1705 f.

[710] Siehe oben unter 1.

[711] In der ursprünglichen Fassung war die Rechtsform der Aktiengesellschaft zwingend.

[712] *Wiedemann*, ZGR 1980, 147, 157; *Martens*, FS Fischer, 437, 445, *derselbe*, GmbHR 1984, 265, 269; *Bischoff*, BB 1987, 1055, 1059 ff., teilweise abweichend auch *Hirte*, Bezugsrechtsausschluss, 129 ff. (bei „Eingriff in Herrschaftsverhältnisse“, nicht bei Unternehmensvertrag); *Timm*, ZGR 1987, 403.

Abwägung zwischen den Belangen der betroffenen Aktionäre und dem Interesse der Gesellschaft getroffen hat.[713]

Für den Teilgewinnabführungsvertrag gilt nichts anderes als für den Beherrschungsvertrag. Das Gesetz hat die Abwägung der betroffenen Belange in typisierter Weise getroffen. Die Rechte der Aktionäre sind durch das formell ausgestaltete Verfahren sowie durch den Umstand geschützt, dass man die Teilgewinnabführungspflicht nur gegen angemessene Gegenleistung einräumen darf. Diese besteht bei der stillen Gesellschaft in dem Beitrag des stillen Gesellschafters. Aus diesem Grund sind auch keine Rechte der Minderheitsaktionäre durch den Mehrheitsbeschluss betroffen.

§ 9 Fehlerhafte Beteiligungsverträge

Es hat sich bereits gezeigt, dass eine ganze Reihe von Fehlerquellen für die stille Gesellschaft mit einer Aktiengesellschaft als Inhaberunternehmen bestehen. Die Frage, ob die Nichtigkeitsfolgen bestimmter Fehler nach den Grundsätzen über die fehlerhafte Gesellschaft einzuschränken sind, stellt sich hier von zwei unterschiedlichen Seiten, nämlich zum einen aus der Sicht des Rechts der stillen Gesellschaft und zum anderen aus der Sicht des Konzernrechts.

I. Anwendbarkeit und Voraussetzungen der Grundsätze über die fehlerhafte Gesellschaft

Die stille Gesellschaft ist eine bloße Innengesellschaft. Es wird deshalb zum Teil bestritten, dass ein Bedürfnis besteht, die Folgen rechtlicher Nichtigkeit auf die Möglichkeit der Kündigung aus wichtigem Grund und die Abwicklung für die Zukunft zu beschränken und im übrigen die Grundsätze der fehlerhaften Gesellschaft heranzuziehen.[714] Weiter wird vertreten, die Grundsätze der

---

[713] Vgl. BGHZ 71, 40 („Kali & Salz"); BGHZ 80, 69 („Süssen"); BGHZ 83, 319 („Holzmann"); BGHZ 103, 184, 190 („Linotype"); BGHZ 120, 141, 145 f.; *Lutter*, ZGR 1979, 401, 411; *derselbe*, ZGR 1981, 171, 176 ff.; *Hüffer* in: Geßler/Hefermehl, § 243 AktG, Rn. 51; *Krieger* in: Münch HdB GesR IV, § 70 Rn. 45.

[714] *Koenigs*, 111 ff.; *Rasner*, 103 ff.; *Ulmer* in: MünchKomm, § 705 BGB, Rn. 275 f.; *derselbe*, FS Flume II 318; *Wiesner*, 162 ff.; *Wilsing/Siebmann*, EWiR, 2003, 207 f. (§ 705 BGB 02/03) (alle für typische und atypische); differenzierend OLG Nürnberg, BB 1961, 1341, 1342; *Robert Fischer*, JR 1962, 204; *Brox*, BB 1964, 523, 527; *Siebert*, BB 1958, 1065, 1068 (alle nur für atypische stille Gesellschaften); *Karsten Schmidt* in: Schlegelberger/Hefermehl, § 335 HGB a.F. (§ 230 n.F.), Rn. 113 (qualifiziertes Kreditverhältnis oder hinreichende organisatorische Elemente, was nur bei Vermögensgemeinschaft und Mitgliedschaftsrecht mindestens entsprechend § 164 HGB vorliegen soll); *Aulinger*, 56 f.; *Habscheid*, BB 1955, 50, 52 (beide nur bei Geschäftsführungsbefugnissen); zweifelnd: *Altmeppen* in: MünchKomm, § 292 AktG, Rn. 89.

fehlerhaften Gesellschaft gälten nur, wenn koordinierte stille Beteiligungen bestehen.[715] Nach der Rechtsprechung dagegen gelten die Grundsätze über die fehlerhafte Gesellschaft auch für die stille Gesellschaft, unabhängig von der Ausgestaltung im Einzelfall.[716] Dieser formalen Auffassung ist schon aus Gründen der Rechtssicherheit zu folgen, weil die von großen Teilen der Literatur vertretene Ansicht, es sei zwischen typischen und atypischen Gestaltungen zu unterscheiden, zu erheblichen Abgrenzungsschwierigkeiten führt.[717] Darüber hinaus ist die Anwendung der Grundsätze über die fehlerhafte Gesellschaft auf die stille Gesellschaft deshalb gerechtfertigt, weil es sich um eine Risikogemeinschaft i.S.v. § 705 BGB handelt, auch wenn die organisatorische Seite bei der stillen Gesellschaft im Einzelfall nur sehr schwach ausgeprägt sein kann.[718] Die Gesellschaft ist infolgedessen nicht rückwirkend unwirksam sondern erst für die Zukunft, wenn sie von einer Partei gekündigt wird. Die Abwicklung hat nach den Regeln des Gesellschaftsvertrags zu erfolgen.

Diese Grundsätze greifen allerdings erst dann ein, wenn die Gesellschaft in Vollzug gesetzt ist, also Tatsachen geschaffen sind, an denen die Rechtsordnung nicht vorbeigehen kann. Ausreichend ist, dass der Beitretende Beiträge geleistet oder (im weitesten Sinne) gesellschaftsvertragliche Rechte ausgeübt hat.[719] Die stille Gesellschaft soll aber nach dem OLG Hamburg noch nicht in Vollzug gesetzt sein, wenn bisher nur auf das Agio gezahlt wurde.[720] Die Unterscheidung danach, ob auf einen – ohnehin nicht gesetzlich vorgeschriebenen, sondern nur vertraglich zu vereinbarenden – Nennbetrag der Einlage oder auf ein vereinbartes Agio geleistet wird, überzeugt indessen nicht. Die Einzahlung auf den Nennbetrag ist nach dem – freilich dispositiven – Recht der stillen Gesellschaft schon nicht Voraussetzung für die Gewinnbeteiligung. Folglich ist die Rückabwicklung nicht leichter oder schwerer, je nachdem ob auf das Agio oder auf den vereinbarten Nennbetrag gezahlt wurde.

Weiter setzt die Anwendbarkeit der Grundsätze über die fehlerhafte Gesellschaft voraus, dass keine vorrangigen Schutzinteressen entgegenstehen. Dieser Punkt

---

[715] *Armbrüster/Joos*, ZIP 2004, 189, 199 (mehrgliedrige stille Gesellschaft oder Anlagemodell, dass auf die Begründung einer Vielzahl zweigliedriger stiller Beteiligungen ausgerichtet ist).

[716] BGH NJW 1993, 2107; BGH NJW 1992, 2696, 2697 f.

[717] Vgl. *Zutt* in: Großkommentar, § 230 HGB, Rn. 69.

[718] So auch: *Zutt* in: Großkommentar, § 230 HGB, Rn. 69.

[719] Vgl. BGH NJW 1992, 1501, 1502 f.; BGH NJW 1988, 1321, 1323; OLG Braunschweig AG 2003, 686, 687; *Hopt*, § 105 HGB, Rn. 82.

[720] OLG Hamburg, DStR 1999, 2043 (nrkr, nur LS, zum Beitritt zur atypisch stillen Gesellschaft, mit Ausführungen über die Gründe von *Hergeth*).

kann im Rahmen eines fehlerhaften Teilgewinnabführungsvertrages relevant sein.[721]

II. Anwendbarkeit der Grundsätze über fehlerhafte Unternehmensverträge

1. Fehlerhafte Ergebnisabführungsverträge

Der BGH hat entschieden, dass die Grundsätze über die fehlerhafte Gesellschaft anwendbar sind, wenn ein Ergebnisabführungsvertrag mit einer GmbH deshalb unwirksam ist, weil es an einem Hauptversammlungsbeschluss und der Eintragung im Handelsregister fehlt.[722] Die h.M. in der Literatur sieht hingegen die Handelsregistereintragung als unerlässlich an, um die Grundsätze über die fehlerhafte Gesellschaft auf Unternehmensverträge anzuwenden.[723] Das erscheint für die Aktiengesellschaft als verpflichtetes Unternehmen überzeugend, weil die Registerpublizität über Teilgewinnabführungsverträge mit Aktiengesellschaften als überwiegendes Interesse der Allgemeinheit anzusehen ist. Insofern können die Grundsätze der fehlerhaften Gesellschaft im Einzelfall zur Anwendung kommen, wenn der Vertrag eingetragen wurde. Das heißt indessen nicht, dass die Grundsätze auch für Fälle nichtiger oder erfolgreich angefochtener Hauptversammlungsbeschlüsse gelten würden.[724] Denn in solchen Fällen stehen die durch die Nichtigkeit geschützten Interessen und das Interesse an der Funktionsfähigkeit des Systems der Anfechtung als überwiegende Gemeinwohlbelange entgegen.

---

[721] Siehe dazu sogleich unter II. 3.

[722] BGHZ 103, 1, 4 (Familienheim); = WM 1988, 258; mit Anmerkung *Baums* WuB II A. § 291 AktG 1.88; BGHZ 116, 37 (Stromlieferung; Verlustausgleich genügt für den Vollzug); beide Entscheidungen zur GmbH und der Sache nach zur Frage der Verlustübernahme der Obergesellschaft beim unwirksamen EAV; siehe auch OLG Oldenburg, NZG 2000, 1138 f. (zur GmbH); OLG Hamm, ZIP 2003, 1151 (1153); OLG Hamm ZIP 2003, 1154 (1155) und BFH NV 1998, 1339; (der im summarischen Verfahren zur atypisch stillen Gesellschaft die Grundsätze der fehlerhaften Gesellschaft anwendet).

[723] *Karsten Schmidt*, AG 1991, 131, 136; *derselbe*, ZGR 1991, 374, 380 ff.; *Zöllner* AG 1993, 68, 72 ff.; *Hüffer*, § 291 AktG, Rn. 21; siehe auch: BGH, NJW 1996, 659 f. (zur GmbH und ausdrücklich für Verschmelzung von Kapitalgesellschaften).

[724] *Hüffer*, § 291 AktG, Rn. 21 a.E.; a.A. *Krieger* in: Münch HdB GesR IV, § 70 Rn. 19 (Ausnahme nur bei besonders schweren Vertragsmängeln, z.B. Nichtigkeit nach § 304 Abs. 3 S. 1 AktG); *derselbe*, ZHR 158 (1994), 33, 37 f.

2. Fehlerhafte Teilgewinnabführungsverträge

Der fehlerhafte Teilgewinnabführungsvertrag mit einer Aktiengesellschaft ist von der BGH-Rechtsprechung noch nicht beurteilt worden.[725] Die überwiegende Auffassung in der Literatur geht davon aus, dass die Fehlerhaftigkeit eines in das Handelsregister eingetragenen Unternehmensvertrages nach seiner Eintragung in das Handelsregister nur noch durch Kündigung aus wichtigem Grund geltend gemacht werden kann.[726]

Für den Teilgewinnabführungsvertrag wird auch vertreten, dass kein Organisationsvertrag vorliege und deshalb die Grundsätze über die fehlerhafte Gesellschaft nicht ohne weiteres anwendbar seien.[727] Dabei wird auch die Gesetzesbegründung angeführt, nach der die Rückabwicklung von Teilgewinnabführungsverträgen nach den allgemeinen Regeln möglich sein solle.[728] Die Berufung auf die Gesetzesbegründung kann indessen nicht überzeugen, weil hier nur davon die Rede ist, dass die Verträge nach § 292 Abs. 1 Nr. 3 AktG nach § 292 Abs. 3 AktG deshalb von der Nichtigkeit nach den §§ 57, 58 und 60 AktG ausgenommen seien, weil die Nichtigkeit hier keine angemessene Rechtsfolge sei und die Aktionäre durch die Möglichkeit der Anfechtung nach § 292 Abs. 3 S. 2 AktG i.V.m. § 243 Abs. 2 AktG ausreichend geschützt seien.[729]

Im Ergebnis erscheint es überzeugender, die Grundsätze über die fehlerhafte Gesellschaft auch auf stille Gesellschaften anzuwenden, die als Teilgewinnabführungsverträge einzuordnen sind. Es erscheint zum einen systematisch überzeugend die Grundsätze über fehlerhafte Gesellschaften gleichermaßen auf alle

---

725 Siehe oben unter 1., aber auch OLG Oldenburg, NZG 2000, 1138 f. (zur GmbH); auch BFH NV 1998, 1339; (der im summarischen Verfahren zur atypisch stillen Gesellschaft die Grundsätze der fehlerhaften Gesellschaft anwendet).

726 *Krieger* in: Münch HdB GesR IV, § 70 Rn. 13, 18 f., 47; zustimmend inzwischen: *Hüffer*, § 291 AktG, Rn. 21 (mit der Maßgabe, dass dies allerdings nicht für den nichtigen oder erfolgreich angefochtenen Beherrschungsvertrag gelten soll); tendenziell für Übertragung auf Aktienkonzernrecht auch: *Emmerich/Sonnenschein*, 6. Aufl. § 8 II 3; a.A. *Koppensteiner* in: Kölner Kommentar, § 297 AktG, Rn. 37 a.E. (aktienrechtliche Unternehmensverträge seien grundsätzlich rückabwicklungsfähig); *Köhler*, ZGR 1985, 307, 314 (zum Beherrschungsvertrag), 317 (zum Gewinnabführungsvertrag); *Altmeppen* in: MünchKomm, § 291 AktG, Rn. 202; mit Einschränkungen: *Henze*, Konzernrecht, Tz. 310 - 315, S. 113 ff.; siehe allgemein zur Rechtsprechung zu fehlerhaften Personengesellschaften: *Goette*, DStR 1996, 266.

727 *Altmeppen* in: MünchKomm, § 292 AktG, Rn. 89, Rn. 41.

728 *Altmeppen* in: Münch Komm, § 292 AktG, Rn. 89, 41 unter Berufung auf RegBegr bei *Kropff*, 379.

729 RegBegr bei *Kropff*, 379.

eingetragenen Unternehmensverträge anzuwenden. Zum anderen spricht auch die Registerpublizität dafür, solchen Verträgen für die Vergangenheit Bestandskraft zuzugestehen. Schließlich sind nichtige Teilgewinnabführungsverträge in der Rückabwicklung nicht weniger mit Schwierigkeiten behaftet als stille Gesellschaften im allgemeinen.

3. Fehlerhafter Teilgewinnabführungsvertrag und fehlerhafte stille Gesellschaft

Die Qualifikation als Teilgewinnabführungsvertrag ändert für die stille Gesellschaft aber nichts daran, dass im Ausgangspunkt die Anwendbarkeit der Grundsätze über die fehlerhafte Gesellschaft begründet ist.[730] Die Anwendung der Grundsätze über die fehlerhafte Gesellschaft scheidet allerdings aus, wenn der Schutz der Interessen der Allgemeinheit oder einzelner schutzwürdiger Personen vorrangig ist.[731]

Das Konzernrecht ist hier insoweit als vorrangig anzusehen, als es um den Schutz der außenstehenden Aktionäre und der Gläubiger der Gesellschaft geht. Der Umstand, dass es sich bei dem unwirksamen Teilgewinnabführungsvertrag auch noch um eine stille Gesellschaft handelt, kann im Interesse der Aktionäre, potentieller Erwerber von Aktien und der Gläubiger nichts an der Unwirksamkeit der Verträge ändern, wenn es an einem Hauptversammlungsbeschluss und an der Handelsregistereintragung fehlt. Umgekehrt ist die stille Beteiligung nach den Grundsätzen der fehlerhaften Gesellschaft zu behandeln, wenn die Aktionäre nicht schutzwürdig sind. Das trifft jedenfalls dann zu, wenn an der Aktiengesellschaft nur Aktionäre beteiligt sind, die mit dem Abschluss des Vertrages zu den konkreten Bedingungen einverstanden waren.

---

[730] So auch: *Hüffer,* § 292 AktG, Rn. 11 (für die Gewinngemeinschaft); a.A. *Geßler* in: Geßler/Hefermehl, § 292 AktG, Rn. 24 (ebenfalls zur Gewinngemeinschaft); zweifelnd für stille Gesellschaft, *Altmeppen* in: MünchKomm, § 292 AktG, Rn. 89.

[731] BGHZ 55, 5, 9 f. (wer arglistig getäuscht hat, kann nicht die fehlerhafte Gesellschaft einsetzen, um beim Ausscheiden ein höheres Abfindungsguthaben zu erlangen, das gilt nur, wenn ein Schadensersatzanspruch in der Abwicklungsbilanz nicht reicht); BGHZ 75, 214 (Vollnichtigkeit einer stillen Beteiligung an einer Apotheke); BGHZ 62, 234 (Vollnichtigkeit bei Verstoß gegen das Rechtsberatungsgesetz); vgl. aber auch BGH, LM Nr. 8 zu 105 HGB (zu konzessionsunfähigem aber behördlich geduldetem Unternehmen: auch bei Verstoß gegen Verbotsgesetz nicht in jedem Fall die Anerkennung ausgeschlossen; allerdings noch unter dem Gesichtspunkt der „faktischen" Gesellschaft); kritisch zur Reichweite der Ausnahmen: *Karsten Schmidt*, Gesellschaftsrecht, 160 f. (der insbesondere beim Minderjährigenschutz nur die Haftungsfolgen für den Minderjährigen ausschließen will); siehe auch *Grunewald*, Rn. 165; *Kraft/Kreutz*, EV 2; *Alfred Hueck*, oHG, § 7 III 4 c); *Karsten Schmidt* in: Schlegelberger/Hefermehl, § 105 HGB, Rn. 211; *Robert Fischer* NJW 1955, 849, 851; *Gansmüller*, DB 1955, 260; *derselbe*, NJW 1955, 1067; *Karsten Schmidt*, JuS 1990, 521.

Weiterhin schließen die Gesichtspunkte des Gläubigerschutzes die Anwendung der Grundsätze der fehlerhaften Gesellschaft nicht aus, weil die Gläubiger der Aktiengesellschaft beim Teilgewinnabführungsvertrag ausreichend geschützt sind. Zum einen gilt während des Bestehens der Beteiligung § 301 AktG, der eine Höchstgrenze für die Gewinnabführung bestimmt.[732] Zum anderen sind die Gläubiger durch § 117 Abs. 5 AktG geschützt, der es ihnen erlaubt die Ansprüche der Aktiengesellschaft gelten zu machen, die sich gegen Personen richten, die ihren Einfluss auf die Aktiengesellschaft vorsätzlich zum Schaden der Gesellschaft missbraucht haben. Wenn die Gesellschaft, indem sie die stille Beteiligung einräumt, verdeckt Gewinn an Aktionäre ausschüttet, kann die Aktiengesellschaft die Zuwendung wegen Einlagenrückgewähr zurückfordern.

Enthält die stille Gesellschaft einen Betriebsführungsvertrag, so gelten die Grundsätze über die fehlerhafte Gesellschaft gleichermaßen. Der Umstand, dass ein zusätzlicher Betriebsführungsvertrag vorliegt, erleichtert weder die Rückabwicklung, noch rechtfertigt er für sich genommen eine Ausnahme wegen überwiegender Gemeinwohlbelange.

Anders ist es beim verschleierten Beherrschungsvertrag. Der Vertrag ist in diesem Fall nichtig, weil er den außenstehenden Aktionären keinen Ausgleich einräumt, § 304 Abs. 3 AktG. Gleichwohl kann man die Grundsätze der fehlerhaften Gesellschaft teilweise anwenden. Das ergibt sich insbesondere aus dem Umstand, dass der andere Vertragsteil solange zum Verlustausgleich verpflichtet bleibt, wie die Parteien den Vertrag nicht durch außerordentliche Kündigung lösen. Anderenfalls wird man § 302 AktG zumindest entsprechend anzuwenden haben.

Weiter ist fraglich, ob die Grundsätze über die fehlerhafte Gesellschaft deshalb nicht anwendbar sind, weil ein Unternehmensvertrag vorliegt, es aber an der Eintragung in das Handelsregister fehlt. Für eine Verschmelzung wurde von der Rechtsprechung, wie bereits dargestellt, entschieden, dass die Grundsätze über die fehlerhafte Gesellschaft grundsätzlich nur dann eingreifen sollen, wenn die Verschmelzung im Handelsregister eingetragen ist.[733] Dieser Rechtsgedanke könnte für Unternehmensverträge entsprechend gelten. Der BFH hat dagegen in einer einzelnen Entscheidung im summarischen Verfahren angenommen, dass die Grundsätze der fehlerhaften Gesellschaft für eine atypisch stille Gesellschaft an

---

[732] Siehe dazu unten unter § 14.

[733] BGH NJW 1996, 659, 660 (zur GmbH und ausdrücklich zur Verschmelzung von Kapitalgesellschaften); vgl. aber auch BGHZ 103, 1, 4 und BGHZ 116, 37; beide Entscheidungen zur GmbH und der Sache nach zur Frage der Verlustübernahme der Obergesellschaft beim unwirksamen Ergebnisabführungsvertrag.

einer Aktiengesellschaft auch ohne Handelsregistereintragung gelten, mit der Folge dass die durchgeführte Beteiligung steuerlich anzuerkennen sei.[734]

In letzter Zeit wurde eine Reihe von Fällen unwirksamer stiller Beteiligungen an Aktiengesellschaften von den Oberlandesgerichten entschieden. Hier gehen die Oberlandesgerichte in ihren Entscheidungen überwiegend davon aus, dass die Grundsätze der fehlerhaften Gesellschaft unabhängig von der Eintragung in das Handelsregister gelten.[735]

Eine Entscheidung des OLG Schleswig hat die Grundsätze der fehlerhaften Gesellschaft wegen überwiegender Gemeinwohlbelange nicht angewendet, wenn der Anleger seine Einlage auf Grund einer Prospekthaftung zurückfordert.[736] Ähnlich hat das OLG Jena im Einzelfall angenommen, dass die Rückabwicklung eines nach dem HausTWG widerrufenen Vertrages mit Wirkung für die Vergangenheit erfolgen könne.[737] Hierbei hat sich das OLG Jena insbesondere darauf gestützt, dass bei einer nur zweigliedrigen Gesellschaft ein geringerer Vertrauensschutz bestehe, als im Fall einer BGB-Außengesellschaft mit vielen Gesellschaftern. Für den Fall einer BGB Außengesellschaft waren die Grundsätze der fehlerhaften Gesellschaft nämlich angewendet worden,

Die Entscheidungen der Oberlandesgerichte können insoweit überzeugen, als die §§ 293 ff. AktG nicht im Interesse der anderen Vertragspartei, sondern im Interesse der Aktiengesellschaft bestehen. Diese Vorschriften hindern die Anwendung der Grundsätze der fehlerhaften Gesellschaft zu Lasten des Vertragspartners der Aktiengesellschaft deshalb nicht. Ob vorrangige Gläubigerinteressen oder Interessen von Mitgesellschaftern oder vorrangige Interessen der Person bestehen, die Rückabwicklung begehrt, ist im Einzelfall zu prüfen.

III. Rechtsfolgen bei fehlerhaften Verträgen

1. Kündigung oder einvernehmliche Aufhebung

Beide Parteien können sich von dem fehlerhaften Vertrag für die Zukunft lösen. Streitig ist, ob es einer außerordentlichen Kündigung aus wichtigem Grund

---

[734] BFH NV 1998, 1339 (1339 f.); a.A. (gegen eine steuerliche Anerkennung): *Berninger*, Der Konzern, 2003, 683, 685.

[735] OLG Hamm, AG 2003, 520 (521); OLG Stuttgart, AG 2003, 533; OLG Hamburg, AG 2003, 519, 520; OLG Braunschweig, Der Konzern, 2003, 780, 781.

[736] OLG Schleswig, AG 2003, 526, 527.

[737] OLG Jena, ZIP 2003, 1444, 1447.

bedarf, insbesondere, ob die Fehlerhaftigkeit dabei aus sich heraus einen wichtigen Grund darstellt.[738] Zumindest von letzterem ist auszugehen, weil man anderenfalls über den Umweg des Erfordernisses eines wichtigen Grunds zu einer faktischen Wirksamkeit für die Zukunft kommen könnte.

Aus Gründen der Rechtssicherheit ist eine Kündigung in schriftlicher Form entsprechend § 297 Abs. 3 AktG zu verlangen. Die Parteien können die fehlerhafte stille Gesellschaft auch einvernehmlich aufheben. Das ist allerdings nur in schriftlicher Form und nicht rückwirkend möglich, § 296 Abs. 1 S. 2 AktG. Die Vorschrift ist auf fehlerhafte Unternehmensverträge entsprechend anzuwenden.

2. Keine Wirksamkeit für die Zukunft

Ein fehlerhafter Unternehmensvertrag kann nur ganz ausnahmsweise auch für die Zukunft wirksam sein, wenn die Parteien ihn in der Vergangenheit durchgeführt haben, obwohl er unwirksam war. Die Rechtsprechung nimmt an, ein Unternehmensvertrag könne für die Zukunft in ganz besonders gelagerten Ausnahmefällen wirksam sein, in denen aufgrund besonderer Umstände die Schutzbedürftigkeit einer Partei die Anerkennung des Fortbestands des Vertrags geboten erscheinen lässt.[739] Das kann für einen Unternehmensvertrag mit einer Aktiengesellschaft m.E. nur dann der Fall sein, wenn Vorstand, Aufsichtsrat, alle Aktionäre und die andere Vertragspartei über längere Zeit deutlich gemacht haben, dass sie den Vertrag durchführen wollen.

Nach *Kort* soll sich ein Fortbestand des Vertrages für die Zukunft auch aus der Treupflicht ergeben können.[740] Das soll aber nur gelten, wenn Eintragung und Hauptversammlungsbeschluss vorliegen; anderenfalls sollen die Grundsätze über die fehlerhafte Gesellschaft überhaupt nicht zur Anwendung kommen.[741] Das überzeugt in dieser Allgemeinheit nicht, weil es keinen Anlass gibt, die Wirksamkeit zu versagen, wenn niemand schutzwürdig ist. Wenn es an der Eintragung fehlt, muss diese durch ein Verfahren gem. §§ 293 ff. AktG herbeigeführt werden.

---

[738] Dafür *B. Mertens*, BB 1995, 1417, 1419 (beiläufig); allg. auch: *Ulmer*, MünchKomm, § 705 BGB, Rn. 260; dagegen: *Emmerich/Sonnenschein*, 7. Aufl., § 11, S. 165; allgemein auch: *Karsten Schmidt*, Gesellschaftsrecht, § 6 III 2 m.N.

[739] BGH DB 2002, 87, 89 unter Hinweis auf: BGHZ 65, 190, 194 (zum Anstellungsvertrag eines Vorstandsmitglieds); BGHZ 114, 127 (zum Beratervertrag eines Aufsichtsratsmitglieds); BGH DB 1989, 472 (zur stillschweigenden Genehmigung eines von einem Aufsichtsratsausschuss unwirksam geschlossenen Anstellungsvertrages).

[740] *Kort*, 172 f.

[741] *Kort*, 176.

3. Teil: Inhalt des Beteiligungsverhältnisses

Die möglichen Inhalte einer stillen Gesellschaft sind äußerst vielfältig, weil das Recht der stillen Gesellschaft einen sehr weiten Gestaltungsspielraum lässt. Im Folgenden soll zunächst aufgezeigt werden, welche Grundsätze bei der Ermittlung des Inhalts, mit andern Worten bei der Auslegung einer einmal wirksam abgeschlossenen stillen Beteiligung an einer Aktiengesellschaft gelten und welchen allgemeinen Grenzen die Gestaltung unterliegt, wenn sie sich als Publikumsgesellschaft darstellt.

§ 10 Vertragsfreiheit versus Inhaltskontrolle bei Publikumsverträgen

Im deutschen Recht gilt im Ausgangspunkt Vertragsfreiheit. Bestimmte Publikumsverträge unterliegen allerdings im Interesse des Anlegers einer besonderen Inhaltskontrolle.

Der Vertrag über die stille Gesellschaft unterliegt zunächst hinsichtlich der Angemessenheit der Gegenleistung der Inhaltskontrolle durch das Registergericht, wenn er mit einem Aktionär abgeschlossen ist.[742] Diese Prüfung erfolgt nur im Interesse der Aktiengesellschaft, nicht im Interesse des Anlegers, weil das Registergericht ausschließlich die Wirksamkeit des Vertrages im Hinblick auf eine verdeckte Gewinnausschüttung zu prüfen hat.[743]

Die Grundsätze für die Inhaltskontrolle von Verträgen über Publikumsgesellschaften, die die Rechtsprechung zunächst für Verträge über Publikumskommanditgesellschaften entwickelt hat, gelten auch für Gestaltungen, bei denen die stille Gesellschaft als Instrument gebraucht wird, um Gelder am (grauen) Kapitalmarkt einzuwerben.

I. Voraussetzungen der Inhaltskontrolle

Der BGH hat in einer neueren Entscheidung nun auch für die stille Gesellschaft entschieden: Vertragsbedingungen, die ein Unternehmen für eine Vielzahl von Gesellschaftsverträgen vorformuliert, unterliegen einer ähnlichen objektiven Auslegung und Inhaltskontrolle wie AGB.[744] Das ergibt sich unabhängig von der

---

742 Siehe oben unter § 8 I. 5. d) bb).

743 Siehe dazu oben unter § 8 I. 5. d) bb).

744 BGH BB 2001, 278; allgemein zu Gesellschaftsverträgen von Publikumsgesellschaften bereits: BGHZ 64, 238.

Bereichsausnahme des § 310 Abs. 4 S. 1BGB – aus §§ 157, 242 BGB.[745] Das Revisionsgericht kann frei auslegen, soweit die Vertragsbedingungen über den Bezirk eines Oberlandesgerichts hinaus verwendet werden.[746]

Die Literatur zur Frage der Inhaltskontrolle bei Gesellschaftsverträgen ist sehr umfangreich.[747] Es ist nicht zu verkennen, dass die Rechtsprechung von der Bereichsausnahme für das Gesellschaftsrecht wenig übrig lässt. Man mag das Vorgehen auch unter methodischen Aspekten anzweifeln. Im Ergebnis ist dieser Rechtsprechung dennoch zu folgen. Es ist hier nachträglich eine Gesetzeslücke entstanden. Die Entwicklungen auf dem Kapitalmarkt erweisen die von der ursprünglichen Gesetzeskonzeption eingeräumten Spielräume für die Privatautonomie als zu weit. Die richterliche Inhaltskontrolle der Vertragsbedingungen schließt diese nachträglich entstandene Gesetzeslücke mit den Mitteln der Rechtsfortbildung.[748]

II. Rechtsfolgen der Inhaltskontrolle

Die Rechtsprechung hat bisher für stille Publikumspersonengesellschaften offen gelassen, welche Rechtsnormen an die Stelle der Klausel treten, die man im Wege der Inhaltskontrolle für unwirksam erklärt.[749] Nur in Einzelfällen hat sie sich für konkrete Analogien entschieden. So soll sich die Haftung des Beirats in der Publikumspersonengesellschaft analog § 93 AktG gestalten.[750] Die Literatur hat unterschiedliche Ansätze entwickelt, die hier nicht im einzelnen erörtert werden sollen.[751]

---

[745] Die Bereichsausnahme für das Gesellschaftsrecht gilt auch für die stille Gesellschaft: BGHZ 127, 176.

[746] BGH BB 2001, 278 ff.

[747] Grundsätzlich: *H.P. Westermann*, FS Goerdeler, 1987, 697, 707; umfassende Nachweise bei: *Schlitt*, 170.

[748] Bzgl. einzelner Gestaltungen, die nach diesen Maßstäben unwirksam sind, siehe z.B. *Hopt*, Anh., § 177 a HGB, Rn. 67 ff.

[749] BGH WM 1977, 1449 = NJW 1978, 424; BGHZ 69, 207 220, (keine „sklavische Übernahme" der Vorschriften des Aktiengesetzes, da es sich auch bei Publikumspersonengesellschaften um Personengesellschaften handelt).

[750] BGHZ 64, 238 244.

[751] *D. Reuter*, ZHR 146 (1982), 1, 25; *Maulbetsch*, 60; *Martens* in: Schlegelberger/Hefermehl, § 166 HGB Rn. 45; *Albracht*, 12 (alle für eine Lösung in Anlehnung an § 131 AktG); *Bälz*, ZGR 1980, 1, 46; *Wüst*, ZHR 152, (1988), 215, 235; (für eine Anlehnung an die Normen der Sonderprüfung nach § 142 AktG); Roth, § 51 a GmbHG Rn. 5; *Wüst*, ZHR 152 (1988), 215, 232 (für eine analoge Anwendung von § 51 a GmbhG); *Roitzsch*, 161; *Schießl*, GmbHR 1985, 109, 111; derselbe, NJW 1989, 1597, (für eine analoge Anwendung von § 51a GmbHG zumindest in der Individualgesellschaft); *Nitschke*, 203; *Immenga*, ZGR 1974, 385, 414; *Bälz* ZGR 1980, 1, 46; *Wawrzinek*, 190 (die zusätzlich ein außergesetzliches Informationsrecht

§ 11 Informationsrechte

Nach § 233 Abs. 1 HGB ist der stille Gesellschafter berechtigt, die abschriftliche Mitteilung des Jahresabschlusses zu verlangen und dessen Richtigkeit unter Einsicht in die Bücher und Papiere zu überprüfen. Aus wichtigem Grund kann der Stille durch das Gericht jederzeit auch sonstige Aufklärungen verlangen (§ 233 Abs. 3 HGB). Er darf sich aber keine Übersicht über den Stand des Gesellschaftsvermögens fertigen, § 233 Abs. 2 HGB, § 716 BGB. Dem stillen Gesellschafter ist also schon nach dem gesetzlichen Regelstatut ein Informationsrecht eingeräumt, das weiter geht, als das des Aktionärs, der sein Fragerecht zudem nur in der Hauptversammlung ausüben kann. So kann der stille Gesellschafter z.B. Einblick in die Steuerbilanz oder auch in die Unterlagen des laufenden Geschäftsverkehrs nehmen.

Diese gesetzlich vorgesehenen Kontrollrechte sind aktienrechtlich nicht unbedenklich. Eigentum und Kontrolle sind nach dem Konzept des deutschen Aktienrechts getrennt. Für die Überprüfung der Tätigkeit der Geschäftsführung ist in erster Linie der Aufsichtsrat zuständig. Die Aktionäre üben ihr Recht in der Hauptversammlung aus, § 118 AktG. Außenstehende haben sich an den Jahresabschluss und den Lagebericht zu halten.

Der Vorstand und die Vorstandsmitglieder haben die Geschäftsgeheimnisse der Aktiengesellschaft zu wahren, §§ 76, 93 I S. 2 AktG. Die Vorstandsmitglieder machen sich strafbar, wenn sie diese Pflicht verletzen, § 404 AktG. Der Vorstand einer börsennotierten Aktiengesellschaft, darf nicht unbefugt Insidertatsachen preisgeben, §§ 13 ff. WpHG. Auch dieses Verbot ist strafbewehrt, § 38 WpHG.

Andererseits kann eine stille Beteiligung ohne jedes Informationsrecht des Stillen von vornherein keine sinnvolle Vertragsgestaltung darstellen.

Mit diesen Vorgaben ist zu prüfen, wie weit ein Kontrollrecht für den stillen Gesellschafter als außenstehenden Unternehmensbeteiligten gehen kann. Dabei ist zunächst zu klären, ob das Aktienrecht das gesetzliche Typenvertragsrecht der stillen Gesellschaft einschränkt. Danach wird zu untersuchen sein, wie Erweiterungen und Beschränkungen zu beurteilen sind, die von den Parteien vertraglich vereinbart werden.

---

einräumen); *Hopt*, Anhang zu § 177a HGB Rn. 72 („allgemeines Informationsrecht) *Schlitt*, 179, (über § 233 Abs. 3 HGB hinausgehendes Informationsrecht praeter legem sei zweifelhaft).

I. Gesetzliches Regelstatut, § 233 HGB

1. Geltung des § 233 HGB auch im Aktienrecht

Fraglich ist, ob § 233 HGB auch im Aktienrecht gelten kann. Es gibt zunächst keine Auslegungsregel, nach der § 233 HGB bei der stillen Beteiligung an einer Aktiengesellschaft nicht gelten sollte oder nach welcher der Stille auch nur gezwungen wäre, sein Recht nur durch einen zu beruflicher Verschwiegenheit verpflichteten Dritten oder einen Wirtschaftsprüfer wahrzunehmen.[752]

Man könnte aber daran denken, dass die Einräumung weitergehender Rechte nach § 134 BGB i.V.m. § 131 AktG unwirksam ist, oder doch zumindest der Vorstand es im Rahmen seiner Pflicht zur ordnungsgemäßen Geschäftsleitung nach § 76 AktG unterlassen muss, dem stillen Gesellschafter diese Rechte einzuräumen und vielmehr durch vertragliche Vereinbarung sicherzustellen hat, dass der stille Gesellschafter keine weitergehenden Informationsrechte erhält als die Aktionäre.

Dies erscheint zunächst denkbar, wenn man dem Aktiengesetz einen geschlossenen Kreis der Instrumente der Eigenkapitalfinanzierung entnehmen könnte.[753] Aus einem solchen numerus clausus könnte man möglicherweise auch schließen, dass die Einräumung weitergehender typisch mitgliedschaftlicher Rechtspositionen an Fremdkapitalgeber verboten sei. Dabei könnte man auch bestimmte Informationsrechte als typische mitgliedschaftliche Rechte ansehen, die Eigenkapitalgebern verboten sind. Weiter könnte man annehmen, die Fremdkapitalgeber der Aktiengesellschaft dürften hinsichtlich der Informationsrechte nicht besser behandelt werden als die Eigenkapitalgeber.

Solche Grundsätze lassen sich dem Aktiengesetz aber weder unter systematischem Gesichtspunkt noch unter dem Gesichtspunkt des Schutzzwecks aktienrechtlicher Normen entnehmen. Im Gegenteil zeigt die Vorschrift des § 53 a AktG i.V.m. § 11 AktG, dass auch die Aktionäre untereinander nur unter gleichen Voraussetzungen gleich zu behandeln sind, und eine Ungleichbehandlung namentlich bei der Verteilung des Gewinns und des Gesellschaftsvermögens durch Schaffung verschiedener Aktiengattungen möglich ist. Zwar ist hier nicht die Differenzierung hinsichtlich der Informationsrechte nach verschiedenen Aktiengattungen erlaubt. Gleichwohl

---

[752] So aber: *Schott*, 80 (für die von ihm als stille Gesellschaft qualifizierten Genussscheine, „teleologische Reduktion").

[753] Für einen numerus clausus der Eigenkapitalfinanzierung: *Reuter*, Gutachten, 24 ff.; vgl. zur gleichen Diskussion unter dem Gesichtspunkt des aktiengleichen Genussrechtes bereits oben unter § 5 II. 2. (viertletzter Absatz).

zeigt der Umstand, dass es zumindest keinen Grundsatz umfassender Gleichbehandlung unter den Aktionären gibt. Noch weniger wird man annehmen können, dass andere Kapitalgeber als Aktionäre keine weitergehenden Rechte erhalten dürfen. Denn bei diesen sind die Voraussetzungen ihrer Investition in das Unternehmen von vornherein andere.

Weiterhin besteht der Sinn und Zweck des § 131 AktG darin, dem Aktionär die Ausübung seiner Rechte, insbesondere seines Stimmrechtes zu ermöglichen. Die Vorschrift steht insofern in gedanklichem Zusammenhang mit § 118 AktG.[754] Diese Norm konzentriert die Verwaltungsbefugnisse der Aktionäre auf die Hauptversammlung. Sie konstituiert dazu die Hauptversammlung als Organ der Aktiengesellschaft.[755] Dadurch sollen die berechtigten Informationsinteressen der Aktionäre untereinander angemessen koordiniert und für die Verwaltung handhabbar gemacht werden. Dies betrifft allerdings nur das Verhältnis der Aktiengesellschaft zu ihren Aktionären. Es ist deshalb nicht ausgeschlossen, Kapitalgebern im Rahmen einer stillen Gesellschaft die für die stille Gesellschaft typenvertraglich vorgesehenen Rechte oder auch noch weitergehende Rechte einzuräumen. Dem steht es auch nicht entgegen, wenn der stille Gesellschafter im Einzelfall zugleich Aktionär ist, denn § 131 AktG betrifft nur das Auskunftsrecht des Aktionärs in seiner Eigenschaft als Teilnehmer der Hauptversammlung.[756] Die Vorschrift bezweckt nur, dem Aktionär die Informationen zu beschaffen, die nötig sind, um die ihm in der Hauptversammlung oder als hauptversammlungsbezogene Rechte zustehenden Befugnisse sinnvoll ausüben zu können.[757] Daraus lässt sich keine Begrenzung für vertragliche Informationsrechte von anderen Eigenkapitalgebern oder Fremdkapitalgebern ableiten. Die Aktiengesellschaft würde anderenfalls auch gegenüber Unternehmen anderer Rechtsform ungebührlich in ihrem Finanzierungsspielraum eingeschränkt.

Zu berücksichtigen ist auch, dass die Interessen der Aktionäre durch den obligatorischen Unternehmensvertragsbericht, die Unternehmensvertragsprüfung, das Erfordernis einer angemessenen Gegenleistung und die Zustimmungspflicht der Hauptversammlung geschützt sind.[758]

Die Hauptversammlung hat über den Vertragsschluss entschieden. Damit sind die wirtschaftlich unmittelbar und wesentlich von möglichen Nachteilen aus der

---

[754] Vgl. *Hüffer*, §131 AktG, Rn. 1.
[755] *Hüffer*, § 118 AktG, Rn. 1.
[756] *Hüffer*, § 131 AktG, Rn. 1.
[757] Vgl. RegBegr bei *Kropff*, 184.
[758] Siehe im einzelnen unter § 8.

Informationsfreigabe betroffenen Personen in die Entscheidung einbezogen. Natürlich können mittelbar auch die Gläubiger der Gesellschaft, ihre Arbeitnehmer oder gar die Allgemeinheit von einer solchen Entscheidung betroffen sein. Dieser Umstand wird aber weder durch das System von Information durch Hauptversammlung, Jahresabschluss und Lagebericht noch durch die Vorschriften des Konzernrechts sanktioniert. Die Mitwirkungsrechte eines durch Arbeitnehmer mitbestimmten Aufsichtsrats werden durch zusätzliche Informationsrechte eines stillen Gesellschafters nicht berührt. Ein Grundsatz, nach dem die Geheimnisse einer Aktiengesellschaft nur dem Vorstand, den im Aktiengesetz ausdrücklich erwähnten Personen zu den dort beschriebenen Anlässen, sowie Arbeitnehmern und zur Berufsverschwiegenheit verpflichteten Personen anvertraut werden dürften, ist nicht anzuerkennen.

Zum einen ist es ohnehin unvermeidlich, dass Arbeitnehmer, die nachvertraglich nur noch einer eingeschränkten Schweigepflicht unterliegen,[759] im Rahmen ihrer Tätigkeit von Geheimnissen des Unternehmens erfahren, insbesondere die leitenden Angestellten in der Forschung und Entwicklung, im Einkauf, im Vertrieb und im kaufmännischen Bereich.

Zum anderen ist in ausreichendem Maß sichergestellt, dass die Offenbarung von Geheimnissen nicht zu Lasten der Fremdkapitalgeber geht, da die Entscheidung von den Aktionären gebilligt werden muss, die als Eigenkapitalgeber dem Unternehmensrisiko noch vor dem Fremdkapital ausgesetzt sind. Freilich ist nicht zu verkennen, dass die Mitwirkung der Hauptversammlung den Vorstand nicht davon entbindet zu prüfen, ob es im Interesse der Gesellschaft liegt, das Informationsrecht zu gewähren. Der Vorstand hat dies nach objektiven Maßstäben zu beurteilen, wobei ihm ein pflichtgemäß auszuübendes[760] unternehmerisches Ermessen zusteht. So wird es z.B. nicht mit den Interessen der Aktiengesellschaft zu vereinbaren sein, einem stillen Gesellschafter, der ein Konkurrenzunternehmen betreibt, ein Informationsrecht einzuräumen, das dem stillen Gesellschafter laufende Information über alle Angelegenheiten der Aktiengesellschaft ermöglicht. Diese Frage stellt sich aber in dieser Form nur, wenn die Gesellschaft die Beteiligung zuerst eingeht. Ist die Beteiligung einmal rechtswirksam eingeräumt, besteht eine Rechtspflicht, die Informationen zu erteilen.

Zudem unterliegt der stille Gesellschafter der Treupflicht, wenn es darum geht, die ihm bekannt gewordenen Geheimnisse weiter zu verwenden.

---

[759] Eingehend: *Gaul*, NZA 1988, 225 ff.

[760] BGHZ 64, 325, 329 (auch dann, wenn man den Vorstand als „Herr der Unternehmensgeheimnisse" ansieht).

Schließlich begrenzen auch die Vorschriften des § 132 Abs. 3 Nr. 2 und 3 AktG nicht die Zulässigkeit des mit dem stillen Gesellschafter vereinbarten Auskunftsrechts. Nach diesen Vorschriften kann der Vorstand den Aktionären die Auskunft über die steuerlichen Wertansätze,[761] die Höhe der einzelnen Steuern und die Höhe der stillen Reserven die Auskunft verweigern. Die Regelung sagt aber nichts darüber aus, ob und inwieweit der Vorstand Dritten Auskunft über diese Umstände erteilen darf. Man kann dem stillen Gesellschafter deshalb am steuerlichen Ergebnis und auch an den stillen Reserven beteiligen. Der stille Gesellschafter ist in der Folge schon im gesetzlichen Regelstatut mit entsprechenden Auskunftsrechten ausgestattet.

2. Persönliche Ausübung

Der Stille hat seine Gesellschafterrechte grundsätzlich höchstpersönlich wahrzunehmen.[762] Bei juristischen Personen sind Organmitglieder zu entsenden. Der Stille kann das Informationsrecht ohne Zustimmung nicht durch Bevollmächtigte ausüben lassen. Etwas anderes gilt nach der Rechtsprechung nur in besonderen Ausnahmefällen, wenn der Berechtigte durch irgendwelche Umstände, z.B. Krankheit oder längere Abwesenheit gehindert ist, sein Prüfungsrecht in sachgerechter Weise auszuüben. Zusätzlich erfolgt eine Interessenabwägung, nach der es der Gesellschaft zumutbar sein muss, einem vertrauenswürdigen Dritten die Einsicht im Auftrag des Gesellschafters zu gestatten. Dies ist im Hinblick auf die Vertraulichkeit sowie die effektive Abwicklung eventuell auftretender Streitigkeiten geboten.

Der stille Gesellschafter darf allerdings im allgemeinen, namentlich bei wirtschaftlich bedeutenden Angelegenheiten einen geeigneten Sachverständigen hinzuziehen.[763] Als regelmäßig ausreichend ist es auch anzusehen, wenn der Stille einen Angestellten entsendet, der die gesetzliche Befähigung zum Wirtschaftsprüfer vorweisen kann und besonders zur Verschwiegenheit verpflichtet wurde.

---

[761] Mit Forderung nach einschränkender Auslegung insoweit: *Meilicke/Heidel*, DStR 1992, 113, 117 (über die Tarifbelastung des Eigenkapitals sei Auskunft zu geben); zustimmend *Semler*, Münch HdB GesR IV, § 37 Rn. 36; a.A. *Kamprad* AG 1991, 396; *Hüffer*, § 131 AktG, Rn. 28 (das Argument, die Aktionäre hätten ein Interesse, die Bildung von hochversteuerten Eigenkapital durch die Einführung des Schütt-Aus-Hol-Zurück-Verfahrens zu verhindern, ist nach der Abschaffung des gespaltenen Körperschaftsteuersatzes gegenstandslos geworden).

[762] BGHZ 25, 115, 122 (zur höchstpersönlichen Natur des Informationsrechts); BGH BB 1962, 899 (zur Geeignetheit eines hinzuzuziehenden Sachverständigen); beide Urteile zur Kommanditgesellschaft.

[763] Ähnlich KG OLGE 19,390,=Recht 1914 Nr. 387, OLGE 27, 397, 398; OLG München, BB 1954, 669.

Im übrigen wird man es nicht zulassen können, wenn Dritte hinzugezogen werden.[764]

Wenn der Stille das Informationsrecht auch durch einfache Angestellte ausüben lassen will, bedarf dies einer besonderen Regelung im Beteiligungsvertrag, damit es für den Stillen rechtlich durchsetzbar ist. Der Vorstand als Leitungsorgan des Geschäftsinhabers kann freilich stets nach pflichtgemäßer Sorgfalt im Einzelfall anders entscheiden, und dem Stillen gestatten, andere Personen als einen Wirtschaftsprüfer hinzuzuziehen, obwohl er dazu nicht rechtlich verpflichtet ist. Bei einer ungestörten Vertrauensbeziehung wird der Vorstand dies im Regelfall tun. Die hinzuzuziehenden Personen sind dann besonders zur Verschwiegenheit zu verpflichten.

Der stille Gesellschafter kann seine Informationsrechte ausnahmsweise nur ausüben, indem er einen Sachverständigen hinzuzieht, der die ihm nicht zustehenden Informationen vor ihm geheim hält, wenn überwiegende Interessen der Gesellschaft dies im Rahmen der Treupflicht gebieten.

3. Umfang der Informationsrechte

Der Stille kann die abschriftliche Mitteilung des Jahresabschlusses verlangen. Für die Aktiengesellschaft wird man diese Pflicht teleologisch auf den Lagebericht zu erweitern haben. Der Umstand, dass der Stille sich bei einer publizitätspflichtigen Aktiengesellschaft über die Handelsbilanz auch aus allgemein zugänglichen Informationsquellen unterrichten kann, ändert grundsätzlich nichts an der Mitteilungspflicht auf Verlangen des stillen Gesellschafters. Eine andere Frage ist, inwieweit die Regelung abbedungen werden kann.[765]

Die Rechtsauffassung[766], dem stillen Gesellschafter stehe ein Recht zu, sich von den eingesehenen Geschäftsunterlagen Kopien zu fertigen, ohne dass ihm dies vertraglich ausdrücklich zugesichert ist, geht allerdings zu weit. Sie entspricht nicht dem Wortlaut des § 233 Abs. 1 HGB, der gerade zwischen abschriftlicher Mitteilung des Jahresabschlusses und der Einsichtnahme unterscheidet. Dies ist im Regelfall auch interessengerecht. Wenn besondere Anhaltspunkte für

---

[764] Etwas weiter: BayObLGZ 14, 605= SeuffA 69 Nr. 178 (nach Lage des Falls auch sonstige Dritte, wenn notwendig und für Inhaber zumutbar), zustimmend *Karsten Schmidt* in: Schlegelberger/Hefermehl, § 338 Rn. 8.

[765] Siehe sogleich unter II.

[766] *Schlitt*; 92; *H. Westermann*, Handbuch I Anm. 884 sowie 4. Aufl., Anm. 4, einschränkend auch *Martens* in: Schlegelberger/Hefermehl, § 166 HGB Rn. 11; *Ulmer*, MünchKomm, § 716 BGB Rn. 8 (Kopien nur, um Vermögensübersicht zu erstellen); *Fischer* in: Großkomm., § 118 HGB, Anm. 10.

Unregelmäßigkeiten bestehen, kann sich der Stille entsprechende Notizen machen und die Vorlage der Papiere im Verfahren nach § 233 Abs. 3 HGB verlangen, falls er sich nicht mit dem Vorstand einigen kann. Derartige Notizen werden die Vertraulichkeit in der Regel nicht mehr belasten als die Einsichtnahme als solche.[767] Man kann dem Stillen auch nicht die Nachweispflicht aufbürden, dass die Notizen die Vertraulichkeit nicht mehr belasten als die Einsichtnahme selbst.[768] Dies wäre eine Belastung mit der Beweisführung für eine negative Tatsache. Ein solcher Beweis ist kaum zu führen. Die Rechtsverfolgung wäre über Gebühr erschwert, da eine Notiz im Einzelfall notwendig sein kann. In diesem Zusammenhang ist auch auf den Rechtsgedanken des § 118 Abs. 2 HGB zu verweisen, nach dem das Interesse an Geheimhaltung stets zurücktritt, soweit Grund zu der Annahme unredlicher Geschäftsführung besteht. Den Stillen trifft deshalb lediglich die Pflicht, schlüssig darzulegen, dass Anhaltspunkte für Unregelmäßigkeiten im Jahresabschluss bestehen und dass es zu Prüfungszwecken erforderlich ist, die Notizen anzufertigen.

II. Vertragliche Beschränkungen

Vollständig ausschließen kann der Emittent einer stillen Beteiligung das Informationsrecht nur in einer Individualvereinbarung.[769] Eine entsprechende Klausel wird auch der Inhaltskontrolle, die der BGH für massenhaft begebene Beteiligungsverträge vorsieht, nicht standhalten. Die Reichweite einer Individualvereinbarung ist durch eine sorgfältige Auslegung zu bestimmen und am Maßstab der guten Sitten zu messen. Die Rechtsprechung hat bisher nur zum geschäftsführenden Kommanditisten entschieden, dass es im Einzelfall sittenwidrig sein kann, wenn er von der Pflicht zur Rechenschaftslegung befreit wird.[770] Eine Klausel, die es dem stillen Gesellschafter auch im Streitfall versagen will, die Geschäftsführung des Inhabers durch zur Berufsverschwiegenheit verpflichtete Dritte prüfen zu lassen, ist m.E. nichtig, weil sie die Vertragsfreiheit in anstößiger Weise zu Gunsten einer Partei gebraucht und dadurch eine interessengerechte Funktionsfähigkeit des Vertragsverhältnisses von vornherein verhindert. Etwas anderes kann nur gelten, wenn im Interesse der stillen Gesellschafter ein unabhängiger Beirat eingesetzt wird, um die Geschäftsführung zu überwachen.

---

[767] Enger: *Martens* in: Schlegelberger/Hefermehl, § 166 HGB Rn. 11.

[768] So aber: *Martens* in: Schlegelberger/Hefermehl, § 166 HGB Rn. 11.

[769] *Schlitt*, 98.

[770] BGH Warn 65, Nr. 126 (Vater und seine gerade volljährigen Kinder).

III. Vertragliche Erweiterungen

Vertragliche Erweiterungen des Informationsrechts sind möglich. Der Vorstand kann die gesetzlichen Auskunftsrechte des stillen Gesellschafters im Rahmen seines pflichtgemäßen Geschäftsleitungsermessens auch erweitern. Weiterhin lässt sich aus der Regelung in § 18 KWG entnehmen, dass sich ein Kreditgeber vertraglich besondere Informationsrechte einräumen lassen kann. Dem stillen Gesellschafter ist eine vertragliche Gestaltung seiner Informationsrechte auch nicht etwa deswegen verwehrt, weil schon das gesetzliche Regelstatut für ihn ein Informationsrecht vorsieht.

Es ist auch möglich, den Vorstand zu verpflichten, dem stillen Gesellschafter die jeweiligen Aufsichtsratsberichte vorzulegen. Hierin ist keine Verletzung der Kompetenzverteilung der Organe zu sehen. Das Recht zur Einsichtnahme in den Aufsichtsratsbericht ist kein spezifisch organschaftliches Recht, das nur Mitgliedern des Aufsichtsrats vorbehalten wäre.

Die Aktiengesellschaft muss aber ihre Geschäftsgeheimnisse wahren. Aus der Unabdingbarkeit der Verschwiegenheitspflicht des Vorstands folgt jedenfalls, dass sich der Vorstand seiner Entscheidungsfreiheit darüber, welche Informationen er herausgibt, nicht in der Weise begeben kann, dass er Dritten unbeschränkte Informationsrechte gegenüber der Aktiengesellschaft einräumt.[771]

Es ist darüber hinaus zu bedenken, dass eine beliebige Erweiterung der Informationsrechte, insbesondere Rechte zur laufenden Einsichtnahme in die Geschäftsbücher, rechtlichen Bedenken unterliegen kann. Das OLG Hamm hat in einem Einzelfall entschieden, ein Vertrag sei sittenwidrig, in dem der Schuldner seinem Gläubiger Einsicht in seine Geschäftsbücher gewährt hatte.[772] Es ging im konkreten Fall davon aus, der Schuldner sei in einer unerträglichen Weise in seiner Dispositions- und Handlungsfreiheit beeinträchtigt und damit praktisch unter eine ständige, jede einzelne Phase seiner betrieblichen Bewegungsfreiheit erfassende Geschäftsaufsicht gestellt worden. Diese Entscheidung kann man nicht unbesehen verallgemeinern.[773] Sie zeigt aber eine deutliche Tendenz in der Rechtsprechung, eine laufende Ausübung von Informationsrechten als Indiz für eine sittenwidrige Gläubigerschädigung anzusehen.

---

[771] So: *Bachmann/Veil*, ZIP 1999, 351, gegen *Schlitt*, 134 (der jedoch auf § 93 AktG gar nicht eingeht).

[772] OLG Hamm, BB 1970, 374.

[773] *Obermüller*, Handbuch Insolvenzrecht, 295.

IV. Folgen von ausgeübten Informationsrechten

Bei börsennotierten Aktiengesellschaften kann der Stille wegen der aufgrund seiner Kapitalbeteiligung erlangten Informationen zum Primärinsider nach dem Wertpapierhandelsgesetz werden. Zwar ist der stille Gesellschafter nicht vom Wortlaut des § 13 WpHG erfasst. Jedoch ist eine Analogie zu Nr. 2 (Beteiligung am Kapital des Emittenten) zu ziehen. Die stille Gesellschaft vermittelt zwar keine Kapitalbeteiligung, wohl aber eine ähnliche Unternehmensbeteiligung, mit der vergleichbare Möglichkeiten verbunden sind, Kenntnisse über den Emittenten zu erlangen, und von der deshalb die gleiche Gefährdung ausgeht. Insoweit besteht eine Regelungslücke, die auch als nach der Absicht des Gesetzgebers planwidrig anzusehen ist, weil die Insiderbestimmungen nach dem Willen des Gesetzgebers umfassend verhindern sollen, dass nicht öffentlich bekannte Tatsachen in die Preisfindung am Kapitalmarkt einfließen, um das Vertrauen der Öffentlichkeit in den Kapitalmarkt zu festigen.

Es empfiehlt sich zusätzlich und vorsorglich im Vertrag festzulegen, dass keine Informationen aufgrund der Prüfung weitergegeben oder zu Zwecken des Handels in notierten Wertpapieren der Gesellschaft genutzt werden dürfen. Diese Vereinbarung ist zweckmäßigerweise durch ein Vertragsstrafeversprechen zu Gunsten der Gesellschaft abzusichern.

Die dem stillen Gesellschafter aufgrund der stillen Beteiligung offenbarten Informationen brauchen nicht in der Hauptversammlung zugänglich gemacht werden. Dies kann gemäß § 131 Abs. 4 AktG nur verlangt werden, wenn einem Aktionär aufgrund seiner Eigenschaft als Aktionär eine Auskunft gegeben worden ist. Dies gilt unabhängig davon, ob der stille Gesellschafter auch Aktionär ist, weil die Vorschrift nur eine gleichmäßige Behandlung der Aktionäre untereinander sicherstellen soll und der Vertrag über die stille Gesellschaft eine ausreichende Rechtfertigung für eine Ungleichbehandlung darstellt.

V. Beendigung des vertraglichen Informationsrechts

Das vertragliche Informationsrecht nach § 233 HGB erlischt mit der Auflösung der Gesellschaft.[774] Der stille Gesellschafter kann sein Informationsrecht in der Auseinandersetzung nur noch auf §§ 810, 242 BGB stützen.[775] Deshalb gilt insbesondere § 259 BGB mit der möglichen Folge einer eidesstattlichen Ver-

[774] BGHZ 50, 316, 324.

[775] Ständige Rspr. seit RG JW 1926, 1812; BGH DB 1969, 39; BB 1976, 11; zustimmend: *Koenigs*, 171, 292; *Schilling* in: Großkomm., § 338 HGB Anm. 7; *Karsten Schmidt* in: Schlegelberger/Hefermehl, § 338 HGB Rn. 10.

sicherung in der Abwicklung nur über § 235 Abs. 3 HGB hinsichtlich der noch schwebenden Geschäfte. Die Gegenauffassung kann nicht überzeugen.[776] Auch der ausscheidende atypische stille Gesellschafter ist eher einem ausscheidenden Kommanditisten vergleichbar als dem Kommanditisten im Fall der Liquidation der ganzen Gesellschaft.

Für im Auflösungszeitpunkt noch schwebende Geschäfte kann der stille Gesellschafter jeweils am Ende des Geschäftsjahres Auskunft nach § 235 Abs. 3 HGB verlangen, wenn die Beteiligung an den noch schwebenden Geschäften für den Auseinandersetzungszeitraum nicht vertraglich ausgeschlossen ist.

§ 12 Mitwirkungsrechte

Mitwirkungsrechte des stillen Gesellschafters sind im Recht der stillen Gesellschaft schon nach dem typenvertraglichen Regelstatut gegeben, und eine vertragliche Erweiterung der Mitwirkungsrechte des stillen Gesellschafters – sei es bei Grundlagenentscheidungen, sei es bei Maßnahmen der Geschäftsführung – unterliegt vom Recht der stillen Gesellschaft her gesehen keinen rechtlichen Bedenken.[777] Die aktienrechtlichen Grenzen für Mitwirkungsrechte des stillen Gesellschafters nach der jeweiligen Art des Konzernvertrages wurden bereits aufgezeigt.[778] Im Folgenden werden zunächst die Mitwirkungsrechte des stillen Gesellschafters dargestellt, bei einer stillen Beteiligung an einer Aktiengesellschaft ohne besondere Vereinbarung bestehen.[779] Danach sind die Grenzen für eine vertragliche Erweiterung dieser Reche zu erörtern.[780]

I. Mitwirkungsrechte ohne besondere Vereinbarung

Nach dem Regelstatut der stillen Gesellschaft darf das Inhaberunternehmen bestimmte Entscheidungen nicht ohne die Mitwirkung des stillen Gesellschafters treffen. So hat der BGH entschieden, dass der Inhaber eines Handelsgeschäfts nicht ohne weiteres alle geschäftlichen Fragen frei entscheiden kann, wenn er eine stille Gesellschaft eingegangen ist, weil den Parteien aus der Gesellschaft Treupflichten erwachsen, und sie dem gemeinsamen Gesellschaftszweck nicht

---

[776] A.A. OLG Frankfurt BB 1967, 1182; *Böttcher-Zartmann-Faut*, 88; *Blaurock*, § 16 Rn. 38; *Hopt*, § 235 HGB, Rn. 5 (beschränkt auf die Abwicklung der schwebenden Geschäfte; überflüssig wegen § 235 Abs. 3 HGB).

[777] Siehe oben unter § 3 IV.

[778] Siehe oben § 5 V.

[779] Siehe unter I.

[780] Siehe unter II.

zuwider handeln dürfen.[781] Dabei hat der stille Gesellschafter einen Anspruch darauf, dass der Gewerbebetrieb, an dem er sich beteiligt hat, fortgeführt wird und in seinen wesentlichen Grundlagen keine Änderung gegen seinen Willen erfährt.[782] Nach der überzeugenden Rechtsprechung des BGH gibt eine entsprechende Vertragsklausel auch nur Rechte des Stillen Gesellschafters wieder, die ihm nach dem gesetzlichen Typenvertragsrecht ohnehin zustehen.[783] Die Rechtsprechung hat diesen Befund ohne Rücksicht auf die Rechtsform des Inhaberunternehmens gestellt. Nach der hier vertretenen Auffassung lässt sich dieser Grundsatz im Rahmen auch auf eine stille Beteiligung an einer Aktiengesellschaft übertragen, wenn die rechtlichen Voraussetzungen für einen Teilgewinnabführungsvertrag eingehalten werden.[784]

Ebenso wenig hat die Rechtsprechung die Frage entschieden, welche Rechtsfolge es im einzelnen hat, wenn das Inhaberunternehmen Geschäfte ohne die erforderliche Zustimmung vornimmt. Dabei ist offensichtlich, dass eine entsprechende vertragliche Verpflichtung, bestimmte Geschäfte zu unterlassen, jedenfalls keine Auswirkung auf die Vertretungsmacht des Vorstands im Außenverhältnis hat, soweit nicht im Einzelfall die Grundsätze über den Missbrauch der Vertretungsmacht eingreifen. Weniger eindeutig zu beantworten ist schon die Frage, ob der stille Gesellschafter einen Unterlassungsanspruch gegen die Gesellschaft hat, und ob ein solcher Anspruch einklagbar oder sogar im Wege des einstweiligen Rechtsschutzes verfolgbar ist.

Blaurock will dem stillen Gesellschafter eine Erfüllungsklage auf zweckentsprechende Mittelverwendung geben.[785] Dem ist zuzustimmen, weil es grundsätzlich der Interessenlage bei einer Innengesellschaft entspricht, dass der Kapitalgeber die vereinbarte Verwendung der Mittel auch rechtlich durchsetzen kann. Die Frage einer vorbeugenden Unterlassungsklage und eines korrespondierenden einstweiligen Rechtsschutzes ist umstritten. Teilweise wird die Möglichkeit einer Unterlassungsklage bejaht[786] Eine ältere Entscheidung des Kammergerichts geht davon aus, eine Unterlassungsklage sei nicht gegeben; dem ist die ältere Literatur gefolgt.[787] Von *Karsten Schmidt* wird über eine Unterlassungsklage hinaus auch die Möglichkeit eines einstweiligen Rechtsschutzes einge-

---

781 BGH BB 1963, 1277 reSp.

782 BGH BB 1963, 1277 reSp.

783 BGHZ 127, 176, 180 = ZIP 1994, 1847.

784 Vgl. dazu oben unter § 5 V.

785 *Blaurock*, § 12 Rn. 29.

786 Für Unterlassungklage: *Koenigs*, 151 f. (bei drohender Geschäftsaufgabe oder Veräußerung des Betriebs); dagegen (bei der Spaltung), *Jung*, ZIP 1996, 1734, 1737 liSp.

787 KG DJZ 1901, 50; Saenger, 133 f.; Wieland I, 781; Marcus Holdheim, 1911, 258.

räumt.[788] Teilweise wird hinsichtlich der Mitwirkungspflichten die Frage der Unterlassungsklage nicht ausdrücklich behandelt, aber doch wohl stillschweigend verneint.[789] Gegen eine vorbeugende Unterlassungsklage kann man anführen, dass die Geschäftsführung der Geschäftsinhaberin zusteht, und diese Befugnis gefährdet wird, wenn der stille Gesellschafter im Wege des einstweiligen Rechtsschutzes eingreifen könnte. Das kann allerdings nicht überzeugen, weil die Vornahme von Grundlagengeschäften gerade die laufende Geschäftsführungsbefugnis überschreitet. Es gibt deshalb keinen Grund, dem stillen Gesellschafter eine Durchsetzung seiner Rechte auch im Wege des einstweiligen Rechtsschutzes zu versagen, wenn er rechtzeitig von den geplanten Maßnahmen erfährt.

1. Änderungen der wesentlichen Grundlagen

Es ist bisher nicht erörtert worden, in welchem Verhältnis die zustimmungspflichtigen Strukturänderungen beim Inhaberunternehmen der stillen Gesellschaft zu den Satzungsänderungen bei der Aktiengesellschaft stehen. Eine Strukturänderung bedeutet die Änderung der wesentlichen Grundlagen des Gewerbebetriebs. Es ist davon auszugehen, dass zunächst nicht jede Satzungsänderung eine Strukturänderung in diesem Sinne darstellt, weil die Satzung als solche nicht zu den wesentlichen Grundlagen des Gewerbebetriebs gehört. Zu den wesentlichen Grundlagen des Gewerbebetriebs sind jedenfalls die Bestimmungen zu zählen, die nach § 23 Abs. 3 Nr. 1 und 2 AktG zu den notwendigen Satzungsbestimmungen gehören, nämlich die Firma und der Sitz der Gesellschaft sowie der Unternehmensgegenstand. Die aktienrechtliche Unterscheidung nach formellen, materiellen und indifferenten Satzungsbestimmungen, führt dagegen nicht weiter, weil sie auf die besondere Interessenlage zwischen Aktionären und Aktiengesellschaft zugeschnitten ist.[790]

Die Literatur nimmt an, der Inhaber dürfe nicht die Rechtsform des Unternehmens ändern oder Dritte als Teilhaber aufnehmen, ohne dass der stille Gesellschafter zustimmt.[791] Was man im einzelnen unter Teilhaberschaft in diesem Sinn zu verstehen hat, insbesondere ob dazu auch die Aufnahme weiterer stiller Gesellschafter gehört, ist umstritten. Bei der Aktiengesellschaft stellt sich die Frage, ob man eine Kapitalerhöhung mit Platzierung der Aktien an neue Aktionäre als die Aufnahme weiterer Teilhaber auffassen kann. Dafür ist zu differenzieren. Die Kapitalerhöhung gegen Bareinlage hat der stille Gesellschafter als einen regelmäßig bei der Finanzierung einer Aktiengesellschaft vorkommenden

---

[788] *Karsten Schmidt* in: Schlegelberger/Hefermehl, § 335 HGB (§ 230 n.F.), Rn. 126.

[789] Vgl. *Zutt* in: Großkommentar, § 230 HGB, Rn. 86.

[790] Siehe dazu: *Hüffer*, § 23 AktG, Rn. 2 ff.

[791] *Hopt*, § 230 HGB, Rn. 15.

Vorgang hinzunehmen. Anders ist die Frage für Kapitalerhöhungen gegen Sacheinlagen zu beurteilen. Hier bietet das Aktienrecht keine effektive Handhabung gegen Unterbewertungen, weil durch das Registergericht nur zu prüfen ist, ob der Wert der Sacheinlage den geringsten Ausgabebetrag erreicht, § 183 Abs. 3 S. 3 AktG. Folglich ist die Zustimmung des stillen Gesellschafters erforderlich. Der Verwässerungsschutz bleibt im übrigen davon unberührt.

2. Mitwirkung bei der Geschäftsführung

Der stille Gesellschafter hat in Fragen der Geschäftsführung kein Widerspruchsrecht, sondern ist von der Geschäftsführung vollständig ausgeschlossen, was sich aus § 230 HGB ergibt, wo es heißt: „an dem Handelsgewerbe, das ein anderer betreibt, (...) beteiligt“. Die Geschäftsführung steht also ausschließlich der Aktiengesellschaft als Inhaberunternehmen zu und kann der Aktiengesellschaft auch dann nicht entzogen werden, wenn sie bei der Geschäftsführung grobe Pflichtverletzungen begeht. Die Bestimmung des § 712 BGB, der es in der BGB-Gesellschaft grundsätzlich ermöglicht, dem geschäftsführenden Gesellschafter aus wichtigem Grund – insbesondere wegen grober Pflichtverletzung – die Geschäftsführungsbefugnis entziehen kann, findet bei der stillen Gesellschaft keine Anwendung.[792]

3. Vertretungsmacht

Erst recht hat der stille Gesellschafter nach dem Regelstatut keine Vertretungsmacht für die Geschäfte des Inhaberunternehmens.

II. Vereinbarung besonderer Mitwirkungsrechte

Handelsrechtlich ist es unbedenklich, wenn die Parteien die Mitwirkungsrechte des stillen Gesellschafters vertraglich erweitern. In Frage kommt eine erweiterte Mitwirkung bei Strukturänderungen, bei der Geschäftsführung oder auch die rechtsgeschäftliche Bevollmächtigung des stillen Gesellschafters.

1. Erweiterte Mitwirkung bei Strukturänderungen

Es wurde bereits aufgezeigt, dass der stille Gesellschafter auch ohne besondere Vereinbarung also nach dem typenvertraglichen Regelstatut der stillen Gesellschaft berechtigt ist, bei Grundlagenentscheidungen im Inhaberunternehmen

---

[792] *Hopt*, § 230 HGB, Rn. 14; *Karsten Schmidt* in: Schlegelberger/Hefermehl, § 335 HGB (§ 230 n.F.), Rn. 132; *Koenigs*, 154; *Böttcher-Zartmann-Faut*, 63; *P. Hartmann*, 64; *Klauss-Mittelbach*, § 335 HGB, Anm. 73.

mitzuwirken.[793] Darüber hinaus ist es möglich, die zustimmungsbedürftigen Geschäfte zu konkretisieren. In Frage kommen Zustimmungsrechte für die Aufnahme neuer stille Gesellschafter, Kapitalmaßnahmen, den Abschluss von Unternehmensverträgen, Eingliederungen, und Maßnahmen nach dem Umwandlungsgesetz.

Weiter stellt sich die Frage, inwieweit es möglich ist, bestimmte Satzungsänderungen, Kapitalmaßnahmen oder sonstige Grundlagenentscheidungen, die in den Zuständigkeitsbereich der Hauptversammlung fallen, im Außenverhältnis zu unterbinden oder von der Mitwirkung des stillen Gesellschafters oder der Gesellschafterversammlung einer mehrgliedrigen stillen Gesellschaft abhängig zu machen. Diese Frage ist insbesondere dann von praktischer Bedeutung, wenn die AG & Still als Gestaltungsform für einen geschlossenen Fonds dienen soll.

Die Grundsätze über die Verpflichtung einer GmbH, konkrete Strukturänderungen vorzunehmen oder zu unterlassen, können auf die Aktiengesellschaft übertragen werden. Es ist in diesem Zusammenhang allerdings zu beachten, dass es sich um eine konkrete Unterlassungspflicht handeln muss.[794]

Weiterhin ist darauf hinzuweisen, dass die Literatur es für möglich hält, Satzungsänderungen von der Zustimmung bestimmter Aktionäre oder dem Inhaber bestimmter Aktien abhängig zu machen.[795] Für Strukturentscheidungen in der Aktiengesellschaft, die es erfordern, die Satzung zu ändern, kann man dem stillen Gesellschafter deshalb zusätzlich auf diesem Weg eine gesicherte Mitwirkung einräumen. Es kann aber für den stillen Gesellschafter i.d.R. gerade nicht erwünscht sein, zusätzlich eine Aktienbeteiligung zu halten, weil ihn dies bei der Einräumung der stillen Beteiligung der erhöhten Gefahr des Vorwurfs einer verdeckten Gewinnausschüttung aussetzen würde.

---

[793] Soeben unter I.

[794] Siehe dazu im einzelnen oben unter § 5 V. 1.

[795] Seit RGZ 169, 65, 81 (zur GmbH) allgemeine Meinung; *Hüffer*, § 179 AktG, Rn. 23; m.E. kann man einem Aktionär ein solches Recht auch mit Rücksicht auf eine neben der Aktienbeteiligung bestehende stille Gesellschaft einräumen. So ist es möglich, das rechtliche Schicksal eines solchen Zustimmungsrechts an die stille Gesellschaft zu knüpfen, indem man etwa bestimmt, dass es nur so lange besteht, wie der Aktionär zugleich still an der Aktiengesellschaft beteiligt ist. Eine solche Bestimmung räumt nicht Dritten Rechte ein, die Aktionären vorbehalten sind. Sie beschränkt lediglich das Recht des Aktionärs, Satzungsänderungen zu verhindern. Ob die Sicherung des Einflusses einzelner Aktionäre, wie die Literatur sie mit der Möglichkeit eines Zustimmungserfordernisses einzelner Aktionäre für Satzungsänderungen behauptet, vor dem Hintergrund der jüngsten gesetzlichen Änderungen im Hinblick auf Mehrstimmrechte und Höchststimmrechte Bestand haben kann, erscheint fraglich, kann hier aber nicht weiter erörtert werden.

2. Erweiterte Mitwirkung bei der Geschäftsführung

Eine Mitwirkung Dritter bei der Geschäftsführung ist aktienrechtlich nicht vorgesehen. Dem stillen Gesellschafter ist die Einflussnahme aber gestattet, wenn die Parteien das für Teilgewinnabführungsverträge geltende Recht eingehalten haben.[796]

Die Parteien können nach Handelsrecht vereinbaren, dass der stille Gesellschafter oder ein Schiedsrichter dem Inhaber das Recht zur Geschäftsführung entziehen und auf den stillen Gesellschafter übertragen kann.[797] Man kann zwar bei einer Aktiengesellschaft vertragliche Mitwirkungsrechte vorsehen. Es ist aber mit dem Statut der Aktiengesellschaft nicht zu vereinbaren, dem stillen Gesellschafter das Recht einzuräumen, dem Vorstand das Recht zur Geschäftsführung zu entziehen. Eine derartige Klausel widerspricht der aktienrechtlich zwingenden Organverfassung und ist deshalb nichtig.

Möglich ist es, dem stillen Gesellschafter ein Recht zur Geschäftsführung einzuräumen, wenn und soweit dadurch nicht die Pflicht des Vorstands zur eigenverantwortlichen Leitung berührt wird.[798] Bezieht sich das Geschäftsführungsrecht auf das gesamte Unternehmen der Gesellschaft und nicht lediglich einen einzelnen Betrieb oder bestimmte Geschäfte, kann ein Betriebsführungsvertrag vorliegen.[799]

Möglich ist es auch, dem stillen Gesellschafter das Recht einzuräumen, bei bestimmten Entscheidungen der Geschäftsführung in konkreten Einzelfällen durch Zustimmungsrechte mitzuwirken. Soll der stille Gesellschafter den Vorstand im Einzelfall zu einer bestimmten Geschäftsführung anweisen können, handelt es sich um einen verschleierten Beherrschungsvertrag, wenn dadurch die Fähigkeit des Vorstands beeinträchtigt wird, die Aktiengesellschaft in eigener Verantwortung zu leiten.[800]

3. Bevollmächtigung des atypischen stillen Gesellschafters

Die Parteien einer stillen Gesellschaft an einer Kommanditgesellschaft statten einen stillen Gesellschafter mitunter mit rechtsgeschäftlicher Vollmacht aus, um das Inhaberunternehmen zu vertreten, wobei Handlungsvollmacht, Prokura oder

---

[796] Siehe dazu oben unter § 5 V. 1.
[797] *Schilling* in: Großkomm., § 335 HGB, Anm. 61.
[798] Siehe dazu oben unter § 5 V. 1. b).
[799] Siehe dazu oben § 5 V. 3.
[800] Siehe dazu oben unter § 5 V. 1. b).

sogar Generalhandlungsvollmacht mögliche Gestaltungsformen sind. Die Rechtsprechung hat es für Personenhandelsgesellschaften grundsätzlich gebilligt, wenn Dritte, die ein wirtschaftliches Interesse am Unternehmensgewinn haben, bevollmächtigt werden und maßgebliche Geschäfte vornehmen, die Gesellschaft leiten oder sogar das Tagesgeschäft führen. Hieraus kann sich nur ganz ausnahmsweise eine Haftung des bevollmächtigten Dritten, der nicht Komplementär ist, für die Verbindlichkeiten der Kommanditgesellschaft ergeben.[801]

Auch dem stillen Gesellschafter einer Aktiengesellschaft kann man eine Vollmacht für einzelne Betriebe oder einzelne Geschäfte einräumen. Handelt es sich um eine Vollmacht für den gesamten Geschäftsbetrieb des Unternehmens, kann ein Betriebsführungsvertrag vorliegen.[802]

Die Erteilung einer Vollmacht der abhängigen Gesellschaft an das herrschende Unternehmen ist im allgemeinen unzulässig.[803] Eine umfassende Vollmacht unterläuft die Kontrollfunktion des Vorstands der Untergesellschaft nach § 308 Abs. 2 S. 2 HS 2 AktG und ist deshalb nach § 134 BGB nichtig.[804] Etwas anderes gilt, wenn es sich um eine Spezialvollmacht handelt, die so eng umrissen ist, dass schon im vorhinein die danach möglichen Vertretungshandlungen der Muttergesellschaft der erforderlichen Kontrolle durch den Tochtervorstand unterzogen werden können.[805] Eine nach diesen Grundsätzen unwirksame Vollmacht soll einen Beherrschungsvertrag im übrigen nicht unwirksam machen.[806] Die Grundsätze gelten regelmäßig auch, wenn die Vollmacht neben einem Beherrschungsvertrag gewährt wird. Der Vorstand der unwirksam bevollmächtigenden Gesellschaft kann ein vom bevollmächtigten Unternehmen getätigtes Geschäft nach Ansicht von *Berkenbrock* nicht genehmigen, weil § 308 AktG ein Verbots-

---

[801] Allgemein zur Haftung wegen Rechtsmissbrauchs siehe: BGHZ 45, 204, 209 (Rektor-Fall; Kommanditist haftet nicht schon, weil er wirtschaftlich alleiniger Inhaber des Unternehmens ist); in den Einzelheiten sehr str. siehe: *Hopt*, § 171 HGB, Rn. 4, § 161 HGB, Rn. 12 m.N.

[802] Siehe oben unter § 5 IV. 3.

[803] OLG München, AG 1980, 272 (Vertretung der Tochter durch die Mutter aufgrund Vollmacht soll schwebend unwirksam sein, solange nicht die Weisung der Mutter zur Vornahme des Rechtsgeschäfts hinzukommt); *Exner*, 117 ff.; *derselbe*, AG 1981, 173, 176 ff.; *Berkenbrock* AG 1981, 69, 70; *Ballerstedt*, ZHR 137 (1973); 388, 399 ff.; *Geßler* in: Geßler/Hefermehl, § 308 AktG, Rn. 11; *Koppensteiner* in: Kölner Kommentar, § 308 AktG, Rn. 15; *Hüffer*, § 308 AktG, Rn. 9; *Emmerich* in: Emmerich/Habersack, Aktien- und GmbH-Konzernrecht § 308 Rn. 24; *Krieger* in: Münch HdB GesR IV, § 70 Rn. 138; § 72 Rn. 38.

[804] *Hüffer*, § 308 AktG, Rn. 9.

[805] *Exner*, 131; *derselbe*, AG 1980, 175, 177 reSp; *Berkenbrock* AG 1981, 69, 70; *Koppensteiner* in: Kölner Kommentar, § 308 Rn. 15; *Krieger* in: Münch HdB GesR IV, § 70 Rn. 138.

[806] OLG München, AG 1980, 272; zustimmend: *Exner*, AG 1981, 175, 178.

gesetz darstellt.[807] § 291 Abs. 3 AktG sei bei Verstoß gegen § 308 AktG nicht anzuwenden.[808] Letztere Frage ist für die stille Gesellschaft kaum relevant, weil es sich in aller Regel nicht um einen Beherrschungsvertrag handelt. Der Ansicht von *Berkenbrock* ist im übrigen nicht zu folgen. Sie ist unnötig unflexibel und entspricht nicht der Interessenlage. Der Vorstand kann genehmigen, wenn das schwebend unwirksam vorgenommene Geschäft im Unternehmensinteresse liegt. Genehmigt er, obwohl das nicht der Fall ist, wird das Geschäft gleichwohl wirksam, während sich der Vorstand nach § 93 Abs. 2 AktG schadensersatzpflichtig macht.

Im Ergebnis ist festzuhalten, dass die Aktiengesellschaft dem stillen Gesellschafter keine Generalhandlungsvollmacht erteilen darf, wenn sie von ihm abhängig ist.

4. Tätigkeitsvergütung für Geschäftsführung

Schließlich stellt sich die Frage, ob der stille Gesellschafter eine Tätigkeitsvergütung verlangen kann, wenn er in dem aufgezeigten Rahmen Maßnahmen im Interesse der Aktiengesellschaft trifft. Ohne besondere Vereinbarung kann er kein Entgelt dafür verlangen, dass er bei der Geschäftsführung mitwirkt, weil die Geschäftsführung in einem solchen Fall im Rahmen der Beitragspflicht nach § 706 BGB erfolgt.[809] Eine abweichende Vereinbarung im Gesellschaftsvertrag ist auch bei Aktiengesellschaften als Inhaberunternehmen möglich.

III. Problem des verschleierten Beherrschungsvertrags

Die Literatur diskutiert unter dem Begriff des verschleierten Beherrschungsvertrags die Frage, inwieweit andere Konzernvertragstypen allein oder zusammen dazu führen können, dass die Gestaltung der Sache nach als Beherrschungsvertrag einzustufen ist, und welche Rechtsfolgen dies haben kann. Mitwirkungsrechte unterwerfen die Inhabergesellschaft grundsätzlich noch nicht der Herrschaft im Sinn des Konzernvertragsrechts. Ein Beherrschungsvertrag ist nur dann zwingend gegeben, wenn die Aktiengesellschaft der Leitung des anderen Vertragsteils unterstellt wird.[810]

---

[807] *Berkenbrock*, AG 1991, 69, 70 f.; nach *Michalski*, AG 1980, 261, 262 liSp muss neben die Genehmigung noch eine Weisung des herrschenden Unternehmens treten, weil die Weisung das einzige aufgrund Beherrschungsvertrags zulässige Leitungsmittel sei.

[808] *Berkenbrock*, AG 1991, 69, 72 f.

[809] RGZ 83, 434; *Zutt* in: Großkomm., § 230 HGB, Rn. 95.

[810] Siehe dazu im einzelnen unter § 5 IV 4.

IV. Mitwirkung durch garantiertes Aufsichtsratsmandat

1. Entsendungsrecht in den Aufsichtsrat

Ein Recht, bestimmte Aufsichtsratsmitglieder zu entsenden, kann nur für bestimmte Aktionäre oder den Inhaber bestimmter Aktien durch die Satzung bestimmt werden, § 101 Abs. 2 S. 1 AktG. Inhabern bestimmter Aktien kann das Recht nur gewährt werden, wenn die Aktien auf Namen lauten und ihre Übertragung an die Zustimmung der Gesellschaft gebunden ist, § 101 Abs. 2 S. 2 AktG.

Die Gefahren, die der Abschluss der stillen Beteiligung birgt, wenn der Stille bereits Aktionär ist, wurden bereits angesprochen.[811] Man kann deshalb an folgendes Verfahren denken: Die Hauptversammlung räumt dem zukünftigen stillen Gesellschafter in der Satzung ein persönliches Entsendungsrecht unter der Bedingung ein, dass er in Zukunft die stille Beteiligung und danach wenigstens eine Aktie erwirbt. Die Bedingungen sollten ausdrücklich in die Satzung aufgenommen werden.[812] Dann erwirbt der (bedingt) Entsendungsberechtigte die stille Beteiligung. Einige Zeit später erwirbt der stille Gesellschafter noch eine Aktie. Für die Zwischenzeit sollte mit Zustimmung der Hauptversammlung eine Wandelanleihe ausgegeben werden, um das Erwerbsrecht abzusichern, da es umstritten ist, ob ein ruhendes Entsendungsrecht als Sonderrecht anzusehen ist, oder ob es ohne Zustimmung des (potentiell) Entsendungsberechtigten aufgehoben werden kann.[813] Wenn der stille Gesellschafter dann die Aktie erwirbt, setzt ihn das allerdings für die Zukunft wiederum der Gefahr des Vorwurfs verdeckter Gewinnausschüttung aus, wenn er überhöhte Ausschüttungen auf seine stille Beteiligung erhält. Dann kann man zwar argumentieren, die Ausschüttung sei allein aufgrund der Verpflichtung aus der stillen Gesellschaft erfolgt. Auf der anderen Seite kann man bei einer wirtschaftlichen Betrachtungsweise den ganzen Vorgang als Einheit ansehen und annehmen, eine (eventuell) überhöhte Vergütung erfolge mit Rücksicht auf die künftige Aktienbeteiligung. Letzteres überzeugt zwar nicht. Der Gefahr der Anfechtung des Jahresabschlusses setzt man sich aber ebenso aus, wie der stille Gesellschafter sich der Gefahr der Rückforderung durch den Insolvenzverwalter im Insolvenzfall aussetzt. Der stille Gesellschafter ist in jedem Fall der Gefahr der Haftung nach §§ 116, 93 Abs. 2 AktG ausgesetzt, wenn er seine Position im Aufsichtsrat

---

[811] Siehe unter § 8 II. 1 und 6.

[812] Es ist streitig, ob ein satzungsmäßiges Entsendungsrecht im Zweifel so auszulegen ist, dass es „sobald und solange" gilt, wie der Entsendungsberechtigte Aktionär ist, dagegen die h.M. siehe *Koppensteiner* in: Kölner Kommentar, § 101 AktG, Rn. 40 m.N.; a.A. *v. Godin-Wilhelmi*, § 103 AktG, Anm. 3 (Entsendungsrecht ruht).

[813] *Mertens* in: Kölner Kommentar, § 101 AktG, Rn. 40 (kein Sonderrecht); a.A. *Godin-Wilhelmi* § 103 AktG, Anm. 3.

nicht im Interesse des Unternehmens ausübt. Dieser Vorwurf lässt sich natürlich leichter begründen, wenn ein Aufsichtsratsmitglied still an der Gesellschaft beteiligt ist, woraus Interessenkollisionen entstehen können.

Der stille Gesellschafter hat das Entsendungsrecht durch Erklärung gegenüber dem Vorstand auszuüben. Er kann sich selbst oder einen Beauftragten in den Aufsichtsrat entsenden. Ein Beauftragter ist bei der Wahrnehmung seines Amts nicht an Weisungen seines Auftraggebers gebunden.[814] Der Entsendungsberechtigte kann ihn aber abberufen, wenn er mit der Handhabung des Amts nicht zufrieden ist. Das Beratungsgeheimnis gilt gegenüber dem Entsendungsberechtigten nicht.

Das Entsendungsrecht ist beschränkt auf 1/3 der sich aus Gesetz oder Satzung ergebenden Zahl der Aufsichtsratsmitglieder der Aktionäre, § 101 Abs. 2 S. 4 AktG. Man kann also durch Entsendungsrechte keine Mehrheit im Aufsichtsrat erlangen.

Das entsandte Aufsichtsratsmitglied kann aus wichtigem Grund – z.B. weil die satzungsmäßigen persönlichen Voraussetzungen entfallen sind – auf Antrag des Gesamtaufsichtsrats oder von Aktionären mit einer Beteiligung von 10 % am Grundkapital oder dem anteiligen Betrag von € 1 Mio. vom Gericht abberufen werden, § 103 Abs. 3 AktG.

Der stille Gesellschafter, der ein Entsendungsrecht ausübt, sollte nicht zugleich Geschäftsführungsaufgaben erhalten. Er ist zwar nicht unmittelbar rechtlich daran gehindert. Insbesondere ist die Frage nicht von § 111 Abs. 4 AktG berührt, weil die Vorschrift nur die Geschäftsführung durch den Aufsichtsrat nicht aber durch die Aufsichtsratsmitglieder auf anderer vertraglicher Grundlage verbietet.[815] Die Vornahme von substanziellen Angelegenheiten der Geschäftsführung beeinträchtigt aber die für eine ordnungsgemäße Amtsführung notwendige Unvoreingenommenheit des Aufsichtsratsmitglieds.

---

[814] RGZ 165, 68, 79 (zur GmbH; die Aufsichtsratsmitglieder haben wegen ihrer Treupflicht den Belangen der GmbH den Vorzug zu geben); BGHZ 36, 296, 306; *Hüffer*, § 101 AktG, Rn. 10; *Geßler* in: Geßler/Hefermehl, § 101 AktG, Rn. 98; *Mertens* in: Kölner Kommentar, § 101 AktG, Rn. 55; *Hoffmann-Becking* in: Münch HdB GesR IV, § 30 Rn. 22; *Henze* HRR, AktienR Rn. 526 f.; vgl. auch BGHZ 90, 381, 398 (BuM/WestLB).

[815] Vgl. *Mertens* in: KölnerKommentar, § 111 AktG, Rn. 59 f. (nur die Initiative müsse beim Vorstand bleiben); enger: *Geßler* in: Geßler/Hefermehl, § 111 AktG, Rn. 61 (nur einzelne Geschäfte); a.A. offenbar OLG München, AG 1980, 272, 273 (aus § 111 Abs. 4 AktG folge, dass der Aussichtsratsvorsitzende die AG – im vorliegenden Fall auf anderer vertraglicher Grundlage - nicht vertreten dürfe).

2. Erweiterung der Mitwirkung durch Zustimmungsvorbehalte

Zustimmungsvorbehalte kann der Aufsichtsrat oder die Satzung für bestimmte Arten von Geschäften vorsehen, § 111 Abs. 4 S. 2 AktG.[816] Das kann auch die Unternehmensplanung betreffen, weil es sich nicht um Rechtsgeschäfte handeln muss.[817] Maßnahmen der Unternehmensplanung können nur in einer Form zustimmungspflichtig gestellt werden, die nach ihrem Konkretisierungsgrad bestimmten Geschäftsarten vergleichbar ist, wobei auch die Leitungsverantwortung des Vorstands (§ 76 Abs. 1 AktG) im Kern nicht berührt werden darf.[818] Eine Generalklausel („alle wesentlichen Geschäfte") ist unzulässig.[819] Zulässig sind jedenfalls Vorbehalte für die Errichtung neuer Betriebsstätten, den Erwerb von Beteiligungen, Grundstücksgeschäfte, Kreditaufnahmen und –vergaben[820], die einen bestimmten Rahmen überschreiten.

---

816 Nach dem Deutschen Corporate Governance-Kodex sollen wesentliche Geschäfte der Zustimmung des Aufsichtsrats bedürfen (Ziff. 4.3.4 S. 3). Zur Einhaltung dieser Empfehlung der Regierungskommission haben sich Vorstand und Aufsichtsrat börsennotierter Aktiengesellschaften jährlich gemäß § 161 AktG zu erklären.

817 *Hüffer*, § 111 AktG, Rn. 18.

818 *Hüffer*, § 111 AktG, Rn. 18 m.N. (die Reichweite im einzelnen ist streitig).

819 *Hüffer*, § 111 AktG, Rn. 18.

820 Siehe dazu: *Hommelhoff*, FS Werner, 1984, 315, 318 ff.

4. Teil: Durchführung der Beteiligung

Im folgenden sollen einige rechtserhebliche Ereignisse und Gesichtspunkte herausgegriffen werden, die rechtsformspezifisch bei der stillen Beteiligung an einer Aktiengesellschaft während ihrer Laufzeit auftreten können. Die stille Beteiligung verpflichtet die Aktiengesellschaft, den stillen Gesellschafter an ihrem Gewinn teilhaben zu lassen. Für die stille Beteiligung an einer Aktiengesellschaft ergeben sich hier möglicherweise rechtsformspezifische Einschränkungen aus den Vorschriften des dritten Abschnitts der Bestimmungen über den Unternehmensvertrag (§§ 300 ff. AktG), die bezwecken, die Gesellschaft zu ihrem und ihrer Gläubiger Schutz in gewissem Umfang gegen eine Aushöhlung ihrer bilanzmäßigen Substanz zu sichern.[821] Weiter soll erörtert werden, welche rechtlichen Absicherungen für den stillen Gesellschafter bestehen, falls die Aktiengesellschaft durch spezifische Maßnahmen bei grundsätzlich unverändertem Fortbestand der Gesellschaft, insbesondere Kapitalmaßnahmen und Rücklagenbildung in Konzerntöchtern, die Gewinnbeteiligung des stillen Gesellschafters rechtlich oder tatsächlich schmälert.[822] Danach soll erörtert werden, wie es sich auf die stille Gesellschaft auswirkt, wenn die Aktiengesellschaft oder ihre Aktionäre Maßnahmen ergreifen, die im weitesten Sinne als Änderung des rechtlichen oder wirtschaftlichen Charakters der Gesellschaft angesehen werden können.[823] Weiterhin wird die rechtlichen Voraussetzungen für eine Inhaltsänderung dargestellt.[824] Schließlich soll auf eine mögliche Haftung der Aktiengesellschaft und ihrer Organe gegenüber dem stillen Gesellschafter wegen Pflichtwidrigkeiten, die während der Laufzeit der Beteiligung auftreten, eingegangen werden, sowie auf eine mögliche Haftung des stillen Gesellschafters gegenüber der Aktiengesellschaft oder ihren Gläubigern wegen Maßnahmen, die der stille Gesellschafter anlässlich der Durchführung der stillen Gesellschaft getroffen hat.[825]

§ 13 Rücklagendotierung

Die stille Gesellschaft stellt jedenfalls einen Teilgewinnabführungsvertrag dar. Sie verpflichtet die Inhabergesellschaft deshalb nach § 300 Nr. 2 AktG zu einer besonderen Rücklagedotierung an Stelle von § 150 Abs. 2 AktG. Einzustellen ist ein Betrag nach Berechnung gemäß § 150 Abs. 2 AktG auf der Grundlage eines um die Teilgewinnabführung korrigierten Jahresüberschusses. Die Gewinnabfüh-

---

[821] Siehe dazu unten unter § 13 und § 14.

[822] Siehe dazu unten unter § 15.

[823] Siehe dazu unten unter § 16.

[824] Siehe dazu unten unter § 17.

[825] Siehe dazu unten unter § 18.

rung aus dem Teilgewinnabführungsvertrag ist dem tatsächlichen Jahresüberschuss hinzuzurechnen, zugleich ist allerdings ein Verlustvortrag aus dem Vorjahr abzuziehen.

I. Bilanzgewinnbezogene Verträge

Würdinger vertritt die Ansicht, § 300 Nr. 2 AktG sei auf bilanzgewinnbezogene Teilgewinnabführungsverträge nicht anzuwenden.[826] Dem ist mit der h.M. nicht zu folgen. Ist der Stille „am Bilanzgewinn" beteiligt, bezieht sich das aus rechtlichen Gründen nicht auf den eigentlichen Bilanzgewinn, sondern auf einen fiktiven Bilanzgewinn ohne die Gewinnabführung an den stillen Gesellschafter. Dies ist rechtlich zwingend, weil man den Anspruch der Aktionäre auf den Bilanzgewinn nicht ausschließen kann.[827] Deshalb ist der Anteil des stillen Gesellschafters auch in diesen Fällen als Aufwendung nach § 277 Abs. 3 S. 2 HGB auszuweisen. Der Anteil des stillen Gesellschafters mindert folglich zwingend den Jahresüberschuss und ist deshalb für die Rücklagendotierung hinzuzurechnen. Auch bei bilanzgewinnbezogenen Verträgen ist folglich eine Rücklagendotierung nach § 300 Nr. 2 AktG durchzuführen.

II. Teilbetriebsbezogene Verträge

Ob § 300 Nr. 2 AktG auch auf teilbetriebsbezogene Verträge Anwendung findet, ist streitig.[828] Dagegen wird die Regierungsbegründung angeführt, wo es heißt:

> „Die Einstellung in die gesetzliche Rücklage muss ferner – wie die Verweisung von Nummer 1 (betreffend den Gewinnabführungsvertrag, Anmerkung des Verfassers) auf Nummer 2 (betreffend den Teilgewinnabführungsvertrag, Anmerkung des Verfassers) ergibt – mindestens dem Betrag entsprechen, der ohne die Gewinnabführung nach § 150 Abs. 2 Nr. 1 AktG des Entwurfs in die gesetzliche Rücklage einzustellen wäre. Der abzuführende Gewinn ist also dem – um einen Verlustvortrog aus dem Vorjahr geminderten – Jahresüberschuss

---

826 *Würdinger* in: Großkomm., § 300 AktG, Anm. 2; anders die h.M. *Hüffer*, § 300 AktG, Rn. 10; *Adler/Düring/Schmalz*, § 300 AktG, Rn. 41; *Geßler* in: Geßler/Hefermehl, § 300 AktG, Rn. 18 (da Aufwendung nach § 157 Abs. 1 Posten 27 AktG a.F.); *Koppensteiner* in: Kölner Kommentar, § 300 AktG, Rn. 14.

827 Vgl. *Hüffer*, § 58 Rn. 26 f.

828 Dafür: *Hüffer*, § 300 AktG, Rn. 10; *Altmeppen* in: MünchKomm, § 300 AktG, Rn. 24; *Adler/Düring/Schmalz*, § 300 AktG, Rn. 40 (Wille des historischen Gesetzgebers habe sich im Gesetz nicht niedergeschlagen); *Geßler* in: Geßler/Hefermehl, § 300 AktG, Rn. 17; *Krieger* in: Münch HdB GesR, § 72 Rn. 20; dagegen *Koppensteiner* in: Kölner Kommentar, § 300 AktG, Rn. 13.

hinzuzurechnen. Von dem so entstehenden Betrag ist mindestens der zwanzigste Teil der gesetzlichen Rücklage zuzuführen, bis diese den zehnten oder den in der Satzung bestimmten höheren Teil des Grundkapitals erreicht.

Nur diese (...) Mindestgrenze gilt nach Nummer 2 für den Fall, dass ein Teilgewinnabführungsvertrag besteht. *Sie gilt auch dann nur, wenn der Vertrag die Abführung von Gewinn des Unternehmens vorsieht. Bei der Abführung von Gewinn einzelner Betriebe richtet sich die Bildung der gesetzlichen Rücklage nach den allgemeinen Vorschriften.*"[829]

Das kann nicht überzeugen, weil die Begründung im Wortlaut der Vorschrift keinen Niederschlag gefunden hat. Auch hier ist der Gesichtspunkt maßgeblich, dass die Gewinnbeteiligung den Jahresüberschuss gemindert hat; der Betrag ist deshalb hinzuzurechnen.

§ 14 Höchstbetrag für die Gewinnbeteiligung

I. Anwendbarkeit auf Teilgewinnabführungsvertrag

Es ist streitig, ob die Gewinnabführung aufgrund eines Teilgewinnabführungsvertrags nach § 301 S. 1 AktG begrenzt ist. Danach kann eine Gesellschaft als ihren Gewinn, gleichgültig welche Vereinbarungen über die Berechnung des abzuführenden Gewinns getroffen worden sind, höchstens den Betrag abführen, der ohne die Gewinnabführung als Jahresüberschuss entstehen würde, vermindert um einen Verlustvortrag aus dem Vorjahr und um den Betrag, der nach § 300 AktG in die gesetzliche Rücklage einzustellen ist.

1. Unternehmensgewinnbezogener Teilgewinnabführungsvertrag

Fraglich ist zunächst, ob die Vorschrift des § 301 AktG zumindest auf unternehmensgewinnbezogene Teilgewinnabführungsverträge anzuwenden ist. Der Wortlaut ist insofern unklar, als die Vorschrift davon spricht, dass die Aktiengesellschaft als „ihren Gewinn" höchstens den dort bezeichneten Betrag abführen könne; die Vorschrift spricht Gestaltungen über einen „Teil des Gewinns" der Gesellschaft nicht ausdrücklich an. Deshalb könnte man die Vorschrift bei wörtlicher Interpretation als nur auf Gewinnabführungsverträge nicht aber auf Teilgewinnabführungsverträge anzuwenden. Die h.M. wendet die Vorschrift trotz ihres unklaren Wortlauts auf unternehmensgewinnbezogene Teilgewinnabfüh-

---

[829] RegBegr bei *Kropff*, 389.

rungsverträge an.[830] Die wörtliche Interpretation lässt sich allerdings auch auf einen Teilgewinn der Aktiengesellschaft beziehen, weil auch der – wie auch immer vertraglich berechnete – Anteil am Unternehmensgewinn eben als Teil des Gewinns und damit auch als Gewinn der Aktiengesellschaft („ihr Gewinn") abgeführt wird. Eine ausdrückliche Einschränkung auf den gesamten Gewinn der Aktiengesellschaft lässt sich dem Wortlaut der Vorschrift ebenso wenig entnehmen, wie eine ausdrückliche Erstreckung auf Teile des Gesamtgewinns.

Das historische Argument spricht eindeutig für die Einbeziehung von Teilgewinnabführungsverträgen. In den Materialien zu § 301 AktG heißt es: „Was unter dem auf Grund eines Gewinnabführungsvertrags oder *Teilgewinnabführungsvertrags* abzuführenden „Gewinn" zu verstehen ist, bleibt – wie schon im geltenden Recht – der vertraglichen Bestimmung überlassen."[831] Aus diesem Grund werde eine Höchstgrenze für die Gewinnabführung zu Zwecken der Kapitalerhaltung benötigt.[832]

Altmeppen nimmt dagegen an, es ergebe keinen Sinn, die Vorschrift auf Teilgewinnabführungsverträge anzuwenden.[833] Er führt dafür an, dass auch die Gegenleistung aus der Berechnung des Höchstbetrags wegzulassen sei. Anderenfalls würde die Gegenleistung in Form der Gewinnabführung zurückfließen. Das sei aber mit dem Grundsatz unvereinbar, dass ein Teilgewinnabführungsvertrag eine angemessene Gegenleistung vorzusehen hat. Dies ist nicht überzeugend, weil die Gegenleistung nur nach einer Prognose beim Vertragsschluss angemessen sein muss. Erweist sich diese Prognose als unzutreffend, ändert das nichts an der Pflicht zur Teilgewinnabführung. Die Gegenleistung muss also nur im voraus betrachtet angemessen sein, nicht aber während der gesamten Dauer des Vertrages. Die Vorschrift des § 301 AktG trägt dem damit verbundenen Prognoserisiko Rechnung, indem sie die Gegenpartei des Teilgewinnabführungsvertrages in gleicher Weise auf die Kapitalerhaltung festlegt, wie die Aktionäre der Gesellschaft.

Darüber hinaus ist die Ansicht *Altmeppens* unpraktikabel, weil es kaum möglich erscheint, die Gegenleistung aus der Berechnung des Höchstbetrages für die Gewinnabführung herauszurechnen. Die Gegenleistung des stillen Gesellschafters liegt darin, dass er der Aktiengesellschaft seine Einlage überlässt. Der

---

[830] *Hüffer*, AktG, § 301, Rn. 2; *Koppensteiner* in: Kölner Kommentar, § 301 AktG, Rn. 5; *v. Godin/Wilhelmi*, § 301 AktG, Anm. 1; *Veit*, 96 f.

[831] RegBegr bei *Kropff*, 389.

[832] Vgl. RegBegr bei *Kropff*, 389.

[833] *Altmeppen* in: MünchKomm, § 301 AktG, Rn. 7; ähnlich: *Wöhe*, Bilanzierung, 325 (zur Gewinngemeinschaft u.a. mit dem Argument, dass hier kein Über- und Unterordnungsverhältnis und kein Weisungsrecht besteht).

Wert dieser Leistung lässt sich nicht mehr isolieren, nachdem die Mittel aus der Einlage in den Leistungsprozess des Unternehmens eingeflossen sind. Handelt es sich um Geld, sind die Mittel im betrieblichen Umsatzprozess in kürzester Zeit durch nicht mehr zuzuordnende Gegenleistungen ersetzt. Selbst wenn es sich um einen als Sacheinlage einzubringenden Betrieb handelt, ist der Wert dieser Leistung mit zunehmendem Zeitablauf von der Funktion bestimmt, die der Betrieb im Gesamtunternehmen erfüllt. Die Aktiengesellschaft ist für die Zukunft also nicht davor geschützt, dass dem stillen Gesellschafter aufgrund seiner Einlage mehr zufließt, als die erbrachte Einlage – im weitesten Sinn – im nachhinein noch für das Unternehmen einbringt. Die Gegenleistung kann den abzuführenden Gewinn im jeweiligen Rechnungsjahr deshalb der Sache nach erhöhen oder – z.B. im Falle eines eingebrachten Teilbetriebs, der Verlust bringt – auch mindern.

§ 301 AktG soll ausweislich der Gesetzesbegründung zu Zwecken der Kapitalerhaltung verhindern, dass die Aktiengesellschaft aufgrund vertraglicher Abreden über die Gewinnermittlung durch die Gewinnabführung Jahresfehlbeträge ausweisen muss.[834] Die Vorschrift ist deshalb im Ergebnis auf Teilgewinnabführungsverträge anzuwenden.

2. Betriebsgewinnbezogener Teilgewinnabführungsvertrag

Es ist streitig, ob § 301 AktG auf einen betriebsgewinnbezogenen Teilgewinnabführungsvertrag anzuwenden ist. Die h.M. wendet die Vorschrift insoweit nicht an.[835] Das ist für die Gestaltung von Spartenbeteiligungen von Bedeutung. Folgt man der h.M. kann die stille Beteiligung für die Gestaltung von Spartenbeteiligungen gegenüber Geschäftsbereichsaktien einen wesentlichen Vorteil bieten: Die Gesellschaft kann an den stillen Beteiligten einer gewinnbringenden Sparte ausschütten, auch wenn dadurch in der Aktiengesellschaft ein Bilanzverlust entsteht.

Koppensteiner nimmt an, das Synallgma des Vertrags werde gestört, wenn die für die Vertragspartner vielfach nicht übersehbare Entwicklung der Ertragslage des Unternehmens insgesamt die Höhe des abführbaren Gewinns beeinflussen

---

[834] RegBegr bei *Kropff*, 389.

[835] *Altmeppen* in: MünchKommAktG, § 301 AktG, Rn. 9; *Geßler* in: Geßler/Hefermehl, § 301 AktG, Rn. 24 (beide mit dem fragwürdigen Argument, das einzelne Betriebsergebnis könne mit dem Unternehmensergebnis „nicht in Zusammenhang gebracht werden"); *Hüffer*, § 301 AktG, Rn. 2; *Koppensteiner* in: Kölner Kommentar, § 301 AktG, Rn. 6; a.A. *Emmerich* in: Aktien- und GmbH-Konzernrecht, § 301 AktG, Rn. 5; *Emmerich/Sonnenschein*, Konzernrecht, 7. Aufl., § 20 III, S. 285; *Veit*, 97; *v. Godin/Wilhelmi*, § 301 AktG, Anm. 1.

würde.[836] Dafür lässt sich auf die Regierungsbegründung verweisen: „Für die Abführung des Gewinns einzelner Betriebe kann eine gleichartige Höchstgrenze nicht vorgeschrieben werden, da sonst jede auf den Gewinn einzelner Betriebe abgestellte Gewinnabführung mit Unsicherheit belastet wäre.“[837]

Nach *Emmerich* ist die Vorschrift dagegen mit dem Argument anzuwenden, dass der Wortlaut für eine derartige Einschränkung ihres Anwendungsbereichs keine Grundlage biete.[838] Dem ist zu folgen, weil auch der Zweck der Vorschrift, zur bilanziellen Kapitalerhaltung beizutragen, die Anwendung gebietet.Im Ergebnis ist § 301 AktG auch auf betriebsgewinnbezogene Teilgewinnabführungsverträge anzuwenden. Sollte der Gesetzgeber hier eine Liberalisierung wünschen, wäre ein S. 2 einzufügen, der z.B. lauten könnte: „Dies gilt nicht für betriebsgewinnbezogene Teilgewinnabführungsverträge.“ Den jetzigen S. 2 könnte man zur Klarstellung in einen Absatz 2 überführen. Eine solche Regelung würde dann einen erheblich erweiterten Spielraum für Spartenbeteiligungen eröffnen.

II. Rechtsfolgen

Die Aktiengesellschaft kann als ihren Gewinn höchstens den Jahresüberschuss abführen, der sich ohne die Teilgewinnabführungsverpflichtung ergeben würde (fiktiver Jahresüberschuss), § 301 S.1 AktG. Dazu ist dem tatsächlichen Jahresüberschuss die Teilgewinnabführungsverpflichtung hinzuzurechnen. Abzuziehen ist ein Verlustvortrag aus dem Vorjahr und der Betrag, der nach § 300 Nr. 2 AktG in die gesetzliche Rücklage einzustellen ist.

Unabhängig vom (fiktiven) Jahresüberschuss ist es möglich, anderen Gewinnrücklagen Beträge zu entnehmen und als Gewinn abzuführen, wenn diese Beträge während der Dauer des Vertrags eingestellt wurden, § 302 S. 2 AktG. Das gilt entsprechend für einen während der Laufzeit des Vertrags entstandenen Gewinnvortrag.[839] Nicht möglich ist es, einen Gewinnvortrag abzuführen, der schon bestand, als der Vertrag abgeschlossen wurde.

§ 15 Verwässerungsschutz

Die Literatur diskutiert unter dem Stichwort Verwässerungsschutz eine Reihe von Problemen, deren Kern darin besteht, dass der Ertrag oder das Stimmrecht

---

[836] *Koppensteiner* in: Kölner Kommentar, § 301 AktG, Rn. 6.

[837] RegBegr bei *Kropff*, 390.

[838] *Emmerich* in: Aktien- und GmbH-Konzernrecht, § 301 AktG, Rn. 5.

[839] *Hüffer*, § 301 AktG, Rn. 7; *Geßler* in: Geßler/Hefermehl, § 301 AktG, Rn. 13 ff.; *Koppensteiner* in: Kölner Kommentar, § 301 AktG, Rn. 18; *Jurkat*, 225.

einer Kapitalbeteiligung durch strukturelle Änderungen im Unternehmen oder Konzern der Beteiligungsgesellschaft gemindert wird. Die Aktiengesellschaft hat vielfältige Möglichkeiten, den Ertrag nach seiner Höhe, seinem zeitlichen Anfall und gegebenenfalls auch nach seiner Verortung im Konzern zu steuern. Es ist einerseits zu fragen, welche rechtlichen Schutzmechanismen für den stillen Gesellschafter nach dem Regelstatut bestehen. Die Parteien können die Fragen auch vertraglich regeln, was bei stillen Gesellschaften praktisch durchaus üblich ist.

I. Kapitalerhöhung aus Gesellschaftsmitteln

Der wirtschaftliche Inhalt vertraglicher Beziehungen der Gesellschaft zu Dritten, die von der Gewinnausschüttung der Gesellschaft, dem Nennbetrag oder Wert ihrer Aktien oder ihres Grundkapitals oder sonst von den bisherigen Kapital- oder Gewinnverhältnissen abhängen, wird durch die ordentliche Kapitalerhöhung nicht berührt, § 216 Abs. 3 S. 1 AktG. Die Kapitalerhöhung aus Gesellschaftsmitteln wandelt freie Rücklagen der Aktiengesellschaft in Grundkapital um, ohne dem Unternehmen neue Mittel zuzuführen. Die Aktionäre erhalten junge Gratisaktien im Verhältnis ihrer bisherigen Beteiligung am Grundkapital. Der Anteil am Grundkapital, den die alten Aktien verbriefen, sinkt entsprechend. In der Folge wird auch die Dividende fallen, die auf eine einzelne Aktie der Gesellschaft entfällt. Das kann für eine stille Beteiligung dann Folgen haben, wenn die Gewinnbeteiligung des stillen Gesellschafters dividendensatzbezogen ausgestaltet ist, also z.B. wenn ein bestimmter Betrag für jeden Cent Dividende auf eine einzelne Aktie der Gesellschaft als Gewinnzahlung auf die stille Beteiligung versprochen ist. Die Vorschrift des § 216 Abs. 3 AktG schützt Verpflichtungen gegen eine Verwässerungen, deren Höhe sich nach dem Verhältnis der Dividende zum Grundkapital berechnet.[840] Es erfolgt eine automatische, gesetzliche Anpassung, sobald die Kapitalerhöhung wirksam wird, d.h. mit Eintragung des Beschlusses über die Erhöhung des Grundkapitals, § 211 AktG.[841]

II. Kapitalerhöhung gegen Einlagen

Bei der Kapitalerhöhung gegen Einlagen fließen der Gesellschaft gegen Begebung neuer Aktien neue Mittel zu. Eine Verwässerung der Altaktionäre und der sonstigen am Gewinn der Gesellschaft Beteiligten tritt dann ein, wenn die neuen Aktien unter Wert ausgegeben werden. Die Altaktionäre sind dagegen durch das

---

[840] Beispiel bei *Köhler,* AG, 1984, 197, 198.

[841] *Lutter* in: Kölner Kommentar, § 216 AktG, Rn. 20; *Köhler,* AG 1984, 197, 198; *Hüffer,* § 216 AktG, Rn. 11; ausdrücklich auch zur stillen Gesellschaft: *U.H. Schneider*, FS Goerdeler, 511, 516.

Bezugsrecht geschützt, das freilich unter bestimmten Voraussetzungen ausgeschlossen werden kann. Den Inhabern einer stillen Beteiligung steht kein Bezugsrecht auf Aktien aus einer ordentlichen Kapitalerhöhung zu. Ein solches Bezugsrecht kann ihnen auch nicht vertraglich eingeräumt werden[842]. Eine Verwässerung der stillen Beteiligung kann im Einzelfall eintreten, wenn die Gewinnbeteiligung des stillen Gesellschafters an einen Gewinn pro Aktie anknüpft. Nach der Kapitalerhöhung sind mehr Aktien vorhanden, so dass der Gewinn pro Aktie geringer ausfallen wird.

Die Rechtsprechung hat für Genusscheine entschieden, dass eine Verwässerung durch Ausgabe neuer Aktien gegen eine Einlage unter Wert für die Inhaber von Genussscheinen nicht zu einer Anpassung ihres Gewinnanspruchs führt.[843] Für besondere Ausnahmefälle wird vertreten, dass die Grundsätze über den Wegfall der Geschäftsgrundlage zur Anwendung kommen könnten, die in der Regel zu einer Anpassung führten.[844] Bei treu- oder sittenwidrigen Eingriffen in die vertraglichen Rechte könnten sich Schadensersatzansprüche gegen die Gesellschaft ergeben.[845] In der Literatur ist die Auffassung im Vordringen, dass ein Verwässerungseffekt auszugleichen ist. Teilweise zieht man § 216 Abs. 3 AktG entsprechend heran.[846] Teilweise fordert man die Anwendung der Grundsätze ergänzender Vertragsauslegung,[847] und will die Anpassung auch dann

---

[842] Zu einem vertraglich eingeräumten Bezugsrecht außerhalb von Kapitalerhöhungen, an denen die Aktionäre teilnehmen: vgl. unten § 18 III. 1.

[843] RGZ 83, 295, 298 f. (mit dem Argument, das liefe auf Zustimmungserfordernis bei der Grundkapitalerhöhung hinaus, was nicht anginge; zudem könne es keine doppelte Bilanz- und GuV geben, was wohl eher die Scheu vor einer Unternehmensbewertung ist); BGHZ 28, 259, 277 (Harpen Bonds; grundsätzlich kein Verwässerungsschutz; die Inhaber der Bonds hatten allerdings nach den Anleihebedingungen bei Kapitalerhöhungen mit Bezugsrecht ebenfalls Bezugsrechte); umfassende Nachweise bei: *Zöllner*, ZGR 1986, 288, 291 ff.

[844] Vgl. z.B. *Ernst*, AG 1967, 75, 80; *Schilling* in: Großkomm., 3. Aufl. § 221 AktG, Anm. 12; *Mestmäcker*, 358 f. (dividendensatzorientierte Garantie und Schaffung einer bevorrechtigten Aktiengattung in der Obergesellschaft); *Fischer* in: Großkomm., 2. Aufl. 1961, § 54 AktG, Anm. 13 (für die Ausgleichszahlung bei Kapitalveränderungen in der beherrschten Gesellschaft); zur Ausgleichszahlung auch bei: *Zöllner*, ZGR 1986, 288, 292 ff.

[845] Vgl. z.B. RGZ 105, 236, 240; RGZ 83, 295, 298; BGHZ 29, 259, 277; weitere Nachweise bei: *Zöllner*, ZGR 1986, 288, 291.

[846] *Koppensteiner*, ZHR 139 (175), 191, 197 ff.; *Vollmer*, ZGR 1983, 445, 464 ff. (i.V.m. § 242 BGB); *Köhler*, AG 1984, 197, 199; *Hefermehl/Bungeroth* in: Geßler/Hefermehl § 189 AktG, Rn. 18 f.

[847] *Zöllner*, ZGR 1986, 288, 305 ff. (Gleichstellung mit Aktionären; Anpassung nur, wenn Bezugsrecht besteht oder die Aktien zu Unrecht unter Wert begeben seien); *Wiedemann* in: Großkomm., § 189 AktG, Rn. 17; *Lutter* in: Kölner Kommentar, § 189 AktG, Rn. 25; tendenziell auch: *Hüffer*, § 189 AktG, Rn. 9 (aber wohl nur bei besonderen Umständen des Einzelfalls).

vornehmen, wenn das Bezugsrecht der Aktionäre ausgeschlossen ist und die Verwässerung also auch die Aktionäre trifft.[848] Im Ergebnis entspricht es auch bei der stillen Beteiligung am ehesten der Interessenlage, die Grundsätze der ergänzenden Vertragsauslegung heranzuziehen und dabei in aller Regel eine Vertragsanpassung vorzunehmen, weil die Parteien die Gewinnbeteiligung im Zweifel an den Kapitalverhältnissen im Zeitpunkt des Vertragsschlusses ausgerichtet haben werden.

Die Literatur schlägt vereinfachte Berechnungsverfahren für die Verwässerung vor, wenn die Aktien der Gesellschaft börsennotiert sind. *Koppensteiner* berechnet die Verwässerung mit dem Wert des Bezugsrechts geteilt durch den vorherigen Börsenkurs.[849] *Köhler* berechnet die Verwässerung durch den Wert des Bezugsrechts geteilt durch den rechnerischen Börsenkurs nach Durchführung der Kapitalmaßnahme.[850]

Sind die Aktien der Gesellschaft nicht börsennotiert, kommt man um eine Unternehmensbewertung zur Berechnung der Verwässerung nicht herum.

Eine vertragliche Regelung empfiehlt sich auf jeden Fall, um Streit vorzubeugen.

III. Übermäßige Rücklagenbildung in Konzerntöchtern

Besteht die stille Beteiligung an einer Konzernobergesellschaft, so kann sich die Frage stellen, ob der Vertrag deshalb anzupassen ist, weil die Untergesellschaften von ihnen erzielte Gewinne dauerhaft in Rücklagen einstellen. Für außenstehende Unternehmensbeteiligte ist die Diskussion bisher nur zur übermäßigen Rücklagenbildung bei Genussrechten geführt worden.[851] Hier erscheint es überzeugend, mit der h.M. grundsätzlich kein Thesaurierungsverbot bei Tochtergesellschaften anzunehmen.[852] M.E. kann für die stille Gesellschaft grundsätzlich nichts

---

[848] *Krieger* in: Münch HdB GesR IV, § 56 Rn. 120; auch: *Zöllner*, ZGR 1986, 288, 309 (mit Ausnahme von Fällen, in denen die Gesellschaft aus besonderen Gründen gezwungen sei, die Aktien unter Wert zu begeben; das ist zweifelhaft, weil sich dieser Zwang im Wert der Altaktien niederschlagen dürfte).

[849] *Koppensteiner*, ZHR 139 (1975), 191, 206.

[850] *Köhler*, AG 1984, 197, 200 (mit instruktivem Rechenbeispiel).

[851] Für die analoge Anwendung von § 216 Abs. 3 AktG, wenn die Rücklagen übermäßig sind: *Hirte* ZIP 1988, 477, 487 f.; *Schneider*, FS Goerdeler, 511, 524 (wenn das Genussrecht verbrieft und dem breiten Publikum abgeboten ist).

[852] Vgl. *Hüffer*; § 221 AktG, Rn. 68; sowie: *Krieger* in: Münch HdB GesR IV, § 63 Rn. 57 (nur ganz ausnahmsweise bei besonders gravierenden Beeinträchtigungen im Einzelfall § 280 BGB oder Wegfall der Geschäftsgrundlage).

anderes gelten. Die Politik der Konzernfinanzierung ist grundsätzlich frei. Typenvertraglich wird man keine klaren Maßstäbe dafür entwickeln können, welcher Grad von Rücklagenbildung in Töchtern als übermäßig anzusehen ist. Es bleibt beim Verbot sittenwidriger Schädigung.

Da die Rechtslage auch hier noch nicht geklärt ist, empfiehlt es sich, Vorkehrungen in den Vertragsbedingungen zu treffen. Insbesondere kann man den stillen Gesellschafter am Konzerngewinn beteiligen.

IV. Gestufte Darlegungs- und Beweislast

Ein Verwässerungsschutz kommt im Rahmen der stillen Gesellschaft m.E. in Frage, wenn der stille Gesellschafter Indizien vortragen und beweisen kann, die auf einen der dargestellten Verwässerungssachverhalte als überwiegend wahrscheinlich schließen lassen. Dann ist auch ohne vertragliche Regelung eine Bewertung durchzuführen und gegebenenfalls die Gewinnbeteiligung anzupassen.

§ 16 Umstrukturierungen

Im Folgenden wird erörtert, welche Folgen bestimmte Maßnahmen oder Ereignisse haben, die bei der Aktiengesellschaft eintreten und zu erheblichen rechtlichen Änderungen bzw. zu Änderungen ihres wirtschaftlichen Charakters führen, und die möglicherweise Auswirkungen auf das Vertragsverhältnis der stillen Gesellschaft haben. Derartige Ereignisse werden hier unter dem untechnischen Begriff der „Umstrukturierungen" zusammengefasst.

Die Aktiengesellschaft kann abhängig werden, sich einem EAV unterwerfen, in ein anderes Unternehmen eingegliedert werden oder sich einem Vorgang des Umwandlungsrechts unterziehen. Es ist zu klären, welche Rechtsfolgen sich für die stille Gesellschaft ergeben, wenn der Vertrag keine Bestimmung enthält, sowie gegebenenfalls zu prüfen, welche abweichenden vertraglichen Regelungen sich anbieten.

I. Kontrollwechsel, Abhängigkeit, einfache faktische Konzernierung

1. (Unechter) Kontrollwechsel i.S.d. WpÜG

Fraglich ist, ob der Erwerber der Aktienmehrheit auch dem stillen Gesellschafter ein Pflichtangebot nach § 35 Abs. 2 WpÜG machen muss, wenn er nach dem

31.12.2001[853] die Kontrolle (mindestens 30 % der Stimmrechte) an einer Zielgesellschaft erwirbt, deren Anteile als Wertpapiere zum Handel an einem organisierten Markt zugelassen sind. Andere Unternehmensbeteiligte als Aktionäre sind im WpÜG nicht berücksichtigt. Das Gesetz beruht auf der Wertung, dass ein Kontrollwechsel den Aktionären einer börsennotierten Gesellschaft nicht ohne weiteres zumutbar ist. Auf den stillen Gesellschafter lässt sich das nicht übertragen. Das Pflichtangebot bezieht sich zwar nach § 32 WpÜG auf Stamm- und Vorzugsaktien.[854] Daraus kann man aber nicht schließen, dass auch am Unternehmensgewinn beteiligte Dritte in ein Pflichtangebot einzubeziehen sind. Der stille Gesellschafter hat auch dann keine liquide Beteiligung, wenn das Inhaberunternehmen an der Börse notiert ist. Zweck des Übernahmegesetzes ist es, die Inhaber einer liquiden Beteiligung zu schützen. Der stille Gesellschafter ist somit vom Gesetzeszweck nicht erfasst.

2. (Echter) Kontrollwechsel, Abhängigkeit, einfache faktische Konzernierung

Der stille Gesellschafter wird es hinzunehmen haben, wenn ein Dritter, der eine anderweitige wirtschaftliche Interessenbindung hat, die Mehrheit der Aktien an der Inhabergesellschaft erwirbt und die Inhabergesellschaft dadurch – regelmäßig – abhängiges Unternehmen wird. Der Kontrollwechsel vollzieht sich allein auf Ebene der Anteilseigner. Die einfache faktische Konzernierung, die zu vermuten ist, wenn ein Unternehmen die Stimmrechtsmehrheit an der Aktiengesellschaft erwirbt, muss der stille Gesellschafter grundsätzlich ebenso hinnehmen wie die außenstehenden Aktionäre.[855]

Für Genussrechte beurteilt *Hirte* dies anders.[856] *Hirte* vertritt, dass eine Garantiedividende gemäß § 311 AktG geschuldet sei, wenn die Aktiengesellschaft erstmalig in eine einfache Abhängigkeit gerät. Diese Ansicht ist abzulehnen, weil Genussrechtsinhaber nicht stärker schutzbedürftig sind als außenstehende Aktionäre. Der Ansatz ist schon deshalb systematisch verfehlt, weil die außenstehenden Aktionäre bei einfacher Abhängigkeit keine Garantiedividende verlangen können. Es fehlt also an der Vergleichbarkeit des geregelten Falls mit dem nicht geregelten Fall. Es liegt für Genussrechte ebenso näher, auf allgemeine vertragsrechtliche Institute zurückzugreifen, wie für stille Gesellschaften.

---

[853] Vgl. die Übergangsregeln in § 68 WpÜG.

[854] Begr. RegE zu § 30 I Nr. 4, BT-Drucks. 14/7034, 54; *Thoma*, NZG 2002, 105, 112. § 3 WpÜG ist insofern irreführend.

[855] Vgl. (zum Genussrecht): *Hüffer*, § 221 AktG, Rn. 68 a m.N.; *Prosser*, 140 ff.

[856] *Hirte*, ZIP 1988, 477, 488.

Im Einzelfall kann sich ausnahmsweise im Wege der ergänzenden Vertragsauslegung aus dem Beteiligungsvertrag eine Pflicht zur Anpassung oder ein Recht zur Kündigung ergeben. Aufgrund der wirtschaftlichen Bedeutung kann man vereinbaren, dass der stille Gesellschafter kündigen kann, wenn die Gesellschaft abhängig wird. Damit der stille Gesellschafter von einem Wechsel der Aktienmehrheit erfährt, sollte man die Gesellschaft ihm gegenüber vertraglich zur Information verpflichten, wenn sie nach § 20 Abs. 4 AktG oder nach § 21 WpHG davon erfährt, dass jemand die Aktienmehrheit erwirbt. Eine Vereinbarung empfiehlt sich, auch wenn der Vorgang ohnehin veröffentlichungspflichtig ist. Weiter sind bestimmte Fristen für eine derartige außerordentliche Kündigung zu vereinbaren. Es ist möglich zu vereinbaren, dass der stille Gesellschafter rückwirkend auf den Zeitpunkt des Kontrollerwerbs kündigen kann, wenn es sich um eine Gestaltung ohne Geschäftsführungsbefugnisse handelt. Im übrigen ist an § 280 BGB und die Grundsätze über die Störung der Geschäftsgrundlage zu denken (§ 313 BGB).

II. Qualifiziert faktische Konzernierung

Der BGH hat die Haftung wegen qualifiziert faktischer Konzernierung im GmbH-Konzern entsprechend § 302 AktG in der Bremer Vulkan Entscheidung aufgegeben.[857] Für das Aktienrecht ist die Frage offen geblieben, wobei eher davon auszugehen ist, dass diese Grundsätze nach der neuen Rechtsprechung auch für die Aktiengesellschaft nicht mehr gelten[858]. Für den Fall einer weiteren Geltung sei gleichwohl Folgendes ausgeführt:

Der Vorstand der Inhaberaktiengesellschaft darf eine qualifiziert faktische Konzernierung nicht hinnehmen. Damit sind Situationen gemeint, in denen der herrschende Gesellschafter Leitungsmacht in einer Weise ausübt, die es nicht mehr erlaubt, schädigende Einzelmaßnahmen zu isolieren, insbesondere Fälle, in denen der Obergesellschafter die abhängige Gesellschaft dauernd und umfassend nach Art einer Betriebsabteilung führt. Der Vorstand ist auch dem stillen Gesellschafter gegenüber verpflichtet, Maßnahmen des herrschenden Unternehmens zu unterbinden, die diese Grenze überschreiten. Der Stille kann gegebenenfalls Unterlassung und Schadensersatz verlangen. Weiterhin kann er außerordentlich kündigen. Es stellt einen wichtigen Grund dar, wenn der Vorstand der Aktiengesellschaft eine qualifiziert faktische Konzernierung duldet.[859] Eine

---

[857] BGH ZIP 2001, 1874 (Bremer Vulkan, zentrales Cash-Management) mit Anmerkung *Altmeppen*.

[858] Vgl. oben unter § 5 V (welche Rechte der stille Gesellschafter wegen eines existenzvernichtenden Eingriffs gelten machen kann, soll hier nicht erörtert werden).

[859] Anders für Genussscheine: *Prosser*, 216 (sofortige Kündigung nur, wenn der Vorstand existenzgefährdende Maßnahmen duldet).

Abmahnung durch den stillen Gesellschafter ist nicht erforderlich, weil der Umstand die Vertrauensgrundlage zwischen den Parteien nachhaltig zerrüttet. Man kann daran denken, für solche Fälle Vertragsstrafeansprüche gegen das Inhaberunternehmen vorzusehen, die dann aufgrund der Verlustübernahmepflicht auch das herrschende Unternehmen treffen. Solche Gestaltungen dürften aber mit dem Konzernrecht nicht vereinbar bzw. sittenwidrig sein, weil sie die Gesellschaft aufgrund und zusätzlich zu der qualifiziert faktischen Konzernierung schädigen.

Für Genussrechtsinhaber nimmt eine Meinung an, dass die qualifiziert faktische Konzernierung auch zu Abfindung und Ausgleich führen kann.[860] Das ist mit *Hüffer* abzulehnen, weil sich diese Sachverhalte mit dem Ausgleich zwischen herrschenden und abhängigen Unternehmen ausreichend erfassen lassen.[861] Weder die Gesellschafter noch sonstige Unternehmensbeteiligte sind einzubeziehen. Dementsprechend sind hier Abfindung und Ausgleich auch für den stillen Gesellschafter nicht gegeben.

III. Abschluss eines Gewinnabführungs- oder Beherrschungsvertrags

Schließt die Aktiengesellschaft als Obergesellschaft einen Gewinnabführungsvertrag oder einen Beherrschungsvertrag ab, so hat dies grundsätzlich keine Auswirkung auf die stille Gesellschaft, es sei denn die Frage ist vertraglich abweichend geregelt.

Schwieriger zu beurteilen sind die Konsequenzen für die stille Gesellschaft, wenn die Aktiengesellschaft als Untergesellschaft einen Beherrschungs- oder Gewinnabführungsvertrag schließt.

Die Frage wird zum Genussrecht erörtert. Teilweise will man einen Anspruch aus § 280 BGB gewähren oder die Grundsätze über den Wegfall der Geschäftsgrundlage anwenden.[862] Teilweise gewährt man einen Ausgleich entsprechend § 304 Abs. 2 AktG.[863] Zum Teil nimmt man zusätzlich an, es sei eine Abfindung entsprechend § 305 AktG geschuldet.[864]

---

[860] *Karollus* in: Geßler/Hefermehl, § 221 AktG, Rn. 420; *Konzen* in: RdA 1984, 65, 80 ff.; *Prosser*, 210; a.A. *Hüffer*, § 221 AktG, Rn. 68a.

[861] *Hüffer*, § 221 AktG, Rn. 68a.

[862] *Geßler* in: Geßler/Hefermehl, § 304 AktG, Rn. 28; *Koppensteiner* in: Kölner Kommentar, § 304 AktG, Rn. 13; *U.H. Schneider*, FS Goerdeler, 511, 526 f.

[863] *Hüffer*, § 221 AkG, Rn. 68a; *Karollus* in: Geßler/Hefermehl, § 221 AktG, Rn. 419; *Lutter* in: Kölner Kommentar, § 221 AktG, Rn. 404; enger: *Krieger* in: Münch HdB GesR IV, § 63 Rn. 57.

[864] *Van Look*, 35, 41; *Vollmer*, ZGR 1983, 445, 467.

Der stille Gesellschafter hat hier m.E. im Regelfall ein Recht zur außerordentlichen Kündigung, was sich aus der besonders engen personengesellschaftlichen Verbundenheit der Parteien ergibt. Im Einzelfall können sich auch Schadensersatzansprüche oder eine Vertragsanpassung wegen Wegfalls der Geschäftsgrundlage können ergeben. Ausgleich und Abfindung sind für die stille Gesellschaft in diesem Fall ebenso wenig die angemessenen Rechtsinstitute, wie für Genussscheine, weil diese Vorschriften auf die außenstehenden Aktionäre zugeschnitten sind.

Eine vertragliche Regelung empfiehlt sich. Sie kann ausdrücklich vorsehen, dass der stille Gesellschafter aus wichtigem Grund kündigen kann oder dass die Aktiengesellschaft dem stillen Gesellschafter eine Garantiedividende schuldet.

IV. Eingliederung

Ist die Aktiengesellschaft Obergesellschaft einer Eingliederung, wird dies grundsätzlich keinen Einfluss auf die stille Gesellschaft haben, wenn nicht vertraglich etwas anderes vereinbart ist.

Wird die Aktiengesellschaft einer anderen Aktiengesellschaft eingegliedert, so ist nach dem überwiegenden Teil der Literatur für Genussrechte § 23 UmwG entsprechend anzuwenden.[865] Nach a.A. steht dem Genussberechtigten ein Abfindungsanspruch entsprechend § 320 b AktG zu.[866] Nach *Prosser* soll dagegen Wegfall der Geschäftsgrundlage vorliegen – unabhängig davon, ob vorher ein Beherrschungsvertrag bestand oder nicht.[867] Hier liegt allerdings die analoge Anwendung von § 23 UmwG näher, weil die Vorschrift im Gegensatz zu § 320 b AktG auf außenstehende Unternehmensbeteiligte und nicht auf Aktionäre zugeschnitten ist und die Eingliederung von ihrem Gewicht für den außenstehenden Unternehmensbeteiligten her auch der Verschmelzung mit der Aktiengesellschaft als übertragendem Rechtsträger zu vergleichen ist. Die h.M. in der Literatur zu Genussrechten lässt sich auf die stille Gesellschaft übertragen, weil eine sofortige Abfindung auch hier nicht der Interessenlage entspricht. Der stille Gesellschafter sollte die Möglichkeit haben, eine gleichwertige Beteiligung bei der Hauptgesellschaft zu erlangen. Es ist aber davon auszugehen, dass i.d.R. auch eine fristlose Kündigung aus wichtigem Grund möglich ist.[868] Dies ist aus dem besonderen

[865] *Karollus* in: Geßler/Hefermehl, § 221 AktG, Rn. 418; *Lutter* in: Kölner Kommentar, § 221 AktG, Rn. 402; *Frantzen*, 209, 211; *Krieger* in: Münch HdB GesR IV, § 63 Rn. 57.

[866] *Hüffer*, § 221 AktG, Rn. 68 a; unter Berufung auf: *Martens*, AG 1992, 209, 211 (zu Optionsrechten; es seien entsprechend § 320 b AktG wertäquivalente Optionsrechte auf Aktien der Obergesellschaft zu gewähren).

[867] *Prosser*, 226.

[868] A.A. (für Genusscheine), *Prosser*, 237; *Thielemann*, 177, 195.

personengesellschaftsrechtlichen Vertrauensverhältnis zwischen den Parteien abzuleiten.

V. Maßnahmen nach dem UmwG

1. Verschmelzung

a) Die Aktiengesellschaft ist übertragender Rechtsträger

aa) Übertragbarkeit der stillen Gesellschaft

Im Rahmen einer Verschmelzung kann die stille Gesellschaft nach h.M. auch ohne gesellschaftsvertragliche Regelung im Wege der Gesamtrechtsnachfolge auf den übernehmenden Rechtsträger übergehen.[869] Dem ist für typische und atypische Gestaltungen zu folgen. Etwas anderes lässt sich auch nicht aus § 727 BGB ableiten. Zwar sieht die Vorschrift für den Tod des Geschäftsinhabers vor, dass der Vertrag endet und nicht mit den Rechtsnachfolgern fortzusetzen ist. Das lässt sich auf die Verschmelzung aber nicht übertragen, auch wenn die stille Gesellschaft ein personenbezogenes Beteiligungsverhältnis ist, in das eine Verschmelzung fundamental eingreift. *Blaurock* begründet das überzeugend mit dem Argument, der alte Rechtsträger gehe bei der Umwandlung im neuen Rechtsträger auf und lebe gewissermaßen fort.[870] Hinzu kommt, dass es dem Zweck des Umwandlungsrechts widerspricht, wenn man Gesellschaftsverhältnisse von der Universalsukzession ausnimmt, weil das Umwandlungsrecht Umwandlungen erleichtern soll.

Die Rechtsprechung und der überwiegende Teil der Literatur BGB-Gesellschaften entsprechend § 727 BGB endeten, wenn bei einer Vertragspartei eine Gesamtrechtsnachfolge anderer Art – wie z.B. die Verschmelzung – eintritt.[871] Zugleich wird in der Literatur teilweise die Ansicht vertreten, die atypische stille Gesellschaft sei nur als BGB-Gesellschaft und nicht als stille Gesellschaft i.S.d. Handelsrechts anzusehen.[872] Verknüpft man beide Ansichten, müssten atypische stille Gesellschaften erlöschen, wenn das Inhaberunternehmen

---

[869] *Blaurock*, § 18 Rn. 12; *Bermel* in: Goutier/Knopf/Tulloch, § 20 UmwG, Rn. 16; bereits zum alten Recht: Schlegelberger/*Karsten Schmidt*, § 339 HGB a.F. (§ 234 HGB n.F.), 48; Theil, 53 ff; 87 ff.; 140; *Koenigs*, 273 f.; *Sudhoff/Sudhoff*, GmbHR 1981, 235, 236; *Felix*, BB 1987, 1265, 1268 (Kündigung unter besonderen Umständen; Zustimmung nur erforderlich, wenn Gesellschaftsvertrag dies vorsieht); *Semler*, FS Werner, 862; *Zutt* in: Großkomm., § 234 HGB, Rn. 16; a.A. früher *Böttcher/Meilicke*, UmwG (1958), § 5 UmwG, Anm. 27.

[870] *Blaurock*, § 18 Rn. 13.

[871] RGZ 123, 289, 294; RGZ 150, 289, 291; *Grunewald* in: Lutter, § 20 UmwG, Rn. 18 m.N.

[872] *Volhard* in: Hopt, Vertrags- und Formularhandbuch, Form II. F. 3. Anm. 1.

als übertragendes Unternehmen verschmolzen wird. Dafür kann man anführen, dass die atypische stille Gesellschaft ein besonders enges Vertrauensverhältnis begründet, dessen Grundlage mit dem neuen Rechtsträger nicht mehr besteht. Das überzeugt aber nicht. Die atypische stille Gesellschaft ist in erster Linie Unternehmensbeteiligung. Der stille Gesellschafter hat deshalb auch ohne vertragliche Regelung die Möglichkeit, am Vertrag festzuhalten, wenn das Unternehmen in neue Hände kommt.

Da der Übergang im Wege der Gesamtrechtsnachfolge eintritt, ist § 295 AktG nicht anwendbar.[873]

bb) Beendigung wegen Unternehmensvertragseigenschaft

Wenn die Untergesellschaft mit einer dritten Gesellschaft verschmolzen wird, erlischt ein Beherrschungs- oder Gewinnabführungsvertrag nach der h.M.[874] Ein Teilgewinnabführungsvertrag erlischt dagegen nach h.M. nicht ohne weiteres.[875]

Nach *Emmerich*[876] kann ein Teilgewinnabführungsvertrag nur weiterbestehen, wenn keine Vertragsänderung eintritt. Das sei bei betriebsbezogenen Teilgewinnabführungsverträgen der Fall; bei einem unternehmensbezogenen Teilgewinnabführungsvertrag dagegen beziehe sich der Vertrag nach der Verschmelzung nur noch auf einen Teil des Unternehmens. Der Vertrag ende deshalb.

---

[873] LG Bonn, GmbHR 1996, 774 f. (zur Verschmelzung der GmbH als Obergesellschaft); *Hüffer*, § 295 AktG, Rn. 6; *Priester*, ZIP 1992, 293; 301; a.A. *Bayer* ZGR, 1993, 599, 603 ff. (im Hinblick auf die Obergesellschaft bei Beherrschungsverträgen; bei fehlender Zustimmung der Untergesellschaft seien §§ 302 ff. AktG entsprechend anwendbar).

[874] OLG Karlsruhe, AG 1995, 139 f. (SEN/Klöckner, mit dem Argument, eine Abfindung sei nicht mehr möglich); LG Mannheim, AG 1995, 89 reSp (Vorinstanz); *Emmerich* in: Emmerich/Habersack, Aktien- und GmbH-Konzernrecht, § 297 AktG, Rn. 38ff.; *Geßler* in: Geßler/Hefermehl, § 297 AktG, Rn. 49 (auch für den unternehmensgewinnbezogenen Teilgewinnabführungsvertrag, nicht jedoch für den betriebsbezogenen Teilgewinnabführungsvertrag); *Koppensteiner* in: Kölner Kommentar, § 291 AktG, Rn. 51; *Krieger* in: Münch HdB GesR IV, § 70 Rn. 173; grundsätzlich auch *Grunewald* in: Lutter, § 20 UmwG, Rn. 36 (ausdrücklich aber nur für teilbetriebsbezogenen Teilgewinnabführungsvertrag); a.A. *Exner*, 137 ff., 170 ff. (mit dem Argument, der Ausgleich sei fortzuführen); *Kley*, 136 ff., 146 ff.

[875] *Emmerich* in: Aktien- und GmbH-Konzernrecht, § 297 AktG, Rn. 41; Emmerich/Sonnenschein, § 15 IV 6 c; *Grunewald* in: Lutter, § 20 UmwG, Rn. 36 (ausdrücklich aber nur für teilbetriebsbezogenen Teilgewinnabführungsvertrag).

[876] *Emmerich* in: Aktien- und GmbH- Konzernrecht, § 297 AktG, Rn. 41.

In ähnlicher Weise geht auch *Geßler* davon aus, dass ein unternehmensbezogener Teilgewinnabführungsvertrag erlischt, wenn die Aktiengesellschaft auf einen anderen Rechtsträger verschmolzen wird.[877]

Dem ist nicht zu folgen. Vielmehr ist in diesen Fällen der Grundsatz der Gesamtrechtsnachfolge anzuwenden. Anderenfalls könnte sich die verpflichtete Aktiengesellschaft durch eine übertragende Verschmelzung ihren vertraglichen Pflichten entziehen. Schwierigkeiten entstehen, wenn sich die Beteiligung auf den Handels- oder Steuerbilanzgewinn bezieht, der nach der übertragenden Verschmelzung als nachprüfbare Bemessungsgrundlage nicht mehr zur Verfügung steht. Die Inhabergesellschaft hat hier in der Folge eine interne Bilanz zu erstellen, nach deren Maßgabe die stille Beteiligung weiterzuführen ist.

Es empfiehlt sich deshalb, auch dieses Problem vertraglich zu bedenken. Man kann z.B. vorsehen, dass die stille Gesellschaft am Gesamtunternehmen nach der Verschmelzungswertrelation fortzuführen ist. Auch dafür ist keine Vertragsänderung nötig. Die Bemessungsgrundlage für die Gewinnbeteiligung kann sich vielmehr ohne weiteres nach dem alten Vertrag auf ein übernehmendes Unternehmen erstrecken. Damit ist auch kein Publizitätsproblem verbunden, weil die Vertragsbedingungen zum Handelsregister einzureichen sind.

cc) Informationspflichten

Der Geschäftsinhaber hat den stillen Gesellschafter unabhängig von einer vertraglichen Regelung entsprechend § 42 UmwG von dem Verschmelzungsvorhaben zu unterrichten.[878] Ihm sind deshalb Verschmelzungsvertrag und Verschmelzungsbericht zuzuleiten. Spätestens hat das zu geschehen, wenn die Hauptversammlung einberufen wird, die den Verschmelzungsbeschluss fassen soll. Eine vertragliche Regelung empfiehlt sich gleichwohl, um Klarheit zu schaffen. Abweichungen von der gesetzlichen Regelung sind nicht möglich, § 1 Abs. 4 S. 1 UmwG. Die stille Gesellschaft ist im Verschmelzungsbericht und im Verschmelzungsvertrag zu erwähnen, weil es sich um ein Sonderrecht handelt, über das die Aktionäre zu informieren sind, § 5 Abs. 1 Nr. 7 sowie § 8 UmwG.[879]

---

[877] *Geßler* in: Geßler/Hefermehl, § 297 AktG, Rn. 49.
[878] *Blaurock*, § 18 Rn. 16.
[879] *Blaurock*, § 18 Rn. 16.

dd) Zustimmung

(1) Außenverhältnis

Im Außenverhältnis zwischen dem Inhaber oder dem stillen Gesellschafter und Dritten ist die Verschmelzung nach h.M. wirksam, auch wenn der Stille nicht zustimmt.[880] Das gilt auch, wenn ein Zustimmungsvorbehalt im Beteiligungsvertrag ausdrücklich vereinbart ist oder wenn der Verschmelzungsvertrag den stillen Gesellschafter benachteiligt.[881] *Koenigs* ging dagegen nach alter Rechtslage von schwebender Unwirksamkeit aus.[882] Nach § 13 UmwG haben die Anteilsinhaber der Rechtsträger, die an der Verschmelzung beteiligt sind, durch einen Beschluss in einer Anteilseignerversammlung zuzustimmen. Der stille Gesellschafter ist kein Anteilsinhaber i.S.v. § 13 UmwG.[883] *Hüffer* vertritt für atypische stille Gesellschaften, dass ein Zustimmungserfordernis analog § 13 UmwG „als möglich ins Auge zu fassen" sei.[884] Dagegen spricht das Erfordernis der Rechtssicherheit. Zwar ist die stille Beteiligung bei einer Aktiengesellschaft notwendig aus dem Handelsregister ersichtlich. Jedoch sind die Gestaltungsmöglichkeiten bei der stillen Gesellschaft so vielfältig, dass es kaum möglich ist, verlässliche Kriterien dafür zu entwickeln, welche Gestaltung in diesem Zusammenhang als atypisch anzusehen ist und deshalb das Zustimmungserfordernis des stillen Gesellschafters zur Verschmelzung nach sich zieht. Das Zustimmungserfordernis für strukturändernde Maßnahmen gilt für typische und atypische stille Gesellschaften gleichermaßen. Man müsste konsequenterweise also die Zustimmung für alle stillen Gesellschaften verlangen.

Das widerspricht jedenfalls heute dem Grundsatz der Rechtssicherheit im Verschmelzungsvorgang. Die Reform des Umwandlungsrechts sollte die Universalsukzession erleichtern, was die hinzunehmende Rechtsunsicherheit hinsichtlich der Wirksamkeitsvoraussetzungen der Verschmelzung im Außenverhältnis beschränkt. Für die stille Beteiligung an Personengesellschaften fehlt es jedenfalls an der Registerpublizität. Auch für die stille Beteiligung an einer GmbH dürfte eine Eintragung in das Handelsregister nicht erforderlich sein. Eine differenzierende Handhabung nach der Rechtsform könnte in Frage kommen, weil es sich bei der Aktiengesellschaft um einen Unternehmensvertrag handelt.

---

[880] *Blaurock*, § 18 Rn. 18; *Karsten Schmidt* in: Schlegelberger/Hefermehl, § 339 HGB a.F. (§ 234 HGB n.F.), Rn. 48; *Böttcher/Zartmann/Faut*, 228 f.; *Crezelius*, JbFStR, 1992/1993, 229, 231; *Winter*, FS Peltzer, 645, 648; a.A. *Koenigs*, 274; tendenziell auch: *Hüffer*, FS Lutter, 1227, 1237.

[881] *Blaurock*, § 18 Rn. 18.

[882] *Koenigs*, 274.

[883] *Jung*, ZIP 1996, 1734, 1736.

[884] *Hüffer*, FS Lutter, 1227, 1237.

Sie überzeugt aber letztlich nicht, weil sie in § 13 UmwG nicht angelegt ist. Es entspricht auch dem berechtigten Vertrauen des Rechtsverkehrs im Hinblick auf die Rechtsform der Aktiengesellschaft, dass eine Verschmelzung – wie andere Strukturmaßnahmen auch – mit den jeweils gesetzlich vorgesehenen Stimmen- und Kapitalmehrheiten durchführbar sind. Diese Auslegung ist im Hinblick auf die Verkehrsfähigkeit der Mitgliedschaft bei der Aktiengesellschaft geboten.

Die stille Gesellschaft ist eine Beteiligung am Rechtsträger, aber keine Beteiligung im Rechtsträger. Zustimmungserfordernisse mit Außenwirkung über § 13 UmwG hinaus anzuerkennen, würde dem Zweck des neuen Umwandlungsrechts zuwiderlaufen, die Universalsukzession zu erleichtern. Der stille Gesellschafter ist anderweitig vor einer Benachteiligung durch die Verschmelzung zu schützen.

(2) Innenverhältnis

Im Innenverhältnis liegt regelmäßig eine Strukturänderung vor, die der Zustimmung des stillen Gesellschafters bedarf.[885] Die Zustimmung kann ausnahmsweise entbehrlich sein, wenn der Stille aufgrund der Treupflicht zustimmen muss. Eine Treupflichtverletzung wird nur sehr selten vorliegen.[886] Das Interesse der Aktiengesellschaft, die geplante Strukturänderung durchzuführen, ist mit dem steuerlichen und geschäftspolitischen Interesse des stillen Gesellschafters abzuwägen, das Handelsgewerbe unverändert fortführen zu lassen. Dabei ist zu berücksichtigen, welche Vertragsanpassung der stille Gesellschafter erhalten soll. Man kann den stillen Gesellschafter weiter rechnungsförmig an dem im neuen Unternehmensträger fortbestehenden Geschäftsfeld beteiligen.[887] Ein solches Angebot lässt aber die Verweigerung der Zustimmung regelmäßig noch nicht als treuwidrig erscheinen, sondern nur, wenn die Ertragslage und die Zukunftsaussichten für den stillen Gesellschafter im neuen Rechtsträger derart eindeutig mindestens gleichwertig sind, dass eine abweichende Auffassung für einen ordentlichen Kaufmann nicht vertretbar erscheint.

Der stille Gesellschafter kann die Zustimmung auch vorab im Gesellschaftsvertrag erteilen. Nachträglich kann die Zustimmung formlos und auch konkludent erfolgen, z.B. wenn der Stille die Geschäftsbeziehung in Kenntnis der Verschmelzung widerspruchslos fortführt. Entgegen *Blaurock*[888] liegt darin keine Änderung des Gesellschaftsvertrags, weil dies dem Grundsatz der Universal-

[885] *Blaurock*, § 18 Rn. 22 m.N.; für typische tendenziell abweichend: *Winter*, FS Peltzer, 645, 652.
[886] *Blaurock*, § 18 Rn. 23.
[887] *Blaurock*, § 18 Rn. 23.
[888] *Blaurock*, § 18 Rn. 24.

sukzession widersprechen würde. Deswegen ist auch nicht nach § 295 Abs. 1 AktG das Verfahren der §§ 293 ff. AktG im übernehmenden Rechtsträger erneut durchzuführen.

Es ist streitig, ob die stille Gesellschaft nach § 726 BGB automatisch aufgelöst wird, wenn das Inhaberunternehmen als übertragender Rechtsträger verschmolzen wird, und die erforderliche Zustimmung des stillen Gesellschafters fehlt.[889] Teilweise vertritt man, die stille Gesellschaft löse sich nur dann automatisch auf, wenn der Gesellschaftszweck darauf gerichtet war, ein genau umschriebenes Handelsgewerbe für gemeinsame Rechnung zu betreiben und das Handelsgewerbe des übernehmenden Rechtsträgers einen grundsätzlich anderen Charakter aufweist.[890] Überzeugender erscheint es, dass die stille Gesellschaft in keinem Fall automatisch aufgelöst wird. Anderenfalls könnte der Inhaber die Verschmelzung nutzen, um sich eines ihm unbequem gewordenen stillen Gesellschafters zu entledigen. Ersatzansprüche könnten den entstehenden Schaden selbst dann praktisch kaum ausgleichen, wenn man annimmt, der stille Gesellschafter könne im Wege der Naturalrestitution verlangen, dass die Aktiengesellschaft ihm die Beteiligung wieder einräumt.

Der stille Gesellschafter kann aus wichtigem Grund kündigen, wenn die Aktiengesellschaft sein Mitwirkungsrecht übergeht, ohne dass man ihn auf § 23 UmwG verweisen kann.[891] Nach *Zutt* soll eine Verschmelzung nur dann ein Recht zur außerordentlichen Kündigung geben können, wenn sie eine wesentliche Änderung des Handelsgewerbes mit sich bringt und wenn dem stillen Gesellschafter eine Vertragsanpassung nicht zuzumuten ist.[892] Dem ist nur mit Einschränkung zu folgen. Zum einen liegt bei einer Verschmelzung in aller Regel eine wesentliche Veränderung des Handelsgewerbes vor. Zum anderen ist eine Vertragsanpassung dem stillen Gesellschafter – wie soeben besprochen – nur unter den besonderen Voraussetzungen der Treupflicht zumutbar.

ee) Vertragsanpassung, § 23 UmwG

Den Inhabern von Sonderrechten im übertragenden Rechtsträger, die kein Stimmrecht gewähren, insbesondere den Inhabern von Anteilen ohne Stimmrecht, von Wandelschuldverschreibungen, von Gewinnschuldverschreibungen und von

---

[889] Dagegen: *Böttcher/Zartmann/Faut*, 228 f.; *Theil*, 140; *Koenigs*, 273 f.; dafür: (im Falle einer Umwandlung nach § 56 a UmwG a.F.) *Crezelius*, JbFStR, 1992/1993, 229, 231 f. (für die Umwandlung eines einzelkaufmännischen Unternehmens in eine GmbH).

[890] *Blaurock*, § 18 Rn. 25; *Jung*, ZIP 1996, 1734, 1738.

[891] Statt aller *Blaurock*, § 18 Rn. 26 m.N.

[892] *Zutt* in: Großkomm., § 234 HGB, Rn. 16.

Genussrechten sind nach § 23 UmwG gleichwertige Rechte in dem übernehmenden Rechtsträger zu gewähren. Es ist streitig, ob zu diesen Sonderrechtsinhabern auch die Anteilsinhaber einer stillen Gesellschaft gehören.

Nach einer Ansicht sollen stille Gesellschaften nicht zu den Sonderrechten i.S.v. § 23 UmwG gehören.[893] Dafür soll einerseits der schuldrechtliche Charakter der stillen Beteiligung sprechen.[894] Andererseits führt man an, der stille Gesellschafter sei durch die allgemeinen Bestimmungen über das Zustimmungsrecht und eventuell § 280 BGB, den Wegfall der Geschäftsgrundlage und die Kündigung aus wichtigem Grund ausreichend geschützt.[895] Zum Teil wird anscheinend auch danach differenziert, ob durch die stille Gesellschaft im Einzelfall eine „partiarische Beziehung" zum Rechtsträger vermittelt wird.[896] Dieses Kriterium hat aber m.E. kaum Unterscheidungskraft, weil bei einer stillen Gesellschaft die Gewinnbeteiligung nicht ausgeschlossen werden kann (vgl. § 231 Abs. 2 HS 2 HGB). So weit „partiarische Beziehung" - wörtlich „teilnehmende Beziehung" - also eine Gewinnbeteiligung meint, ist dieses Kriterium bei einer stillen Gesellschaft notwendig erfüllt. Im übrigen sind mir sinnvolle Anknüpfungspunkte dafür, was unter einer „partiarischen Beziehung" zu verstehen sein soll, nicht ersichtlich.

Die Gegenansicht wendet § 23 UmwG zu Recht in vollem Umfang auch auf die stille Gesellschaft an.[897] Der schuldrechtliche Charakter der stillen Gesellschaft spricht nicht gegen die Anwendung von § 23 UmwG. Die Vorschrift enthält eine beispielhafte Aufzählung, die auch Gewinnschuldverschreibungen und Genussrechte benennt, beides rein schuldrechtliche Vertragsarten ohne mitgliedschaftliche Elemente. Die stille Gesellschaft bietet demgegenüber sogar eine weitergehende Rechtsposition.

Eher zu erwägen ist das Argument, der stille Gesellschafter sei anderweitig ausreichend geschützt. Insbesondere gibt es für die aufgezählten Rechte kein Mitwirkungsrecht für Strukturmaßnahmen im Innenverhältnis. Trotzdem ist die stille Gesellschaft unter § 23 UmwG zu fassen, weil nur diese Interpretation dem Schutzzweck der Vorschrift entspricht, wonach die Inhaber von Gewinnbeteili-

---

[893] *Hüffer*, FS Lutter, 1227, 1237; *Marsch-Barner* in: Kallmeyer, § 23 UmwG, Rn. 3; *Vossius* in: Widmann/Mayer, § 23 UmwG, Rn. 11.

[894] *Marsch-Barner* in: Kallmeyer, § 23 UmwG, Rn. 3.

[895] *Hüffer*, FS Lutter, 1227, 1237.

[896] So möglicherweise: *Kalss* in: Semler/Stengel, § 23 UmwG, Rn. 7.

[897] *Stratz* in: Schmitt/Hörtnagl/Stratz, § 23 UmwG, Rn. 8 (Recht ohne Stimmrecht); *Grunewald* in: Lutter, Rn. 15; *Bermel* in: Goutier/Knopf/Tulloch, § 23 UmwG, Rn. 10; *Kalss* in: Semler/Stengel, UmwG, 8. Aufl. 2003, § 23 Rn. 7; *Jung*, ZIP 1996, 1734, 1738 liSp; *Winter*, FS Peltzer, 645, 650.

gungen ohne Stimmrecht einen Verwässerungsschutz erhalten sollen. Auch wenn der stille Gesellschafter im Innenverhältnis bei der Maßnahme mitwirken kann, hat er doch bei der eigentlichen Entscheidung kein Stimmrecht und nach überzeugender Ansicht auch kein Vetorecht. Die Vorschrift ist rechtssystematisch als gesetzlich geregelter Fall des Wegfalls der Geschäftsgrundlage zu verstehen. Sie ist deshalb – soweit anwendbar – insoweit speziell, als es um die Anpassung nach den Grundsätzen des Wegfalls der Geschäftsgrundlage geht. Das Zustimmungsrecht nach den Grundsätzen der stillen Gesellschaft, die Kündigung aus wichtigem Grund wegen Wegfalls der Geschäftsgrundlage und § 280 BGB bleiben daneben anwendbar, weil die Vorschrift ausschließlich dem Schutz der Rechtsinhaber dient.

Nicht zu verkennen ist allerdings, dass § 23 UmwG die Aktiengesellschaft eine Anpassung des Vertrages erfordert. Dies verursacht gerade bei einer übernehmenden Aktiengesellschaft einen erheblichen Mehraufwand, weil das Verfahren nach den §§ 293 ff. AktG gem. § 295 Abs. 1 AktG erneut einzuhalten ist. Entgegen *Vossius*[898] gehen allerdings auch die Rechte des § 23 UmwG gem. § 20 Abs. 1 Nr. 1 UmwG automatisch auf den übernehmenden Rechtsträger über. Die Vorschrift verpflichtet zur Anpassung, stellt aber keine Ausnahme vom Grundsatz der Gesamtrechtsnachfolge dar.

Nach *Bermel* soll außerdem § 29 UmwG analog gelten, wenn der übernehmende Rechtsträger seine Pflicht nach § 23 UmwG nicht erfüllt.[899] In der Folge habe der Verschmelzungsvertrag für diesen Fall eine Barabfindung vorzusehen. Die Ansicht ist abzulehnen.[900] Das folgt schon daraus, dass die Vorschrift nur bei Verschmelzung auf ein Unternehmen anderer Rechtsform oder bei eintretenden Verfügungsbeschränkungen gilt. Darüber hinaus ist die Vorschrift bewusst auf Anteilsinhaber beschränkt. Die Inhaber von Sonderrechten sind von den Besonderheiten der Rechtsform weniger generell betroffen, weil hier auch Kündigung und Schadensersatz nach den allgemeinen Vorschriften in Frage kommen. § 29 UmwG ist schließlich gerade keine Vorschrift, die Rechtsfolgen für eine Pflichtverletzung regelt.

---

[898] *Vossius* in: Widmann/Mayer, § 23 UmwG, Rn. 21.

[899] *Bermel* in: Goutier/Knopf/Tulloch, § 23 UmwG, Rn. 15.

[900] So auch: *Marsch-Barner* in: Kallmeyer, § 23 UmwG, Rn. 13; *Hüffer*, FS Lutter, 1227, 1243.

b) Die Aktiengesellschaft ist übernehmender Rechtsträger

Die Rechtsfolgen der Verschmelzung einer anderen Gesellschaft auf die Aktiengesellschaft, die Schuldnerin der vertragstypischen Leistung eines Unternehmensvertrags ist, sind streitig.

Emmerich nimmt an, jedenfalls Beherrschungs- und Gewinnabführungsverträge würden erlöschen.[901] Für den Teilgewinnabführungsvertrag ist die Frage kaum erörtert.[902] Es ist davon auszugehen, dass der Vertrag weder dem Gesichtspunkt des Teilgewinnabführungsvertrags noch unter dem Gesichtspunkt der stillen Gesellschaft beendet wird.[903] Die Zweckerreichung wird grundsätzlich nicht unmöglich. Etwas anderes kann sich allerdings aus dem Vertrag ergeben, wenn vorgesehen ist, dass sich die Beteiligung auf ein ganz bestimmtes Handelsgewerbe bezieht, und dieser Charakter durch die aufnehmende Verschmelzung geändert wird.

Bezieht sich der Vertrag auf einen Teilbetrieb, so ist die Beteiligung am fortbestehenden Teilbetrieb fortzusetzen. Bezieht sich die Beteiligung auf das ganze Unternehmen, so ist die Beteiligung am Unternehmen unter Einschluss des durch die Verschmelzung hinzugekommenen Teils fortzusetzen.

Eine atypische stille Gesellschaft mit Geschäftsführungsbefugnissen für das ganze Unternehmen (Betriebsführungsvertrag) erstreckt sich nach der Verschmelzung ebenfalls auf den hinzugekommenen Teil.

Eine Anpassung des Vertrags kann auch nicht nach § 23 UmwG erfolgen. Vielmehr sind die Grundsätze über den Wegfall der Geschäftsgrundlage anzuwenden. Für die Anpassung hat man sich an die Verschmelzungswertrelation zu halten. Nach *Prosser* soll für Genusscheine etwas anderes gelten, wenn eine Gewinn- mit einer Verlustgesellschaft verschmolzen wird.[904] Hier sei ein fester Ausgleich geschuldet. Dem ist m.E. nicht zu folgen, weil der stille Gesellschafter

---

901 *Emmerich* in: Emmerich/Habersack, Aktien- und GmbH-Konzernrecht, § 297 AktG, Rn. 40 i.V.m. 38 f.

902 Siehe *Krieger* in: Münch HdB GesR IV, § 72 Rn. 67 (die Frage sei anscheinend von geringer praktischer Bedeutung); dazu auch: *Koppensteiner* in: Kölner Kommentar, § 297 AktG, Rn. 18, 22 (Beendigung liege nahe), 24, 25, 31; *Geßler* in: Geßler/Hefermehl, § 297 AktG, Rn. 46 ff.

903 Wohl auch: *Emmerich* in: Emmerich/Habersack, Aktien- und GmbH-Konzernrecht, § 297 AktG, Rn. 40 (nicht nachvollziehbar zum Kündigungsrecht, weil es keinen „neuen Rechtsträger" gibt, wenn die zur vertragstypischen Leistung verpflichtete Gesellschaft übernehmender Rechtsträger ist, also eine Verschmelzung zur Aufnahme vorliegt).

904 *Prosser*, 246 ff.

kündigen kann, wenn er die strategische Ausrichtung des Unternehmens durch den Erwerb der Verlustgesellschaft nicht billigt. Seinen berechtigten Interessen ist damit gedient. Es ist nicht davon auszugehen, dass die Parteien beim Vertragsschluss ohne weiteres stillschweigend übereinstimmend annehmen, dass die Inhabergesellschaft keine verlustbringenden Unternehmen erwirbt und sie diesen Fall durch die Vereinbarung eines festen Ausgleichs bedacht hätten. Eine solche stillschweigende Annahme ergibt sich jedenfalls nicht allein aus dem Umstand, dass die Inhabergesellschaft zum Zeitpunkt der des Abschlusses der Beteiligung gewinnbringend wirtschaftet.

Ob eine Zustimmung des Stillen im Innenverhältnis erforderlich ist, fragt sich aus der Perspektive des Rechts der stillen Gesellschaft. *Jung* und *Blaurock* bejahen dies für das Regelstatut der stillen Gesellschaft.[905] Für diese Ansicht spricht, dass die Verschmelzung zur Aufnahme ein Grundlagengeschäft ist. Die Situation lässt sich nicht mit einer bloßen Kapitalerhöhung gegen Sacheinlage vergleichen, weil dort keine Gesamtrechtsnachfolge eintritt. Der stille Gesellschafter kann deshalb kündigen, wenn sein Zustimmungsrecht pflichtwidrig übergangen wird. Er wird die Zustimmung in diesem Fall kaum je aufgrund der Treupflicht schulden. Der Beteiligungsvertrag muss entsprechend vorbeugen, wenn die Aktiengesellschaft die Möglichkeit haben will, andere Unternehmen im Wege der Verschmelzung aufzunehmen, ohne den Abfluss des Kapitals des stillen Gesellschafters zu riskieren.

Die Wertrelation des übernommenen Vermögens zur Gegenleistung ist nicht nach § 23 UmwG zu überprüfen. Die Vorschrift betrifft nur die Rechte an einem übertragenden Rechtsträger. Ein Verwässerungsschutz kann analog § 216 Abs. 3 AktG in Frage kommen, wenn die Aktiengesellschaft zur Abfindung der Anteilsinhaber des übernommenen Unternehmens eine Kapitalerhöhung durchführt.

Es kommt lediglich im Einzelfall ein Schadensersatzanspruch aus § 280 BGB oder eine Vertragsanpassung nach den Grundsätzen des Wegfalls der Geschäftsgrundlage in Frage.

Zur Klarstellung und zur Vermeidung von Rechtsunsicherheit empfiehlt sich eine vertragliche Regelung.

2. Spaltung

Wird die Aktiengesellschaft im Wege der Spaltung zur Aufnahme Teilrechtsnachfolgerin einer anderen Gesellschaft, nimmt die Aktiengesellschaft also Teile

---

[905] *Jung*, ZIP, 1996, 1734, 1739; *Blaurock*, § 18 Rn. 33.

eines anderen Unternehmens auf, so hat der stille Gesellschafter grundsätzlich kein Recht auf Anpassung des Vertrags, weil der stille Gesellschafter die strategische Ausrichtung des Inhaberunternehmens grundsätzlich hinzunehmen hat. Etwas anderes gilt nur, wenn eine die Parteien eine abweichende vertragliche Vereinbarung getroffen haben oder ausnahmsweise § 280 BGB oder die Grundsätze über den Wegfall der Geschäftsgrundlage eingreifen.

Spaltet sich die Aktiengesellschaft selbst auf, spaltet sie einen Teil ihres Vermögens ab oder gliedert sie einen Teil ihres Vermögens oder ihr ganzes Vermögen aus, so ist das Schicksal der stillen Gesellschaft fraglich.

a) Übertragbarkeit der stillen Beteiligung

Die stille Gesellschaft ist in der Spaltung grundsätzlich übertragbar.[906] Dem steht der Wortlaut von § 126 Abs. 1 Nr. 9 UmwG nicht entgegen, der von Gegenständen des Aktiv- und Passivvermögens spricht. Auf die Bilanzierungsfähigkeit kommt es nicht an. Vielmehr sind auch ganze Vertragsverhältnisse als Gegenstände im Sinne der Vorschrift anzusehen, weil eine Spaltung von unternehmenstragenden Gesellschaften sonst praktisch überhaupt nicht möglich wäre.

Nach § 132 S. 1 BGB bleiben allerdings allgemeine Vorschriften durch die Wirkung der Eintragung nach § 131 UmwG unberührt, welche die Übertragbarkeit eines Gegenstands ausschließen oder an bestimmte Voraussetzungen knüpfen oder nach denen die Übertragung eines bestimmten Gegenstands einer staatlichen Genehmigung bedarf. Das ist dann unproblematisch, wenn der Vertrag über die stille Gesellschaft vorsieht, dass das Inhaberunternehmen die stille Gesellschaft im Wege der Spaltung übertragen kann. Problematisch ist es, wenn der Vertrag eine solche Vorkehrung nicht trifft.

Nach Ansicht von *Blaurock* stehen insoweit die §§ 717 S. 1, 719 S. 1 BGB allerdings nicht entgegen, weil diese Vorschriften nur die einzelnen mitgliedschaftlichen Rechte, sowie die Beteiligung an dem bei der stillen Gesellschaft ohnehin nicht vorhandenen Gesamthandsvermögen beträfen.[907]

---

[906] *Blaurock*, § 18 Rn. 35; *Jung*, ZIP 1996, 1734, 1737 liSp. (zumindest für Aufspaltung analog § 132 S. 2 UmwG); auch: *Goutier* in: Goutier/Knopf/Tulloch, § 131 UmwG, Rn. 10 (nur für Aufspaltung); zu Vertragsverhältnissen allg.: *Heidenhain*, ZIP, 95, 801, 804 f. („Gegenstände seien nur Rechte, nicht aber Verbindlichkeiten); *derselbe* NJW 1995, 2873, 2877 (ausdrücklich für Teilgewinnabführungsvertrag, Betriebspacht und Betriebsüberlassung „denkbar"); *Hennrichs*, ZIP 1995, 794, 798 f.; a.A. *Goutier* in: Goutier/Knopf/Tulloch, § 131 UmwG, Rn. 13 (für Abspaltung und Ausgliederung).

[907] *Blaurock*, § 18 Rn. 38; a.A. *Teichmann* in: Lutter, § 132 UmwG, Rn. 8.

Hierbei ist aber nicht zu verkennen, dass Verträge schon nach den §§ 414 ff. BGB nicht ohne Mitwirkung der anderen Vertragspartei übertragen werden können. Die §§ 414 ff. BGB sind durchaus allgemeine Vorschriften, die die Übertragbarkeit eines Gegenstands ausschließen.

Die Literatur bemüht sich hier um eine teleologische Interpretation bzw. eine gesetzesübersteigende Rechtsfortbildung. Dafür spricht, dass die praktische Funktionsfähigkeit des Rechtsinstituts der Spaltung nicht mehr gegeben ist, wenn man annimmt, es bedürfe der Zustimmung der anderen Partei, um Vertragspositionen zu übertragen. Das zeigt sich besonders deutlich am Beispiel der Aufspaltung, weil hier kein Rechtsträger übrig bleibt, dem man den Vertrag zuordnen kann, wenn der Partner einer Übertragung nicht zustimmt. Man kann dagegen aber auf § 25 Abs. 2 S. 1 UmwG verweisen, nach dem der alte Rechtsträger als fortbestehend gilt, soweit es um gegen ihn gerichtete Ansprüche nach den allgemeinen Vorschriften aufgrund der Verschmelzung geht. *Jung* hat vorgeschlagen, jedenfalls für den Fall der Aufspaltung § 132 S. 2 UmwG auf die stille Gesellschaft entsprechend anzuwenden.[908] Diese Analogie ist das Minimum an Rechtsfortbildung, das erforderlich ist, um das gesetzlich vorgesehene Rechtsinstitut der Ausgliederung funktionsfähig zu machen.

Weitergehend argumentiert *Hennrichs*, § 132 S. 1 UmwG spreche nur von einzelnen Gegenständen, während ein Vertrag ein Bündel von Rechten und Pflichten darstelle, das von der Vorschrift nicht erfasst sei.[909]

In die gleiche Richtung, aber noch weiter geht die Argumentation von *Heidenhain*, der angenommen hat, die Vorschrift erfasse nur Rechte nicht aber Verbindlichkeiten.[910]

Nach *Teichmann* ist der Begriff der Vorschriften, die die Übertragbarkeit eines bestimmten Gegenstands ausschließen (§ 132 S. 1 Alt. 1 UmwG) oder deren Übertragung an bestimmte Voraussetzungen knüpfen (Alt. 2) mit Rücksicht auf die 3. Alt. – Vorschriften, nach denen die Übertragung eines Gegenstands einer staatlichen Genehmigung bedarf – sehr eng auszulegen.[911] Die 3. Alt. ließe erkennen, dass Vorschriften, nach denen im Gegensatz zu einer staatlichen Genehmigung eine bürgerlich-rechtliche Genehmigung für den Rechtsübergang

---

[908] *Jung*, ZIP 1996, 1734, 1737.

[909] *Hennrichs*, ZIP 1995, 794, 798; dagegen: *Goutier* in: Goutier/Knopf/Tulloch, § 131 UmwG, Rn. 13 (unter Verweis auf § 132 Abs. 1 Nr. 1 S. 2 UmwG).

[910] *Heidenhain*, ZIP 1995, 801, 804 f.; relativierend: *derselbe*, NJW 1995, 2873, 28.

[911] *Teichmann* in: Lutter, § 132 UmwG, Rn. 9; zustimmend: *Karsten Schmidt*, Gesellschaftsrecht, § 13 IV 4, 405.

erforderlich ist, den Übergang im Rahmen der Spaltung nicht hindern. Dafür weist *Teichmann* auch auf die zur Vertragsübernahme herrschende Verfügungstheorie hin. Nach dieser Theorie verfügen die übertragende Vertragspartei und der Übernehmer als Nichtberechtigte über das Vertragsverhältnis. Die andere Vertragspartei willigt nach § 185 Abs. 1 BGB ein oder genehmigt nach § 185 Abs. 2 S. 1 Alt. 1 BGB; insofern bedürfe es für die Übertragung lediglich einer (bürgerlich-rechtlichen) Genehmigung. Überzeugend ist aber nicht, wie sich diese Auffassung in die Systematik der Bestimmung fügen soll, die in der 2. Alt. auch von Vorschriften spricht, die die Übertragung an bestimmte Voraussetzungen knüpfen. Es ist deshalb nach überzeugender Auffassung eine gesetzesübersteigende Rechtsfortbildung nötig. Für die Praxis wird abzuwarten sein, ob und wie die Rechtsprechung diesen Schritt vollzieht.

Für die stille Beteiligung an einer Aktiengesellschaft ist die Frage zusätzlich vom Gesichtspunkt des Rechts der Unternehmensverträge aus zu beurteilen. Die Literatur vertritt die Ansicht, dass Unternehmensverträge bei der Spaltung des zur vertragstypischen Leistung verpflichteten Unternehmensträgers grundsätzlich automatisch erlöschen.[912] Dem ist zumindest für den Teilgewinnabführungsvertrag nicht zu folgen. Das Inhaberunternehmen kann sich auch im Wege der Spaltung nicht seinen vertraglichen Pflichten entziehen.

b) Zuordnung der stillen Beteiligung

Setzt man einmal voraus, dass das Vertragsverhältnis der stillen Gesellschaft im Wege der Spaltung übertragbar ist, fragt sich, in welcher Weise es in der Spaltung zuzuordnen ist. Die Frage wird für die Inhaber von Sonderrechten kontrovers diskutiert.

Nach *Dehmer* soll der Sonderrechtsinhaber selbst wählen können, in welchem Rechtsträger er gleichwertige Rechte erhalten will.[913] Das Wahlrecht begründet er mit der gesamtschuldnerischen Haftung in § 133 Abs. 1 S. 1 UmwG. Begrifflich sagt die Haftung grundsätzlich aber nichts über die Frage der Schuld aus, sondern ist ihr nachgelagert. Es ist auch wenig zweckmäßig, dem Sonderrechtsinhaber das Wahlrecht einseitig zuzugestehen.

Vossius will den Inhabern solcher Rechte in jedem übernehmenden Rechtsträger gleichwertige Rechte zu gewähren.[914]

---

[912] *Emmerich* in: Emmerich/Habersack, Aktien- und GmbH-Konzernrecht, § 297 AktG, Rn.43; *Hörtnagl* in: Schmitt/Hörtnagl/Stratz, § 131 UmwG, Rn. 72 ff.; *Teichmann* in: Lutter, § 132 UmwG, Rn. 65; a.A. für Verträge nach § 292 AktG: *Heidenhain*, NJW 1995, 2873, 2877.

[913] *Dehmer*, § 133 UmwG, Rn. 21 ff.

[914] *Vossius* in: Widmann/Mayer, § 23 UmwG, Rn. 38 ff.; § 133 UmwG, Rn. 36.

Nach *Hommelhoff* können Spaltungsvertrag und Spaltungsplan diese Rechte frei zuordnen.[915] Dafür spricht die Vorschrift des § 133 Abs. 2 S. 2 UmwG, wonach man bei Abspaltung und Ausgliederung gleichwertige Rechte nach § 125 UmwG i.V.m. § 23 UmwG auch im übertragenden Rechtsträger gewähren kann.

Der Ansicht von *Vossius* ist insoweit zu folgen. Es mag der allgemeinen Konzeption der Spaltung entsprechen, dass der sich spaltende Rechtsträger über die Zuordnung der Verbindlichkeiten selbst entscheiden kann. Das kann aber nicht für Sonderrechte nach § 23 UmwG gelten. Der Gläubigerschutz reicht hier nicht aus, um die Rechtsposition des Sonderrechtsinhabers ausreichend sicherzustellen. Das größte Hindernis für diese Interpretation ist im Wortlaut der Vorschrift des § 132 Abs. 2 S. 2 UmwG zu sehen, nach dem bei Abspaltung und Ausgliederung die gleichwertigen Rechte auch in dem übertragenden Rechtsträger gewährt werden können. Wem das Recht zusteht, Rechte im übertragenden Rechtsträger statt im übernehmenden Rechtsträger einzuräumen, sagt die Vorschrift nicht. Das ist m.E. nur durch beide Parteien übereinstimmend möglich. Der Regelungsgehalt der Vorschrift liegt dann in ihrer Maßgeblichkeit für das Steuerrecht. Sie besagt, dass die Parteien sich einigen können, die Quote im übertragenden Rechtsträger aufzustocken, ohne dass es zu einer Gewinnrealisierung in der Beteiligung kommt, solange nur die Beteiligungen im neuen und alten Rechtsträger zusammen wirtschaftlich gleichwertig sind.

Diesem Ergebnis könnte die auf *Teichmann* zurückgehende Ansicht in der Literatur entgegenstehen, ein Schuldverhältnis könne nicht im Wege der Spaltung real aufgeteilt werden.[916] Diese zunächst ohne Einschränkung vertretene Ansicht wurde von *Teichmann* allerdings inzwischen relativiert, nach dem es jetzt möglich sein soll, einen Vertrag mehreren übernehmenden Rechtsträgern zuzuweisen, sofern sich dadurch der Umfang der Verpflichtung der Gegenseite nicht verändert.[917] Als Beispiel nennt er die Trennung von Forderung und Verbindlichkeit. Dieser Grundsatz kann aber jedenfalls für solche Schuldverhältnisse nicht gelten, die am ganzen Unternehmen oder Teilen davon beteiligen. Solche Schuldverhältnisse sind mit der Zuteilung ihres Beteiligungsgegenstands aufzuteilen, um ihren wirtschaftlichen Gehalt sicherzustellen. Der Grundsatz einheitlicher Zuordnung von Schuldverhältnissen hat demgegenüber zurückzutreten.

---

[915] *Hommelhoff* in: Lutter, § 133 UmwG, Rn. 60 ff.; zustimmend: *Prosser*, 258 ff.

[916] *Teichmann*, ZGR 1993, 396, 413 f.; *Rieble*, ZIP 1997, 301, 310; *Hörtnagl* in: Schmitt/Stratz/Hörtnagl, § 131 Rn. 53; a.A. *Heidenhain*, NJW 1995, 2873, 2877 f.

[917] *Teichmann* in: Lutter, § 132 UmwG, Rn. 39.

Eine Aufteilung der stillen Gesellschaft auf verschiedene Rechtsträger ist demnach möglich und geboten.[918]

3. Formwechselnde Umwandlung

Die formwechselnde Umwandlung hat keinen Einfluss auf den Bestand der stillen Gesellschaft. Bei Formwechsel in eine GmbH dürfte der Vertrag seine Eigenschaft als Unternehmensvertrag verlieren.[919] Die Rechtslage ist hier aber noch nicht geklärt. Die Rechtsprechung hat bisher nur die analoge Anwendung der aktienrechtlichen Vorschriften über den Zustimmungsbeschluss sowie über die Verlustübernahmepflicht für Unternehmensverträge mit einer GmbH als Untergesellschaft angenommen.[920]

Nach *Zutt* soll der Rechtsformwechsel allein i.d.R. auch kein außerordentliches Kündigungsrecht des stillen Gesellschafters auslösen.[921] Das mag für stille Gesellschaften mit einer GmbH oder einer Personenhandelsgesellschaft zutreffen. Die Frage ist aber für die stille Gesellschaft mit einer Aktiengesellschaft anders zu beurteilen. Der Wechsel der Rechtsform ist hier als Grundlagengeschäft zu beurteilen, weil die Vermögensbindung nach den §§ 57 ff. AktG entfällt. Deshalb ist für die Umwandlung im Innenverhältnis die Zustimmung des stillen Gesellschafters einzuholen. Die Treupflicht nötigt den stillen Gesellschafter in diesem Fall nicht zur Zustimmung, weil sein Eigeninteresse insoweit vorrangig sein kann. Wird das Zustimmungsrecht des stillen Gesellschafters übergangen, kann er außerordentlich kündigen. Darüber hinaus steht ihm ein Schadensersatzanspruch nach § 280 BGB zu.

Will man den Formwechsel auch gegen den Willen des stillen Gesellschafters ermöglichen, ist eine vertragliche Regelung erforderlich.

§ 17 Inhaltsänderungen

Für Vertragsänderungen ist nach § 295 Abs. 1 S. 2 AktG das Verfahren der §§ 293 bis 294 AktG anzuwenden. Ein Sonderbeschluss etwaiger außenstehender Aktionäre ist nach § 295 Abs.2 AktG nur erforderlich, wenn der Vertrag ausnahmsweise einen freiwilligen Ausgleich gewährt hat. Die Inhaltsänderung darf

---

[918] Tendenziell auch: *Heidenhain*, NJW 1995, 2873, 2877 liSp.

[919] Anders *Lutter/Hommelhoff*, Anh § 13 GmbHG, Rn. 48 a.E. (§ 291 f. AktG seien im Zweifel auf Unternehmensverträge mit einer GmbH als Untergesellschaft anwendbar).

[920] BGHZ 105, 324 (Supermarkt).

[921] *Zutt* in: Großkomm., § 230 HGB, Rn. 90 a.E.

nicht zu einer anderen Unternehmensvertragsart führen.[922] Hierzu ist Beendigung und Neuabschluss erforderlich.

I. Einseitige Änderungen durch das Inhaberunternehmen

Bestimmte Änderungsvorbehalte sind vom Recht der stillen Gesellschaft her gesehen auch einseitig möglich. Das Inhaberunternehmen kann sich das Recht vorbehalten, im Wege des Mehrheitsbeschlusses unter bestimmten Voraussetzungen bestimmte Änderungen an den Vertragsbedingungen vorzunehmen. Hierbei ist das vom BGH sehr eng ausgelegte Bestimmtheitsgebot für Mehrheitsentscheidungen in Personengesellschaften (allerdings nicht in Publikumsgesellschaften) sowie die Kernbereichslehre zu beachten.[923] Bei Publikumsbeteiligungen unterliegt eine solche Bestimmung der Inhaltskontrolle nach § 242 BGB. Sonst sind die Grenzen des § 138 BGB zu beachten. Eine Klausel, die der Aktiengesellschaft einen globalen Änderungvorbehalt ohne jede Einschränkung einräumt, dürfte zumindest nach den Grundsätzen der Inhaltskontrolle für Publikumsgesellschaften unwirksam sein.[924]

Das Aktienrecht setzt der Möglichkeit einer einseitigen Änderung der Vertragsbedingungen durch die Aktiengesellschaft zusätzliche Grenzen. Jede Inhaltsänderung bedarf nach § 295 Abs. 1 AktG der Zustimmung der Hauptversammlung und einer erneuten Vertragsprüfung. Dieses Erfordernis erschwert die Handhabung einer solchen Regelung.

II. Änderungen auf Verlangen des stillen Gesellschafter

Beteiligungsverträge sehen mitunter vor, dass der stille Gesellschafter verlangen kann, seine Einlage in dem Verhältnis anzupassen, in dem sich das Grundkapital der Aktiengesellschaft ändert.[925] Es bedarf auch hier eines Zustimmungsbeschlusses der Hauptversammlung und einer erneuten Vertragsprüfung. Die Aktiengesellschaft kann sich im Außenverhältnis wirksam verpflichten, die Änderung vorzunehmen, soweit es sich um eine konkrete Verpflichtung handelt.[926]

---

[922] *Krieger* in: Münch HdB GesR IV, § 72 Rn. 64; *Hüffer*, § 295 AktG, Rn.7; a.A. *Koppensteiner* in: Kölner Kommentar, § 295 AktG, Rn. 4.

[923] Dazu: *Hopt*, § 119 HGB, Rn. 35 ff.; Anh. § 177 a HGB, Rn. 69 (bei Publikumsgesellschaften gilt der Bestimmtheitsgrundsatz nicht) jeweils m.N.

[924] Vgl. (zur AGB-Kontrolle bei Genussrechten): *Lutter* in: Kölner Kommentar, § 221 AktG, Rn. 223.

[925] Vgl. § 8 des Vertrags im Sachverhalt der Entscheidung OLG Düsseldorf, AG 1996, 473 = DB 1996, 1862 (Citicorp; nrkr).

[926] Siehe im einzelnen oben unter § 5 V.

III. Änderungen im Wege der Störung der Geschäftsgrundlage

Trat bisher im Einzelfall eine Vertragsanpassung wegen Wegfalls der Geschäftsgrundlage ein, so handelte es sich um eine Änderung von Gesetzes wegen.[927] Eine Zustimmung der Hauptversammlung war insoweit nicht erforderlich.

Die Grundsätze über die Störung der Geschäftsgrundlage sind nun abweichend kodifiziert. Nach § 313 BGB kann nur noch die Anpassung des Vertrages verlangt werden. Eine Anpassung von Gesetz wegen kann nicht mehr eintreten. Zur eigentlichen Änderung des Vertrages ist in der Folge auch die Zustimmung der Hauptversammlung erforderlich.

IV. Übertragung der Beteiligung

Die Übertragung der Beteiligung durch den stillen Gesellschafter stellt einen Wechsel der Vertragspartei und damit eine Inhaltsänderung des Vertrags dar. Eine Vertragsübernahme ist entsprechend §§ 417 ff. BGB möglich. Die Übertragbarkeit auf beliebige Dritte kann im Gesellschaftsvertrag geregelt werden und erfolgt dann durch zweiseitigen Vertrag zwischen stillem Gesellschafter und seinem Rechtsnachfolger unter vorheriger Zustimmung des Inhaberunternehmens (bereits im Beteiligungsvertrag). Grundsätzlich ist die Übertragung der Gesellschafterstellung an keine besondere Form gebunden. Anders ist dies bei einer stillen Beteiligung an einer Aktiengesellschaft, weil sie einen Unternehmensvertrag darstellt. Unternehmensverträge können nur mit Zustimmung der Hauptversammlung im Verfahren der §§ 293 bis 294 AktG geändert werden.

Dieses Erfordernis würde den Handel einer stillen Beteiligung an der Börse unmöglich machen und damit die Eignung einer stillen Beteiligung an Teilbetrieben als tracking stock ausschließen. Jedoch kann man die Handelbarkeit über die Zwischenschaltung eines Treuhänders erzielen. Die Übertragung der Stellung als Treugeber bedarf nicht der Form der Übertragung des Treuguts. Börsenrechtlich gehandelt würden dann die Treuhandbeteiligungen, nicht die stille Beteiligung selbst. Es handelt sich insoweit um eine doppelt mittelbare Unternehmensbeteiligung, nämlich des Treunehmers über den Treugeber und die stille Beteiligung, an der Aktiengesellschaft.

Die Zulassung zum Börsenhandel setzt keine besondere Rechtsform des verbrieften Rechts voraus. Es muss sich lediglich um ein Wertpapier handeln. Auch wenn

---

[927] *Heinrichs* in: Palandt, 59.Aufl. § 242 BGB, Rn. 30 m.N.

bisher – soweit ersichtlich - noch keine entsprechenden Erfahrungen vorliegen, steht nichts entgegen, ein Treuhandverhältnis zu verbriefen.

Das Börsenrecht stellt bestimmte Voraussetzungen lediglich für den Emittenten eines Wertpapiers. Hier stellt sich die Frage, ob nur das Inhaberunternehmen oder auch der Treuhänder diese Bedingungen zu erfüllen hat, oder welche Anforderungen sonst an einen Treuhänder zu stellen sind. Es bietet sich dafür an, auf das Recht der Kapitalanlagegesellschaften zurückzugreifen. Die Frage bedarf weiterer Diskussion.

5. Teil: Beendigung der Beteiligung

Die stille Gesellschaft kann auf unterschiedliche Art und Weise beendet werden. Zu erörtern sind in diesem Zusammenhang die Möglichkeit einer Umwandlung bzw. des Umtauschs in eine Aktienbeteiligung, sowie die Kündigung der stillen Gesellschaft. Ferner wird auf einzelne Punkte im Rahmen der Abwicklung der stillen Gesellschaft eingegangen.

§ 18 Umwandlung in Aktienbeteiligung

I. Keine Regelung im Umwandlungsgesetz

Man könnte eine stille Beteiligung theoretisch rechtstechnisch derart in eine Aktienbeteiligung umwandeln, dass man die stille Gesellschaft auf das Inhaberunternehmen gegen Gewährung von Aktien an den stillen Gesellschafter verschmilzt. Das Umwandlungsgesetz eröffnet eine solche Möglichkeit indessen nicht.

II. Keine Kapitalerhöhung aus Gesellschaftsmitteln zugunsten des Stillen

Die stille Beteiligung gehört nicht zu den freien Rücklagen einer Aktiengesellschaft. Mit *Blaurock* kann man deswegen die stille Beteiligung auf diesem Weg nicht in eine Aktienbeteiligung umwandeln.[928] Im übrigen ist es aber bei der Kapitalerhöhung aus Gesellschaftsmitteln auch nicht möglich, das Bezugsrecht auszuschließen, § 212 AktG. Eine Durchführung zugunsten des stillen Gesellschafters scheitert zusätzlich an diesem Umstand.

Es bleibt nur die Möglichkeit, die stille Gesellschaft zu beenden und dem stillen Gesellschafter eine neue Aktienbeteiligung einzuräumen.

III. Umtauschrecht für den stillen Gesellschafter

1. Einräumung eines Bezugsrechts oder Wandlungsrechts

Die Aktiengesellschaft kann sich nicht verpflichten, neue Aktien auszugeben, § 187 AktG. Die Vorschrift des § 187 AktG wird jedoch von § 221 Abs. 1 S. 1 AktG verdrängt. Nach dem Wortlaut gilt dies nur für Umtausch- oder Bezugsrechte, die mit Schuldverschreibungen (Wandelschuldverschreibungen) verbunden sind. In der Praxis wird § 221 AktG heute auf Wandel- und Options-

---

[928] *Blaurock*, § 18 Rn. 65.

genussrechte entsprechend angewendet.[929] Weiterhin umstritten ist die Anwendbarkeit auf Optionen, die mit Aktien verbunden sind, und auf nackte Optionen.[930] Der Fall eines Wandlungsrechts für stille Beteiligungen ist bisher nicht diskutiert worden. Eine solche Gestaltung ist der Sache nach einem Wandelgenussrecht zu vergleichen und sollte deswegen unter den Voraussetzungen des § 221 AktG zugelassen werden.

2. Einräumung eines bedingten Kapitals

Soweit dem stillen Gesellschafter im Wege einer Kapitalerhöhung eine Aktienbeteiligung eingeräumt werden soll, möchte der stille Gesellschafter naheliegender Weise Sicherheit, dass die Aktiengesellschaft ihrer Verpflichtung zur Kapitalerhöhung auch nachkommt. Dies ist in rechtlich optimaler Weise zu erreichen, indem man ein bedingtes Kapital nach § 192 AktG einräumt. Dann kann der Vorstand im Falle der Umwandlung der Beteiligung die Aktien ausgeben, und der stille Gesellschafter ist durch § 192 Abs. 4 AktG davor geschützt, dass die Hauptversammlung die bedingte Kapitalerhöhung durch entgegenstehende Beschlüsse beeinträchtigt.

Die Zwecke, zu denen man ein bedingtes Kapital einräumen kann, sind im Gesetz grundsätzlich abschließend aufgezählt. Die Gewährung eines Umtauschrechts an den Inhaber einer stillen Beteiligung ist nicht genannt. Das schließt es allerdings nicht aus, ein bedingtes Kapital für Gestaltungen einzuräumen, die denen des § 192 Abs. 2 AktG in Inhalt und Auswirkungen entsprechen.[931] In der Praxis werden Wandelgenussrechte entsprechend § 192 Abs. 2 Nr. 1 AktG eingeräumt.[932] Man kann dagegen Bedenken erheben, wenn die Genussrechte den Berechtigten auch am Verlust beteiligen und insofern anders als eine Schuldverschreibung keinen klaren Nennwert haben. Diese Überlegung greift aber deshalb nicht durch, weil kein effektives Schutzbedürfnis der Aktionäre besteht, die ein Bezugsrecht auf das Genussrecht haben, das es für sich schon rechtfertigt, das Bezugsrecht bei der bedingten Kapitalerhöhung auszuschließen.[933] Auf die stille Beteiligung haben die Aktionäre an sich zwar kein Bezugsrecht.[934] Jedoch kann man das Wandlungsrecht nur in entsprechender

---

[929] *Krieger* in: Münch HdB GesR IV, § 57 Rn. 4.

[930] *Krieger* in: Münch HdB GesR IV, § 63 Rn. 22 m.N.

[931] *Krieger* in: Münch HdB GesR IV, § 57 Rn. 7.

[932] *Krieger* in: Münch HdB GesR IV, § 57 Rn. 4; für analoge Anwendung insoweit auch: *Lutter* in: Kölner Kommentar § 192 AktG, Rn. 5; *Bungeroth* in: Geßler/Hefermehl, § 192 AktG, Rn. 27; *Hüffer*, § 192 AktG, Rn. 9; *Werner* ZHR 149 (1985), 236, 245.

[933] *Krieger* in: Münch HdB GesR IV, § 57 Rn. 9; *Bungeroth* in: Geßler/Hefermehl, § 192 AktG, Rn. 42; *Hirte*, Bezugsrechtsausschluss, 59.

[934] Vgl. BGH, Der Konzern, 2003, 764, 765.

Anwendung von § 221 AktG zusammen mit der stillen Beteiligung einräumen, so dass die Aktionäre in diesen Fällen ein Bezugsrecht haben. Ihren Interessen ist damit hinreichend Rechnung getragen. Andere Interessen, insbesondere Gläubigerinteressen, sind nicht betroffen.

Die Vorschriften über Sacheinlagen sind zu beachten, wenn der stille Gesellschafter am Verlust beteiligt ist. In diesem Fall handelt es sich mittelbar um eine bedingte Kapitalerhöhung gegen Sacheinlage, so dass § 194 S. 1 AktG anwendbar ist. Für stille Beteiligungen ohne Verlustbeteiligung wird man § 194 Abs. 1 S. 2 AktG entsprechend anwenden können. Als Sacheinlage gilt nach § 194 Abs. 1 S. 2 AktG nicht die Hingabe von Schuldverschreibungen im Umtausch gegen Bezugsaktien. Die Vorschrift wird auf Wandelgenussrechte ohne Verlustbeteiligung entsprechend angewendet, soweit die Literatur und Praxis Wandelgenussrechte zulässt.[935] Entsprechend ist für die stille Gesellschaft zu unterscheiden. Maßgeblich dafür, dass der Wert der Sacheinlage den geringsten Ausgabebetrag erreicht, ist der Zeitpunkt, in dem die Hauptversammlung über die Zustimmung zur stillen Beteiligung beschließt. Bei der Prüfung ist die Verlustbeteiligung zu berücksichtigen. In erster Linie kommt es aber auf den Gegenwartswert der ursprünglichen Einlage des stillen Gesellschafters an.

Der Nennbetrag des bedingten Kapitals darf nur die Hälfte des Grundkapitals betragen, das zur Zeit der Beschlussfassung über die bedingte Kapitalerhöhung vorhanden ist, § 192 Abs. 3 AktG. Das wird die Gestaltung für Publikumsgesellschaften oft unbrauchbar machen.

IV. Kündigung der stillen Gesellschaft und Einbringung des Abfindungsanspruchs

Der stille Gesellschafter kann die stille Gesellschaft kündigen und seinen Abfindungsanspruch nach § 183 AktG im Wege der ordentlichen Kapitalerhöhung gegen Sacheinlage gegen Gewährung von Aktien einbringen.

Die Aktiengesellschaft kann nach § 202 AktG für einen Zeitraum von fünf Jahren auch ein genehmigtes Kapital zur Verfügung stellen, damit der Vorstand die Aktien ausgeben kann, wenn der stille Gesellschafter kündigt, um seine Beteiligung umzuwandeln. Dann gelten für den Bezugsrechtsausschluss die erleichterten Bedingungen nach der Siemens/Nold-Rechtsprechung.[936] Die gesamte Rechtsprechung und Lehre zum Bezugsrechtsausschluss ist indessen

---

[935] *Krieger* in: Münch HdB GesR IV, § 57 Rn. 21; *Lutter* in: Kölner Kommentar, § 194 AktG, Rn. 6 f.; *Bungeroth* in: Geßler/Hefermehl, § 194 AktG, Rn. 12 ff.; *Hüffer*, § 194 AktG, Rn. 4.

[936] BGHZ 136, 133, 136.

derart in Bewegung geraten, dass die Bedingungen für den Bezugsrechtsausschluss möglicherweise auch bei der regulären Kapitalerhöhung nicht weniger erleichtert ausfallen werden. So hat das LG Heidelberg kürzlich angenommen, dass ein Vorrang der regulären Kapitalerhöhung gegenüber der Kapitalerhöhung durch Ermächtigung nicht besteht.[937]

Man kann den stillen Gesellschafter aber nicht praktikabel und rechtlich wirksam verpflichten, seine Abfindungsforderung als Sacheinlage in die Aktiengesellschaft einzubringen. Das wäre nur im Wege eines Zeichnungsvorvertrages[938] oder einer Sacheinlagevereinbarung[939] möglich. Das ist aber nicht praktikabel, weil man im voraus nicht den Ausgabebetrag der Aktien bestimmen kann. Hierzu wäre es nötig, den Wert der Abfindungsforderung zu kennen, der erst nach der Kündigung festzustellen ist. Die Parteien können sich zwar über einen festen Ausgabebetrag einigen. Der Wert der Abfindungsforderung muss aber den Nennbetrag der auszugebenden Aktien erreichen.

§ 19 Auflösung der stillen Gesellschaft

Im Folgenden wird dargestellt, unter welchen rechtlichen Voraussetzungen die stille Beteiligung an einer Aktiengesellschaft als Unternehmensvertrag aufgelöst werden, also mit dem Zweck ihrer rechtlichen und tatsächlichen Beendigung in das Auseinandersetzungsstadium überführt werden kann.

I. Aufhebungsvertrag, § 296 AktG

Zum einen besteht die Möglichkeit, die stille Gesellschaft durch Abschluss einer Aufhebungsvereinbarung aufzulösen. Einen Aufhebungsvertrag über Unternehmensverträge soll grundsätzlich der Vorstand schließen können. Ein Aufhebungsvertrag bedarf der schriftlichen Form, § 296 Abs. 1 S. 3 AktG.

Die Aufhebung der stillen Gesellschaft als Unternehmensvertrag kann nach § 296 Abs. 1 S. 1 AktG nur zum Ende des Geschäftsjahrs oder des sonst vertraglich

---

[937] LG Heidelberg, BB, 2001, 1809; zustimmend: *Bungert*, BB 2001 1812; anders *Krieger* in: Münch HdB GesR IV, § 58 Rn. 18 a.E., wenn die Maßnahme im Zeitpunkt der Beschlussfassung der Hauptversammlung ebenso gut mit einer regulären Kapitalerhöhung mit Bezugsrechtsausschluss hätte umgesetzt werden können.

[938] Dazu: *Blaurock*, FS Rittner, 33, 47 (für Sacheinlagevorverträge müssen §§ 185 Abs. 1 S. 3 Nr. 2 und 3 erfüllt sein, die Zeichnungsvereinbarung muss zeitlich begrenzt sein); so auch *Hüffer*, § 186 AktG, Rn. 31; a.A. *Krieger* in: Münch HdB GesR IV, § 56 Rn. 102 (der die Beachtung der von § 185 Abs. 1 S. 3 Nr. 2 und 3 AktG nicht für notwendig hält); *Semler*, FS Werner, 855, 865 (der Schriftform für ausreichend hält).

[939] Siehe *Hüffer*, § 186 AktG, Rn. 31 a.E. und § 183 AktG, Rn. 6.

bestimmten Abrechnungszeitraums erfolgen, wobei diese Bestimmung der Rechtssicherheit und Rechtsklarheit dienen soll.[940] Aus dem gleichen Grund können die Parteien den Unternehmensvertrag nicht rückwirkend aufheben, § 296 Abs. 1 S. 2 AktG. Die Vorschrift dient zunächst den Interessen der außenstehenden Aktionäre und der Gläubiger der Gesellschaft, die nicht rückwirkend ihrer Ansprüche auf Ausgleichsdividende, auf Verlustausgleich oder auf Sicherheitsleistung beraubt werden sollen. Die stille Gesellschaft gewährt als Teilgewinnabführungsvertrag weder den Gläubigern noch den Aktionären derartige Ansprüche.

Man könnte deshalb daran denken, die § 296 AktG einschränkend auszulegen[941] bzw. teleologisch zu reduzieren. Das ist für solche stille Gesellschaften überzeugend, die eine Verlustbeteiligung des stillen Gesellschafters nicht vorsehen. Hier besteht ein Bedürfnis für eine teleologische Reduktion, weil die Parteien eine stille Gesellschaft unterjährig nicht ohne Zwischenbilanz aufheben können. Die Gefahr für die Aktiengesellschaft, nach §§ 352, 353 HGB 5 % Fälligkeitszinsen p.a. zahlen zu müssen, wenn der stille Gesellschafter Kaufmann ist, wiegt nicht schwer genug um das Verbot der rückwirkenden Aufhebung zu rechtfertigen.

Wenn eine Verlustbeteiligung besteht, ist es dagegen denkbar, dass der Stille eine eventuelle Verlustübernahmepflicht aus der stillen Beteiligung rückwirkend beseitigen will. Diese Gefahrenlage wird von § 296 Abs. 1 S. 2 AktG erfasst.

Wenn der Vertrag zur Leistung eines Ausgleichs an die außenstehenden Aktionäre oder zur Leistung eines Ausgleichs verpflichtet, bedarf es eines Sonderbeschlusses der außenstehenden Aktionäre, um den Vertrag aufzuheben. Das betrifft Beherrschungs- und Gewinnabführungsverträge, wobei stille Gesellschaft im Einzelfall einen verschleierten Beherrschungsvertrag darstellen kann.[942] Der Vertrag ist dann allerdings fehlerhaft. Einen fehlerhaften Unternehmensvertrag können die Parteien wiederum ohne Sonderbeschluss aufheben. Anderenfalls würde man den Vertrag mittels der Grundsätze über den Sonderbeschluss für die Zukunft verbindlich machen. Ein Sonderbeschluss ist hingegen erforderlich, wenn der Vertrag freiwillig einen Ausgleich zusagt, § 296 Abs. 2 AktG.[943]

---

[940] Vgl. RegBegr bei *Kropff*, 385.

[941] *Koppensteiner*, Kölner Kommentar, § 296 AktG, Rn. 7; *Emmerich* in: Emmerich/Habersack, Aktien- und GmbH-Konzernrecht, § 296 AktG, Rn. 14; *Werth*, DB 1975, 1140, 1141 (einzelne Vertragsfolgen, z.B. Gewinnanspruch für laufendes Geschäftsjahr).

[942] Siehe dazu oben unter § 5 V.

[943] *Krieger* in: Münch HdB GesR IV, § 72 Rn. 66.

II. Kündigung

1. Kündigung bei Unternehmensverträgen

Die Kündigung des Unternehmensvertrags ist in § 297 AktG geregelt. Die Vorschrift ist nicht abschließend. Die in § 297 AktG nicht geregelten Fragen sind ausdrücklich der Vertragsfreiheit überlassen.[944] Weiter ist anzunehmen, dass die jeweilige Typenvertragsordnung insoweit gilt, als sie nicht mit dem Konzernvertragsrecht in Widerspruch steht. Das Konzernvertragsrecht ist gegenüber dem Typenvertragsrecht nur teilweise speziell.

2. Ordentliche Kündigung

Eine ordentliche Kündigung kommt in Frage, wenn die Gesellschaft nicht auf bestimmte Zeit eingegangen ist. Die h.M. nimmt an, ein Beherrschungsvertrag sei nur dann ordentlich kündbar, wenn der Vertrag dieses Recht ausdrücklich begründet.[945] Die Vertreter dieser Auffassung verweisen auf die Materialien und den Schutz der Minderheitsaktionäre.[946] Diese Grundsätze lassen sich so nicht auf die anderen Unternehmensverträge übertragen. Diese Verträge stellen nach ihrer jeweiligen Typenvertragsordnung ein Kündigungsrecht bereit, das auch dann gilt, wenn der Vertrag zugleich ein sonstiger Unternehmensvertrag ist.[947]

Die konzernvertraglichen Grenzen für einen Aufhebungsvertrag gelten mit der Rechtsprechung und einem Teil der Literatur nicht für die Kündigung und zwar auch dann nicht, wenn das Kündigungsrecht vertraglich eingeräumt ist.[948] Das

---

[944] Vgl. *Hüffer*, § 297 AktG, Rn. 2 und RegBegr bei *Kropff*, 386.

[945] *Geßler* in: Geßler/Hefermehl § 297 AktG, Rn. 11; *Würdinger* in: Großkomm., 3. Aufl., § 297 AktG Anm. 2; *Koppensteiner* in: Kölner Kommentar, § 297 AktG, Rn. 6 (Minderheitenschutz); *Hüffer*, § 297 AktG, Rn. 13; *Wilhelm*, 9; *Krieger* in: Münch HdB GesR IV, § 70 Rn. 167; a.A. *Emmerich* in: Emmerich/Habersack, Aktien- und GmbH Konzernrecht § 297 Rn. 6; *Hüchting*, 115; *Kley*, 57 f.; *Windbichler*, 68 ff. (Termin § 296 Abs. 1 AktG analog; Frist § 723 Abs. 2 BGB analog; vor allem im Hinblick auf eine kartellrechtliche Unterlassungsverfügung); *Timm*, FS Kellerman, 461, 471 (allgemeine Grundsätze für Dauerrechtsverhältnisse).

[946] Insbesondere auf RegBegr bei *Kropff*, 386.

[947] *Koppensteiner* in: Kölner Kommentar, § 297 AktG, Rn. 5; *Geßler* in: Geßler/Hefermehl, § 297 AktG, Rn. 13; *Hüffer*, § 297 AktG, Rn. 14; *Krieger* in: Münch HdB GesR IV, § 72 Rn. 66.

[948] BGHZ 122, 211 (SSI); *Hüffer*, § 297 AktG, Rn. 16; *Emmerich* in: Emmerich/Habersack Aktien- und Gmbh-Konzernrecht § 297 AktG, Rn. 12; *Hirte* ZGR 1994, 644, 654 („lässt sich für die ordentliche Kündigung wohl vertreten“); *Krieger* in: Münch HdB GesR IV, § 70 Rn. 167; *Timm*, FS Kellermann, 1991, 461, 467; *Wilhelm*, 11 (§ 297 Abs. 2 AktG sie nicht auf die Kündigung durch die Obergesellschaft anwendbar); *Werner*, AG 1967, 122, 124;

Unternehmensvertragsrecht schreibt weder einen Kündigungstermin noch eine Frist vor. Vielmehr wollte der Gesetzgeber den Parteien insoweit Vertragsfreiheit einräumen.[949] Die Abwicklung ist auch weniger für Manipulationen anfällig, wenn die Parteien den Termin von vornherein abweichend bestimmen, als wenn sie sich nachträglich bei schon laufendem Vertrag auf einen bestimmten Abwicklungstermin einigen.

Auf die ordentliche Kündigung ist allerdings § 296 Abs. 1 S. 2 AktG entsprechend anwendbar.[950] Eine rückwirkende Kündigung ist deshalb auch durch vertragliche Vereinbarung nicht möglich. Diese Einschränkung ist im Interesse des Schutzes der Gesellschaft, ihrer Aktionäre und Gläubiger geboten.

a) Frist und Termin

Die ordentliche Kündigung der stillen Gesellschaft richtet sich nach §§ 234, 132 HGB. Die Frist beträgt sechs Monate zum Ende eines Geschäftsjahres. Fraglich ist, inwieweit sich aus dem Unternehmensvertragsrecht etwas anderes ergeben kann.[951] Die h.M. nimmt für Gewinnabführungsverträge und Beherrschungsverträge an, dass sie mangels ausdrücklicher vertraglicher Regelung auch nicht entsprechend § 132 HGB mit einer Frist von sechs Monaten zum Ende eines Geschäftsjahres kündbar sind.[952] *Windbichler* will dagegen mangels einer vertraglichen Regelung auf eine Kündigungsfrist ganz verzichten, sieht Beherrschungs- und Gewinnabführungsverträge als grundsätzlich jederzeit kündbar an und sieht lediglich die Kündigung zur Unzeit als unzulässig an.[953] Wenn man der Ansicht von *Windbichler* folgt, ergibt sich die Frage, ob die Einordnung der stillen Gesellschaft als Teilgewinnabführungsvertrag und damit als Unternehmensvertrag ihr Regelstatut hinsichtlich der Vertragsbeendigung insofern überlagern könnte, als man eine stille Gesellschaft als Konzernvertrag ordentlich ohne Frist kündigen kann, wenn keine vertragliche Frist vorgesehen ist. Davon wird man nicht ausgehen können, weil auch die typenvertragliche Regelung durch das Recht der stillen Gesellschaft als eine vertragliche Kündigungsregelung im Sinne

---

a.A. *Koppensteiner* in: Kölner Kommentar § 297 AktG, Rn. 3 (gegenteilige Bestimmungen seien nichtig); *Geßler* in: Geßler/Hefermehl § 297 AktG, Rn. 17; *Windbichler*, 74 f.

949 RegBegr bei *Kropff*, 386.

950 *Krieger* in: Münch HdB GesR IV, § 70 Rn. 167.

951 Ablehnend passim: *Geßler* in: Geßler/Hefermehl, § 297 AktG, Rn. 13; *Koppensteiner* in: Kölner Kommentar, § 297 AktG, Rn. 5; *Krieger* in: Münch HdB GesR IV, § 72 Rn. 66; *Hüffer*, § 297 AktG, Rn. 14.

952 *Hüffer*, § 297 AktG, Rn. 12; *Krieger* in: Münch HdB GesR IV, § 70 Rn. 167; a.A. *Emmerich* in: Emmerich/Habersack Aktien- und GmbH-Konzernrecht § 297 Rn. 11.

953 *Windbichler*, 75 f.; auch: *Koppensteiner* in: Kölner Kommentar § 297 AktG, Rn. 3 (nicht kurz vor Ende des Geschäftsjahrs).

der Auffassung *Windbichlers* anzusehen sein dürfte. Das ergibt sich zum einen schon aus der Systematik des Typenvertragsrechts, nach der die im Gesetz niedergelegte Regelung durch den Vertragsschluss Inhalt der vertraglichen Regelung der Parteien wird, die das Typenvertragsrecht durch den Vertragsabschluss als Muster für die von ihnen nicht ausdrücklich geregelten Punkte nutzen. Zum anderen würde man den Ordnungsgehalt der konzernrechtlichen Regelung für das vertragliche Statut in diesem Punkt falsch bewerten, wenn man die konzernvertragliche Regelung der typenvertraglichen Regelung vorgehen lassen wollte, weil die konzernrechtliche Regelung zwar allgemein darauf zielt, die Vertragsfreiheit zu begrenzen, nicht aber in Bezug auf die Frist für die ordentliche Kündigung, wo sie von vornherein – wenn überhaupt – nur als Notbehelf heranzuziehen ist.

Huber vertritt, dass die Eigentümergesellschaft ein Recht zur jederzeitigen fristlosen Kündigung eines Betriebsführungsvertrages hat, wenn dieser ihr keine Weisungsbefugnisse gegenüber dem Betriebsführer einräumt.[954] Dem ist mit der Maßgabe zu folgen, dass die Aktiengesellschaft aufgrund der Treupflicht im Innenverhältnis verpflichtet sein kann, dieses Kündigungsrecht im Einzelfall nicht zu nutzen. Dies ist von Bedeutung für atypische stille Beteiligungen mit Geschäftsführungsbefugnissen des stillen Gesellschafters für das ganze Unternehmen der Aktiengesellschaft.[955]

Termin für die ordentliche Kündigung ist das Ende des Geschäftsjahrs, soweit dies nicht vertraglich abweichend geregelt ist. Das Geschäftsjahr entspricht grundsätzlich dem Kalenderjahr. Die Satzung kann etwas anderes bestimmen. Bei Umstellungen des Geschäftsjahres ist der Zeitpunkt des Zugangs der Erklärung maßgeblich. Die Satzung kann die Befugnis, das Geschäftsjahrs zu bestimmen, entgegen der Auffassung des OLG Stuttgart nicht auf den Vorstand übertragen.[956] Das würde zu Rechtsunsicherheit führen, die sich nicht mit dem formalen Argument rechtfertigen lässt, das Aktiengesetz sehe die Bestimmung des Geschäftsjahrs nicht ausdrücklich als zwingenden Satzungsbestandteil vor.

---

[954] *Huber*, ZHR 152 (1988), 1, 27 f.; a.A. *Krieger* in: Münch HdB GesR IV, § 72 Rn. 66 (Vertrag sei nichtig, weil sich die Eigentümergesellschaft der Möglichkeit beraubt, ihre Unternehmenspolitik selbständig zu bestimmen).

[955] Siehe dazu oben unter § 5 V.

[956] A.A. OLG Stuttgart NJW-RR 1992, 1391 f. (zur GmbH, mit dem Argument, die Verkürzung berge keine Gefahren für die Gläubiger), wie hier *Wiesner* in: Münch HdB GesR IV, § 9 Fn. 2.

b) Erklärungsgegner

Erklärungsgegner ist der Vorstand. Etwas anderes gilt nur bei einer mitgliedschaftlich organisierten mehrgliedrigen stillen Gesellschaft. Hier sind die Regeln über den Verbandsaustritt mit der Folge entsprechend anzuwenden, dass die Erklärung allen Gesellschaftern zuzugehen hat.[957] Es reicht aber, wenn alle übrigen Gesellschafter erfahren, dass die Erklärung der Aktiengesellschaft vertreten durch ihren Vorstand und/oder einem oder mehreren anderen Gesellschaftern zugegangen ist.[958]

c) Form

Die Kündigung ist nach HGB ohne eine besondere Form möglich, wenn der Gesellschaftsvertrag nichts anderes bestimmt.[959] Das Recht der Unternehmensverträge sieht in § 297 Abs. 3 AktG allerdings vor, dass die Kündigung der Schriftform bedarf. Das gilt unabhängig vom Kündigungsgrund.[960]

d) Kündigung durch die Aktiengesellschaft

Kündigt die Aktiengesellschaft, muss die Hauptversammlung grundsätzlich nicht zustimmen.[961] Dies folgt aus § 297 Abs. 2 AktG, wo bestimmt ist, dass der Vorstand der Untergesellschaft einen Vertrag, der zur Leistung eines Ausgleichs an die außenstehenden Aktionäre verpflichtet, ohne wichtigen Grund nur kündigen kann, wenn die außenstehenden Aktionäre durch Sonderbeschluss zustimmen. Im Umkehrschluss muss die Kündigung sonst auch ohne die Zustimmung der Hauptversammlung möglich sein. Etwas anderes gilt, wenn der stille Beteiligte ausnahmsweise freiwillig einen Ausgleich für die außenstehenden Aktionäre vertraglich zugesichert hat.[962] § 297 Abs. 2 AktG ist insoweit entsprechend anzuwenden.

---

[957] *Karsten Schmidt* in: Schlegelberger, § 339 HGB (§ 234 n.F.) Rn. 33 a.E. („vor allem" für die mit Kommanditanteil verbundene atypische stille Beteiligung).

[958] BGH NJW 1993, 1002 (zur Kündigung durch den Privatgläubiger); *Hopt*, § 132 HGB Rn. 3.

[959] *Hopt*, § 132 HGB Rn. 3; § 234 HGB Rn. 8.

[960] *Hüffer*, § 297 AktG, Rn. 1, unstr.

[961] *Krieger* in: Münch HdB GesR IV, § 70 Rn. 167.

[962] *Krieger* in: Münch HdB GesR IV, § 72 Rn. 66.

3. Vertragliche Vereinbarungen über die ordentliche Kündigung

Die Parteien können die Laufzeit des Unternehmensvertrages grundsätzlich vertraglich frei ausgestalten und auch ein vertragliches Recht zur ordentlichen Kündigung vorsehen.[963]

Vertragliche Kündigungsrechte unterliegen bei Publikumsgesellschaften der Inhaltskontrolle nach § 242 BGB. Der BGH hat zunächst den für die Kommanditgesellschaft entwickelten Rechtsgedanken auf atypische stille Gesellschaften übertragen und festgestellt, dass ein vertragliches Kündigungsrecht für den Hauptgesellschafter bei Publikumsgesellschaften sittenwidrig ist, wenn der Vertrag keine weiteren Voraussetzungen vorsieht (sog. Hinauskündigungsrecht), und die stillen Gesellschafter im wesentlichen das Anlagekapital aufbringen, sowie der Geschäftsinhaber weder am Gewinn noch am Verlust wesentlich beteiligt ist, sondern eine Vergütung und Aufwendungsersatz erhält.[964] Eine solche Klausel kann auch durch Individualvertrag nicht wirksam vereinbart werden. Weniger bedenklich ist es, dem stillen Gesellschafter ein vertragliches Kündigungsrecht einzuräumen.

Die Rechtsprechung hat die Grundsätze der Inhaltskontrolle in jüngster Zeit auf typische stille Beteiligungen übertragen, wenn es sich um Publikumsgesellschaften handelt.[965]

4. Außerordentliche Kündigung

Die außerordentliche Kündigung eines Unternehmensvertrages ist nach § 297 Abs. 1 AktG in Übereinstimmung mit den allgemeinen Grundsätzen bei Dauerschuldverhältnissen zwingend möglich, wenn ein wichtiger Grund vorliegt.[966] Der stille Gesellschafter kann nach HGB durch einfache Erklärung außerordentlich kündigen. Eine Auflösungsklage, wie bei den Personenhandelsgesellschaften, ist nicht erforderlich, denn § 234 Abs. 1 HGB verweist nicht auf § 133 HGB. Das gilt auch im Fall der atypischen stillen Gesellschaft, wenn der Stille im Innenverhältnis nach Art eines Kommanditisten beteiligt ist. § 133 HGB ist auch nicht analog anzuwenden.

---

[963] *Hüffer*, § 297 AktG, Rn. 11.

[964] BGH BB 1994, 592.

[965] BGH BB 2001, 278, 279.

[966] Vgl. auch RegBegr bei *Kropff*, 386.

Der BGH hat entschieden, dass man ein außerordentliches Kündigungsrecht auch an eine Bedingung knüpfen kann, die eine Partei jederzeit herbeiführen kann.[967]

III. Zeitablauf

Die stille Gesellschaft endet, wenn sie auf bestimmte Zeit vereinbart ist, mit dem Ablauf der Zeit, für die sie eingegangen ist. Das muss auch bei einer Aktiengesellschaft nicht das Ende eines Geschäftsjahrs sein.

Aus Gründen der Wirtschaftlichkeit empfiehlt es sich dennoch das Ende eines Geschäftsjahres als Beendigungszeitpunkt zu wählen, um den Jahresabschluss als Ausgangspunkt für die Gewinnermittlung zugrunde legen zu können und nicht einen zusätzlichen eigenständigen Zwischenabschluss erstellen zu müssen. Wird das Geschäftsjahr inzwischen geändert, lässt sich der Zwischenabschluss nur vermeiden, wenn man den Vertrag ändert, was wiederum sehr aufwendig ist. Man kann eine Geschäftsjahresänderung auch im Gesellschaftsvertrag bedenken und z.B. bestimmen, dass sich die Laufzeit der stillen Gesellschaft zum nächsten folgenden Geschäftsjahresende verlängert. Eine Geschäftsjahresänderung unterliegt dann allerdings im Verhältnis zum stillen Gesellschafter der Treupflicht, weshalb der stille Gesellschafter sie nicht gegen sich gelten lassen muss, wenn die Geschäftsjahresänderung ihm nicht zumutbar ist. Das hat dann die Folge, dass der stille Gesellschafter zum vereinbarten Zeitpunkt ausscheidet und die Aktiengesellschaft einen Zwischenabschluss aufstellen muss.

IV. Auflösende Bedingung

Die stille Beteiligung an einer Aktiengesellschaft kann unter auflösende Bedingung gestellt werden. In der Praxis kommen bei Personengesellschaften auflösende Bedingungen für den Fall vor, dass Gläubiger des Stillen in den Anteil vollstrecken. Dabei werden oft besondere Abfindungsbedingungen vereinbart. Die Rechtsprechung überprüft dann allerdings in gewissen Grenzen die Angemessenheit einer für diesen Fall vorgesehenen Abfindung.[968]

V. Zweckerreichung und Unmöglichkeit der Zweckerreichung, § 726 BGB

Da es sich bei der stillen Gesellschaft um eine Gesellschaft bürgerlichen Rechts handelt, findet auch § 726 BGB als Beendigungsgrund auf sie Anwendung.[969]

[967] BGHZ 122, 211 (SSI; Abschluss eines Gewinnabführungsvertrags und Abschluss eines darauf abgestimmten Beherrschungsvertrags als Bedingung für das Recht zur außerordentlichen Kündigung).

[968] Vgl. *Sprau* in: Palandt, § 738 BGB, Rn. 7.

[969] Vgl. *Zutt* in: Großkommentar, § 234 HGB, Rn. 7.

Nach dieser Vorschrift endet der Vertrag, wenn der vertraglich vereinbarte Zweck erreicht ist oder seine Erreichung unmöglich wird.

Die Erreichung des vertraglichen Zwecks als Beendigungsgrund wird bei der stillen Gesellschaft kaum eine Rolle spielen, weil der vertragliche Zweck einer stillen Gesellschaft in der gemeinschaftlichen und dauerhaften Gewinnerzielung durch das Handelsgewerbe des Geschäftsinhabers unter Einschluss der Verwendung des Beitrags des stillen Gesellschafters gerichtet ist, mithin grundsätzlich darauf, die Gesellschaft fortzuführen und nicht etwa darauf, außerhalb der Fortführung liegende Zwecke zu erreichen, wie in den von § 726 BGB gemeinten Fällen, in denen z.B. eine einzelnes Gebäude durch eine Bauherrengemeinschaft errichtet werden soll.[970]

Dagegen kann es Rolle spielen, dass die Zweckerreichung unmöglich wird. Die Unmöglichkeit kann rechtlich, z.B. Entzug der für den Betrieb erforderlichen Erlaubnis, oder tatsächlich begründet sein, z.B. wenn das Unternehmen, auf das sich die Beteiligung bezieht im Liquidationsweg zerschlagen wird.[971] Weiterhin tritt regelmäßig Unmöglichkeit ein, wenn das Handelsgewerbe des Geschäftsinhabers dauernd zum Erliegen kommt.[972] Es muss sich in allen Fällen um eine dauernde Unmöglichkeit handeln.[973] Bei einer stillen Beteiligung an einer Aktiengesellschaft wird die weitere Durchführung des Vertrages aus diesem Grund noch nicht durch den bloßen Liquidationsbeschluss nach § 262 Abs. 1 Nr. 2 AktG unmöglich, weil die Gesellschaft noch weitergeführt werden kann, wenn ein Fortsetzungsbeschluss gefasst wird. Ebenso wenig genügt die Eintragung der Auflösung in das Handelsregister nach § 263 AktG, die Anmeldung der Abwickler nach § 266 AktG oder den Aufruf der Gläubiger nach § 267 AktG oder die vollständige Verwertung des Vermögens für die Auflösung. Ein Fortsetzungsbeschluss kann nach § 274 Abs. 1 S. 1 AktG allerdings dann nicht mehr gefasst werden, wenn mit der Verteilung des Vermögens unter die Aktionäre begonnen worden ist. Mit der Verteilung des Vermögens unter die Aktionäre darf nach § 271 AktG allerdings nicht begonnen werden, bevor die Verbindlichkeit aus der auseinanderzusetzenden stillen Beteiligung berichtigt ist und bevor nicht mindestens ein Jahr nach dem dritten Aufruf der Gläubiger vergangen ist, § 272 AktG. Demnach wird die stille Gesellschaft bei Liquidation der Aktiengesellschaft erst dann aufgelöst, wenn die Verteilung unmittelbar und

[970] Vgl. *Putzo* in: Palandt, § 726 BGB, Rn. 2.

[971] Vgl. *Karsten Schmidt* in: Schlegelberger/Hefermehl, § 339 HGB a.F. (§ 234 HGB n.F.), Rn. 29.

[972] Vgl. *Zutt* in: Großkommentar, § 234 HGB, Rn. 7.

[973] Vgl. *Karsten Schmidt* in: Schlegelberger/Hefermehl, § 339 HGB a.F. (§ 234 HGB n.F.), Rn. 29.

sicher bevorsteht, weil erst dann feststeht, dass der Vertragszweck dauerhaft nicht mehr erreicht werden kann.[974]

VI. Insolvenz

Die stille Beteiligung endet nach § 728 Abs. 1 S. 1 BGB mit der Eröffnung des Insolvenzverfahrens über das Vermögen des Inhaberunternehmens.[975]

Die stille Gesellschaft wird auch durch die Eröffnung des Insolvenzverfahrens über das Vermögen des stillen Gesellschafters aufgelöst, § 727 Abs. 2 S. 1 BGB.

Vom Standpunkt des Konzernrechts ergibt sich keine abweichende Rechtsfolge. Der BGH hat entschieden, dass ein Unternehmensvertrag in ergänzender Vertragsauslegung wegen Konkurses des herrschenden Gesellschafters enden kann.[976] Bei der stillen Gesellschaft ergibt sich diese Rechtsfolge bereits aus dem Typenvertragsrecht.

VII. Keine Beendigung analog § 307 AktG

Ein Beherrschungs- oder Gewinnabführungsvertrag endet, wenn die Aktiengesellschaft zum Zeitpunkt der Zustimmung der Hauptversammlung keinen außenstehenden Aktionär hatte, kraft Gesetzes spätestens zum Ende des Geschäftsjahres, in dem ein außenstehender Aktionär beteiligt ist. Das OLG Düsseldorf hat entschieden, dass die Vorschrift auf eine stille Gesellschaft als Teilgewinnabführungsvertrag nicht entsprechend anzuwenden ist.[977] Dem ist zu folgen. § 307 AktG bezweckt, die außenstehenden Aktionäre zu schützen, denen ein Ausgleich zustehen würde, wenn die Aktiengesellschaft einen Gewinnabführungsvertrag oder einen Beherrschungsvertrag neu abschließt. Bei der stillen Gesellschaft ist ein Ausgleich für die außenstehenden Aktionäre unabhängig davon nicht geschuldet, ob die Gestaltung im Einzelfall zusätzlich als Betriebsführungsvertrag einzuordnen ist. War der stille Gesellschafter kein Aktionär, als die Aktiengesellschaft die stille Beteiligung eingeräumt hat, kann man davon ausgehen, dass die Gegenleistung des stillen Gesellschafters angemessen war. War der Stille Aktionär, ist der Vertrag ohnehin nichtig, wenn die Gegenleistung nicht angemessen war, weil die Vorschriften über den Teilgewinnabführungsvertrag die Vermögensbindung nach den §§ 57 ff. AktG unberührt lassen. Ein

---

[974] Vgl. zur Personenhandelsgesellschaft: *Karsten Schmidt* in: Schlegelberger/Hefermehl, § 339 HGB a.F. (§ 234 HGB n.F.), Rn. 12.

[975] Vgl. auch BGH GmbHR 1984, 37.

[976] BGH WM 1988, 258.

[977] OLG Düsseldorf, DB 1996, 1862 = AG 1996, 473 (Citicorp; nrkr).

darüber hinausgehendes Schutzbedürfnis der neuen außenstehenden Aktionäre ist nicht anzuerkennen.

VIII. Beendigung der stillen Gesellschaft

Die stille Gesellschaft endet nach der Rechtsprechung mit der Auflösung, auch wenn der stille Gesellschafter wie regelmäßig am Ergebnis der zum Auflösungszeitpunkt schwebenden Geschäfte beteiligt ist.[978] Danach findet nur noch die Abwicklung statt. Die Veräußerung der Beteiligung ist nicht länger rechtlich möglich. Weitere Einlagen können nur im Wege eines Vertragsneuabschlusses erbracht werden. Das ist vor allem steuerlich von Bedeutung. Bei einer stillen Beteiligung an einer Aktiengesellschaft ist die Zäsur allerdings deshalb weniger schwerwiegend, weil eine Veräußerung ebenso wie sonstige Vertragsänderungen ohnehin durch § 295 AktG nur äußerst schwerfällig möglich ist.

IX. Anmeldung zum Handelsregister

Der Vorstand der Aktiengesellschaft hat die Beendigung der stillen Gesellschaft, den Grund und den Zeitpunkt der Beendigung unverzüglich zur Eintragung in das Handelsregister anzumelden, § 298 AktG. Bei schwebenden Geschäften, an denen der stille Gesellschafter zu beteiligen ist, ist als Zeitpunkt das Wirksamwerden der Kündigung anzugeben und darauf hinzuweisen, dass noch an schwebenden Geschäften zu beteiligen ist. Nachdem alle schwebenden Geschäfte abgewickelt sind, ist der Zeitpunkt der Abwicklung des letzten Geschäfts noch einmal zum Handelsregister anzumelden.

Die Vorschrift bestimmt nicht, dass der Anmeldung Unterlagen beizufügen wären, um die sachliche Richtigkeit der Anmeldung nachzuweisen. Das ist gleichwohl erforderlich. Zum einen kann der Registerrichter diese Unterlagen nach § 12 FGG anfordern. Zum anderen gilt § 294 Abs. 2 S. 2 AktG entsprechend.[979] Der Vorstand hat deshalb von sich aus die Schriftstücke beizufügen, aus denen sich die Beendigung des Vertrags und der Beendigungszeitpunkt ergeben.

---

[978] BGH NJW 1982, 99, 100; a.A. *Hopt*, § 234 HGB Rn. 1 (wenn der Stille noch an den schwebenden Geschäften zu beteiligen ist).

[979] *Hüffer*, § 298 AktG, Rn. 4; ähnlich mit anderer Begründung: *Koppensteiner* in: Kölner Kommentar, § 298 AktG, Rn. 3.

§ 20 Abwicklung

I. Abwicklung nach vertraglichen Regeln

Die gesetzliche Regelung sieht vor, dass zwischen dem Inhaberunternehmen und dem stillen Gesellschafter eine Auseinandersetzung erfolgen muss, bevor der stille Gesellschafter sein Guthaben zurückfordern kann, § 235 HGB. Der Anspruch auf das Auseinandersetzungsguthaben wird regelmäßig erst danach fällig.

Der stille Gesellschafter braucht die Auseinandersetzung nur dann nicht abzuwarten, wenn vor Beendigung der Auseinandersetzung feststeht, dass er jedenfalls einen bestimmten Betrag fordern kann.[980] Die Parteien können jedoch vertraglich etwas anderes vereinbaren. Dies betrifft vor allem die Einlage, wenn der stille Gesellschafter nicht am Verlust beteiligt ist.

Die Liquidation der Aktiengesellschaft führt nach h.M. nicht automatisch zur Beendigung und Auseinandersetzung nach § 726 BGB, sondern gibt dem stillen Gesellschafter nur ein außerordentliches Kündigungsrecht.[981] Da diese gesetzliche Regelung den Vorstellungen der Parteien in vielen Fällen nicht hinreichend gerecht wird, empfehlen sich für diesen Fall vertragliche Regelungen.

In der Insolvenz der Aktiengesellschaft hat der stille Gesellschafter wegen seiner Einlage nach § 236 HGB grundsätzlich die Stellung eines Insolvenzgläubigers, soweit die Einlage nicht durch Verluste aufgezehrt ist. Etwas anderes kann sich aus dem Gesellschaftsvertrag ergeben, und zwar sowohl aus dem der stillen Gesellschaft als auch aus dem der Inhabergesellschaft. Wenn der Gesellschaftsvertrag einer Kommanditgesellschaft festlegt, dass der Kommanditist auch eine stille Einlage zu erbringen hat, kann der Kommanditist die stille Einlage nach dem BGH in der Insolvenz der Kommanditgesellschaft nicht als Insolvenzgläubiger geltend machen.[982] Ähnliche Fälle können sich im Aktienrecht nur ganz ausnahmsweise bei einer Nebenleistungsaktiengesellschaft ergeben, die in der Satzung festlegt, dass die Aktionäre eine Einlage als stille Gesellschafter zu leisten haben, die nach § 55 S. 1 AktG nicht in Geld bestehen darf. Darüber hinaus hat der stille Gesellschafter nicht die Stellung eines Insolvenzgläubigers, wenn er in der Kapitalgesellschaft wie ein Kommanditist oder wie ein GmbH-

---

[980] BGH DB 1977, 87, 89; BGH NJW 1992, 2696, 2697; *Zutt* in: Großkomm., § 235 HGB, Rn. 6.

[981] Vgl. *Karsten Schmidt* in: Schlegelberger/Hefermehl, § 339 HGB a.F. (§ 234 n.F.), Rn. 12 ff. m. N.

[982] Vgl. *Hopt*, § 236 HGB Rn. 3.

Gesellschafter mitbestimmt.[983] Nach dem hier vertretenen Standpunkt kann das auch bei einer Aktiengesellschaft als Inhaberunternehmen der Fall sein.[984] Die stille Beteiligung kann darüber hinaus nach den Regeln über den Eigenkapitalersatz oder einer späteren Rangrücktrittsabrede in der Insolvenz zurücktreten.

Im Ausgangspunkt ist es auch möglich, die stille Beteiligung derart zu gestalten, dass sie im Insolvenzfall und/oder bei der Liquidation erst nach den Aktionären zu bedienen ist, etwa derart, dass der Stille erst dann aus dem Liquidationserlös zu befriedigen ist, wenn die Aktionäre ihr Nennkapital und ein beim originären Erwerb geleistetes Agio erhalten haben. Zu beachten ist, dass massenhaft begebene stille Beteiligungen der Inhaltskontrolle unterliegen.[985] Die nachrangige Befriedigung des stillen Gesellschafters hält § 242 BGB m.E. nur dann stand, wenn die Vertragsbedingungen dem Stillen einen substanziellen Vorteil gegenüber den Aktionären einräumen und außerdem sichergestellt ist, dass die Aktionäre die Gestaltung nicht zu einer kurzfristigen Liquidation zu Lasten der Stillen ausnutzen können. Ein im bloßen Einzelfall geschlossener stiller Gesellschaftsvertrag unterliegt nicht der Inhaltskontrolle. Der Vertrag kann dann nur im Fall der Sittenwidrigkeit nichtig sein, was nur in ganz seltenen Ausnahmefällen in Frage kommt.

II. Bindung nach den BGH-Regeln über den Kapitalersatz

Auch eine stille Beteiligung, die nicht aus sich heraus einen unternehmerischen Einfluss gewährt,[986] und deshalb in der Insolvenz zurückzutreten hat, kann im Einzelfall nach den Regeln über das kapitalersetzende Darlehen in der Insolvenz im Rang zurücktreten und unterliegt darüber hinaus auch außerhalb der Insolvenz bestimmten Rückzahlungsbeschränkungen. Der BGH hat die ursprünglich zur GmbH entwickelten Grundsätze über den Eigenkapitalersatz mit modifizierten Voraussetzungen auf die Aktiengesellschaft übertragen.[987] Zum einen muss Gläubiger an der Aktiengesellschaft unternehmerisch beteiligt sein. Davon ist regelmäßig auszugehen, wenn der Gläubiger zu mehr als 25 % am Grundkapital beteiligt ist. Bei einer darunter liegenden aber nicht unbeträchtlichen Beteiligung

---

[983] Vgl. *Hopt*, § 236 HGB Rn. 3.

[984] Vgl. oben § 5 V.

[985] Siehe dazu oben unter § 10.

[986] Siehe dazu soeben oben unter I. im vorletzten Absatz.

[987] BGHZ 90, 381 (BuM/WestLB) = JZ 1984, 1031 mit Anmerkung *Schwark* JZ 1984, 1036 anders noch die Vorinstanz ZIP 1983, 786 = WM 1983, 873 = NJW 1983, 2887, mit Anmerkung von *H.P. Westermann* ZIP 1983, 1281; LG ZIP 1981, 601, mit Anmerkung *H.P. Westermann* KTS 1982, 165; nicht in Frage kommt allerdings eine generelle entsprechende Anwendung der im Jahre 1980 vom Gesetzgeber für die GmbH eingeführten Vorschriften der § 32 a/b GmbHG, weil diese speziell auf die GmbH zugeschnitten sind, BGHZ 90, 381, 385.

kann ein Gesellschafterdarlehen als haftendes Kapital einzustufen sein, wenn die Beteiligung in Verbindung mit weiteren Umständen dem Gläubiger Einfluss auf die Unternehmensleitung sichert und er ein entsprechendes unternehmerisches Interesse erkennen lässt. Zum anderen setzt die Einordnung als kapitalersetzendes Darlehen voraus, dass der stille Gesellschafter der Aktiengesellschaft zu einem Zeitpunkt Fremdkapital zugeführt hat, zu dem ein ordentlicher Kaufmann Eigenkapital zugeführt hätte. Das wird unwiderleglich vermutet, wenn ein außenstehender Geldgeber in sonst gleicher Lage nicht bereit gewesen wäre zu denselben Bedingungen Kredit zu geben.[988]

Die gesetzliche Regelung über den Eigenkapitalersatz ist unvollständig geblieben. Die ursprünglich von der Rechtsprechung gebildeten Grundsätze gingen in einigen Punkten weiter. Sie gelten neben der gesetzlichen Regelung selbständig weiter.[989] Insbesondere ist die Bindung nach den Grundsätzen der Rechtsprechung unabhängig davon, ob die Gesellschaft insolvent wird.[990]

Die stille Beteiligung kann den Regeln über den Kapitalersatz unterliegen und dann hinsichtlich der Rückzahlung außerhalb der Insolvenz bestimmten Beschränkungen unterworfen und in der Insolvenz unabhängig von ihrem vereinbarten Rang erst nach den Fremdkapitalgläubigern zu befriedigen sein.

Die Qualifikation der stillen Beteiligung als eigenkapitalersetzend erfordert zunächst, dass der stille Gesellschafter Finanzierungsverantwortung für das Unternehmen hat und Fremdkapital zuführt oder nicht kündigt, obwohl Fremdkapital nach der Situation des Unternehmens am Kapitalmarkt von einem unabhängigen Dritten nicht zu marktüblichen Bedingungen erhältlich gewesen wäre. Ein Aktionär hat im allgemeinen nur dann Finanzierungsverantwortung, wenn er über die Sperrminorität von mindestens 25 % des Grundkapitals verfügt.[991] Denn dann ist er unternehmerisch an der Aktiengesellschaft beteiligt. Die stille Beteiligung als solche reicht im Ausgangspunkt nicht, um das Kriterium einer unternehmerischen Beteiligung zu erfüllen.[992] Der stille Gesellschafter kann aber nachträglich Finanzierungsverantwortung erhalten,

---

988 Kritisch: *Geßler*, BB 1980, 1385, 1391 (mit dem Hinweis, der Aktionsrahmen eines ordentlichen Kaufmanns sei ein anderer als der eines kreditgebenden Dritten).

989 BGHZ 90, 371, 378 f.

990 BGHZ 90, 371, 378.

991 BGHZ 90, 381, 385 ff.= NJW 1984, 1893 (BuM/WestLB); *Hüffer*, § 57 AktG, Rn. 18; *Rümker*, FS Stimpel, 1985, 673, 677 f.; früher enger OLG Düsseldorf NJW 1983, 2887 (Kapitalerhöhungsmehrheit); jetzt auch OLG Düsseldorf AG 1987, 181, 183 reSp; AG 1991, 401 (Darlehen von einer KG, die 8,45 % des Grundkapitals und deren familienverbundene Kommanditisten 29,18 % des Grundkapitals hielten, wurde als kapitalersetzend qualifiziert).

992 Vgl. aber die Grundsätze oben unter I. im vorletzten Absatz.

wenn er 25 % des Grundkapitals erwirbt. Das gilt hingegen entsprechend § 32 a Abs. 3 S. 3 GmbHG i.F. KonTraG 1998 nicht, wenn der Stille die Geschäftsanteile in der Krise zum Zweck der Überwindung der Krise erwirbt. Dann sind auch die Rechtsprechungsgrundsätze über das eigenkapitalersetzende Darlehen ausgeschlossen.[993] Die Ausnahme gilt nur, wenn der stille Gesellschafter erstmals Finanzierungsverantwortung erwirbt, weil der zusätzliche Erwerb von Anteilen in der Krise nicht die bestehende Finanzierungsverantwortung aufheben kann.[994] Greift die Ausnahme nicht ein, wird die stille Beteiligung in Eigenkapital umqualifiziert, wenn der stille Gesellschafter sie in der Krise stehen lässt, obwohl er sie hätte kündigen können und müssen.

Ausnahmsweise muss die typische stille Gesellschaft in Eigenkapital umqualifiziert werden, wenn sie im Vorgriff auf eine z.B. aus steuerlichen oder außenwirtschaftlichen Gründen erst später zu erwerbende unternehmerische Beteiligung eingegangen ist.[995] Das ist für typische stille Gesellschaften nicht anders zu beurteilen als für Darlehen.

Verbundene Unternehmen werden Gesellschaftern allgemein für die Regeln über den Eigenkapitalersatz gleichgestellt.[996] Der typische stille Gesellschafter an einer Aktiengesellschaft ist verbundenes Unternehmen, wenn er über eine anderweitige unternehmerische Interessenbindung verfügt. Das ergibt sich zwingend aus dem Charakter der stillen Gesellschaft als Teilgewinnabführungsvertrag.

Eine (isolierte) atypische stille Beteiligung kann ausnahmsweise aus sich heraus Finanzierungsverantwortung geben. Das ist bei einer Aktiengesellschaft nicht anders zu beurteilen als bei einer Personenhandelsgesellschaft. Diese Grundsätze greifen ein, wenn ein atypischer stiller Gesellschafter die Geschicke der Gesellschaft zumindest wie ein Kommanditist beeinflusst.[997] Die Rechtsprechung fordert darüber hinaus, dass der stille Gesellschafter an Vermögen und Ertrag beteiligt ist.[998]

---

[993] *Lutter/Hommelhoff*, § 32 a/b GmbHG, Rn. 79.

[994] Streitig siehe: *Lutter/Hommelhoff*, § 32 a/b GmbHG, Rn. 81 m.N.

[995] Anerkannt für Darlehen: OLG Hamburg, GmbHR 1996, 535; *Lutter/Hommelhoff*, § 32a/b GmbHG, Rn. 58.

[996] *Lutter/Hommelhoff*, § 32 a/B GmbHG, Rn. 61.

[997] BGHZ 106, 7, 9; OLG Hamburg, ZIP 1990, 792 mit Anm. *Brandes*, EWiR 1990, 787, OLG Frankfurt GmbHR 1997, 892; *Lutter/Hommelhoff*, § 32 a/b GmbHG, Rn. 56; weiter gehend: *Altmeppen*, FS Kropff, 656 f. (auch typischer stiller Gesellschafter, wenn er mit „Risikokapital" beteiligt ist).

[998] BGHZ 106, 7, 9.

Rechtsfolge der Qualifikation ist, dass man die eigenkapitalersetzende stille Beteiligung insoweit nicht tilgen darf, als es das Eigenkapital der Aktiengesellschaft gefährdet. Umstritten ist, wann eine solche Gefährdung anzunehmen ist. Der Umfang der Vermögensbindung wird teilweise bezogen auf das Gesamtvermögen bis auf den Bilanzgewinn,[999] das Grundkapital zuzüglich gesetzlicher Rücklage[1000] oder nur das Grundkapital.[1001] Zur Ermittlung der maßgeblichen Größe eine Zwischenbilanz auf den Zeitpunkt der Rückzahlung erforderlich. Eine umfassende Vermögensbindung erscheint zu weitgehend, weil sie die legale Rückzahlung eines kapitalersetzenden Darlehens vor Insolvenz oder Liquidation praktisch fast unmöglich macht, wofür kein Bedürfnis besteht, wenn die Krise überwunden ist. Hinsichtlich der gesetzlichen Rücklage kommt es darauf an, ob man sie als flexible Verteidigungslinie des Grundkapitals oder als Reservoir für die Selbstfinanzierung des Unternehmens ansieht.[1002] Im Ergebnis erscheint es angemessen, auch die gesetzliche Rücklage als flexible Verteidigungslinie des Grundkapitals in die Vermögensbindung mit einzubeziehen.

Das eigenkapitalersetzende Darlehen tritt nur im Verhältnis zu den Insolvenzgläubigern, nicht im Verhältnis zu den übrigen Gesellschaftern zurück, § 39 Abs. 1 Nr. 5 InsO. Der stille Gesellschafter ist dann nachrangiger Insolvenzgläubiger.

Die Gesellschaft darf das Kapital erst zurückzahlen, wenn es nicht mehr benötigt wird, um verlorenes Stammkapital – oder eine über dessen Verlust noch hinausgehende Überschuldung – abzudecken.[1003] Das ist nach einer Erfolgsbilanz zu fortgeführten Buchwerten zu beurteilen, die auf den Zeitpunkt der Entnahme aufzustellen ist und §§ 150 ff. AktG zu entsprechen hat.[1004]

III. Rangrücktritt in der Insolvenz wegen Sanierungsabrede

Ein Rangrücktritt kann sich auch aus einer Sanierungsabrede ergeben. Die Beteiligung tritt in diesen Fällen unabhängig davon in der Insolvenz im Rang zurück, ob die Voraussetzungen gegeben waren, unter denen die Beteiligung als eigenkapitalersetzend zu qualifizieren ist. Eine Nachrangvereinbarung erfasst

---

999 *H.P. Westermann*, ZIP 1982, 379, 387; auch: *Hüffer*, § 57 AktG, Rn. 19 (dies ist nicht, wie *Hüffer* behauptet, die „mittlere Linie“, sondern die strengste vertretene Ansicht).

1000 *Lutter* in: Kölner Kommentar, § 57 AktG, Rn. 94; *Schwark*, JZ 1984, 1036 f.

1001 *Immenga*, ZIP 1983, 1405, 1411.

1002 So: *Schwark*, JZ 1984, 1037.

1003 BGHZ 106, 7, 12.

1004 BGHZ 106, 7, 12 (§ 42 GmbHG); anders das Kammergericht als Vorinstanz, das auf einen Vermögensstatus mit stillen Reserven und Forderungen aus schwebenden Geschäften abgestellt hatte.

auch Schadensersatzansprüche gegen die Gesellschaft wegen sorgfaltswidriger Geschäftsführung.[1005]

IV. Insolvenzanfechtung nach § 136 InsO

Die Rückgewähr der Einlage oder der Erlass eines Verlustanteils des stillen Gesellschafters ist anfechtbar, wenn sie auf einer Vereinbarung beruht, die nicht länger als ein Jahr vor dem Insolvenzantrag getroffen wurde, § 136 Abs. 1 S.1 InsO. Das gilt ausdrücklich auch, wenn die stille Gesellschaft abgewickelt wurde, § 136 Abs. 1 S. 2 InsO. Der Wortlaut erfasst nicht den Erlass der Einlage selbst. Die Rückgewähr aufgrund von Kündigung[1006] ist ebenso wenig anfechtbar, wie die aufgrund von Auflösung einer fehlerhaften Gesellschaft. Die Anfechtung ist ausgeschlossen, wenn der Eröffnungsgrund erst nach der Vereinbarung eingetreten ist, § 136 Abs. 2 InsO.

VI. Anfechtung der Einlagenrückgewähr nach den Regeln über den Eigenkapitalersatz

Rechtshandlungen, mit denen für die als kapitalersetzend qualifizierte Beteiligung Befriedigung gewährt wurde, sind außerhalb eines Insolvenzverfahrens für ein Jahr anfechtbar; bei Bestellung von Sicherheiten, können die Gläubiger der Aktiengesellschaft während zehn Jahren anfechten, § 6 AnfG. Anfechtungsbefugt sind dabei die Gläubiger fälliger Forderungen, die über einen vollstreckbaren Titel verfügen, wenn die Vollstreckung in das Vermögen der Aktiengesellschaft nicht zu ihrer vollständigen Befriedigung geführt hat, oder anzunehmen ist, dass die Vollstreckung nicht dazu führen würde, § 2 AnfG. Für die Insolvenzanfechtung gelten die gleichen Voraussetzungen und Fristen seit Eröffnungsantrag, § 135 InsO.

[1005] BGHZ 83, 341, 344 f.

[1006] BGH BB 2001, 278; OLG Stuttgart Urt. v. 16. Juni 1999 – 20 U 5/99 (nicht veröffentlicht) zum wortgleichen § 237 HGB a.F. (zur vertraglichen Kündigung).

6. Teil: Zusammenfassung

Bei der stillen Beteiligung an einer Aktiengesellschaft handelt es sich in keinem Fall um ein Genussrecht. Die Regelung über die Finanzierung der Aktiengesellschaft mit Fremdkapital in § 221 AktG gilt auch in keinem Punkt entsprechend. Die Regelung über das Genussrecht in § 221 Abs. 3 AktG ist gegenüber § 292 Abs. 1 Nr. 2 AktG speziell, soweit ein Genussrecht vorliegt und zugleich die Voraussetzungen eines Teilgewinnabführungsvertrages erfüllt sind.[1007]

Die stille Beteiligung an einer Aktiengesellschaft ist als Teilgewinnabführungsvertrag einzuordnen.[1008] Die Berechnungsart des Gewinns ist dabei unerheblich. Entscheidend ist, dass es sich um eine Beteiligung mit einer ergebnisorientierten Bemessunggrundlage handelt. Mit anderen Worten: dass sich die Leistungpflicht der Aktiengesellschaft in Anknüpfung an zukünftige Ergebnisse erhöht.[1009]

Die Anforderungen an Teilgewinnabführungsverträge brauchen nicht eingehalten zu werden, wenn es sich um einen Vertrag des laufenden Geschäftsverkehrs handelt. Das ist der Fall, wenn die Gegenleistung weniger als 10 % des Gewinns der Aktiengesellschaft beträgt, keine Mitwirkungsrechte des stillen Gesellschafters bestehen und auch nicht im Einzelfall eine Mitwirkung der Hauptversammlung nach den Grundsätzen der Holzmüller-Entscheidung erforderlich wäre. Der Vertrag bedarf dann weder der Zustimmung der Hauptversammlung noch der Eintragung in das Handelsregister.[1010]

Wenn die Aktiengesellschaft sich verpflichtet, ihren gesamten Gewinn abzuführen, liegt ein Gewinnabführungsvertrag vor.[1011]

Der stille Gesellschafter kann bei einer Aktiengesellschaft schon nach dem Regelstatut im Außenverhältnis durchsetzbar bei Grundlagenentscheidungen mitwirken. Die Mitwirkungsrechte des stillen Gesellschafters können in bestimmten Grenzen vertraglich erweitert werden.[1012] Hat der stille Gesellschafter Weisungsbefugnisse gegenüber dem Vorstand, liegt ein Beherrschungsvertrag nur vor, wenn die Gesellschaft dadurch der Leitung des stillen Gesellschafters unterstellt wird oder die Parteien den Vertrag als Beherrschungsvertrag

[1007] 73 ff.
[1008] 92 ff.
[1009] 99 ff.
[1010] 106 ff.
[1011] 125 ff.
[1012] 53 f.; 127 ff.; 251 ff.

abschließen.[1013] Die Aktiengesellschaft kann sich gegenüber dem stillen Gesellschafter in gewissen Grenzen verpflichten, konkrete Satzungsänderungen vorzunehmen oder zu unterlassen. Das Recht des stillen Gesellschafters, der Aktiengesellschaft zu untersagen, die wesentlichen Grundlagen ihres Gewerbebetriebs zu ändern, ist eine zulässige konkrete Unterlassungsverpflichtung in diesem Sinne.[1014]

Die stille Beteiligung an einer Aktiengesellschaft ist kein Betriebsüberlassungsvertrag. Das gilt auch für die atypische stille Gesellschaft.[1015]

Zusätzlich zum Teilgewinnabführungsvertrag kann nach den Vereinbarungen im Einzelfall ein Betriebsführungsvertrag vorliegen, wenn der stille Gesellschafter mit Geschäftsführungsaufgaben für das gesamte Unternehmen der Aktiengesellschaft betraut ist, und die Gesellschaft selbst nach dem Vertrag die aktive Leitung ihrer Geschäfte aufgibt.[1016]

Die Vertretungsmacht des Vorstands beim Abschluss des Vertrages ist durch das Erfordernis der Zustimmung der Hauptversammlung eingeschränkt, soweit es sich um einen Teilgewinnabführungsvertrag handelt.[1017]

Für den wirksamen Abschluss der stillen Gesellschaft mit einer Aktiengesellschaft ist nach geltendem Recht ein Unternehmensvertragsbericht und eine Unternehmensvertragsprüfung vorzunehmen.[1018] Die Unternehmensvertragsprüfung erstreckt sich auf die Angemessenheit der Gegenleistung. Deshalb ist zwingend eine Unternehmensbewertung durchzuführen. Die geltende Regelung erscheint als Überregulierung.[1019]

§ 293a Abs. 3 AktG sollte wie folgt gefasst werden: „Die Hauptversammlung jeder Partei kann einstimmig auf die ihr gegenüber bestehende Berichtspflicht verzichten. Ein Bericht ist auch dann nicht erforderlich, wenn sich die Gesellschaftsanteile der jeweiligen Partei in einer Hand befinden.“[1020]

[1013] 141 f.; 172 f.
[1014] 142 ff.
[1015] 149 ff.
[1016] 153 ff.
[1017] 182 ff.
[1018] 193 ff.; 199 ff.
[1019] 200 f.
[1020] 196 f.

Die stille Beteiligung als Teilgewinnabführungsvertrag bedarf zu ihrer Wirksamkeit der Eintragung in das Handelsregister.[1021]

Die stille Beteiligung an einer Aktiengesellschaft darf nur gegen angemessene Gegenleistung eingeräumt werden. Der Vertrag ist nichtig, wenn dem stillen Gesellschafter, der Aktionär ist, eine übermäßige Gewinnbeteiligung eingeräumt wird. Etwas anderes gilt, wenn der Vertrag als Beherrschungsvertrag einzuordnen ist, und die Wirksamkeitsvoraussetzungen für einen Beherrschungsvertrag eingehalten werden. Bei der stillen Beteiligung eines Dritten mit unangemessener Gegenleistung ist der zustimmende Hauptversammlungsbeschluss anfechtbar, wenn die Aktiengesellschaft benachteiligt ist.[1022]

Bei der stillen Beteiligung an einer Aktiengesellschaft als Teilgewinnabführungsvertrag ist eine besondere Rücklagendotierung vorzunehmen. Außerdem gilt eine besondere Höchstgrenze für die Gewinnabführung. Die stille Beteiligung an einer Aktiengesellschaft bietet deshalb keinen zusätzlichen aktienrechtlichen Spielraum für die Gestaltung von Geschäftsbereichsbeteiligungen, soweit es um einen Bilanzverlust geht, der durch eine Ausschüttung entstehen würde. Eine Gesetzesänderung in diesem Zusammenhang könnte einen erweiterten Spielraum für Spartenbeteiligungen schaffen.[1023]

Auch wenn der stille Gesellschafter bereits grundsätzlich ein durchsetzbares Recht hat, bestimmte Strukturänderungen in der Aktiengesellschaft zu verhindern, genießt er bei bestimmten Ereignissen in der Aktiengesellschaft einen Verwässerungsschutz und ein Recht zur Kündigung und/oder auf Schadensersatz.[1024]

Ist die Aktiengesellschaft bei einer Verschmelzung übertragender Rechtstäger, gilt § 23 UmwG.[1025]

Ist die Aktiengesellschaft bei einer Verschmelzung übernehmender Rechtsträger, gilt Folgendes: Bezieht sich der Vertrag auf einen Teilbetrieb, so ist die Beteiligung am fortbestehenden Teilbetrieb fortzusetzen. Bezieht sich die Beteiligung auf das ganze Unternehmen, so ist die Beteiligung am Unternehmen unter Einschluss des durch die Verschmelzung hinzugekommenen Teils fortzusetzen.[1026]

[1021] 205 ff.
[1022] 222 ff.
[1023] 259 ff.
[1024] 264 ff.
[1025] 278 ff.
[1026] 281 f.

Bei der Spaltung ist die stille Gesellschaft anteilig auf alle beteiligten Rechtsträger aufzuteilen, wenn sie sich auf das ganze Unternehmen der Aktiengesellschaft bezieht.[1027]

Der Wechsel der Rechtsform der Aktiengesellschaft ist als Grundlagengeschäft zu beurteilen, weil die Vermögensbindung nach den §§ 57 ff. AktG entfällt. Deshalb ist für die Umwandlung im Innenverhältnis die Zustimmung des stillen Gesellschafters einzuholen. Der stille Gesellschafter kann auch auf Unterlassung klagen.[1028]

Ein Recht für den stillen Gesellschafter, seine Beteiligung gegen eine Aktienbeteiligung einzutauschen, ist nur mit erheblichen Einschränkungen gestaltbar. Ein Umtauschrecht entsprechend § 221 Abs. 1 S. 1 Alt. 1 AktG ist grundsätzlich möglich. Für die Einräumung eines damit verbundenen bedingten Kapitals sind die Vorschriften über Sacheinlagen zu befolgen, wenn der stille Gesellschafter am Verlust beteiligt ist.[1029]

Die stille Beteiligung an einer Aktiengesellschaft kann auch ohne besondere vertragliche Bestimmung ordentlich gekündigt werden. Für die Kündigung durch die Aktiengesellschaft ist grundsätzlich der Vorstand zuständig.[1030]

Bei der Abwicklung der stillen Gesellschaft können die Grundsätze über eigenkapitalersetzende Darlehen eingreifen, wenn die stille Beteiligung einen unternehmerischen Einfluss auf die Aktiengesellschaft vermittelt oder der stille Gesellschafter anderweitig unternehmerisch an der Aktiengesellschaft beteiligt ist.[1031]

1027 282 ff.
1028 287 f.; 51 f.; 127 ff.
1029 292 ff.
1030 296 ff.
1031 306 ff.

Literaturverzeichnis

Adler, Hans/Düring/Walther/Schmaltz, Kurt, Rechnungslegung und Prüfung der Aktiengesellschaft, 6. Aufl., Schäffer Poeschel, Stuttgart 19XX

Altmeppen, Holger, Zum richtigen Verständnis der neuen §§ 293 a-293 g AktG zu Bericht und Prüfung beim Unternehmensvertrag, ZIP 1998, 1853

derselbe, Zur Vermögensbindung in der faktisch abhängigen AG, ZIP 1996, 693

derselbe, „Dritte“ als Adressaten der Kapitalerhaltungs- und Kapitalersatzregeln in der GmbH, FS Kropff, IdW-Verlag, Düsseldorf, 1997, 641

Angerer, Hans-Peter, Genussrechte bzw. Genussscheine als Finanzierungsinstrument, S. Roderer, Regensburg 1993

Armbrüster, Christian/Joos, Michael, Zur Abwicklung fehlerhafter stiller Beteiligungen, ZIP 2004, 189

Aulinger, Leonhard, Die atypische stille Gesellschaft, Verlagsbuchhandlung des Institutes der Wirtschaftsprüfer, Düsseldorf 1955

Bachmann, Gregor/Veil, Rüdiger, Grenzen atypischer stiller Beteiligung an Aktiengesellschaften, ZIP 1999, 348

Bälz, Ulrich, Einheit und Vielheit im Konzern, FS Raiser, Mohr, Tübingen, 1974, 287

derselbe, Treuhandkommanditist, Treuhänder der Kommanditisten und Anlegerschutz, ZGR 1980, 1

Ballerstedt, Kurt, Handels- und gesellschaftsrechtliche Probleme der Organschaft (Teil II), DB 1956, 837

Baums, Theodor (Hrsg.), Bericht der Regierungskommission Corporate Governance, Otto Schmidt, Köln 2001

derselbe, Der Geschäftsleitervertrag: Begründung, Inhalt und Beendigung der Rechtsstellung der Vorstandsmitglieder und Geschäftsführer in den Kapitalgesellschaften und Genossenschaften, Otto Schmidt, Köln 1987 *derselbe,* Der unwirksame Hauptversammlungsbeschluss, ZHR 142 (1978), 582

derselbe, Eintragung und Löschung von Hauptversammlungsbeschlüssen, RIW, Heidelberg, 1981

derselbe, Ergebnisabhängige Preisvereinbarungen in Unternehmenskaufverträgen („earn outs"), DB 1993, 1273

derselbe, Ersatz von Reflexschäden in der Kapitalgesellschaft, ZGR 1987, 554

derselbe, Spartenorganisation, "Tracking Stock" und deutsches Aktienrecht, FS Boujong, C.H. Beck, München, 1996, 19

Baums, Theodor/Vogel, Hans-Gert, Rechtsfragen der Eigenkapitalfinanzierung im Konzern, in: Lutter/Scheffler/U.H. Schneider (Hrsg.), Handbuch der Konzernfinanzierung, Otto Schmidt, Köln 1998, 247

Bayer, Walter, Herrschaftsveränderungen im Vertragskonzern, ZGR 1993, 599

derselbe, Informationsrechte bei der Spaltung von Aktiengesellschaften, AG 1988, 323

Beck'sches Handbuch der AG, herausgegeben von Welf Müller und Thomas Rödder, München 2004

Berkenbrock, Clemens, Das herrschende Unternehmen als falsus procurator der abhängigen Gesellschaft, AG 1981, 69

Berninger, Axel, Die AG & Still, Der Konzern 2003, 683 ff.

derselbe, Die Errichtung einer stillen Gesellschaft an einer Tochter-AG bei bestehendem Beherrschungs- und Gewinnabführungsvertrag zwischen Mutter- und Tochter AG, DB 2004, 297

Bezzenberger/Schuster, Die öffentliche Anstalt als abhängiges Konzernunternehmen, ZGR 1996, 481

Binger, Jürgen, Einkommens- und Gewerbesteuer bei der atypischen stillen Gesellschaft, DB 1988, 414

Birk, Rolf, Betriebsaufspaltung und Änderung der Konzernorganisation im Arbeitsrecht, ZGR 1984, 23

Bischoff, Thomas, Sachliche Voraussetzungen von Mehrheitsbeschlüssen in Kapitalgesellschaften, BB 1987, 1055

Blaurock, Uwe, Die stille Beteiligung an einer Kapitalgesellschaft als Unternehmensvertrag, FS Großfeld, Verlag Recht und Wirtschaft, Heidelberg 1999, 83

derselbe, Der Vorvertrag zur Zeichnung von Aktien, FS Rittner, C.H. Beck, München 1991, 33

derselbe, Die GmbH & Still im Steuerrecht, BB 1992, 1969

derselbe, Handbuch der stillen Gesellschaft, 6. Aufl., Otto Schmidt, Köln 2003

Böttcher, Conrad/Meilicke, Heinz, Umwandlung und Verschmelzung von Kapitalgesellschaften,

Böttcher, Conrad/Zartmann, Hugo/Faut, Eberhard, Stille Gesellschaft und Unterbeteiligung, 3. Aufl., Forkel, Stuttgart 1978

Boos, Karl-Heinz (Hrsg.), Kreditwesengesetz, C.H. Beck, München 2000

Bornemann, Alexander, Stille Publikumsgesellschaften im Spannungsfeld von Gesellschafts- und Bankaufsichtsrecht, ZHR 166 (2002), 211

Brausiepe, Jochen, Der „außenstehende Aktionär" bei Beherrschungs- und Gewinnabführungsverträgen, BB 1966, 144

Brox, Hans, Die Anfechtung von Dauerrechtsverhältnissen, BB 1964, 523

Buerger, Albrecht, Genussrechte als Mittel zur Verbesserung der Eigenkapitalausstattung von Unternehmen, insbesondere von Kreditinstituten, Diss., Augsburg 1987

Bundesaufsichtsamt für den Wertpapierhandel/Deutsche Börse, Insiderhandelsverbote und Ad-Hoc Publizität nach dem Wertpapierhandelsgesetz, 2. Aufl. April 1998

Bungert, Hartwin, Unternehmensvertragsrecht und Unternehmensvertragsprüfung gemäß §§ 293 a ff. AktG, DB 1995, 1384 und 1449

Busse von Colbe (Hrsg.), Ergebnis je Aktie nach DVFA/SG, 3. Aufl., Schaeffer-Poeschel, Stuttgart 2000

Cahn, Andreas, Kapitalerhaltung im Konzern, Heymann, Köln 1998

Claussen, Carsten Peter, Bank- und Börsenrecht, 2. Aufl., C.H. Beck, München 2000

derselbe, Der Genussschein und seine Einsatzmöglichkeiten, FS Werner, Walter de Gruyter, Berlin 1984, 81

derselbe, Der Neue Zweite Markt, ZGR 1984, 1

derselbe, Genuss ohne Reue, AG 1985, 77

Crezelius, Georg, Stille Beteiligungen und Unterbeteiligungen bei Umstrukturierungen, JbFStR, 1992/1993, 229

De Meo, Francesco, Bankenkonsortien, C.H. Beck, München 1994

Diekmann, Hans, Die Nachgründung der Aktiengesellschaft, ZIP 1996, 2141

Dierdorf, Josef, Herrschaft und Abhängigkeit einer Aktiengesellschaft auf schuldrechtlicher und tatsächlicher Grundlage, Heymann, Köln 1979

Dietrich, Hugo, Zum neuen Aktiengesetz, JW 1937, 649

Dietrichs, Jürgen, Die Publikums-Kommanditgesellschaft und die gesellschaftsrechtlich geschützten Interessen, Otto Schmidt, Köln 1988

Döllerer, Georg, Die atypische stille Gesellschaft, DStR 85, 295

derselbe, Zum Gewinnbegriff des neuen Aktiengesetzes, FS Geßler, Franz Vahlen, München 1971, 93

Düringer, Adelbert/Hachenburg, Max, (Hrsg.), Das Handelsgesetzbuch, 3. Aufl., 1930 ff.

Eisolt, Dirk/Wickinger, Solveigh, Überblick über die Neuregelungen des Steuersenkungsgesetzes (StSenkG), NZG 2000, 971

Emde, Achim, Der Genussschein als Finanzierungsinstrument, eine gesellschaftsrechtliche, eine kapitalmarktrechtliche und steuerrechtliche Untersuchung, Diss., Bochum 1987

derselbe, Die Auswirkungen von Veränderungen des Unternehmenskapitals auf Bestand und Inhalt von Genussrechten, DB 1989, 209

Emmerich, Volker/Habersack, Mathias, Aktienkonzernrecht, Kommentar zu den §§ 15-22 und 291-328 AktG, C.H.Beck, München 1998

dieselben, Aktien- und GmbH-Konzernrecht, 2. Aufl. C.H. Beck, München 2001

Erkens, Michael, Die mittelbaren Unternehmensbeteiligungen bei der Unternehmensübertragung und der Unternehmensumwandlung, Peter Lang, Frankfurt 1999

Ernst, Tassilo, Der Genussschein als Kapitalbeschaffungsmittel, AG 1967, 75

Exner, Werner, Vollmacht und Beherrschungsvertrag, AG 1981, 175

derselbe, Beherrschungsvertrag und Vertragsfreiheit, Peter Lang, Frankfurt 1984

Eyber, Klaus, Die Abgrenzung zwischen Genussrecht und Teilgewinnabführungsvertrag im Recht der Aktiengesellschaft, S. Roderer Verlag, Regensburg 1996

Fabricius, Fritz, Rechtsprobleme gespaltener Arbeitsverhältnisse im Konzern, Luchterhand, Darmstadt, Neuwied 1982

Feddersen, Dieter/Knauth, Klaus-Wilhelm, Eigenkapitalbildung durch Genussscheine, Wertpapier-Mitteilungen, Frankfurt a.M. 1992

Felix, Günther, Zur Angabepflicht stiller Beteiligungen im Anhang des Jahresabschlusses, BB 1987, 1495

Fikentscher, Wolfgang, Die Interessengemeinschaft, Heymann, Köln 1966

Fischer, Robert, Die faktische Gesellschaft, NJW 1955, 849

derselbe, Fragen aus dem Recht der stillen Gesellschaft, JR 1962, 202

Fleck, Hans-Joachim, Schuldrechtliche Verpflichtungen einer GmbH im Entscheidungsbereich der Gesellschafter, ZGR 1988, 104

Felix, Günther, Gesellschafterwechsel infolge der Umwandlung einer GmbH auf eine Personengesellschaft oder einen Gesellschafter als Einzelunternehmer, BB 1987, 1265

Flick, Hans F. W., Tracking Stock: Einfache Lösung für komplizierte Probleme, IStR 1995, 231

Flume, Werner, Die juristische Person, Springer, Berlin 1983

Formularkommentar, Zweiter Band, Handels- und Wirtschaftsrecht, 21. Aufl., Carl Heymanns Verlags KG, Köln 1982

Frantzen, Christopher, Genussscheine, Carl Heymanns Verlags KG, Köln, Berlin, Bonn, München 1993

Gaul, Dieter, Die nachvertragliche Geheimhaltungspflicht des ausgeschiedenen Arbeitnehmers, NZA 1988, 225

Gehling, Christian, "Obligationsähnliche Genussrechte": Genussrechte oder Obligation ?, WM 1992, 1093

Geiler, Karl, Über die Nachgründung, JW 1929, 2924

Gernhuber, Joachim, Die fiduziarische Treuhand, JuS 1988, 355

Geßler, Ernst, Aktiengesetz, Kommentar, Luchterhand, Neuwied 1999

derselbe, Abgrenzungs- und Umgehungsprobleme bei Unternehmensverträgen, FS Ballerstedt, Duncker & Humblot, Berlin 1975, 317

derselbe, Atyische Beherrschungsverträge, FS Beitzke, de Gruyter, Berlin 1979

derselbe, Der Betriebsführungsvertrag im Licht der aktienrechtlichen Zuständigkeitsordnung, FS Hefermehl, C.H. Beck, München 1976, 263

derselbe, Die GmbH-Novelle, BB 1980, 1385

Geßler, Ernst/Hefermehl, Wolfgang, Aktiengesetz, Kommentar, Verlag Franz Vahlen, München 1973 ff.

Göhrum, Angelika, Einsatzmöglichkeiten von Genussrechten bei einer notleidenden GmbH oder AG, Peter Lang, Frankfurt 1992

Goette, Wulf, Fehlerhafte Personengesellschaftsverhältnisse in der jüngeren Rechtsprechung des Bundesgerichtshofs, DStR 1996, 266

Götz, Heinrich, Zustimmungsvorbehalte des Aufsichtsrates der Aktiengesellschaft, ZGR 1990, 633

Gottlieb, Josef, Der Genussschein im deutschen Recht, 1931

Großkommentar zum Aktiengesetz, hrsg. von Klaus J. Hopt und Herbert Wiedemann, 4. Aufl., de Gruyter, Berlin, New York 1999

Grunewald, Barbara, Gesellschaftsrecht, 4. Aufl., Mohr Siebeck, Tübingen 2000

Grobecker, Wolfgang, Der Teilbeherrschungsvertrag, DStR 2002, 1953

Habersack, Mathias, Genussrechte und sorgfaltswidrige Geschäftsführung, ZHR 155 (1991), 379

Habscheid, Walther J., Faktische Innengesellschaften?, BB 1955, 50

Heidenhain, Martin, Sonderrechtsnachfolge bei der Spaltung, ZIP 1995, 801

derselbe, Spaltungsvertrag und Spaltungsplan, NJW 1995, 2873

Hengeler, Hans, Zum Beratungsgeheimnis im Aufsichtsrat einer Aktiengesellschaft, in: FS Schilling, de Gruyter, Berlin, New York 1973, 175

Hengeler, Hans Peter, Erwiderung (auf Elke Herrmann), ZHR 147 (1983), 329

Hennrichs, Joachim, Zum Formwechsel und zur Spaltung nach dem neuen Umwandlungsgesetz, ZIP 1996, 1737

Hense, Heinz-Herrmann, Die stille Gesellschaft im handelsrechtlichen Jahresabschluss, IDW-Verlag, Düsseldorf 1990

Henze, Hartwig, Aspekte und Entwicklungstendenzen der aktienrechtlichen Anfechtungsklage in der Rechtsprechung des BGH, ZIP 2002, 97

derselbe, Konzernrecht, höchst- und obergerichtliche Rechtsprechung, RWS Verlag, Kommunikationsforum, Köln 2001

Herbig, Zur Nichtigkeit von Hauptversammlungsbeschlüssen nach dem neuen Aktiengesetz, JW 1937, 851

Hergeht, Armin, Anm. zu OLG Hamburg 11 U/99, DStR 1999, 2044

Herrman, Carl/Heuer, Gerhard, (Hrsg.), Kommentar zum Einkommenssteuer und Körperschaftssteuergesetz, Otto Schmidt, Köln 1957 ff.

Herrmann, Elke, Sogenannte Schenkungen stiller Beteiligungen, ZHR 147 (1983), 313

Hirte, Heribert, Bezugsrechtsausschluss und Konzernbildung: Minderheitenschutz bei Eingriffen in die Beteiligungsstruktur der Aktiengesellschaft, Heymann, Köln 1986

derselbe, Genussrecht oder verbotener Gewinnabführungsvertrag, ZBB 1992, 50

derselbe, Grenzen der Vertragsfreiheit bei aktienrechtlichen Unternehmensverträgen, ZGR 1994, 644

Hoen/Maertins, Die steuerliche atypische stille Beteiligung an der GmbH, GmbHR 94, 147

Hoffmann-Becking, Michael, Das neue Verschmelzungsrecht in der Praxis, FS für Fleck, ZGR-Sonderheft, de Gruyter, Berlin 1986, 105

derselbe, Gesetz zur „kleinen AG" – unwesentliche Randkorrekturen oder grundlegende Reform?, ZIP 1995, 1

derselbe, Der Einfluss schuldrechtlicher Gesellschaftervereinbarungen auf die Rechtsbeziehungen in der Kapitalgesellschaft, ZGR 1994, 483

Holzapfel, Hans-Joachim/Pöllath, Reinhard, Unternehmenskauf in Recht und Praxis, 10. Aufl., RWS Verlag, Köln 2001

Hommelhoff, Peter, Die Konzernleitungspflicht, Heymann, Köln 1982

derselbe, Zur Kreditüberwachung im Aufsichtsrat, FS Werner, de Gruyter, Berlin, New York 1984, 315

Hopt, Klaus J., Handelsgesetzbuch, 30. Aufl., C.H. Beck, München 2000

derselbe, Vertrags- und Formularbuch zum Handels-, Gesellschafts-, Bank- und Transportrecht, 2. Aufl., C.H. Beck, München 2000

Huber, Ulrich, Betriebsführungsverträge zwischen konzernverbundenen Unternehmen, ZHR 152 (1988), 123

derselbe, Betriebsführungsverträge zwischen selbständigen Unternehmen, ZHR 152 (1988), 1

derselbe, Vermögensanteil, Kapitalanteil und Gesellschaftsanteil an Personengesellschaften im Handelsrecht, Carl Winter, Heidelberg 1970

Hüchting, Hans-Jochen, Abfindung und Ausgleich im aktienrechtlichen Beherrschungsvertrag, Heymann, Köln 1972

Hueck, Alfred, Die stille Beteiligung bei Handelsgesellschaften, in: FS Lehmann, Weidmannsche Verlagsbuchhandlung, Berlin 1937, 239

derselbe/Canaris, Claus-Wilhelm, Recht der Wertpapiere, 12. Aufl., Vahlen, München 1986

Hüffer, Uwe, Aktiengesetz, 6. Aufl., C.H. Beck, München 2004

derselbe, Der Schutz besonderer Rechte in der Verschmelzung, FS Lutter, Otto Schmidt, Köln 2000, 1227

derselbe, Die gesetzliche Schriftform bei Berichten des Vorstands gegenüber der Hauptversammlung, FS Claussen, Heymann, Köln 1997, 171

Immenga, Ulrich, Die Minderheitsrechte des Kommanditisten, ZGR 1974, 385

derselbe, Die personalistische Kapitalgesellschaft, Athenäum, Bad Homburg v.d.H. 1970

Jakob, Wolfgang, Die Mitunternehmerschaft in der Form der sogenannten atypischen stillen Gesellschaft, BB 86, 1615

Jahnke, Volker, Rechtsformzwang und Rechtsformverfehlung bei der Gestaltung privater Rechtsverhältnisse, ZHR (146) 1982, 604

Jebens, Philipp, Die stille Beteiligung an einer Kapitalgesellschaft, BB 1996, 701

Joost, Detlev, Grundlagen und Rechtsfolgen der Kapitalerhaltungsregeln im Aktienrecht, ZHR 149 (1985), 419

Jung, Peter, Die stille Gesellschaft in der Spaltung, ZIP 1996, 1734

Jurkat, Werner, Die Organschaft im Körperschaftsteuerrecht, Verlag Recht und Wirtschaft, Heidelberg 1975

Kästle, Martina, Rechtsfragen der Verwendung von Covenants in Kreditverträgen, Duncker & Humblot, Berlin 2003

Kallmeyer, Harald (Hrsg.), Umwandlungsgesetz, 2. Aufl., Otto Schmidt, Köln 2001

Kallrath, Jürgen, Die Inhaltskontrolle der Wertpapierbedingungen von Wandel- und Optionsanleihen, Gewinnschuldverschreibungen und Genussscheinen, Otto Schmidt, Köln 1994

Kamprad, Balduin, Informations- und Auskunftsrechte über die steuerliche Tarifbelastung der Rücklagen im Jahresabschluss der AG?, AG, 1991, 396

Keck, Kristina, Nationale und internationale Gleichordnungskonzerne im deutschen Konzern- und Kollisionsrecht, Peter Lang, Frankfurt a.M. 1998

Keil, Tilo, Der Verschmelzungsbericht nach § 340 a AktG, Otto Schmidt, Köln 1991

Klauss, Herbert/Mittelbach, Rolf, Die stille Gesellschaft: Gesellschaftsrecht, Steuerrecht, 2. Aufl., Kiehl, Ludwigshafen 1980

Kley, Karl-Ludwig, Die Rechtsstellung der außenstehenden Aktionäre bei der vorzeitigen Beendigung von Unternehmensverträgen, Florentz, München 1986

Knobbe-Keuk, Brigitte, Stille Beteiligung und Verbindlichkeiten mit Rangrücktrittserklärung im Überschuldungsstatus und in der Handelsbilanz des Geschäftsinhabers, ZIP 1983, 127

Köhler, Helmut, Der Schutz des abhängigen Unternehmens im Schnittpunkt von Kartell- und Kapitalmarktrecht, NJW 1978, 2473

derselbe, Kapitalerhöhung und vertragliche Gewinnbeteiligung, AG 1984, 197

derselbe, Rückabwicklung fehlerhafter Unternehmenszusammenschlüsse (Unternehmensverträge, Eingliederung, Verschmelzung, Gemeinschaftsunternehmen), ZGR 1985, 307

Kölner Kommentar zum Aktiengesetz, herausgegeben von Wolfgang Zöllner, Carl Heymann, Köln, 19XX

Koenigs, Folkmar, Die stille Gesellschaft, de Gruyter, Berlin 1961

Konzen, Horst, Arbeitnehmerschutz im Konzern, RdA, 1984, 65

Koppensteiner, Hans-Georg, Ordentliche Kapitalerhöhung und dividendenabhängige Ansprüche Dritter, ZHR 139 (1975), 191

Krieger, Gerd, Fehlerhafte Satzungsänderungen: Fallgruppen und Bestandskraft, ZHR 158 (1994), 33

Kropff, Bruno, Aktiengesetz vom 6.9.1965, Verlagsbuchhandlung des IdW, Düsseldorf 1965

derselbe, Probleme des neuen Konzernrechts, BB 1965, 1281

Kümpel, Siegfried, Bank- und Kapitalmarktrecht, 2. Aufl., Otto Schmidt, Köln 2000

Küting, Karlheinz/Weber, Claus-Peter, Handbuch der Rechnungslegung, Kommentar zur Bilanzierung und Prüfung, 4. Aufl., Schäffer-Poeschel Verlag, Stuttgart 1995

Lang, Heinrich, Die Typen der stillen Gesellschaft und die Anwendung gesellschaftsrechtlicher Normen auf sie, Bensheimer, Mannheim 1930

Langholz, Hans-Georg/Vahle, Peter, Handels- und steuerrechtliche Behandlung des Abfindungsguthabens des ausscheidenden atypischen stillen Gesellschafters für einen Geschäfts- oder Firmenwert, DStR 2000, 763

Littmann, Eberhard, Das Einkommenssteuerrecht (Kommentar zum Einkommensteuergesetz), Loseblatt, Schäffer, Stuttgart 19XX

Loritz, Karl-Georg/Wagner, Klaus-R.: Konzeptionshandbuch der steuerorientierten Kapitalanlage, Bd. 2, Gesellschaftsrechtliche Beteiligungen, Jehle-Rehm, München 1995

Loritz, Karl-Georg/Wagner, Klaus, Rechtsprechung steuerorientierte Kapitalanlage, RWS Verlag, Köln 1997

derselbe, Stille Beteiligungen und Einlagenbegriff des Kreditwesengesetzes, ZIP 2001, 309

Louven, Christoph, BB-Kommentar zu BGH Urt. v. 02.07.2001 – II ZR 304/00, BB 2001, 1806

Lübbert, Erich, Die Rechtsnatur der stillen Gesellschaft, ZHR 58 (1906), 464

Luther, Martin, § 23 Abs. (5) AktG im Spannungsfeld von Gesetz, Satzung und Einzelentscheidungen der Organe der Aktiengesellschaft, in: Freundesgabe für Hans Hengeler, Springer, Berlin 1972

Lutter, Marcus, Blockabstimmungen im Aktien- und GmbH-Recht, FS Walter Odersky, de Gruyter, Berlin 1996, 845

derselbe, Materielle und förmliche Erfordernisse eines Bezugsrechtsausschlusses – Besprechung der Entscheidung BGHZ 171, 40 (Kali & Salz), ZGR 1979, 401

derselbe, Zur inhaltlichen Begründung von Mehrheitsentscheidungen, ZGR 1981, 171

derselbe, Zur Vorbereitung und Durchführung von Grundlagenbeschlüssen in Aktiengesellschaften, FS Hans-Joachim Fleck, de Gruyter, Berlin 1988, 169

Lutter, Marcus/Hommelhoff, Peter, GmbHG, 15. Aufl., Otto Schmidt, Köln 2000

Lutter, Marcus, Genussrechtsfragen, ZGR 1993, 291

derselbe, Due diligence des Erwerbers beim Kauf einer Beteiligung, FS Schippel, C.H. Beck, München 1996

derselbe, Information und Vertraulichkeit im Aufsichtsrat, Heymann, Köln 1979

derselbe, Organzuständigkeiten im Konzern, FS Stimpel, de Gruyter, Berlin 1985

derselbe, Zur Vorbereitung und Durchführung von Grundlagenbeschlüssen in Aktiengesellschaften, FS Fleck, de Gruyter, Berlin 1988

Luttermann, Claus, Unternehmen, Kapital und Genussrechte: Eine Studie über Grundlagen der Unternehmensfinanzierung und zum internationalen Kapitalmarktrecht, Mohr Siebeck, Tübingen 1998

Marchand, Gerhart, Abhängigkeit und Konzernzugehörigkeit von Gemeinschaftsunternehmen, Duncker & Humblot, Berlin 1985

Martens, Klaus-Peter, Die existenzielle Wirtschaftsabhängigkeit, Heymann, Köln 1977

derselbe, Die GmbH und der Minderheitenschutz, GmbHR 1984, 265

derselbe, Die rechtliche Behandlung von Options- und Wandlungsrechten anlässlich der Eingliederung der verpflichteten Gesellschaft, AG 1992, 209

Maser, Harald, Betriebspacht und Betriebsüberlassungsverhältnisse in Konzernen, Eul, Bergisch Gladbach 1985

Maulbetsch, Hans-Christoph, Beirat und Treuhand in der Publikumspersonengesellschaft, Stollfuss, Bonn 1984

Mayer, Dieter, Erste Zweifelsfragen bei der Unternehmensspaltung, DB 1995, 861

Meilicke, Heinz, Inwieweit können Verluste aus Genussscheinen steuerlich geltend gemacht werden?, BB 1989, 465

derselbe, Welchen Genuss gewährt der Genussschein, BB 1987, 1609

Meilicke, Heinz/Heidel, Thomas, Das Auskunftsrecht des Aktionärs in der Hauptversammlung, Teil III, DStR 1993, 113

Mertens, Bernd, Die Geltendmachung von Mängeln eines Unternehmensvertrages durch Aktionäre, BB 1995, 1417

Mertens, Kai, Die stille Beteiligung an der GmbH und ihre Überleitung bei Umwandlungen in die AG, AG 2000, 32

Mertens, Hans-Joachim, § 51a GmbHG und die kapitalistisch strukturierte GmbH, FS Winfried Werner, de Gruyter, Berlin 1984

derselbe, Die Gestaltung von Verschmelzungs- und Verschmelzungsprüfungsbericht, AG 1990, 20

Mestmäcker, Ernst-Joachim, Verwaltung, Konzerngewalt und Rechte der Aktionäre, C.F. Müller, Karlsruhe 1958

derselbe, Zur Systematik des Rechts der verbundenen Unternehmen im neuen Aktiengesetz, FG Kronstein, C.F. Müller, Karlsruhe 1967, 129

Milde, Thomas, Der Gleichordnungskonzern im Gesellschaftsrecht, Duncker & Humblot, Berlin 1996

Michalski, Lutz, Anmerkung zu OLG München, AG 1980, 272 in: AG 1981, 261

derselbe, Das Schriftformerfordernis bei langfristigen Mietverträgen, WM 1998, 1993

derselbe, Ungeklärte Fragen bei der Einlagenrückgewähr im Aktienrecht, AG 1980, 261

Möller, Thomas, Der aktienrechtliche Verschmelzungsbeschluss, Duncker & Humblot, Berlin 1981

Möschel, Wernhard, Eigenkapitalbegriff und KWG-Novelle von 1984, ZHR 149 (1985), 206

Mühle, Fritz, Die Personengesellschaft, Poeschel, Stuttgart 1950

Mülbert, Peter, Unternehmensbegriff und Konzernorganisationsrecht, ZHR 163 (1999), 1

Müller, Hans-Peter, Zur Gewinn- und Verlustermittlung bei aktienrechtlichen Gewinnabführungsverträgen, FS Goerdeler, IDW-Verlag, Düsseldorf 1987, 375

Münchener Handbuch des Gesellschaftsrechts, Verlag C.H. Beck, München

Band 2. Kommanditgesellschaft, Stille Gesellschaft, Riegger, Bodo (Hrsg.), 1991

Band 4. Aktiengesellschaft, Hoffmann-Becking, Michael (Hrsg.), 2. Aufl. 1999

Münchener Kommentar zum Aktiengesetz, 2. Aufl. des Geßler/Hefermehl/Kropff, Aktiengesetz, C.H. Beck/Franz Vahlen

Band 1 §§ 1-53, Kropff, Bruno/Semler, Johannes (Hrsg.), München 2000

Münchener Kommentar zum Bürgerlichen Gesetzbuch, Kurt Rebmann (Hrsg.), C.H. Beck, München 19XX

Münchener Vertragshandbuch, Band 1, Gesellschaftsrecht, Martin Heidenhain (Hrsg.), 5. Aufl., C.H. Beck, München 2000

Niewiarra, Manfred, Risikokapitalbeschaffung durch Mitarbeiterbeteiligung, BB 1984, 1652

Nitschke, Manfred, Die körperschaftlich strukturierte Personengesellschaft, Gieseking, Bielefeld 1970

Nirk, Rudolf, Handbuch der Aktiengesellschaft, 3. Aufl., Otto Schmidt, Köln 1994

o.N., The fashion for "tracking stocks", Economist, August 5th 2000

Obermüller, Walter/Obermüller, Manfred, Die Unterbeteiligung im Bankgeschäft, FS Winfried Werner, Walter de Gruyter, Berlin 1984, 607

Oettmeier, Michael, Die Ausgestaltung von Genussrechten und Genussscheinen, Bayreuth 1989

Oratore, Vincent/Schidkraut, Jill/Haag, Hendrik, Innovative Kapitalmarktinstrumente zur Verstärkung des Kernkapitals deutscher Kreditinstitute, ZfgK 1999, 168

Otto, Heinz, Die stille Gesellschaft, Heidelberger Musterverträge 6. Aufl., Verlag Recht und Wirtschaft, Heidelberg 1987

Patentgesetz Gebrauchsmustergesetz, Beckscher Kurzkommentar, Benkrad (Begr.), 9. Aufl., C.H. Beck, München 1993

Paulick, Heinz, Handbuch der stillen Gesellschaft, 3. Aufl., Otto Schmidt, Köln 1981

Peterson, Michael, Barclay's tier-one invention takes to the air, Euromoney May 2000

Pougin, Erwin, Genussrechte, Schäffer, Stuttgart 1987

derselbe, Genussrechte, FS Oppenhoff, C.H. Beck, München 1985

Priester, Hans-Joachim, Herrschaftswechsel beim Unternehmensvertrag, ZIP 1992, 293

derselbe, Strukturänderungen – Beschlussvorbereitungen und Beschlussfassung, ZGR 1990, 420

Prinz, Ulrich/Schürner, Thomas, Rechnungslegung bei Tracking Stock-Strukturen in Deutschland, DStR 2001, 759

Prosser, Andreas, Anlegerschutz bei Genussscheinen, Gewinnschuldverschreibungen, Options- und Wandelanleihen, Insbesondere bei Konzernierung und Umwandlung, Peter Lang, Frankfurt 2001

Prühs, Hagen, Die tatsächliche Wirtschaftsabhängigkeit aus aktienrechtlicher Sicht, DB 1972, 2001

Quack, Karlheinz, Unrichtige Auskünfte und das Erzwingungsverfahren des § 132 AktG, FS Beusch, de Gruyter, Berlin 1993, 663

Raiser, Thomas, Recht der Kapitalgesellschaften, unter Mitwirkung von Rüdiger Veil, 3. Aufl., Vahlen, München 2001

Rasner, Henning, Die atypische stille Gesesllschaft als Institut des Gesellschaftsrechts, Diss., Bonn 1960

Reuter, Dieter, Informationsrechte in Unternehmen und Betrieb, ZHR 144 (1980), 493

derselbe, Der Partizipationsschein als Form der Mitarbeiterbeteiligung, FS Fischer, de Gruyter, Berlin 1979

derselbe, Genuss ohne Reue?, AG 1985, 104

derselbe, Welche Maßnahmen empfehlen sich, insbesondere im Gesellschafts- und Kapitalmarktrecht, um die Eigenkapitalausstattung der Unternehmen langfristig zu verbessern?, Gutachten B für den 55. Deutschen Juristentag, C.H. Beck, München 1984

derselbe, Möglichkeiten und Grenzen gesellschaftsrechtlicher und kapitalmarktrechtlicher Maßnahmen mit dem Ziel einer verbesserten Eigenkapitalversorgung der Wirtschaft – Eine Nachlese zum 55. Deutschen Juristentag, FS Stimpel, de Gruyter, Berlin 1985

Rid-Niebler, Eva-Maria, Genussrechte als Instrument zur Eigenkapitalbeschaffung über den organisierten Kapitalmarkt für die GmbH, Otto Schmidt, Köln 1989

Rieble, Volker, Verschmelzung und Spaltung von Unternehmen und ihre Folgen für Schuldverhältnisse mit Dritten, ZIP 1997, 301

Rehbinder, Eckhardt, Konzernaußenrecht und allgemeines Privatrecht, Gehlen, Bad Homburg v.d.H. 1969

Reusch, Peter, Die stille Gesellschaft als Publikumspersonengesellschaft, Duncker und Humblot, Berlin 1988

derselbe, Zur Einordnung der Genussrechte zwischen Vorzugsaktie und Gewinnschuldverschreibung, in: Recht und Praxis der Genussscheine, Fritz Knapp Verlag, Frankfurt 1987

Reuter, Dieter, Der Partizipationsschein als Form der Mitarbeiterbeteiligung, FS Fischer, de Gruyter, Berlin 1979, 605

derselbe, Verbesserung der Risikokapitalausstattung der Unternehmen durch Mitarbeiterbeteiligung?, NJW 1984, 1849

derselbe, Welche Maßnahmen empfehlen sich, insbesondere im Gesellschafts- und Kapitalmarktrecht, um die Eigenkapitalausstattung der Unternehmen langfristig zu verbessern?, Gutachten für den 55. Deutschen Juristentag, C.H. Beck, München 1984

Rohlfing, Bernd, Widerruf einer atypisch stillen Beteiligung und die so genannte fehlerhafte Gesellschaft, NZG 2003, 854 ff.

Roitzsch, Frank, Der Minderheitenschutz im Verbandsrecht, Hanstein, Königstein/Ts. 1981

Rümker, Dietrich, Formen kapitalersetzender Gesellschafterdarlehen in der Bankpraxis, FS Stimpel, de Gruyter, Berlin 1985, 673

Rüthers, Bernd, Mitbestimmungsprobleme in Betriebsführungsaktiengesellschaften, BB 1977, 605

Schäfer, Frank A., Genussscheine mit Eigenkapitalcharakter, WM 1991, 1941

Schatz, Stefan, Die Sicherung des Gesellschaftsvermögens und der Gläubigerinteressen im deutschen Konzernrecht, Diss., Göttingen 1980

Schießl, Maximilian, Abdingbarkeit der Kontrollrechte des Kommanditisten aus § 166 HGB, NJW 1989, 1597

derselbe, Die Informationsrechte der Personenhandelsgesellschafter im Lichte der GmbH-Reform, GmbHR 1985, 109

derselbe, Gesellschafts- und mitbestimmungsrechtliche Probleme der Spartenorganisation (Divisionalisierung), ZGR 1992, 64

Schlitt, Michael, Die Informationsrechte des stillen Gesellschafters, Duncker & Humblot, Berlin 1996

Schmidt, Karsten, Die Eigenkapitalausstattung der Unternehmen als rechtspolitisches Problem, JZ 1984, 771

derselbe, Die fehlerhafte Verschmelzung nach dem Aktiengesetz, AG 1991, 131

derselbe, Die Kreditfunktion der stillen Einlage, ZHR 140 (1976), 475

derselbe, Fehlerhafte Verschmelzung und allgemeines Verbandsrecht, ZGR 1991, 374

derselbe, Gesellschaftsrecht, 3. Aufl., Heymanns, Köln 1997

derselbe, Gleichordnung im Konzern: terra incognita?, ZHR 155 (1991), 417

derselbe, Grenzen des Minderjährigenschutzes im Handels- und Gesellschaftsrecht, JuS 1990, 521

derselbe, Informationsrechte in Gesellschaften und Verbänden, Verlagsgesellschaft für Recht und Wirtschaft, Heidelberg 1984

derselbe, Konzernrechtliche Wirksamkeitsvoraussetzungen für typische stille Beteiligungen an Kapitalgesellschaften? - Zugleich zur systematischen Einordnung des Teilgewinnabführungsvertrages, ZGR 1984, 295

derselbe, Zur gesetzlichen Behandlung der Nichtigkeitsklage gegen Verschmelzungs- und Umwandlungsbeschlüsse, DB 1995, 1849

Schmidt, Ludwig (Hrsg.), Einkommensteuergesetz: (Kommentar), 19. Aufl., C. H. Beck, München 2000

Schmitt, Joachim/Hörtnagl, Robert/Stratz, Rolf-Christian, Umwandlungsgesetz – Umwandlungssteuergesetz, 3. Aufl., C.H. Beck, München 2001

Schmitz, Joachim-Peter, Die Verschmelzungsprüfung gem. § 340 AktG, Eul, Bergisch Gladbach, Köln 1987

Schneider, Dieter, Ein Ertragswertverfahren als Ersatz fehlender Handelbarkeit stiller Beteiligungen?, BB 1985, 1677

Schneider, Uwe H., Genussrechte an Konzernunternehmen, in: Bilanz- und Konzernrecht, FS Goerdeler, IDW-Verlag, Düsseldorf 1987, 511

derselbe, Die vertragliche Ausgestaltung der Konzernverfassung, BB 1986, 1996

derselbe, Vertragsrechtliche, gesellschaftsrechtliche und arbeitsrechtliche Probleme von Betriebspachtverträgen, Betriebsüberlassungsverträgen und Betriebsführungsverträgen, JbFfSt 1982/1983, 387

derselbe/Reusch, Peter, Die Vertretung und Mitwirkung der Gesellschafter bei der Gründung einer GmbH & Still, DB 1989, 713

Schön, Wolfgang, Ein Allgemeiner Teil der Genussrechte, JZ 1993, 925

derselbe, Gibt es das partiarische Darlehen?, ZGR 1993, 210

Schott, Konrad, Genussscheine – Inhaltsbestimmung von Genussrechtsverhältnissen, Peter Lang, Frankfurt 1995

Schulte, Christian/Waechter, Thomas, Atypische stille Beteiligungen und § 294 AktG – neue Fassung, alte Probleme?, GmbHR 2002, 189

Schulze-Osterloh, Joachim, Das Recht der Unternehmensverträge und die stille Beteiligung an einer Aktiengesellschaft, ZGR 1974, 427

derselbe, Der gemeinsame Zweck der Personengesellschaften, de Gruyter, Berlin 1973

derselbe, Der atypische stille Gesellschafter ist der typische stille Gesellschafter, FS Kruse, Otto Schmidt, Köln 2001, 377

derselbe, Die Rechnungslegung der Innengesellschaft – insbesondere der stillen Gesellschaft, WPg 1974, 393

Schulze zur Wiesche, Dieter, Die GmbH & Still, Eine alternative Gesellschaftsform, 3. Aufl., Forkel-Verlag, Heidelberg 1997

Schwark, Eberhard, Anmerkung zu BGH v. 26.03.1984 – II ZR 171/83, JZ 1984, 1036

Schwedhelm, Rolf/Streck, Michael/Mack, Alexandra, Die Spaltung der GmbH nach neuem Umwandlungsrecht, (I), GmbHR 1995, 7

Semler, Johannes, Einschränkung der Verwaltungsbefugnisse in einer Aktiengesellschaft, BB 1983, 1566

derselbe, Vorfinanzierung zukünftigen Aktienkapitals durch stille Gesellschaften, in FS Werner, Berlin 1984, 854

Semler, Johannes/Stengel, Arndt (Hrsg.), Umwandlungsgesetz, C.H. Beck, München 2003

Sethe, Rolf, Genussrechte: Rechtliche Rahmenbedingungen und Anlegerschutz, AG 1993, 293 und 351

Siebert, Wolfgang, Die faktische Innengesellschaft, BB 1958, 1065

Sieger, Jürgen J./Hasselbach, Kai, „Tracking Stock" im deutschen Aktien- und Kapitalmarktrecht, AG 2001, 391

dieselben, „Tracking Stock" im deutschen Aktienrecht, BB 1999, 1277

Silberberger, Axel, Der Partizipationsschein als Möglichkeit einer Mitarbeiterbeteiligung, Diss., Tübingen 1983

Soehring, Kay, Anmerkung zu LG Hamburg, Urt. vom 29.01. 1991, WM 1991, 1081, WuB II A. § 291 AktG 2. 91, 1275

Sonnenschein, Jürgen, Der aktienrechtliche Vertragskonzern im Unternehmensrecht, ZGR 1981, 429

Stebut, Dietrich von, Geheimnisschutz und Verschwiegenheitspflicht im Aktienrecht, Heymann, Köln 1972

Stoldt, Egon, Die gesetzliche Vollmachtsbeschränkung des Vorstandes neu gegründeter Aktiengesellschaften durch § 45 AktG (Nachgründung), WPg 1961, 123

Strohn, Lutz, Die Verfassung der Aktiengesellschaft im faktischen Konzern, Heymann, Köln 1977

Sudhoff, Heinrich/Sudhoff, Martin, Die stille Beteiligung bei Umwandlung des „Hauptunternehmens" in eine GmbH oder GmbH & Co., GmbHR 1981, 235

Teichmann, Arndt, Die Spaltung von Rechtsträgern als Akt der Vermögensübertragung, ZGR 1993, 396

Thoma, Georg F., Das Wertpapiererwerbs- und Übernahmegesetz im Überblick, NZG 2002, 105

Theil, Clemens, Das rechtliche Schicksal der stillen Beteiligung und Unterbeteiligung bei der Umwandlung des Unternehmens, Peter Lang, Frankfurt, 1982

Thielemann, Arno, Das Genussrecht als Mittel der Kapitalbeschaffung und der Anlegerschutz, Centaurus, Pfaffenweiler 1988

Timm, Wolfram, Die Aktiengesellschaft als Konzernspitze, Heymann, Köln 1980

derselbe, Rechtsfragen der Änderung und Beendigung von Unternehmensverträgen, FS Kellermann, de Gruyter, Berlin 1991, 461

derselbe, Zur Bedeutung des „Hoesch"-Urteils für die Fortentwicklung des Konzern- und Verschmelzungsrechts, JZ 1982, 403

derselbe, Zur Sachkontrolle von Mehrheitsentscheidungen im Kapitalgesellschaftsrecht, ZGR 1987, 403

Treeck, Joachim, Die Offenbarung von Unternehmensgeheimnissen durch den Vorstand einer Aktiengesellschaft im Rahmen einer Due Diligence, FS Wolfgang Fikentscher, Mohr Siebeck, Tübingen 1998, 434

Ulmer, Peter, Aktienrechtliche Beherrschung durch Leistungsaustauschbeziehungen?, ZGR 1978, 457

derselbe, Die Lehre von der fehlerhaften Gesellschaft – gesicherter Bestand des Gesellschaftsrechts oder methodischer Irrweg, FS Flume, Band II, Otto Schmidt, Köln 1978

derselbe, Volle Haftung des Gesellschafter/Geschäftsführers einer GmbH für Gläubigerschäden bei fahrlässiger Konkursverschleppung?, NJW 1983, 1577

Ury, Ludwig, Die rechtlichen Wirkungen nicht genehmigter Nachgründungskäufe, JW 1930, 1353

van Look, Frank, Zum Anlegerschutz bei Genusscheinen, in: Bundschuh (Hrsg.), Recht und Praxis der Genussscheine, Fritz Knapp Verlag, Frankfurt a.M. 1987, 35

Veelken, Winfried, Der Betriebsführungsvertrag im deutschen und amerikanischen Aktien- und Konzernrecht, Nomos, Baden Baden 1975

Veit, Klaus-Rüdiger, Unternehmensverträge und Eingliederung als aktienrechtliche Instrumente der Unternehmensverbindung, IDW-Verlag, Düsseldorf 1974

Vetter, Jochen, Rechtsfolgen existenzvernichtender Eingriffe, ZIP 2003, 601

Vogel, Hans-Gert, Die Vergemeinschaftung der Anleihegläubiger nach dem Schuldverschreibungsgesetz, Nomos Verlagsgesellschaft, Baden-Baden 1999

Vogel, Klaus, Doppelbesteuerungsabkommen, 3. Aufl., C.H. Beck, München 1996

Vollmer, Lothar Der Genussschein – ein Instrument für mittelständische Unternehmen zur Eigenkapitalbeschaffung an der Börse, ZGR 149 (1983), 445

Vollmer, Lothar/Lorch, Bernhard, Der Schutz des aktienähnlichen Genusskapitals bei Kapitalveränderungen, ZBB 1992, 44

Vollmer, Lothar/Maurer, Thorsten, Die Eignung von sanierenden stillen Beteiligungen und Sanierungsgenussscheinen zur Abwehr der Überschuldung, DB 1994, 1173

Wawrzinek, Wolfgang, Unternehmensinterner Anlegerschutz im Recht der Publikumspersonengesellschaften, Duncker & Humblot, Berlin 1987

Wedel, Hermann, Der Partizipationsschein als Kapitalbeschaffungsmittel der Aktiengesellschaften, Erich Schmidt Verlag, Berlin 1969

Weigl, Gerald, Anwendungs- und Problemfelder der stillen Gesellschaft, DStR 1999, 1568

derselbe, Stille Gesellschaft und Unterbeteiligung, Becksche Musterverträge Band 33, C.H. Beck, München 1998

Weimar, Robert, Die GmbH & Still im Fortschritt des Gesellschaftsrechts, ZIP 1993, 1509

derselbe, Einmann-Personengesellschaften – ein neuer Typ des Gesellschaftsrechts, ZIP 1997, 1769

Welkamp, Ludger, Der Gleichordnungkonzern – Ein Konzern ohne Abhängigkeit?, DB 1993, 2517

Werner, Horst S., Der aktienrechtliche Abhängigkeitstatbestand, WiRe-Verlagsgesellschaft, Göttingen 1979

Werner, Winfried, Der erste Kommentar zum neuen Aktiengesetz (Zum Erscheinen der 3. Aufl. des Kommentars von v. Godin/Wilhelmi zum AktG 1965), AG 1967, 122

derselbe, Schwerpunkte der Novellierung des Kreditwesengesetzes, ZHR 149 (1985), 236

Werth, Heinz-Jürgen, Auswirkungen und Möglichkeiten bei der Aufhebung eines Ergebnisabführungsvertrages, DB 1975, 1140

Westerfelhaus, Herwarth, Die stille Gesellschaft im Bilanzrecht, DB 1988, 1173

Westermann, Harm Peter, Banken als Kreditgeber und Gesellschafter, ZIP 1982, 379

derselbe, Das Gesellschaftsrecht zwischen bürgerlichem Recht, Steuerrecht und Bilanzrecht, FS Goerdeler, IDW-Verlag, Düsseldorf, 1987, 697

derselbe, Vertragsfreiheit und Typengesetzlichkeit im Recht der Personengesellschaften, Springer, Berlin 1970

derselbe, Zur Rückführung eines Überziehungskredits eines am Schuldunternehmen als Aktionär beteiligten Kreditinstituts, ZIP 1983, 1281

Westermann, Harry, Die Folgen von Verschmelzung und Umwandlung nach § 15 AktG von Aktiengesellschaften für Beherrschungsverträge, FS Schilling, de Gruyter, Berlin 1973, 271

Widmann, Siegfried (Hrsg.), Mayer, Robert, Heckschen, Heribert, Umwandlungsgesetz, Stollfuss, Bonn 19XX

Wiedemann, Herbert, Rechtsethische Maßstäbe im Unternehmens- und Gesellschaftsrecht, ZGR 1980, 147

Wiesner, Georg, Die Lehre von der fehlerhaften Gesellschaft, Verlag Ges. Recht und Wirtschaft, Heidelberg 1980

Wilhelm, Hermann, Die Beendigung des Beherrschungs- und Gewinnabführungsvertrags, Heymann, Köln 1976

Windbichler, Christine, Schadensersatzansprüche des stillen Gesellschafters – Besprechung der Entscheidung BGH WM 1987, 1193, ZGR 1989, 434

dieselbe, Unternehmensverträge und Zusammenschlusskontrolle, Heymann, Köln 1977

Winkeljohann, Norbert/Halfar, Bernd, Gewerbesteuerliche Vorzüge der GmbH & atypisch still?, DB 1994, 2471

Winter, Martin, Die Rechtsstellung des stillen Gesellschafters in der Verschmelzung des Geschäftsinhabers, FS Peltzer, Otto Schmidt, Köln, 2001, 645

Wischenbart, Maresa, Informationsrechte und Informationsbedarf im Gesellschaftsrecht, Lang, Frankfurt 1986

Wöhe, Günter, Einführung in die Betriebswirtschaftslehre, 19. Aufl., Franz Vahlen, München 1996

derselbe unter Mitarbeit von Ulrich Döring, Bilanzierung und Bilanzpolitik, 9. Aufl., Vahlen, München 1997

Wohlleben, Andre, Einstweiliger Rechtsschutz im Personengesellschaftsrecht, Peter Lang, Frankfurt 1990

Würdinger, Hans, Aktienrecht und das Recht der verbundenen Unternehmen, 2. Aufl. 1966, 3. Aufl. 1973; 4. Aufl., C.F. Müller, Heidelberg 1981

derselbe, Betrachtungen zur Regelung der Konzernverfassung im Entwurf eines Aktiengesetzes, DB 1958, 1447

Wüst, Günther, Vom Präjudiz zur Prinzipienbildung bei der Publikums-Kommanditgesellschaft, ZHR 152 (1988) 215

Ziebe, Jürgen, Der Genussschein als kapitalmarktpolitisches Instrument zur Verbesserung der Eigenkapitalausstattung von Unternehmen, BB 1984, 2210

Zinkeisen, Klaus, Der Umfang der Gewinnbeteiligung und des Auseinandersetzungsguthabens des stillen Gesellschafters, Hamburg 1974

Zöllner, Wolfgang, Betriebs- und betriebsverfassungsrechtliche Fragen bei konzernrechtlichen Betriebsführungsverträgen, ZfA 1983, 93

derselbe, Die Anpassung dividendenbezogener Verpflichtungen von Kapitalgesellschaften bei effektiver Kapitalerhöhung, ZHR 150 (1986), 288

derselbe, Folgen der Nichtigerklärung durchgeführter Kapitalerhöhungsbeschlüsse, AG 1993, 68

derselbe, Wertpapierrecht, 14. Aufl., C.H. Beck

Frankfurter wirtschaftsrechtliche Studien

Herausgegeben von
Theodor Baums, Andreas Cahn, Friedrich Kübler, Hans-Joachim Mertens, Eckard Rehbinder, Gunther Teubner

Band 1 Tomas Brinkmann: Unternehmensinteresse und Unternehmensrechtsstruktur. Aufgaben und Grenzen eines normativen Regulativs unternehmenspolitischer Prozesse. 1983.

Band 2 Rüdiger Hahn: Behinderungsmißbräuche marktbeherrrschender Unternehmen. Eine Untersuchung der Beeinträchtigung von Wettbewerb und Marktstruktur durch horizontalen Nichtleistungswettbewerb als Gegenstand der Mißbrauchaufsicht nach § 22 Abs. 4 S. 2 Nr. 1 GWB. 1984.

Band 3 Peter Buchmann: Registerpublizität und Gläubigerschutz bei der Einmann-Gesellschaft. 1984.

Band 4 Christian Joerges/Eugen Hiller/Knut Holzscheck/Hans-W. Micklitz: Vertriebspraktiken im Automobilersatzteilsektor. Ihre Auswirkungen auf die Interessen der Verbraucher. 1985.

Band 5 Annette Boerner: Die Haftung des herrschenden Kommanditisten. 1985.

Band 6 Dirk H. Mahler: Rechtsmißbrauch und einstweiliger Rechtsschutz bei Dokumentenakkreditiven und "Akkreditiven auf erstes Anfordern": Eine rechtsvergleichende Untersuchung. 1986.

Band 7 Brigitte Kratz: Ausländische Eingriffsnorm und inländischer Privatrechtsvertrag. 1986.

Band 8 Dimitris Tsibanoulis: Die genossenschaftliche Gründungsprüfung. 1987.

Band 9 Jürgen Braun: Rechtsfragen des Transport-Unfall-Informations- und Hilfeleistungs-Systems der deutschen chemischen Industrie. 1987.

Band 10 Thomas Pfeiffer: Die Bedeutung des privatrechtlichen Immissionsschutzes. Eine Untersuchung zu §§ 1004, 906 BGB. 1987.

Band 11 Michael Bothe/Josef Brink/Christian Kirchner/Albrecht Stockmayer: Rechtsfragen der internationalen Verschuldungskrise. Voraussetzungen, Formen und Verfahren internationaler Umschuldungsmaßnahmen und Umschuldungsvereinbarungen. 1988.

Band 12 Felix Dörr: Die fehlerhafte GmbH. 1989.

Band 13 Rolf Trittmann: Anwendungsprobleme des Haager Beweisübereinkommens im Rechtshilfeverkehr zwischen der Bundesrepublik und den Vereinigten Staaten von Amerika. Exklusive Regelung zur Überbrückung der Unterschiede zwischen dem kontinental-europäischen und anglo-amerikanischen Zivilprozeßrechtssystem? 1989.

Band 14 Margaretha Sudhof: Dreieckige Rechtsverhältnisse im Wirtschaftsverwaltungsrecht - Am Beispiel von Konkurrentenklagen. 1989.

Band 15 Michael Weigel: Schriftformklauseln in Allgemeinen Geschäftsbedingungen. 1989.

Band 16 Hans-Peter Schröder: Der sichere Weg bei der Vertragsgestaltung. 1990.

Band 17 Matthias Haas: Haftungsfreizeichnungsklauseln in Allgemeinen Geschäftsbedingungen. Eine rechtsdogmatische und ökonomische Analyse. 1991.

Band 18 Andreas Hahn: Instandhaltungsverträge. Begriffe, Einordnung, Rechtsfolgenbestimmung, Auswirkung auf die Kautelarpraxis. 1991.

Band 19 Jürgen Götz: Der Entherrschungsvertrag im Aktienrecht. 1991.

Band 20 Friedrich Wächtershäuser: Das Gesellschaftsrecht des internationalen Joint Ventures. 1992.

Band 21 Christina Escher-Weingart: Nutzungsausfall als Schaden und sein Ersatz. 1993.

Band 22 Jean-Claude Zerey: Rechtliche Probleme der Finanzierung von *Leveraged Buyouts* und *Tender Offers* durch Banken in den USA und in der Bundesrepublik Deutschland. Eine rechtsvergleichende Studie über die Rolle der Banken bei Unternehmenskontrolltransaktionen in den USA und in der Bundesrepublik Deutschland. 1994.

Band 23 Markus Bauer: Gläubigerschutz durch eine formelle Nennkapitalziffer - Kapitalgesellschaftsrechtliche Notwendigkeit oder überholtes Konzept? Eine rechtsvergleichende Untersuchung der Gläubigerschutzkonzepte des amerikanischen und deutschen Kapitalgesellschaftsrechts. 1995.

Band 24 Marion Vollmann: Minderheitenschutz im aktienrechtlichen Beschlußmängelrecht. Eine Bestandsaufnahme und Vorschläge zu einer rechtspolitischen Reform. 1997.

Band 25 Lydia Klose-Mokroß: Gläubigerschutz im Kapitalgesellschaftsrecht am Beispiel der Lehre von der verdeckten Sacheinlage. 1997.

Band 26 Stephan Aubel: Der vereinfachte Bezugsrechtsausschluß. Aktionärs- und Gesellschaftsinteressen beim vereinfachten Bezugsrechtsausschluß nach Maßgabe des § 186 Absatz 3 Satz 4 AktG. 1998.

Band 27 Kurt Peter Dittrich: Die Privatplazierung im deutschen Kapitalmarktrecht. Eine Untersuchung der Vorschriften des Auslandinvestmentgesetzes, des Wertpapier-Verkaufsprospektgesetzes und des Gesetzes über Kapitalanlage-Gesellschaften unter Berücksichtigung des Rechts der Vereinigten Staaten von Amerika und des Vereinigten Königreichs. 1998.

Band 28 Viola Sailer: Aktienrechtliche Minderheitskompetenzen zwischen Mißbrauch und unternehmerischer Entscheidungsfreiheit. 1999.

Band 29 Marc Zimmerling: Kapitalerhaltung und Konzernfinanzierung. Eine Untersuchung der kapitalerhaltungsrechtlichen Problematik aufsteigender Sicherheiten im Konzern. 1998.

Band 30 Joachim Wichert: Die Finanzen der Kommanditgesellschaft auf Aktien. 1999.

Band 31 Kerstin Andrea Müller: Produktverantwortung und ihre Durchsetzung. Eine kartellrechtliche Beurteilung von Selbstverpflichtungen im Umweltrecht aus deutscher und europäischer Sicht unter besonderer Berücksichtigung der Altautoentsorgung. 1999.

Band 32 Bettina Friedrich: Konvergenzen im Gesellschaftsrecht. Recht-Fertigung durch Status- und Befundsicherung. 2000.

Band 33 Rudolf Lemke: Haftungsrechtliche Fragen des Ratingwesens – ein Regelungsproblem? 2000.

Band 34 Klaus R. Roller: Die Vergütung des Aufsichtsrats in Abhängigkeit vom Aktienkurs. 2000.

Band 35 Bettina Bokelmann: Personelle Verflechtungen über Aufsichtsräte. Aufsichtsratsmitglieder mit hauptberuflicher Vorstandsfunktion. 2000.

Band 36 Kai-Uwe Steck: Regulierung von US-amerikanischen Investmentgesellschaften (Investment Companies). Unter besonderer Berücksichtigung des National Securities Markets Improvement Act of 1996 (NSMIA) und anderer aktueller Rechtsanpassungen. 2000.

Band 37 Kristofer Bott: Wissenszurechnung bei Organisationen. 2000.

Band 38 Ursula Lenzen: Unerlaubte Eingriffe in die Börsenkursbildung. 2000.

Band 39 Martin Schulz: Verfassungsrechtliche Vorgaben für das Kollisionsrecht in einem Gemeinsamen Markt. Eine rechtsvergleichende Untersuchung zu den Grenzen einzelstaatlicher Anknüpfungsmethoden im internationalen Vertrags-, Delikts- und Gesellschaftsrecht am Beispiel der Vereinigten Staaten von Amerika. 2000.

Band 40 Maximilian Koch: Diversifizierung und Vorstandskompetenzen. 2001.

Band 41 Corrado Wohlwend: Die Hauptversammlung im Wandel der Kommunikationsformen. 2001.

Band 42 Michael Rozijn: Der Unternehmensmaklervertrag. Zur Anwendung des allgemeinen Maklervertragsrechts auf Mergers & Acquisitions-Dienstleistungen. 2001.

Band 43 Konstantinos N. Kyriakakis: Die Überwachung einer US-amerikanischen Aktiengesellschaft durch institutionelle Anleger. 2002.

Band 44 Uta Fredebeil: Aktienemissionen. Das underwriting agreement (der Übernahmevertrag) und seine spezifischen Klauseln. 2002.

Band 45 Michaela G. Döbler: Die Einführung des WTO-weiten Erschöpfungsgrundsatzes in das Markenrecht der EU und der USA. 2002.

Band 46 Jan Liersch: Regulierung des Blockhandels an den organisierten Aktienmärkten der Vereinigten Staaten, Großbritanniens und Deutschlands. 2002.

Band 47 Sascha Lotze: US-amerikanisches Kapitalmarktrecht und Internet. Aufsichts- und haftungsrechtliche Fragen des Internet-Einsatzes bei Wertpapieremissionen und im Wertpapierhandel. 2002.

Band 48 Boris Trautmann: Die Konkurrenz von Haftpflicht- und Versicherungsanspruch. Ein Beitrag zur ökonomischen Analyse des Rechts unter Berücksichtigung von Unsicherheit und Verhaltensanomalien. 2002.

Band 49 Matthias Möller: Rechtsformen der Wagnisfinanzierung. Eine rechtsvergleichende Studie zu den USA und zu Deutschland. 2003.

Band 50 Heiner Feldhaus: Die Eignung zur erheblichen Kursbeeinflussung bei der Ad-hoc-Publizität. Eine rechtsvergleichende und interdisziplinäre Untersuchung unter Berücksichtigung der europarechtlichen Vorgaben. 2003.

Band 51 Matthias Janke: Gesellschaftsrechtliche Treuepflicht. Neubewertung der richterrechtlichen Generalklausel im Rahmen einer rechtsvergleichenden und ökonomischen Analyse. 2003.

Band 52 Katrin Thoma: Eigengeschäfte des Vorstands mit der Aktiengesellschaft. Eine vergleichende Untersuchung zum englischen, U.S.-amerikanischen und deutschen Recht. 2003.

Band 53 Mathias Stöcker: Rechtsfragen grenzüberschreitender Unternehmenszusammenschlüsse - unter besonderer Berücksichtigung des Falles Daimler/Chrysler - 2003.

Band 54 Otto Korte: Zur mißbräuchlichen Wahrnehmung der aktienrechtlichen Anfechtungsbefugnis. 2003.

Band 55 Wilhelm Wilderink: Die Auflösung, die Übertragung und die Verschmelzung von In vestmentfonds. 2003.

Band 56 Anja Birkenkämper: Rechtsfragen feindlicher Übernahmen. Jurisitische Nachlese zum Fall Krupp/Thyssen. 2003.

Band 57 Manuel Lorenzo Alonso: Die Neuausrichtung der Zwischenstaatlichkeitsklausel der Art. 81, 82 EG. Folgen der neuesten Entwicklungen des Gemeinschaftsrechts für die Zwischenstaatlichkeitsklausel - unter besonderer Berücksichtigung des Bankenbereichs. 2003.

Band 58 Dirk Kocher: Kapitalgesellschaft & Co. KG in Finnland. Eine Untersuchung zur Frage der Übertragbarkeit der deutschen Grundtypenvermischung auf das finnische Recht. 2003.

Band 59 Ruiting Qin: Parteiautonomie: Eine rechtsvergleichende Untersuchung. Versuch zur Entwicklung einer Gerechtigkeitsjurisprudenz im IPR. 2003.

Band 60 René Runte: Walter Julius Derenberg – Leben und Werk. 2004.

Band 61 Udo Prinz: Umstrukturierung durch *Schemes of Arrangement* mit Gesellschaftern im englischen Recht. – Ein Vorbild? 2004.

Band 62 Rainer Schmitz: Die Haftung des Vorstands gegenüber den Aktionären. Eine rechtsvergleichende Untersuchung nach deutschem und US-amerikanischem Recht. 2004.

Band 63 York Oehlschläger: Die typische und atypische stille Beteiligung an einer Aktiengesellschaft. Möglichkeiten und Grenzen der Gestaltung für die stille Gesellschaft zwischen Personengesellschaftsrecht, Aktienrecht, Konzernrecht und Umwandlungsrecht. 2004.

www.peterlang.de

Thomas Wunsch

Tracking Stocks – Geschäftsbereichsbezogene Gewinnbeteiligungen bei Aktiengesellschaften

Eine systematische gesellschafts- und steuerrechtliche Betrachtung

Frankfurt am Main, Berlin, Bern, Bruxelles, New York, Oxford, Wien, 2002.
XLVI, 194 S., 8 Abb.
Schriftenreihe zum Gesellschafts- und Kapitalmarktrecht.
Herausgegeben von Lutz Michalski, Axel Jäger und Klaus-Rudolf Wagner. Bd. 4
ISBN 3-631-50113-7 · br. € 42.50*

Tracking Stocks (Geschäftsbereichsaktien) sind Beteiligungen an einem Unternehmen, deren Vermögensrechte nur auf einen Teilbereich (eine Sparte) des Unternehmens bezogen sind. Solche Aktien werden u.a. in den USA, in Kanada, Neuseeland und Frankreich bereits gehandelt. Die Arbeit zeigt die rechtliche Zulässigkeit dieser Beteiligungsform nach deutschem Aktienrecht auf. Der Autor benennt verschiedene konkrete Möglichkeiten der Einführung sowie der Rückgängigmachung einer entsprechenden Organisationsform unter Berücksichtigung einer steueroptimalen Gestaltung. Zudem werden Regelungsnotwendigkeiten und Regelungsmöglichkeiten in der Satzung einer Tracking-Stock-AG aufgezeigt.

Aus dem Inhalt: Tracking Stocks (Geschäftsbereichsaktien) als attraktive Gestaltungsalternative für Aktiengesellschaften · Rechtliche Zulässigkeit in Deutschland · Technische Möglichkeiten der Einführung und Rückgängigmachung einer Tracking-Stock-Struktur · Regelungsnotwendigkeiten und -möglichkeiten in der Satzung einer entsprechend organisierten Gesellschaft · Steuerrechtliche Analyse

Frankfurt am Main · Berlin · Bern · Bruxelles · New York · Oxford · Wien
Auslieferung: Verlag Peter Lang AG
Moosstr. 1, CH-2542 Pieterlen
Telefax 00 41 (0) 32 / 376 17 27

*inklusive der in Deutschland gültigen Mehrwertsteuer
Preisänderungen vorbehalten

Homepage http://www.peterlang.de

www.ingramcontent.com/pod-product-compliance
Ingram Content Group UK Ltd.
Pitfield, Milton Keynes, MK11 3LW, UK
UKHW021916290926
8980IPUK00015B/1301

9 783631 520567